U0504631

隔篱呼犬

伊有喜 — 主编

高旭彬 — 副主编

汤溪文化漫笔

上海三联书店

本书主编：伊有喜，浙江金华人，中学语文高级教师，《浙江诗人》编委，有诗集《最近我肯定好好活着》（陕西太白文艺出版社，2007年）。

本书副主编：高旭彬，中学高级教师，人民美术出版社高中美术教科书编委，金华地方文化资深研究者，曾在《金华日报》开设专栏，发表文章近百篇。

序

作为一个汤溪人，似乎生来就带有一种自卑感。

汤溪位于三府四县交界之处，为金华之西鄙。自1958年撤县之后，似乎成了一块被遗弃的地方。以我的老家（九峰岩下面的岩下村）为例，记忆中一直到20世纪八九十年代，仍是不通公路、不通电、不通自来水。每次回趟家，车子在泥泞的机耕路上颠簸滚动，就像坐船一样。当其他很多地方在大办乡镇企业、大力招商引资的时候，汤溪人依然故我，每天背着锄头下地，日出而作，日落而息。这种情况在十几年前才有所改变，不过直到今天，大老板、企业家还是凤毛麟角，大多数人也只是以出卖体力打工为生。记得前些年有一部金华话的情景剧《开心老林一家亲》，里面有一个主要人物，名叫"花花"，是汤溪人，讲汤溪话，但她是老林家的一个保姆。汤溪人在人们心目中的地位可见一斑。

金华人一提到汤溪人，津津乐道的一个词就是"汤溪蛤蟆"，让汤溪人感到郁闷的是，沦落到"蛤蟆"的境地其实很无辜。要论祖宗，秦始皇在九峰岩下设立太末县的时候，还并没有金华兰溪，不仅如此，那太末县的辖域从汤溪、兰溪往西一直到龙游、遂昌、衢州、江山、常山、开化再到江西玉山、广丰一带。当然，话说回来，"祖宗阔"也没有什么好炫耀的，实际上，汤溪人几乎从来不炫耀。

不过，不炫耀未必就要自卑，或者自暴自弃。毋庸讳言，汤溪在工商、旅游、科技、文化产业等方面，比起附近其他地区来的确落后很多。但在当今这个冰冷的机器时代，在工业化、商业化、城镇化之风肆意席卷的大地上，汤溪这个被人遗忘的角落，其绵长的历史文化、优美的自然山水，以及在此基础上形成和保持着的原生态田园生活，却意外地呈现出一种遗世独立之美，不仅是美，而且也是无价之宝，套用一句时下流行的话，可谓是"金山银山"。

在此情境下，汤溪人首先需要做的事情是"自视"。所谓"自视"，就是用热情但不失客观的眼光，来关注我们脚下的这片土地，关注这片土地上的一人一物、一草一木。"自视"不是孤芳自赏，也不是顾影自怜，既不必自视甚高，也不必自视甚低。"自视"的目的是"自知"，是要看清自己真实的样子，包括长处和短处、成绩和不足，即所谓"自知之明"。只有有了自知之明，我们才能摆脱那种与生俱来的自卑感，才有可能从自卑走向自信，而这种自信就不会是那种毫无意义的夜郎自大式的自信。

多少年了，汤溪人不愿意回头看一看这片生养自己的土地，更无人愿意走进它的深处，去探究，去体验，去传扬。今天，我终于看到了这部书稿，这是一本自视之作、自知之作，也是一本自信之作。感谢这本书的十几位作者（其中有的是我的老同学、老朋友，有的是久闻大名的作家、诗人、记者），更感谢主编伊有喜老师。欣喜之余，我期待有更多的汤溪之作出现。

曹志耘

2017 年 10 月 20 日初稿

2020 年 10 月 1 日改

目　录

第一辑：朝花夕拾

飞沙丨踢着石子回家

我曾多次起念,要写一本回忆儿时的书,书名都起好了,叫《踢着石子回家》。我颇有些得意于这题目的浪漫,因它是散文的,也是诗意的。

然而,我又怀疑我儿时的生活,是否真有那么多东西可写,值得汇成一本书,并且,人到中年而岁月蹉跎,摆开阵势回忆童年,多少有些夜郎风——这样一再犹豫,写作的热情受到了打击,也就没有把也许已经开了头的文字一篇篇写下去。

可是,若说平凡的童年不值得一谈,也是不对的。每个人的大脑皮层都留有弥足珍贵的往事印痕,哪怕它对别人来说多么一钱不值。那么,我来说说自己记忆中有关老家的一鳞半爪,也是可以原谅的吧。

那么,让我踢着石子回一次家。

二

　小蛮常说，塔石真好！我的老家，确是个很美的地方。群山如莲花，把一个不大也不小的村落围在里面。它坐东朝西，南北陈列，形状像一艘船，一条 S 形的小河从村前流过。老人们爱说，为什么咱们村不怕水呢？就因为这船形，水涨船高嘛；村的两头又有两条山路，缆绳般把船系住，所以发再大的水也不能把它冲走。记忆中，老家有过很大的洪水，公路也曾被冲毁多次，可村庄和百姓始终安然无恙。这样看来，塔石真算得上一块风水宝地了。

　塔石是个小集镇，在它周围山间，星散着几十个小村。它也是有着繁华的背影的，在旧时就有"小兰溪"之称。兰溪何若？从"小小金华府，大大兰溪县"的俗谚可知，兰溪是曾经比金华还要热闹的，不然也不会被称作"小上海"。据老人们说，塔石的中心街上，鼎兴时糕点铺都有六七家，前店后作坊的，生意好得很。

　老家原来是有很多古树的，可惜大多在 1958 年被砍掉了。那可都是些几个大人才围得过来的古树啊！如今一进村还能看到枫树和苦槠。最有威仪的要数后山脚的两株，一株是樟树，"还有一株"——不是樟树，是叫糙叶树的，叶子的背面如同砂纸，可以捡来打磨指甲。俯视着脚下的村庄，默默护佑着大山的子民。这两位得道的长老，年纪都在 300 岁以上了。每次回家，我都要到大树下走走,有时是带着孩子去。我总觉得,古树是有灵性的,它高大挺拔、华盖参天的形象,对人的精神乃至命运起着重要的暗示与转捩作用。古树是老村的宝贝,前人明白这一点,非常注重风水林的保护,将之与村庄的兴衰联系起来。

三

在土话中,称歌谣为山歌,故事则简为一个字:故。

在大樟树下,我听着山歌与故长大。

母亲并不是一直这么老的,她曾经年轻而美丽。她的歌谣与故事神秘又迷人。她会唱《麻雀挑水上楼梯》,会唱《十二月歌》,会唱《花花手巾》,会唱《小姨嫁姐夫》。这是我至今记得的——

> 日头落山紫竹林,
>
> 三百馒头四百饼,
>
> 撑船过海眠丈人……

有的是童谣,有的却是情歌,母亲会唱的可多了——便是教情歌给自己的孩子,母亲也并不觉得有什么不妥,其表达的,都是古老而淳朴的感情。母亲是我最好的老师,培养了我最初的审美感觉。后来,我有孩子了,母亲就教她们,梦梦学会了《查筋问骨》——老嬷嬷儿爬得么老早早行怎……小女儿也能唱"正月甘蔗节节长,二月甘蓝两头蓝……"

母亲讲的故事,大多是从戏剧里看来的。《九件衣》《梁山伯与祝英台》《十五贯》,母亲都能绘声绘色,听得我与弟弟眼睛滴溜溜的。我记得,在昏暗的油灯下,母亲一边做针线一边说唱,她含笑的脸那么美。

去世多年的癞头叔是善于"讲故"的,就住邻家,有老丢、麦丢两个儿子。他总是坐在自家天井边,一根拐杖靠在腿上,严肃得像个铜像。癞头叔的头发早已脱光,上眼皮常常敷着两张湿茶叶,这就使他越发有些神——他说他的眼睛不好,而茶叶有明目的功效。他的讲故属于泼辣一路,语言明快,口气十分果断。听人说,他曾是个"煞性"很重的人,有"毫光"的。我记得他给我们讲过东周列国,但一直没有讲完,或许他知道的也就是那么一两段吧。癞头叔轻易不开口,除非他的心情正宜于讲故。有一回,我看到他在恒连家的天井边笑得非常开心,几个妇女也笑得非常开心。我问他们讲了什么故,一个妇女说,小孩子别多问,我也就不问了。

"讲故"的永修健在,住在金成堂,那房子很大,有好几户人家。他是个有洁癖的单身汉,一直放牛。听说,在年轻的时候,有一次,他的亲戚,也许是姐姐吧,为帮他相亲,给他穿一件放过樟脑丸的新衣服,他难受得不行,从此就再也不想找女人了。岁末回家,我去金成堂看他,结果他到妹妹家过年去了,很遗憾没能见上一面。我听过路得讲故，听过"老英雄"讲故，却一直没聆听过永修讲，只从人家的转述里听得一二，他好像是长于狐鬼的。

路得是父亲表弟，即我的表叔，余仓村的，生性幽默，又是婺剧团的，讲故连带表演，极尽夸张之能事。他还能现编顺口溜，堪称真正的"民间文艺家"。"老英雄"不知何许人，外地口音，有一段时间天天到我二姐夫老爷子的篾作场玩，老爷子请他吃汤团，他就以讲故作回报。他讲的是《施公案》，也许是《彭公案》，情节很吸引人，因为经常说到一位智高胆大的老英雄，人们就以"老英雄"称呼他了。

四

儿时的记忆，很少是不与吃食联系在一起的。这原因，一是小孩必定贪吃，二是小时候的吃食，不知怎的总比长大了的好吃——这是一定的。

传统节日多，四时八节，大都是通过对口腹的犒劳来欢度的，这是最为小孩子拥护的地方。过年是不必说了，年末准备的年货中，肉圆、米粿、馒头主要在正月，因不能久藏；冻米糖、炒玉米、麦粉烤、米胖，做的量比较大——得看家境的殷实程度——并且耐放，差不多有半年好吃——当然女主人要会藏匿，因小孩大多是不爱节制的。立夏吃艾叶煮鸡蛋和煨大蒜，端午吃粽子，七月半吃米糕，中秋吃炒粉干，这期间炒南瓜子、炒豆，摊麦锅，煎玉米饼，还有家人的生日，都能大快朵颐，端看女主人是不是心慧手巧。我的童年，正值物资匮乏时期，有的人家口粮接不上周年，我父亲勤于耕种，母亲又善于安排，记忆中倒不曾有饿肚子的时候，而过节无疑是营养的突击大补充，瘦小的个子可谓过一节长一节。

不管大人小孩，最喜欢过的都是清明节，因清明粿是最好吃的，并且可以尽情地吃，一般人家也要做六七个大蒸笼。这种用牛蒡叶、茨耳（学名叫鼠鞠草）拌粳米粉做果皮，将豆腐、咸菜、萝卜、竹笋加少量猪肉炒作馅的小吃，形似饺子，体量则是饺子的四五倍。当第一批蒸熟，小肚子一下吞进八九个也是常事。农民也是擅幽默的，有一次，隔壁的伯伯来串门，说今天胃口不好，才吃了四大碗稀饭，半蒸笼清明粿——"半蒸笼"有多少？二十几只！他还"胃口不好"呢。

清明节还有一个迷人的地方，就是好玩。除了做饺形粿之外，大人们都要捏几个猪头，以示对五谷神的供奉，小人则趁机要求做牛头做狗头，做只鸡鸭叫着走。这些动物模型是山野孩子可爱的玩具，蒸炊多次，油黑发亮的，可以存上一年。

山上野果也有很多好吃的，夏天有莓纽、茶子泡和野番蒲，秋天有乌饭、麻楂、藤梨、红串珠、白藤泡，酸酸甜甜的，样样引人口水。如今植被十倍茂密于我儿时，野果一定长得更多，不过现在的小孩娇惯，很少上得山去，这些山珍自然很少尝到，真是可遗憾的事。

五

小孩更是贪玩的,不玩长不大。

好像天下的孩子都会玩"跳房子"和"老鹰捉小鸡",塔石的孩子也不例外,但"特产"游戏却是"牵羊卖羊"——《塔石文脉》中有记载。"牵羊卖羊,卖的落花生羊。有盐吃咸菜,无盐吃淡菜。问尔个老表伯羊买弗?"这是一种喧闹的玩法,比较有舞台效果,不似捉迷藏,战线拉得长长的,玩着玩着,不知怎的会寂寞起来,找的不想找,藏的不愿藏了。再就是"吊吊得得",讲秩序;"派里派笃派",讲勇气——都是人多好玩,既愉快又有启示意义。

我最喜欢玩刀具,说时尚一点是做手工。柴刀几乎是万能的,用它,我做过乒乓球拍,做过长刀与手枪,做过弹弓;加一把凿子,我做成了坐凳和躺椅;加一把刻刀,我做成了整副军棋。木头都不是大料,容易解决,匮乏的是工具。大人不可能给闲钱置办这个,但我总能找到诸如断钢锯、废铁条之类,打磨成合用的代替品。我还捡来厚薄不匀的纸板,用母亲的钝剪刀做了一副扑克牌,把符号一个一个画上去。玩具做成了,常常让同伴们借去,自己不太玩。除了动手做点什么和参与群体性的,直到现在,我还是不善于玩下棋、打牌这类要斗智斗巧的游戏。

但我会玩"六脚棋",因为简单。在地上画一个如大字簿上的米字格,双方各执三子(小石子、木炭即可作子),在一边排开,以"秦仲伯"(即石头剪刀布)确定一方先下,谁首先全都走到对岸或三字成对角线,谁就是赢家。

也玩弹纸包。把作业纸折成方的,夹在食指和中指间甩出去,越远越好;后面的把纸包甩到地上的纸包上,这就赢了那个纸包。我的中指不灵光,老弹不远,所以每每被人赢得一个纸包不剩。

不过,看游戏也很好啊。正月初头,在大会堂前踢毽子,少男少女们是很兴奋的,小孩就来挤热闹。单独踢比的是脚上功夫,好看的却是二人一对的"扣老丢",一人抛毽子,一人用脚接住踢出,各对展开比赛。但见毽子翻空,人声鼎沸,真是喜气一片。得了冠军的一对是很风光的,大家要议论上很长时间呢。可能因为生活与娱乐方式变了,近年春节,很少有见到年轻人踢毽子的,"扣老丢"盛况更是很久没见了。

六

既是农家孩子,长得有点力气了就要干体力活,砍柴、割草都得学,再大点就是学耕地种田了。

一次,有朋友留意到我的左手,惊讶于那么多伤疤,抓过去仔细数了一下,竟然有十二处;有几处是密密连在一起,可谓旧疤上面叠新伤。这些伤疤，多数是砍柴留下的。我十来岁就上山砍柴了，能在刺丛与荒瘠处砍出好柴，捆柴的本领尤其好。我个头虽然不大，挑得却比别人多，当年的柴伴说起往事，对我的砍柴还是很佩服的。

我们常常是三五成群，彼此相帮，如有谁不小心砍到手上去了，同伴是一定会撕了围裙或衣服来为他包扎伤口的。因为农民被困于山沟，集体经济单一，青山终于被掏空，要砍稍大的柴火得走很远的路。所以，我们天泛亮就出发，中午过后才能回来，一个个都肚子空空的，还要把大捆的柴往回挑。如有时间，大人们就会来"接担"。接担者大都先接担子最重的——如他的爸妈没能来——这被接的再替接担者的孩子。包伤，接担，这些情形，我至今想来，还觉得心里温暖着呢。

如今的小孩，应该很少有在放学后去田野挑猪草的体验吧，这于童年的我，却是经常的。开春之后，田间的各种野草是一日比一日鲜绿了。放学了，把书包往床上一扔，先满满装一口袋冻米糖，再抓起镰刀，未及提起篮子，人已跳出门去，约好的三两同学已在门外等了。弟弟要跟去，为哥的嫌小尾巴麻烦，常要躲他。有一回，他跑着追来，头上顶个老大的竹篮，在石块上磕了一下，额头留下了一个永久的疤。

乍暖还寒，背阴的梯田里还有残雪，而田埂却已松软，紫云英葱茏一片——这是集体的，不能动它。我们拣和菜、蓬花、马兰头、牛人参们，用镰刀从地里一簇簇挑出，腾一下泥巴，抛进篮子。没耐心、不生眼、光顾了嘴巴都是不行的,回家时篮子里"水平"的高低事关面子,于是那浅浅的便免不了要把收获物弄得蓬松一些,并学那篮子沉重的,回程时歪着身子——这就怪不得路人拿他说笑了。春水在小脚的践踏间早渗进破了的胶鞋,回家洗脚时,一个个都冻得红萝卜似的,这时候,爸妈就要关切地作第 N 次吩咐了。

当我进大学后,第一次读到艾青的以下诗句时,是如何地感到亲切呢——

我怀念那

同着伙伴提了篾篮

到田堤上的豆棚下

采撷豆荚的美好的时刻啊

我常进到最密的草丛中去

让露水浸透了我的草鞋

泥浆也溅满我的裤管

这是自然给我的抚慰

我将狂欢而跳跃……

七

踢着石子回家,与村后的大樟树合个影,它一直没忘记生长，比十年前又粗了许多……

　　踢着石子回家，坐在耄耋的父母身边，喝着煮山泉冲的炒青茶，听他们讲我小时候、他们小时候的故事……

　　踢着石子回家，从老屋的旮旯，找出当年那个彩色玻璃瓶，它让多少伙伴眼睛发亮，是好朋友才让摸一下——如今的孩子，一定没见过那么好看的东西……

2010 年 3 月 5 日子夜于樟下书屋

云坞山房｜上叶村的老戏

今年的农历六月六似乎是一个无精打采的日子。一整天的阴雨。雨歇时虽然也有过太阳，但终究是恹恹的，没有一丝生气。

这不免让我想起自己小时候上叶老家的六月初六来。那是农人辛苦劳作的日子，早出晚归，抢收抢种。也是阳光猛烈，天气炎热的日子。过了午后，村中的小孩都要躲到村西头溪里去戏水消暑。玩水玩够后，会到村中的晒谷场上看红绿。

"六月六，晒红绿"，这天，家家户户都会把衣物鞋帽放到阳光下暴晒。据说经过这天晾晒的衣物，一年中不会长毛、虫蛀。这是当年一起玩水的伙伴告知我的。他还说，六月六午后的日头是一年中顶毒的。

各家各户门前的红绿是没啥看头的，但对生产队晒谷场上的红绿我们还是很有兴趣的。这一天，大队里会让人把放在"六家厅"（六家厅是上叶村的祠堂，据说是祖上六兄弟合建，故称为六家厅）楼上的大木箱抬出来曝晒，这些箱子是真正的大箱子，漆成了绿颜色，要四个人才能抬得起，箱子里全都是戏服、戏帽及各种戏剧道具，是真正的花花绿绿。除了龙袍朝服、头冠花饰外，我最感兴趣的是刀枪棍棒等道具，有驳壳枪、红缨枪、铜锤、金箍棒、九节鞭，还有彩色缨子的马鞭。

至今还记得，曾经有人指着一件虎皮纹的褂子对我说，这件是杨子荣穿的衣服，而我父亲曾经扮演杨子荣。

其实，我对村里草台班演样板戏还是有些依稀印象的。这是我上小学前的事情。当时看不懂戏剧的情节，但我已经能够分辨舞台角色中的好人、坏人。反正脸上画得难看的，白底花脸的肯定是坏人。记得当时村里还没拉上电灯，家里晚上照明用的是煤油灯。演戏的大厅则用充了气的煤气灯，发出滋滋声响，把整个大厅亮堂得恍如白昼。

我对上叶村婺剧草台班印象更深的是后来演老戏，这应该是我已读小学高年级的时候了。上叶村的婺剧草台班是有些历史的，至少从清末民初就有些名气。

一个偶然的机会，我看过一本衢州的地方志。这本名为《衢州徐氏人物志》的书，罗列了衢州地域历朝历代有出息的徐姓人物。其中有位叫徐增新的，是龙游下库乡高塘村人。说他1922年学艺于汤溪县中戴乡上叶村，满师回村办坐唱班，任正吹。1929年他外出传艺，至"文化大革命"止，先后教坐唱班、农村剧团36个。这位徐增新乐器样样能上手，会配曲，会导演，擅牌子曲，很受农民欢迎，1954年当选县人民代表。

这本方志挺有意思，把原本属于汤溪的两位名人都归在衢州名下：一是南朝的徐伯珍，一是唐朝的徐安贞。不过后来想想，汤溪原本与龙游同源，而且九峰山是龙游人的命根子，衢州人这样，也无什么不妥。只是对照衢州的方志记录，金华人应该感到汗颜。虽然在金华九峰山把上述两位徐姓人物及东汉时期的龙邱苌合并供奉为"三贤"，但实事求是说，金华对上述名人研究、挖掘是非常不够的。好吧，我还是回到上叶村吧。

上叶村这个草根剧团实际上还是能演好多个剧目的，多与历史故事有关。婺剧《百寿图》《悔姻缘》似乎是村里最早演出的戏，由于当年父亲曾经饰演过《百寿图》中的郭瑷、《悔姻缘》中的蔡文德，所以我记忆更深刻些。后来有了《双狮图》《逼上梁山》《通天河》《小尼姑下山》《虹霓关》《牡丹对课》等，估计有十几个剧目。

现在还有印象的是《双狮图》中的两只狮子。戏中一个拥有双狮图的人，打仗不得力的时候，便会展开双狮图，两只狮子会跳将出来，攻无不克，战无不胜，战局由此改观。两只狮子出场时，要喷火。由人嘴里含一口柴油，对着火把猛力一吹，就出现长长一串火舌，场面颇为壮观。

记忆中，看上叶婺剧班演出的第一部老戏是《百寿图》，讲唐朝郭子仪的小儿子郭瑷的故事。主人公郭瑷竟然胆大包天，把自己的媳妇，也即皇帝的女儿给打了。这出戏让我知道了一个名词——金銮殿。此为看戏之收获。

婺剧《悔姻缘》曾是我老家上叶村婺剧草台班的传统剧目，

经常在春节前后搭台演戏自娱自乐。有一年曾经在演出开场前,被公社干部野蛮禁演,原因是剧中主人公娶了三个老婆,宣扬封建思想,有碍社会主义公德。这也让我见识了权力的威力。

《逼上梁山》是上叶继《百寿图》《悔婚姻》两出传统剧目后新排练的一出婺剧,是讲林冲、高太尉、鲁智深间的爱恨情仇的。当时年纪小,不太看得明白,也没耐心,只觉得这个林教头虽武艺高强,但优柔寡断,空有一身武艺,真不如鲁达鲁智深豪迈爽快。

云坞山房｜又是一年春来到——老家旧时的年味

时光荏苒，转眼又到了年关。不到一周就是除夕新年。

去年回老家过年，有感于年味渐失，我曾写了篇吐槽文，慨叹"今不如昔"。其实，我本意并非说现在不好。或许是由于年岁增长的缘故，开始喜欢回忆，故更多的可能是对旧时年味的怀念。

儿时的老家，十分贫困，主要靠生产队的田地产出生活。许多吃口重、负担大的人家，温饱还存问题。虽说吃糠咽菜的时代已经过去，但平时以番薯、苞萝代主粮是家常便饭。那时候，不是每天都能吃饱的，更不要说吃好的。贫困农户的好饭菜，主要也就是过年那几天才有得享用。穿的衣服是请裁缝师傅做的粗衣布裳，平时身上都是补补缀缀的旧衣烂衫，一套衣服反复穿，只有到了过年，才有可能扯上新布料，做件新衣服。新年要穿新，才有好彩头。但年景不好时，扯不起布，可能只能买双新袜，再由母亲缝双新布鞋来"新一新"了。穷人的孩子早当家，村里的大部分孩子还未成年就得参加劳动，砍柴打猪草这些自然是孩子们的家庭作业。只有过年那几天，孩子才能踏实地游戏玩乐,说了出格的话,做了过分的事情,大人也不会责罚。

所以,孩子们盼望着过年,其实就是盼着吃好的,穿新的,扎堆了快意地玩耍。而过年也着实没有让孩子们失望。因为穷归穷,各家各户备起年货来是一点都不马虎。平时舍不得的,都积攒到这时候派用场。吃的喝的穿的,样样都要在年前备齐。随着除夕的临近,年味会越来越浓。

在我小时候,进入腊月就开始备年了,基本上要忙活近一个月。

家家户户先都会挑选一个天朗气清的好日子,讲究的人家一般会选阴历的单日,用细竹梢扎起大笤帚,绑在长竹竿上,对屋顶屋角、户里户外洒扫庭除,橱柜碗柜、桌子椅子都要搬到池塘边用水全面擦洗,这叫作"掸蓬尘"。

除尘后就开始准备各种年货了。那时经济条件有限,家中仅有的也就是地里收获的谷子、豆子、苞萝、番薯、芝麻、粟米、花生之类。尽管如此,但丝毫不影响各家各户备年的心情,炒冻米,炒黄豆,炒番薯片,炒落花生。条件稍好的人家,会去供销社买来红糖白糖,熬制糖水,放入爆米做成爆米糖;放入炒冻米做成冻米糖;放入炒粟米做成粟米糖;放入炒芝麻做成芝麻糖。经常是夜已很深,村子里还不时传来轧制冻米糖的敲打声。加热融化的糖水和爆米、芝麻相拌,倒进木范,用方木锤子用力轧实夯平,冷却后用锋利的菜刀切片装进坛子密封贮藏。"梆,梆,梆"的夯糖声此起彼伏,和"嘶,嘶"的切糖声一起,奏响了过年的旋律，这应该是儿时的年留给我的最美妙动听的声音了。

年货的准备中，少不了做豆腐。过年做豆腐也是汤溪的一个习俗。汤溪的农家豆腐，用自种的田塍豆为料，有着特别的让人怀念的滋味。我在外工作三十多年了，常常感叹现在居住城市超市卖的豆腐，缺乏老家的味道。在老家，春节的日子里，从大年初二到初八初九，家家来客不断，待客的菜肴中，除了肉类和自家菜地上的新鲜蔬菜，豆制品就是饭桌上主力军。除非五保户、单身汉们，再穷的人家也得做豆腐过年。家家户户至少都要做一二板豆腐，起码要做十几斤甚至二三十斤黄豆的豆腐。

做豆腐的工序十分繁琐：浸豆，磨浆，提炼，煮浆，点卤，压制……家里平时不用的大石磨终于有了用武之地，被水浸泡了一整夜的黄豆粒粒饱胀，经过沉重的碾磨，变成白花花的豆浆水，倒入大锅煮沸。然后纱布过滤，滤去豆腐渣，点上盐卤变成白白嫩嫩的豆腐花，装进铺好纱布的四方木框，压上石块，滤去多余水分，则成了四方格里一板板老豆腐。

老豆腐大多是用来做豆腐干，把切成块的老豆腐放入装有稻草灰的木桶里焐过夜，第二天挑到池塘水坑边，洗去稻草灰，在铁锅中用清水煮过才算完成全部工序。煮豆腐干的铁锅底部要铺一层早稻的稻草秆，既不会粘锅，又有草木清香。这样的豆腐干吃起来又香又韧，特别有嚼劲，而且时间存放得长，节俭的人家可以吃到正月廿六黄堂交流会。为了防止变质，隔几天摸一摸，看看手上是否发黏。如果出现粘手的情况，只需再次清水煮沸，就又可以摊上几天。

还有一部分豆腐拿来炸油豆腐。将豆腐切成整齐的小方块，下油锅炸至金黄，捞起。刚起锅的油豆腐又香又松软，这时大人们会装上一小碗，犒赏给一直在边上巴望的小孩，孩子们会特别欢天喜地，心满意足。

过年时天天有肉，这是有别于平常的穷苦日子的。再穷的人，过年那几天也有鱼有肉有荤腥。鸡是自养的土鸡，过年前一个月就寓在不见天日的乌房，每天定时投食喂水，限制活动，这样就长得肥肥胖胖。肉是自家养的土猪，年初从湖头街上买来的猪仔，一直养到年尾，宰了过年叫"杀年猪"。可能是由于历史上老家属于龙游的缘故，我们买猪仔、过年舀酱油都习惯去湖头街，而不是去汤溪城里。年猪的猪血、猪下水、猪头、猪尾巴、猪脚、猪油，还有几十斤板肉，全部留在家里。那时候口粮紧，人都吃不饱，稻米小麦之类自不必说，连苞萝、番薯这些杂粮也舍不得喂给家畜。猪的成长完全靠米糠、番薯藤、芋荷叶、草籽以及每天在田间地头采集来的猪草。这些东西加刷锅水烩在一起，便是猪的一日三餐，它自然也是吃不饱的。所以，特别肥壮的土猪并不多，但无论肥瘦，都是地地道道的土猪，其味道也不是现在工厂化养殖的速生猪所能比拟的。

过年了，大家都得穿上新衣服。日子穷的时候，用的是自家织的土布缝制的衣裤，后来生活好一些了就改穿"咔叽布"或者"哗叽料子"的，这些机制棉布，织得细密匀称，经纬线又结实，泛着亮光,看起来很有档次。乡民穿着这种棉布裁剪的中山装,再把头发剪一剪,也显得精神焕发,与平时判若两人。再到后来,的确良化纤布开始成了时髦的衣料,花色品种又增加了许多。女孩子用碎花的确良做尖领衬衣,穿在身上很有调调。虽是生活落后的农村,也总有几个讲究的人,把衣服都熨出线条,裤脚袖口拷了边,穿着走家串户,不经意地卷起袖子露出拷边,享受别人艳羡的目光和啧啧夸赞。这时候的大人们也开心得像个孩子。

过年要演戏。除夕"封年"结束后,村上的戏班子也要开锣演出了。厅上传来"哈啦啦啦"的长号声,那是婺剧闹花台开始了。大人小孩各自扛着板凳集中到了祠堂的戏台前,观看婺剧《百寿图》《悔姻缘》,这是我们村连续多年雷打不动的看家节目。演员都是本村村民,因是泥腿子,念唱做打的功夫,自然比不上县里的专业剧团,也谈不上很好的扮相,可乡亲们看得津津有味,兴致盎然,一旦认出了涂脂抹粉乔装打扮的熟人,便高声呼唤他的名字,台上台下互动热烈,笑声不断。

依稀觉得那时候过年,天气都很好,不是阳光灿烂,就是大雪纷飞,很少有下雨或者阴天的。至今还记得有一年赶上除夕那天下大雪,大雪不停地下,瓦片上的白痕不断加厚,村子似乎变大了,村边连绵的群山及树木都披上了银色盛装,呈现出美丽的雪景,银装素裹,分外妖娆。零零星星的炮仗声从村子的上空断断续续地传来,直上高空连响两声的是"二踢脚"大鞭炮,啪啪啪连续的是连响小鞭炮。炊烟夹着饭菜的香味在迎着落雪袅袅上升，和着空气中弥漫着的幽微的火药香，悬浮在村子的半空。早饭过后，各家都开始张贴春联，一人端糨糊盆，一人拿对联，一人爬上高凳张贴，大雪潇潇地下，炊烟在袅袅地飘，人声时远时近，白色的雪衬着红红的春联，这个场景，这个意境，美得让人窒息。这也是儿时的年留给我的最美的风景。

四十多年前的今天，儿时的年、故乡的年、贫家的年，居然还是那么真切，那情形、那画面，如此鲜活生动，似梦似醒，如真如幻，一时恍惚，竟不能辨。那时候，只觉得过年这些天的日子过得飞快，而平时又过得太慢，一出正月，孩子们就数着日子巴望着下一个年早点到来。

日月神偷，一晃几十年过去了。儿时的经历渐行渐远，岁月勤劳，披沙拣金，留在我心底的都是美好的回忆。家的暖，饭菜的香，故乡的美，乡情的热切，一起谱写并奏响了一曲过年的交响乐，这贫困时代的生活，因此显出些许温暖的色彩，令人魂牵梦萦，回味无穷。

李开金 | 故乡的龙灯

在故乡高儒、周村一带,每年正月十四、十五两天,都要迎龙灯。这种龙灯与电视中常见的布身龙灯不同,是用约八尺长(鲁班尺)、二十公分宽、五六公分厚的硬木木板拼接而成,木板前后各有一个孔洞,两节头尾搭在一起,用一根三四公分粗细、一米长的灯柱穿过。灯柱上下各有一个小孔,将鹅毛管穿过小孔做定位,使灯柱不容易滑出,两块木板(龙身每一节称为一桥)就连在一起了。打接方式和用料,无一不体现了农人的智慧。

故乡的龙灯极具观赏性。龙头和接近龙头的一小段龙身,用整块的樟木料雕成,颜色绚烂,以大红、琉璃黄、深绿为主色调。龙头上用铁丝撑出许多灯笼座,点亮灯笼后,整个龙头炫彩夺目。龙身依次一节一节地连在龙头后面,每一节两盏灯笼。最后的龙尾也是整段樟木雕刻而成。高儒有专司迎龙灯的"龙头会",继承着龙灯的礼仪礼节,同时管理着龙头和龙尾。龙头龙尾上悬挂的灯笼一般都是最讲究的,有一些吉祥画。每家每户则各自管理自家的那一段龙身,大部分都只用篾的灯笼,外面包裹红色透光的防风纸,里面点上蜡烛。有一些家境好的人家,也会用上类似龙头上的好灯笼，小时候看到都无比羡慕。

神铳是龙灯"起身"（抬起龙头前行）、"落马"（放下龙头歇息、祭拜等），以及一些警示信号。这是当天晚上至高无上的声音，代表着龙的威严。一般都设立专司神铳的职位，且由"龙头会"经验丰富的人承担，以保证当晚舞龙不出乱子。神铳司将火药倒入枪杆，用木棒捣紧，塞入其他充填物，再次用力捣紧后封死，只留出一根引线，到需要信号的时候，走到路边点燃引线，炮口朝天，"咚～!"的一声巨响，整条龙或走或停，或是警告舞龙的小伙子们注意分寸和安全。在儿时，觉得在观龙灯的时候，不知什么时候会在耳边响起的神铳，老是让心里突突的，既害怕又期待。

迎龙灯前，"龙头会"进行非常隆重的祭拜，听到鞭炮声的村民们就会早早地在家烧过香，吃过饭，将蜡烛点上，非常恭敬地将龙身扛到龙头所在的大厅上。天刚擦黑，随着神铳的一声巨响，起身离开大厅，先在村子里几个大户人家、商店门口经过，每家门前停顿一会儿，大户人家图个吉利，会给一个红包。龙灯在村上沿着数十年既定的路线走一圈，最重要的还要到樟树娘娘那里祭拜，因为雕刻龙头的樟木取材于那里，相当于拜妈妈。这真是中华"孝文化"的结晶。

在村子狭窄的巷子中，举着超过百来斤的龙头，又要保持稳定垂直，免得灯笼被倾斜的蜡烛烧毁，对经验和体力要求甚高。因此，村里八个身强力壮的后生抬着沉重的龙头，"龙头会"年长的两三个领头人在旁边指挥，才能保护周全。龙身由于是一节一节连接而成，连接处可以折合成任意角度，方便拐弯，但是万一走得太快，也往往被带到沟里，同时手如果位置不对，也容易夹伤。高中时曾经跃跃欲试，老爸千叮嘱万嘱咐的就是两点，第一，手必须扶住硬木棒的顶端，绝不可放在板上，免得夹伤；第二，顺势而为，跟着整体的趋势走，人往前，你也往前；有人拉着退后，你也跟着退后。这第二点，颇有点人生哲学的味道。

高儒、周村这样的大村，才有"龙头会"保管的龙头。附近的小村子，则只有各家各户的龙身。高儒的龙灯走出村子后，会一路穿过周围的村落，将紫阁殿、停久、岭脚、六苟各村的龙身都接上。等在六苟潭头将六苟村的龙接好之后，整条龙精神抖擞，就沿着白门线公路往高儒村的"稻场"（双抢期间用来晒稻谷）走，在稻场这块附近都少有的一大块空地上舞龙，迎来高潮。

但是对各村的小伙子们来说，最后的舞龙因为需要走正 8 字、反 8 字、龙抬头等"正统"舞龙，"龙头会"会很严格地要求大家遵守"规矩"，所以不能非常尽兴。因此，小伙子们的高潮，就是白门线上来来回回的拉灯。小时候跟着妈妈、姐姐，往往龙灯一离开高儒村，就会早早地到舞龙的稻场附近的电站堤坝上，自己扛着凳子占一个好位置，眼巴巴地看着龙灯回来，远远地望着公路。看，来了来了。正兴奋着，突然就看见整条龙灯开始慢慢停下来退回去，甚至是明明看着越来越近，眼睛一眨，突然就看见整条龙灯刷刷地往岭脚方向跑。身边的大人们就笑着说，这是小伙子们在拉灯,时间还早。这样来来回回几个回合,突然就听身边的大人说,神铳呢,神铳好响了。果不其然,沉闷的"咚～～～"一声,龙下马了,整条龙慢慢地放在公路上。人影斑驳,是大人们在更换蜡烛。也有一些灯笼被烧掉的,就只能直接点上蜡烛。没有了灯笼的防风保护,裸露的蜡烛光摇曳着,随时会被风吹灭,远远看着就好像缺了一节。

又一声"咚～～～",龙头起身了。大家继续把龙灯扛在肩上,规规矩矩地往高儒稻场走。走一段之后,又被拉灯闹一回。来来回回几次,闹得凶了,神铳会再来一次"咚～～～","龙头会"的人也会亲自走到前半条龙的每一桥灯前,招呼大家,一起往前使劲,才能最终将整条龙带回到稻场。这里有一个不成文的默契,就是倾向于龙头会的人家,会把灯早早地接在靠近龙头的地方,而喜欢嬉闹的青年,则从龙尾这头开始接,主要分布在后半段。

"龙头会"费尽辛苦,好不容易将整条龙终于带回到稻场,开始了世代相传的舞龙。这个舞龙,正8字、反8字、龙抬头等,我们小时候就听着大人口中这些名词,到现在也没完全懂。但这是舞龙的精华,是历代"龙头会"传承的重点,是祈求风调雨顺的方式,舞的重中之重。每走完一种花式,龙头下马稍作休息,大家换蜡烛的档口,就是我们这些小孩跑到稻场,在龙身下钻来钻去找自己的爸爸时间。有一点,无论大人小孩,绝对不可以跨过龙身,这是非常不吉利的。而龙头起身的神铳一响,大人们就会把身边自家的孩子都赶走，免得发生危险。

对我们这些孩子而言，除了看龙灯，就是各种玩耍。一般人家都会给孩子买几串小鞭炮，拆开一个一个装在兜里。手里拿着一支香，在人群里面钻来钻去。除了小伙伴们之间点鞭炮互相吓唬，还经常点了鞭炮不经意地放到专注看灯的姑娘面前。"梆～!"的一声炸开，女孩子吓得花容失色是我们最开心的时候。我和弟弟往往没有钱买整串的鞭炮，就会在整个过年期间，在放鞭炮的自己或者邻家门口，去捡拾一些未爆炸的鞭炮，存到正月十五迎龙灯这天。不过存的也很快就玩没有了，所以我们另一个玩具就是放完的大火炮（二踢脚），在其中的一头涂上蜡烛油，点上火。因为大火炮的纸其实是阻燃的，所以需要不停地涂抹蜡烛油才能保证火不熄灭。春节期间的衣服兜里面，装着这些蜡烛油。几天之后洗都洗不掉，经常被妈妈责骂，我们还是乐此不疲。

在稻场舞龙结束后，整条龙又会沿着白门线往黄潭村方向走，一直走到白沙殿，祭拜过白沙老爷后，每家每户将龙身拆开，点着蜡烛扛回家。到家已经接近午夜，父亲将龙身放在八仙桌上，再次烧香祭拜，又换上新的红蜡烛，照得家里红彤彤的。祭拜的糕点，妈妈每年都分给我和弟弟。除了糕点，妈妈还早早准备好了汤团，一家人吃完后才上床睡觉。

今年元宵节前，听说为了保护沙畈这个金华水源地的水质，这项老传统被禁止了，心里万般委屈，此文为纪念。

伊有喜 | 汤溪话

汤溪人一落地，就被汤溪语音包围，这是与生俱来的宿命。汤溪的读书人，像我，从小，一直想逃离汤溪语境。小时候家中的广播，那个神奇的小匣子，每每让我神往，里面传出来的普通话让我痴迷——有时也有汤溪话的广播通知出来，让年幼的我感到惊讶，那个大人是怎么进去的？老实说，相对字正腔圆婉转动听的普通话，汤溪话是如此简朴，乃至简陋——常常让我羞于开口、怯于表达，在小时候，汤溪话带给我的，是困扰和阴影。

我所在的村子是东祝下伊，外婆家是中戴下村。汤溪老话，"要嬉丈母家，要吃外婆家"，不错，从小走外婆家，取道黄堂。在汤溪话中，黄字发音，与红字相同。我走外婆家那么多年，才知道"红堂"原来是黄堂。那时不像现在，每个村口横块大石头或者竖块大牌子，上书各自村名，那时什么都没有——连路牌都没有，因为没什么车！我小学时的苦恼是写作文，连个村名都无从下笔，我只能这样写，"经过一个村子一个村子又一个村子，我来到了外婆家"，"一个村子"指冬畈。冬畈有块地种着薄荷，每次走得口渴，都要采几片叶子——含在嘴里，一股清凉。"又一个村子"可能是高义村也可能是下溪淤,高义桥边有种红果子,我们叫蔓纽,长在荆棘丛中,对面的馒头山在初夏还有更高级的一种红果,我们叫卵袋蔓纽——卵袋,是男人胯下之物,即阴囊,卵就是男人的两个蛋蛋——多年之后,我知道那是覆盆子。

中间那个村子是黄堂,姓丰,汤溪人叫黄堂丰。有个自然村,叫横路。横路有一种独特的小吃,叫什么呢? 很多年,我无以名之。它用麦芽糖做皮,芝麻和糖做馅,皮薄香甜,先脆而韧,嚼劲十足,若受潮则粘牙,汤溪人称之为"的卜"——"的"字念成"的确"的"的",相应的文字,有的写成"的卜",有的写成"的包",莫衷一是。它经常出现在街巷:老妇挎着篮子或者老头挑着箩筐转悠,不吆喝,只是和善地冲着你笑——的卜通常与麦芽糖一起放在稻谷或砻糠里。几年前,我在一家小店看到一招牌,上书"汤溪的包",汤溪的包? 什么包? 呵呵,愣了老半天才反应过来。现在知道,"汤溪的卜"出于横路,全国独一无二,2008 年被列为非遗,是浙江省名点,早些时候,居然是贡品! 可在那时,也不过五分一毛,汤中读书时,涨到两毛一只,现在则要一元多啦。"的卜"之"的",是动词,把什么一小块摘下来的意思,若扭住人家皮肉狠狠往边上旋的也叫"的"。其实,念成"的包"也没错:"的"是动词,"包"也是动词,它们都是做"的包"的工序——"的包"是全手工活,要经过几十道工序,诸如"催、蒸、煮、煎、打、炒、烘、的、包、压、揉"等。瞧,我现在对"的包"的认识,头头是道,可在小时候,我哪里知道! 物资匮乏年代,我的记忆里差不多都是吃的印记。

有一种糕点，芝麻粉做的，有些湿软，叫什么却酥，是高级点心，比鸡子糕、糖枣少见。正月里有种小菜，汤溪人称之为"卜卜菜"，我一直不知何以名之。它是用白萝卜丝、红萝卜丝、豆芽、腌菜梗儿、豆腐干儿、冬笋等混在一起炒成的，清爽可口，可调和油腻。多年之后，我才明白它叫八宝菜。唉，你让我写作文，我连这些吃食的名字都无从知晓，名既不正，言则不顺。我可怜的汤溪话，我可怜的词汇贫乏的童年作文！

其实，我童年生活并不单一，我父老乡亲的语言也不匮乏，他们描写叙事惟妙惟肖，只是用的是方言，有些有音无字，涉及许多日常的、生产中的物事，往往让我不知所措——我无法转换成文字。离我家不出 100 米，有一家代销店，柜台内侧有个嵌玻璃的小箱子，卖酥饼和糖果，有一种特别诱人的糖——是麦粉油炸，外敷一层糖霜，一年中只有下半年才有，特别是农历七月半前后，家中祭祖摆茶时总会有它。我记得母亲念叨"太公太婆接归来吃"之前，总是先让我吃几个，她怕我自己直接去拿！那种糖叫什么？发音好像是"关东糖"。很多年后，我执意弄清楚，先到罗埠，无功而返（那儿的发音差不多），后到琅琊——琅琊的口音跟汤溪的差别比较大，尤其是汤溪撤县之后，不光是金兰汤水库更名为金兰水库，琅琊话也越来越往金华口音靠拢了——在琅琊一家糕饼摊前，摊主发音接近于"豇豆糖"！可不是，从形状看，这细长的糖还真有几分形似！汤溪话中，以象形拟物名还是蛮常见的,比如油条,汤溪话说成"天萝筋",天萝是我熟悉的,就是丝瓜,但"天萝筋"在我的童年却极少吃到,在代销店里也极少看到。比较常见的是"烤儿"(小麻花),一年看到头的是酥饼。我父母曾说及一个叫雄林的男子,有句歇后语跟他有关——他可能吃过炒黄豆,反正有一天他从代销店出来,走一路放一路,响屁连连。雄林是上门接力,入赘寡妇门的(有前夫的小孩),我们汤溪话称为"招布袋"(布袋为补代,招布袋,即找一个替补、替代的人)。那句歇后语是"雄林布袋——放屁淋灰"——"淋灰"二字,我现在都怀疑有些问题,淋,其实是撒的意思,灰是草木灰,在施肥时,走一路撒一路。现在回想,我的乡党早就懂得通感,能把听觉转换成视觉——灰一触地,四散开来,这与一个屁砸落地面臭气四散何其相似。

汤溪话也并不都是这么稀奇特怪的,它也有着实让我佩服的。每年冬至,汤溪人特别关注天气,谚语"腌腊冬至即令(洁净)年"不光屡试不爽,就是"腌腊"二字在我初次遇见时,我都深为折服,谁说汤溪话不字正腔圆的?!又比如清明粿,汤溪人不用"青"而用"鼠耳",虽然汤溪话没有翘舌音,鼠耳的鼠,念得含糊,类似"刺"(阴平),但鼠耳是清明粿不可或缺的原料。开春后,它就长在田间地头,叶青白色,开黄色小花。清明开花之前将鼠耳采回,择洗干净,煮烂,再将米粉倒入拌匀,放在案板上揉成面团,做清明粿的皮——比用青做的清明粿或团子韧多了!这鼠耳,我原先以为是《诗经》中的卷耳——"采采卷耳,不盈倾筐"，按郭璞"形似鼠耳，丛生如盘"的注释看，好像有点像，但确实不是——卷耳在我们这一带常见，据说它的嫩苗可以吃。不过说到《诗经》，我不妨说一则汤溪古老民谣，类似"国风"——

> 牛耕田，马吃谷
> 爷当官，儿享福。

在汤溪人眼里，牛与马区别极大：牛是做的命，马吃的正是牛做出来的；爷指的是父亲（《木兰辞》"不闻爷娘唤女声，但闻燕山胡骑鸣啾啾"），父亲辛辛苦苦当上官，真正享福的可不是儿孙？所谓比兴：比，以彼物比此物；兴，先言他物，以引起所咏之辞。这汤溪民谣，是典型的比兴手法。我的乡亲不知道比兴为何物，可是能熟练地运用它们！

最后我说一故事——好多年前，我在乡下教书，有一学生，眉清目秀、唇红齿白，有次我有事找她，问她刚才去哪儿了，她脱口而出：东司。我一下子反应不过来，东司是地道的汤溪方言，意为五谷轮回之所。但它简陋，虽则有屋顶，有矮墙，有可以坐着屙屎的木头架子，有能遮挡视线的竹帘子或草帘子，但四处透风，它只是比露天粪缸好一点而已。这位女生不说盥洗间也不说洗手间，我想最不济也应该说厕所吧，结果她说东司！想想现代化校园内的厕所总比乡间简陋的东司屋要高大上吧，可她愣是说东司！

　　这东司，各位看官也不能小觑，《五灯会元》卷四如是记载："师在东司上，见远侍者过，蓦招文远，远应诺。师曰：东司上不可与汝说佛法。"——"东司上不可与汝说佛法"，不错，总不能一边屙一边喋喋不休地教谕人家吧。不过我曾有一小困惑，既然不便"与汝说佛法"，为何还要招呼人家？我有体会，在厕所遇见老师，感觉不自在，貌似老师也不自在。现在想来，可能自己分别心重，屙屎还讲师道尊严——确实远不及人家师尊适意自在。不过，相对"东司上不可与汝说佛法"的师尊，我们的庄子要洒脱些，他老人家可能会在东司屋现场说法，他说"道在屎溺间"。

伊有喜 | 1975 年的大水

很多年之后,我终于确定,1975 年的大水是在七月份发生的,之前我一直觉得是在五月,因为有端午大水一说——端午前后,我们那一带总是雨水不断,而下游的兰溪则多半要泡在水里。好吧,我承认,记忆也会骗人。

1975 年我八岁,那一夜,我是睡在家里唯一的雕花大床的篾席上,打赤膊。在我一个激灵醒过来的瞬间,第一念头是我尿床了,因为我又一次久违地梦到自己急得团团转之后一头扎进了一间类似茅厕的小房间,下意识中摸到下身已经湿透!但又发现我的脊背也是湿的——有点冰凉。这让我怀疑自己还在梦里,我抬起胳膊又放下,在床沿篾席上居然拍打出水花来——这一下我是真醒了。

我相信那个夜晚每人都会有比我更传奇的经历,像我妈妈,她是听到密集的狗叫以及门口杂乱的脚步而醒转的。睁眼一看,乖乖,那些水正从狗洞里不断地流入,很快就漫过门槛从门缝里汩汩涌入。她推醒我爸,叫醒了姐姐和二哥。正在犹豫要不要开门,就听到门口有一头大猪在拱门!它要进来!我妈妈毫不迟疑地回绝:"你走吧你走吧你到其他地方去!"一边还咚咚咚敲门板赶它——那头猪终于哼哼唧唧地走了。妈妈说,猪上门不是好事情,"猫来穷,狗来富,猪娘上门是添堵"——不管多大的猪上门,卖猪所得的钱笃定要一分不剩地花出去的,这样的例子太多了。又比如我大哥,当夜,他在生产队的粮库里值班,他是怎么醒转的,又是怎么度过那个不眠之夜的,我就很想知道。据说当晚有人一惊醒站起来,竹床翻了的。呵呵,我继续说我自己吧。

我一骨碌坐起来,习惯性地滑下床——床前应该有一长条状的矮儿,我们称为"踏床",用来放鞋的——扑通一声,我就站在齐胸的水里了!我愣了好一会儿,终于意识到这是发大水了!房门开着,大门口隐隐约约传来大人的声音,同时我慢慢习惯室内暗弱的光线了。大米缸在一漾一漾地浮动,它似乎想浮出狭小的房门。那张"踏床",正在左手侧漂浮,漂浮的还有其他一些小玩意儿。正愣神,水位已经上涨到我的头颈了,我的身体能感觉到水流的冲击。但我并不慌张,八岁的我已是凫水的好手了。我试探着蹚水过去,有些地方我还游了几下,水有些凉,空气中有股寒意。

在堂前,我看到影影绰绰好几个忙碌的身影,我爸和姐姐、二哥,正在往楼上转移家什。几只鸡停栖在猪圈上方的横杆上,很疑惑地侧着头,怯怯地发出微弱的几声单音。倒是猪圈里的猪,哼哼唧唧很热闹。鸡埘还在,八仙桌还在,它们的上面,现在堆满了坛坛罐罐,压着不让漂浮。

大门口,我看见左侧不远处是我爷爷和益基的爸爸,站在漫过小腿肚的水里看着天色,小声嘀咕着,天上飘着小雨。右侧的水势有些吓人,暗夜中似乎能听到哗哗的水声——那里原本是一条纵贯南北的大路——现在成了一条湍急的河流,而我家西南的排头土墙,就在那湍急的水流边受着冲击! 益基家的地势比我家的要高一些,不过现在也进水了,他们放弃往外戽水,跟我家一样,敞开大门,任凭大水出入。

大人们都在忙碌,似乎没我什么事。站在木楼梯上,我看他们搬运东西,一趟一趟,他们几个不断地接力换手,有时我想搭一把帮帮忙,结果人小力气不够,反而是越帮越忙。不久,我连打了三个喷嚏——我妈就让我到楼上去,楼上乱糟糟的,到处是散乱的家什胡乱地堆放在稻草上,在一个角落我看到两大一小的三只马桶——它们可能是最早被转移的。我把稻草摊开就当床了,头顶就是瓦片,我能听到雨水击打屋瓦的声音。时不时伴有闪电、雷鸣。

我睡不着,胡乱地披了件干衣服,站在楼梯口继续看他们搬运东西。这时,我注意到了猪圈里的两头猪——五六十斤重的中猪,它们几近于狂躁了,上蹿下跳,接连不断地溅起水花——凄厉的嘶吼声透着强烈委屈和不满。猪圈在西南方位,就在我家西南排头土墙的后面。我冲着我爸爸喊:猪! 猪! 猪! 我爸醒悟过来,打开了猪圈门——甫一打开,两头猪就一前一后高高跃起像欢快地扑向亲人的孩子,而我爸伸手依次稳稳接住!放在楼梯口,它们就咚咚咚沿着楼梯兀自上楼了!在楼上的稻草堆里,它们找了一个稻草窝哼哼唧唧地挤在一起!它们一连串的行为让人惊讶,而更让我惊讶的是,在家人还在为猪忍俊不禁的时候,那堵西南排头土墙,在电闪雷鸣中轰然倒塌!压在下面的就是猪圈以及来不及飞走的两只鸡。

第二天,我们知道,村里死了两个人,是触电死的。此后,我连吃了三天的胡萝卜。

很多年之后,1975 年的那场大水,依旧鲜活在人们的记忆里。也许,在后人修的方志里,会填上一行文字,类似的文字在《汤溪县志》里出现过——

"乾隆五十三年五月大水,是年饥。"

"嘉庆七年夏淫雨伤稼,四五两月连雨四十余日,秋大旱。十九年大水。二十五年夏大旱,自五月十七日不雨至七月十八日,秋大水,七月二十一二十二二十三等日连日大雨洪水成灾。"

"咸丰四年大水冲没民田四十五顷有奇,蠲免被灾田亩钱粮。"

"光绪四年大水,冲没民田四十三顷有奇。蠲免被灾田亩钱粮。"

......

张乎 | 洞叭坞的春天

  洞叭坞的春天是满山遍野的杜鹃。那些深红色的、粉红色的、浅紫的、粉白的，一簇簇一团团，拥挤在一起，争先恐后地涌来。她们的笑脸都那么灿烂，你分不清到底谁是谁，哪一朵更美，她们环绕在你的脚边，环绕在你前面、后面、左边、右边，你抬头看也是，低头看也是，胆小的含羞敛眉，胆大的站在高坡，迎风怒放。她们吵吵嚷嚷的，细小的喉咙里发出无数的叫喊，吵得整座山都沸腾起来。马尾松们、黑松们、樟树们、栎树们，脑袋都被吵大了，吵昏了，昏昏欲睡，春天嘛！春眠不觉晓嘛！但是他们微笑着，一言不发，忍受着这个宁静世界的喧闹。她们小小的花瓣那么单薄，又那么自然鲜艳，像这大山里扎着麻花辫、穿着花布衣、不施脂粉的乡下妹子。有时候她们鱼贯而行，高低错落；有时候又挤成一团，你的胳膊伸到我的脸上，我的大腿叉到你的腰；有时候又规规矩矩地并排蹲着，蹲得低低的，两张脸贴在一起，拘谨得好像乡下妹子第一次上城照相。这满目的花朵是大山胸膛里按捺不住的春意。仿佛从冬天开始，它们就开始蕴蓄，在骨头里、血液里、心脏里，一点一点地增加暖意。太阳一天天高起来,它们冻僵的血脉开始流畅,它们的头发生长得很快,身体不安起来,灵活起来。几场春雨一下,春风一吹,蕴藏在体内的力量、欲望、喜悦、新奇和不安,像地底灼热的熔岩,冲破皮肤、骨头、心脏、毛细血管,一齐爆发出来,从山顶到山脚,流淌了一地。

从曹界村出发,到达洞叭坞,必须步行。出了村,走过一条窄窄的石坂桥,走上一条黑黝黝的泥土路,两边是大大小小的蔬菜地,通常种着包菜、莴笋、大蒜、蚕豆之类,都是些大路菜,全眼熟。这里的农民思想有点固执,几乎一成不变地遵守着祖例,爷爷种什么,父亲种什么,他就种什么。冬种麦,夏种稻;年前播蚕豆,过了谷雨插番薯。年年如此,不会想着去弄点西芹种种,弄点桂花树种种,弄点玫瑰花种种。一方面是出类拔萃的东西容易遭贼,另一方面也是人心太平,贪安逸,守现成,不愿去动脑筋想门路。

沿着小路往前走,路高高低低起来,山的意思渐渐明显。虽然不高,但已经是山了。途中碰到一条小涧,时而平缓地流着,时而从岩缝间哗哗地冲下来。那水是白色的、冰冷的、新鲜而充满活力的,带着草根和落叶的气息。山渐渐深起来,路边的灌木长到人的膝盖,去年枯掉的杂草一会儿搭在路上,一会儿搭在身边的树枝上,像奄奄一息的病人,实际上它们已经死了,轻轻一碰便折断,关节处已经腐烂、乌黑,再也流不出新鲜的汁液。大约走三里多路,山势时而分开时而合拢,渐渐汇集成一个峡口,宽不过三四十米,一路跟随的小涧在不远处急剧地高声喧哗。斑鸠叫起来了,翠绿色的小鸟在草丛中扑腾,又刷地一声飞走。

　　山更加沉默,马尾松的阴影投在地上只有一小块。一切都惊疑不定地等待着什么。你预感到什么要发生,什么要出现。但你不知道,即使处在一双老虎阴郁的眼睛注视下你也不知道,路旁就伏着一只野猪你也没察觉,整个世界看上去都无动于衷,好像睡去了,只有太阳是活的,光线会走动,你感觉到有了一个伙伴,但它是漠不关心的。实际上当你在山间走动的时候,有多少双眼睛在注视你,多少双耳朵在倾听。小鸟在树枝上偏着头打量,天空中飞旋的鹰在揣度你的个体,野兔在洞中惊魂未定,胸脯一起一伏,蛇和沙鳅感觉到你脚步的震动,它们脆弱的小心脏承受不住,纷纷在草丛中游走。当我们一个人在深山旷野里行走的时候,常常感觉身上发冷、害怕,实际上什么也没有,你感觉到的是寂静带给你的威慑和压力。山不长手不长脚,不会跳出来打你一拳,也不会突然变形成为一个魔鬼,但它那么沉默地坐着,一声不吭,你唱歌它也不笑,你咒骂它也不回声,拳打脚踢也没用,它巨大的阴影一会儿就覆盖了你,你感觉到头发被染绿了,眼睛一片乌黑,除了山什么也看不见,你被山吞噬了,被寂静吞噬了。

　　出了峡口,按理应该是"眼前一片豁然开朗",像桃花源一样。但不是。虽然宽了许多,山势稍稍地退开了些,但仍是一条小路,沿山脚一条小沟,路边是一小块一小块种着油菜或小麦的田。但是人顿时轻松了许多，沉重的压迫感消失了，蜜蜂嗡嗡地叫着，油菜花这么香，远处一片茶园随着坡地起伏，一直延伸到山腰。正对着峡口的山峰宛如一只巨大的兔子，仰着头，耳朵微张着，似乎你的脚步声打断了它的午餐。

走了一百来米，过一条小木桥，路忽然左拐，眼前真正一片豁然开朗。一个异常美丽的宽阔的山谷、一座黄墙泥瓦的农家小院、一大片开着繁花的桃林、炊烟和黄狗的叫声呈现在你眼前。我的肥胖、慈祥、穿着灰布衣服的外婆听到狗叫声，从灶房里走出来，手搭凉篷在门前张望。

张乎｜故乡的茶园

　　写茶园这样的地方，写茶园里的事，是需要一方安静的地方，一个不紧不慢的时间，坐下来慢慢写的。

　　草原的辽阔孕育了性格豪放的蒙古人，崇峻的大山铸成坚韧不拔的先民，雨丝烟柳又使江南的才子佳人一个个婉约清丽、丰神俊秀，一个地方的地理地貌，与生活在这里的人的性格面貌总是出奇吻合。而我的故乡漫山遍野的茶园，又滋养了一群怎样的乡亲呢？

　　我的故乡在汤溪镇西章村，具体说是西章移民队，一个只有二十几户人家的小村子，距汤溪镇仅六里左右。但在小学阶段，我几乎没去过汤溪。小学五年级，我在沄洲村读书，天气好的时候，中午饭也回家吃。下了课，撒开长腿一阵猛跑，二十来分钟就到家了。而沄洲，距汤溪最多两里路，站在学校的操场上，可以模模糊糊地看到汤溪镇上走动的人群。那时我总在想，什么时候，我才能离开那个烂泥铺路、黄泥裹墙、穷得连泥土里也没有一丝营养的村子，离开那些满脸菜色、一年四季发着汗馊味、身上泥斑点点的村人，到汤溪镇上去，到汤溪镇以外的更远的地方去呢？远远地，远远地，离开它越远越好。

然而命运却似乎把我和它紧紧地连在一起。许多年过去了，我的居所离它越来越远，而它的召唤却越来越清晰。少年时急于逃离的、抛弃的家园，阴郁恐怖的黑松林、青翠碧绿的茶园、坟地里挖出来的青瓷片，一次一次从梦中把我唤醒，一次一次出现在我的笔端。

移民队的小村子，三面被荒山包围，东北角是一个大水塘，东面是又宽又广的田野。西、南、北三面荒山，原先是长满黑松林的坟地，属于荆棘丛生、野兔和黄鼠狼出没的废地，移民村入驻后，南面种上橘树，西北两面被开垦种上茶树，几年过去，渐渐地有了山清水秀的意思了。现在看起来，倒像因祸得福，因为土地贫瘠，因而人口少、周围空旷；因为是荒山，种不了庄稼，因而漫山遍野种上了不需要十分侍弄的茶树；因为村小交通不便，因而发展不了工业，村民依着老祖先的规矩，日出而作，日落而息，没有权力纷争，没有大的利益冲突，倒也安静闲适。

站在村中小小的山岗上向西望去，连绵起伏的茶园像一片绿茸茸的地毯，柔柔地铺在大地上。因为光线的照射，背阴的地方，绿意更深，而向阳的地方，是嫩绿色。每株茶树都差不多有半人高，被修剪得平平的，好像国庆阅兵式上的士兵，一行行一列列，有着整齐的仪表和姿容。茶树的行列，并不是直线的，依着山势，有着婉转的曲线，仿佛大海上的波纹。在某一个地方显得密集，在另一个地方，又缓缓地荡漾开去，仿佛海水缓缓离开海滩。茶园的块与块之间,又有着宽窄不一的小路,像一篇冗长的文章的断句,又好像乐谱中某些欢乐的小节。小路两旁,长满高过脚踝的小草:有开着小白花的满天星,有开黄色小花的酸酸菜,有枝叶肥厚的野芥菜,有浑身毛茸茸的长毛头,还有身材颀长的蒲公英。更多的是不知名的杂草,从春天到夏天,它们努力生长着,茂盛着,一大片一大片,将小小的花开到最艳,将窄窄的草叶儿长得最丰润,将根扎得最深,将生命活到极致,然后在秋天里枯死。

早上,当第一缕晨光照耀到茶叶上,潮湿的、暗绿色的茶园里弥漫着一层淡淡的、薄纱似的雾,仿佛在天色未明时,刚刚有赤足的美少女走过,洁白的裙裾尚挂在松树和李树的枝梢。少女的赤足轻柔,连茶叶芽尖上的露珠都未划破,连沉睡的花朵也未醒来。鸟雀们往往是最先知晓的,它们飞来飞去,叽叽喳喳,但它们思维混乱,什么都说不清。在越来越明亮的天光底下,茶园仿佛是一块未雕琢的翡翠,它的内心深处满满地含着晶莹剔透的宝。

傍晚,夕阳收走树梢上的最后一丝金黄,茶园里变得分外热闹:小虫子们在叶子上跳来跳去;蛇在草丛中游走;麻雀在电线杆上排成一排,像一串黑乎乎的糖葫芦;风快速掠过茶树,叶子集体发出一阵"唰啦啦"的叫喊;灰色的小野兔在草丛中一蹦,刚看到一双亮亮的眼睛,一转眼就不见了……在工厂里打工的年轻人回来了,电动车和摩托车从小路上飞驰而过,奔向茶园深处的一个个小村落……仿佛快乐的鸟回到快乐的巢,夕阳回到地平线,花儿回到子房。

茶园虽然千好万好,在农人的眼里,却没有如此这般诗情画意,因为采茶,即使对于做惯农活的人,也是一件非常辛苦的劳动。电影电视里的采茶姑娘,穿着蓝底白花袒胸露腹的小袄,扎着长辫子,手提一个小竹篮,边唱歌边采茶,双手如蝴蝶一般穿梭,其实都是瞎编的。如果真这样打扮,不到半天,就该哭丧着脸回来了。首先,茶树行里非常脏,还有绿毛虫、飞虱等各种毒虫,得穿上最破最厚实的长衣长裤,防止蚊叮虫咬。其次在腰间还要围上一块塑料布,防止夜露打湿衣服。头上包上毛巾,戴上斗笠,防止太阳把脸晒脱皮。腰里再绑上一个大号的蛇皮袋,用来装采下的茶叶。一个采茶的大娘如此行头,迎面走来,猛一看还以为是一个半疯癫的乞丐。一天十来个小时在茶园里弯着腰,等到回家,脊柱好像已被水泥浇灌,无法再伸直了。更难看的是一双手,十个手指全部变黑,继而变成茶褐色,很长时间都洗不干净。

在我的家乡,因为到处都是茶园,采茶自然是媳妇大娘们赚取油盐钱的重要途径。春茶一开采,茶园里星星点点的便都是身穿破衣烂裳的妇女。采茶是没有年龄限制的,小到十来岁的小丫头,大到八十来岁的老奶奶,只要能动,都可以采。现在年轻人大多在工厂打工,茶园里的主力军,年纪基本上在50以上70以下。还有一些七十多的,别的工没法打,到茶园采茶好歹也能赚几个零用钱,但茶园主人怕出事,一般不准她们来。

　　近二十年来,从上学到工作,我一直在外,并没有真正意义上"在故乡",但我与故乡的联系,却从未中断。因为我的老父老母还生活在那里,我的兄弟姐妹还生活在那里,随着金西这片土地的开发,我见证了它一次次的变化。最近,又听说一条新造的大路要穿过我们村,茶园的命运不知会如何。我热爱着它,担忧着它。一方面,我希望故乡的人们能够更加富裕,荒田荒地都能被利用被开发。另一方面,又希望美丽的自然山水不要被破坏,希望人心还是淳朴而不被铜臭熏染。这是一对矛盾体,然而世界上,哪件事情不存在矛盾呢!

严畅 | 孙家龙灯

正月初四的孙家村龙灯可能是金华最早的了。我问奶奶为什么这么早，奶奶说这可能是龙头老爷"苦痛"（体恤）大家——正月十五又要花钱准备酒肉饭菜，趁着大家过年家里还有余货在，能体面地办上一次"灯饭"吧。

奶奶总是在不经意间提起："畅啊，你可是那年龙头老爷送给我们家的呐，我跟你爷爷还分了一个献哦。""献"是我们罗埠话的音译，发音类似于方言里的"雪"。意思是在头一年龙灯迎到家门口，向龙头老爷许下心愿，如果实现了，来年灯夜，凡是参与迎龙灯的人，都会拿到主人家准备的一份谢礼（可能是红包、香烟，也可以是馒头）。然后大放烟花爆竹，并给龙头老爷献上红包，以示对龙头老爷的感谢。爸妈结婚那年正月初四，孙家村的龙灯迎到家门口，奶奶跪下持香叩拜，嘴里祷告："龙头老爷保佑哦，保佑家里清清吉吉，无病无痛，百事凑头，万事如意，保佑家里添丁添财，今年生个红男，来年我们家分个献哦。"我在这年出生了。第二年爷爷奶奶就在龙灯来的时候分了献——我们家是每个人分四个馒头，总共分了近一千个。

孙家村的龙,个头算中等,整体工艺为金漆木雕,由龙头龙尾两部分组成。龙头嘴巴微张,头顶有一个圆形的冠。龙眼上装着灯泡,通电会发光。龙嘴上颚向上翘起,顶部站立着一尊魁星点斗的雕像。龙头后端站着一尊穿着汉服,手持笏板的文官神像,龙尾上没有神像。但是在罗埠其他村的龙灯中,有几个村的龙尾上会有一尊神像,比如后张村的是一尊送子观音。龙头和龙尾分别固定在两块长长的灯桥板上,连接处有孔,用木棍插进去固定。每一节的灯桥板都是由一块长约一米八,两头有圆孔的木板和一根木棍组成。龙灯就是由这样一节节的灯桥板连接而成,连接处凸出来的木棍上还会打孔横插进楔子和几根鸡毛,防止棍子脱出导致龙灯断掉。

应该是在我初中之前(2006年),孙家村是每年都迎龙灯的。龙头就停放在村里"稻院"前面一座公共房子的二楼上。每年正月初一早上,两面大铜锣敲出有节奏的"咣—咚,咣—咚"声,我们就知道要请龙头出来了。房子前的空地上铺着大串的鞭炮,随着人们的欢呼声,鞭炮齐鸣,木雕的龙头被几个壮汉抬出来,在一片硝烟里真的就像腾云驾雾。龙头被请到广场中间的桌子上,龙头会的主事者点燃香纸,向龙头拜拜,然后便有人拿出一桶香气四溢的红曲酒以及几块新毛巾,开始给龙头龙尾擦洗。封存了一年的龙头龙尾上布满了一整年积下来的灰尘,去年灯夜时蜡烛滴下来的烛油也堆积在龙身上,整条龙都缺了光彩。粗犷的汉子们此刻都开始小心起来,他们拿起新毛巾蘸着红曲酒洗去灰尘,用工具轻轻除去龙身上的烛油,整个龙头上方及四周竖立着向四面延伸出的蜡烛铁架也要擦去铁锈,刮干净烛油,铁架和铁架之间重新用新的红黄绿等各色布条捆扎连接,灯笼架子上也要套上新买的竹篾灯笼壳。龙头前端站立着的木雕小魁星和龙身后端站立的文官神像也换上了新的红色披风。龙嘴里塞上四个馒头。龙须是由白色棉线做成的。在龙头前方装上两根竹篾,挂上两个小灯笼,随着龙头前行,竹篾上的两个灯笼会上下抖动。装饰好的龙灯会在壮汉们的欢呼声中高高举起,在镇上的主要街道上游行一番,那意思是,今年的灯会已经不远了。

接下来,整个村子都会进入一个忙碌又兴奋的状态。年轻小伙子们从家里找出灯桥板,扫去灰尘,准备点灯笼的小蜡烛,糊灯笼壳。灯笼壳的骨架是一个八边形的二层篾扎成的架子。扎这个壳子的难度比较大,一般会到专门扎灯笼的人家去买。我印象中是从我们西横街这条弄堂里的一个老人那里购买。这个独居的老人从年前就开始用篾条扎灯。他用煤油灯烤弯竹条,用麻丝捆扎。人们买回架子还要二次加工,糊上红绿纸张。中间四个大的长方形空格要糊上半透明的桃花纸。这种纸很轻薄,透光性好,蜡烛点在里面会发出暖白色的柔光。桃花纸上还要装饰上书画,或者贴上剪纸,让灯笼变得更有艺术感。灯笼和灯笼之间的空隙上还要插上纸花或者塑料花以及松柏枝等装饰物。

这个时候，女人们开始准备"灯饭"的食材，讲究的人家还要杀鸡，买"双刀肉"，准备初四拜龙头。男人们开始给亲朋好友打电话，请他们初四晚上吃"灯饭"。每户人家都会有一两桌客人，谁家客人多，说明主人家为人热情、人丁兴旺，那是风光体面的。连灯夜都不请客，那是要被笑话的。初二或者初三，家家户户都提着篮子去领"龙头馒头"。这是龙头会给每个村民的福利，我记得好像是一人五个或者十个，人人有份。

初三早晨，"咣—咚，咣—咚"声又开始出现在大街小巷，两个男人抬着两面铜锣，边敲边开始走"灯路"。"灯路"是指龙灯到时候要走的路线，只要是门口有铜锣敲过，那么龙灯一定会到你家门口。有些狭窄的巷子实在是进不去，那么龙灯也会在巷口停留，接受朝拜。

初四早晨，真正的狂欢开始了。从早上起，"稻院"上的鞭炮声就没停过，龙头刚刚安放在稻院上，有的村民就已经拎着"肉桶"和篮子来祭拜了。"肉桶"里面是煮好的鸡和双刀肉，篮子里是馒头、豆腐、饭、老酒等供品。一番祭拜之后，拿自己家的四个馒头换下龙嘴里的四个馒头，并把点燃的蜡烛拿回家。周边的小摊也越来越多了，有卖吃的，卖玩具的，吸引着小朋友的目光。中午时分，村里又响起铜锣声，提醒大家开始接龙灯了。等到铜锣敲到第二遍，龙灯就差不多接好了。迎龙灯的人腰上扎着红布条，拿着香和黄纸到龙头老爷前祭拜。小朋友们会兴奋地在龙灯下钻来钻去，并且严肃认真地数上好几遍到底有几桥灯，和别人核对也不忘特别强调"算上龙头龙尾有几桥，不算龙头龙尾有几桥"。

白天接好的灯是不点蜡烛的，叫"迎白灯"。但龙头上会有几盏灯点上蜡烛，以便后面接龙灯的换蜡烛。接好的龙灯在稻院上"盘灯"三次，就出发了。下午的时候，龙灯会在罗埠的主街上向各家商户以及大的企业拜年。当然了，拜年需要工商户给红包香烟，以及放鞭炮。龙头会的人会当场拆红包，点数记账，并且大声吆喝"某某家发财红包多少元"，然后会有一片叫好声。如果红包拆了发现主人家小气包少了，龙头会的人也有办法。如果这家有刚结婚的夫妻，他们会问"添子添孙要不要，再包一个子孙包来哦"。如果这家有还在上学的孩子，他们会问"状元及第要不要？再包一个状元包来哦"。听到这些吉利话，主人家也会因为这些彩头再包一个红包来，再放上一大串的鞭炮。

傍晚，龙灯回到稻院上，各人回家吃晚饭。等到催灯的铜锣响起，大家蜂拥而至，龙灯上的蜡烛点着了，轮廓分明的龙头随着黑夜消失不见，点亮的灯笼把龙头勾勒出一个大致的形状。循着暖白的光还能在灯笼的空隙里找到龙头的一个小部分，金色的反光诉说着神秘。锣鼓班子开始吹起"闹花台"的调子，烟花开始绽放在黑色的天空。绽放的一瞬间，能看见龙灯的每个细节，转眼就消失不见。照样是"盘灯"三次，晚上的龙灯却能倒映在稻院边上的埂下塘的水里。于是就出现了地上一条龙、水里一条龙的景象。迎龙头的"龙头叉"发出清脆的金属撞击声，龙灯就开始出发了。一条发着黄光的,缓慢移动的巨龙,开始慢慢走到每家每户的门前,把新年的福祉送到每家每户。

家里,吃灯饭的客人们还在推杯换盏,喝酒划拳,奶奶就开始准备接龙灯了。一张小方桌,放在面对大门的位置上,一个米升,盛着金黄色的玉米或者稻谷,上面插着四支小蜡烛。也有人家用的是一个盛着谷子的大红脸盆,里面插着十支或者十二支或者十八支或者更多的小蜡烛,这样的方式我们叫"满堂红"——一对插在烛台上的大蜡烛,四碟水果,四碟糕点,一碗饭,一碗菜羹,一碗豆腐干,一碗油豆腐。供品上面都插着红纸剪的元宝和绿色的柏枝。最靠近门口的位置并排放着十杯酒。折好几个元宝,挂好鞭炮,准备就绪,等待龙灯的到来。

等到大家都开始哈欠连天,小朋友们开始不停地打瞌睡了,弄堂里远处才传来铜锣声和鞭炮声。不一会儿,两盏"高照"(玻璃围成的方形灯笼,上面分别写着风调雨顺、国泰民安)迎到我家门口了。这两盏灯是开路先锋,表示龙灯随后就到。奶奶不慌不忙点起所有的蜡烛,再点燃一把香,分发给家人,然后龙灯就到了。奶奶照样虔诚跪拜,嘴里祷告,希望龙头老爷带给每个家人平安幸福,橘黄色的烛光照在奶奶饱经沧桑的脸上,似乎每一条沟壑里都盛着对家人的爱。爷爷捧起米升,交给龙头会的人,他们架起梯子,把米升在龙头顶上盘旋三圈,把米升里的蜡烛换成龙头上的蜡烛,交还给爷爷,并撤下几缕龙须塞在我的手里。爷爷送上红包和香烟,奶奶在门口点燃元宝。门外,鞭炮已经响起，于是，龙头叉的清脆声又响起，龙头老爷踏着祥云又转向下一家。

再早几年，迎龙灯的时候还要放铳，这是一种自制的火药。一节一端开口的厚壁铁管，小心装入一点火药，然后塞入一团纸，用锤子和凿子敲实，在管壁上的小洞里插入一截引线，一点，惊天动地。

龙头走后，锣鼓班子"十响班"又来了，主人家可以请他们在家里坐下来弹奏一折《文武八仙》，当然，主人家也要给一个红包。弹奏《文武八仙》的时候，龙尾也叫着进来了。龙尾灵活，灯笼小，又轻巧，负责龙尾的又都是年轻爱玩的小伙子。于是龙尾拉进家里来可以一直进到房间里去。龙尾的小伙子就没龙头那么会说吉利话，但是也少不了分上几包香烟，给一个小一点的红包。小伙子们高兴地拿过，互相一分，慷慨地从龙尾上的红布上撕下一块给我，并让我伸出手摸摸龙尾，从上到下，从头到尾。等到前面的龙头又响起来，龙尾就要"嘎吱嘎吱"地移动出去。大人们开始关门洗漱，小孩子却还按捺不住那份兴奋，但最后还是作罢，因为实在是太困了。

龙头就这样在村里的大街小巷移动着，等到后半夜一两点，龙灯要回到稻院上休息，各人回家吃"半夜餐"。之后再继续下半夜的行程。吃完夜宵的人们总是很有力气，遇到宽敞的马路，龙尾就会叫嚣着"拔灯哦，拔灯哦"，于是所有人调转方向，龙尾用力前进，龙头后退，速度飞快，人们的欢呼声也越来越响。等到走完所有的人家,龙灯回到稻院上,鞭炮响起,"拆灯咯,拆灯咯",人们迅速拆开龙灯,飞奔回家,带着龙头老爷给的好运气。灯夜也到了天亮的时分。

好几年没见到孙家村的龙灯了,但是在不经意间,奶奶总会问我——

"畅,我捣个'拗'(方言音译,意思是谜语)你猜好哇?"

"你讲哇。"

"篾剖剖,纸筒筒,里头开花外头红。"

"我知道,是灯笼,对不对?"

"哈——"

但愿和爷爷奶奶在一起的幸福时光能更多一些。

罗帆 | 去赶交流哦

又是一年十月半，初冬月圆，在物质不再匮乏的年代里，离乡的游子，仍然会回味人潮熙熙攘攘拥挤的乐趣，似浪潮拍打着家乡的河岸，呼唤着游子们归去。

只是归去，也无风雨也无晴。

我的家乡是埠头小镇——罗埠镇，一个静谧悠闲的古老小镇，每每疲惫浮躁，回一趟家乡，见一见故人，尝一尝乡味，聊一聊近况，小镇用她宽广的胸怀拥抱着每一个在外奔波劳碌的游子，流淌着家乡血脉的我们，无论天涯海角，为此驻足回眸。

小镇的旮旯角落早已镌刻在脑海里，如一幅浓墨重彩的水墨画，拉开卷轴，儿时的我们最期盼的，是一年两次的物资交流会。

罗埠镇的物资交流会，上半年是农历四月初八，下半年是十月半。对于这两个日子，从小到大如同自己的生日一样，被我们牢牢铭记于心。

"去赶交流哦"！

一声令下，孩子们便成群结队奔走，口袋里揣着五毛或是更多的零花钱,便欢天喜地地出门,那几天的作业也是潦草应付一下,上课几乎是两耳只闻窗外事了。

而大人们呢,则忙着张罗。交流会是一年之中,除了过年最隆重快乐的日子了,家家户户都会邀请亲朋好友来做客。家乡有个习俗,谁家要是高朋满座,那就说明这户人家兴旺,倘若哪户人家做客的亲朋好友寥寥无几,背后都会遭人闲言碎语。有些人家,也定是要打肿脸充胖子的,拉也要拉上一帮人,来家里热闹热闹,似乎这样日子才会红红火火,兴旺发达。

物资交流会,是一场农副产品、家具五金、衣帽鞋袜、零食小吃、杂技杂耍等的生活盛宴,自然,最吸引我们的,是各种杂耍及美食。

小时候见过记忆最深刻的杂技,是空中飞车。杂技团棚子搭在孙家村的"稻院"(晒谷场)上,一张门票五毛钱,在那时候也算一笔不菲的门票了。坐在一个大圆桶围成的帐篷里,一辆自行车沿着圆桶底往上骑,彩色的飘带随风飞舞,搭着五颜六色的灯光,骑手伸展自如,随后一辆又一辆往圆桶上骑来,一圈又一圈,至今忆起都是梦幻般的神奇与惊叹。

至于那蛇身美女、人蛇大战、动物表演之类的杂耍,一直没有勇气去见识。装在花瓶里会回答问题的小不点女孩,儿时觉得惊悚诡异也未曾见识,至今都成为心底的谜团,挥之不去。

总之,在交流会上时常会遇见这样另类的世界,吸引着我们好奇的心,像极了加西亚·马尔克斯在《百年孤独》里所描写的场景,每当吉卜赛人将新鲜好奇的商品运往马孔多小镇,书里的主人公布恩迪亚都会为此倾囊,每次后悔每次又抵挡不住诱惑。

我想我们的童年正是由这些好奇、新鲜推动着,要不然是索然无味。正如如今成为游子的我们,出去见识了外面世界的精彩与无奈,安抚内心的依然是故乡,是家,是梦开始的地方。

说起交流会最大的乐趣,那便是挤。

从罗埠老街的上街头到下街头,人头攒动,如浪如潮,有些好捉弄的,带头将身体往前倾向挨着的人,从这头推搡至那头,另一头的人想要挤向这头逛,也不甘示弱,人潮便像麦浪随风波动,一会儿挤向上街头,一会儿推向下街头,好不壮观。

人与人之间,只剩一丝缝隙,除了小偷最开心之外,年轻人也是乐此不疲的,特别是处于恋爱萌芽期的小伙和姑娘,这一挤搞不好挤出爱情的火花来。而对于情窦初开的我们,能够邂逅暗恋的同学就足够乐上好一阵子了,若是于人山人海之中,对方投来一眼,那交流的快乐,除了视觉、味觉,还糊了一层朦胧的美。

所谓的摸奖是最令我怦然心动的,五毛钱摸一次,从纸箱里抓一张纸条,上面写着什么就得什么,不外乎是抓住孩子们的侥幸心理,总归摸到的几乎是不值五毛钱的物品。

不过转糖老爷爷那里是必去的。所谓转糖,是用红糖块加热融化制成转盘里的图形。转糖老人担子一头是方形木转盘,转盘以正中为圆心,画了三道圆圈,最里面的圆圈,有一根铁钉粗细的轴,是转"转子"的。另外两道圈分为好多格子,格子内分别画有动物、植物、人物等各种各样转糖图样。另一头是一块光洁如镜的大理石板,转糖在石板上做。老爷爷的加工工具就是一个小煤炉、一口小铁锅、一把铁勺和一根长条形小铁铲。

各种图形在老人灵巧的手里绘制得惟妙惟肖,我们在旁边等待的过程是最享受的,看着老人用一个勺子在石板上作画,吃的是艺术品而不仅是一块糖而已。转糖这门手艺活如今少有人传承了,难得一见转糖人,就像是遇见故人般喜悦。

岁月真是个神偷啊,偷走了青春年少,也偷走了老味道。

那时老街是交流会的主要集中地,街中央的馄饨、烧饼油条、豆腐汤豆浆、包子、油煎馃、酥饼店,都是赶交流会赶累了的歇脚地,在初冬来一碗馄饨暖暖肚子,身心爽快至极。

我从小在罗埠初中大院长大,虽离洋桥头、下街头、下罗埠都近,可母亲老伊开的小卖部需要我这个小帮工,赶交流会要得到老伊的许可才可以潇洒走一回,于是特别珍惜每一次机会,把兜里仅有的几块零花钱用得有所值。

除去摸奖、买糖、看杂技,还喜欢偷偷去溜冰。外婆家孙家村大概是1994年我读初一那年建了一个溜冰场,看着小伙伴们穿着溜冰鞋滑着自由,可眼馋了,平时老罗老伊管得紧,这下可真是如笼中之鸟,迫不及待把所有积蓄租了鞋溜冰。常常是身上青一块紫一块,这倒好一点,不容易被发现,可是裤子脏兮兮的东一块西一块,老罗老伊肯定要追问缘由,知道了肯定要挨批,他们的老思想里认为正经女孩子家就不能去溜冰场、舞厅之类的地方玩耍,可我去溜冰场就是觉得好玩,与正经不正经一点都不搭界。

每次痛快玩耍的代价是一顿批评,一顿批评换来一场自由快乐,还是很值得的,偶尔会和老罗、老伊提起这些往事,他俩还是苦口婆心地说,担心在那些地方玩我会变坏,变得不正经。每个人青春里对自由的向往与追求,多多少少让父母亲担惊受怕,或许这就是爱的束缚吧!

老街上的摊贩基本上是吃的穿的,家具、农具、木头之类的从洋桥头直至花园村的马路上,马路其实是省道公路,但我们喜欢说成马路。各类家居、农用等物品,鳞次栉比地摆在马路两边,那时家用小轿车几乎没有,只有赶交流的三轮车、自行车,交通不至于太拥堵。

镇上附近的村庄都会早早来赶交流,小孩子们赶个嘴馋热闹,大人们赶个丰衣足食。在交流会上采购过年衣,准备住新房的采购家具家电,农活用具在交流会上有更多的挑选,诸如此类,大家都是大包小包,兴高采烈。

过去只有在交流会才可以买到的东西,现在随时可以购买,自从镇上开起了超市、商场、菜市场,购买渠道的拓宽,交通的便利,超市商场的商品集中,网络购物的便捷等因素,对物资交流会的存在是很大的冲击,物资交流渐渐退出历史的舞台,曾经摩肩接踵的场面,如今已经零落。

　　带上老罗和老伊,带上两个娃,再赶交流会,已物是人非。看见两个娃还是兴致勃勃地赶交流会,他们眼里所见依旧是琳琅满目,我仿佛在他们身上看到了自己儿时的影子。

　　而我们只是一味地在回味着过去,走不进当下。似乎突然读懂了贾樟柯《山河故人》里背井离乡后的孤寂,也突然读懂了《百年孤独》的马孔多小镇,从静谧走向繁华,又从繁华变回静谧。

　　"去赶交流哦"!

　　愿你耳边依旧会响起这句亲切的话,以及拥有依旧热切的心。

罗帆 | 埠头情怀

看完阿来《大地的阶梯》，除了喟叹之声外，内心更是响彻着家乡江河的潺潺流水声。

这个声音曾在无数的夜晚，随风潜入梦，它在梦里欢笑，在梦里哭泣，在梦里呼喊，也在梦里沉吟。

每个游子，离家时都会埋下一颗叫作"情怀"的种子，经历岁月的洗礼，浇灌着在外闯荡的艰辛汗水，以及想念家乡时淌下的热泪，就这样在心底生根发芽，长成参天大树后，让思念与别离好好坐下来乘凉。

我把这颗种子撒在了一个衢江之水流经之地——罗埠，这个令我此生魂牵梦萦的地方！

我常在梦里回眸，一千多年前的江畔，是否有一个男子和一个女子在等待着我的转世，那时的他们年轻动容，爱情的甜美洋溢在青春的笑脸上，无数次的回眸修得降世在这个家，这个江边的静谧小镇，这个潺湲流水的埠头。

我就是这样蠢蠢的，总想可以自豪地与人介绍我的家乡，因此总希望这个埠头，在汩汩衢江边是独树一帜的。

民间艺术与文化没有让我失望,听那个一千多年前在江边等我降世的男人老罗和女人老伊讲埠头故事,正是因为历史上衢江流域贸易往来频繁,埠头上堆满从每艘过往船只运送来一箩筐一箩筐的货物,可见当时的繁花似锦,故取名"罗埠"。

(一)

在江边长大,却是旱鸭子,说来挺惭愧,更多的是遗憾,因为怕水,失去了很多童年乐趣。

老罗为了我怕水这件事,在我上小学二年级时,执着了整整一个暑期,一到傍晚,他任职的初中晚自习课上课前,便骑着凤凰牌自行车载我去董家村江边学游泳。

村子离学校大院不远,十五分钟的路程,一路的石子坑洼,让我本就浮着的心更加跌宕起伏。

一次次,老罗把我抛入江水,看我在江水里一阵乱蹿,水花乱溅,乌黑的蘑菇头往下沉,老罗张开宽厚的臂膀把我捞起。

江水呛入鼻腔,我号啕大哭,分不清是泪水还是江水,心里骂着,怎么会有如此狠心的父亲!

每次执着换来撕心裂肺地哭,终于老罗的心还是硬不过我的眼泪,以至于如今饭后茶余与老罗说起这件事,他记忆犹新,说我真笨,连个游泳都学不会,害他白白心狠了这么多天。

外婆家在孙家村,坐落在小镇的老街街区附近,村的后面有条罗埠溪,流淌着从汤溪蜿蜒而来的溪水,汇入衢江。

从小在外婆家长大,儿时的记忆也随着这条河汇入衢江,淌向未知的远方。儿时的快乐是廉价的,夏天的傍晚,一个塑料脸盆,一声召唤,小伙伴们便成群结队开始玩之不腻的游戏,游戏对象是虾兵蟹将。摸螺蛳、抓鱼虾、兜螃蟹,小河是我们的天然水上游乐园。

老罗和老伊不准我到小河里玩耍,因为每年都有孩子溺水的事故发生,可看着外婆家巷子里的小伙伴们一溜烟儿地成串出发,我自然是顾不得那么多,悄悄尾随其后。比我大一岁的表姨灵飞,也总会伸出援手,把她的裙子给我穿下水,回家后又换上自己的衣服,这样不容易被老罗和老伊发现。

孙家村的小河上建有一座小桥,桥面不宽,仅够一辆汽车通行。桥下四个大桥墩,我们常喜欢坐在桥墩边沿侃大山,也可躲过夏日火辣夕阳的照射。

不过这份快乐,在我的童年里占据的比例少了些,由于一场恶作剧的意外,让我几乎对水产生了恐惧。

那是漫漫夏日的一个傍晚,还是如往常一样,和灵飞、灵飞的弟弟升晨,抓了脸盆就往巷尾跑,然后浩浩荡荡一群伙伴,脚步铿锵,奔跑到河边。

扑通,扑通……男孩儿光膀子入水,如一条条大鱼,在余晖下波光粼粼。

我和灵飞扑在脸盆上,费力地撑到桥墩边乘凉,还没说上几句话,我便被推入水里。一阵凌乱的挣扎后,我越沉越深,人生中第一次感知死亡的恐惧,黄黄的河水逆着我瘦小的身躯流动,看不清水里有什么,我的意识也逐渐消失。八岁的至诚心灵,或许感动了佛,好像水里照射下一圈光,带着我往上飘,往上浮。

当我躺在桥墩上的时候,灵飞已经泣不成声,她以为我死定了,我和她说:"我也以为自己死定了,可是有一道光救了我。"

她抽咽着笑起来:"都这样了,还这么爱吹牛。"

"真的,我也以为我这次完蛋了,后来真的就有一道光,把我拖上来的。"

在我们说话的同时,几个男孩子扭扭捏捏向我们走来,走近一看,都是隔壁班的男生。

"对不起,番茄,我们以为你会游泳,才把你推下去的。"其中的一个低着头,赤裸的左脚不断摩擦着右脚。

"下次可别这样,我真的差点淹死了。"我依然记得那天的夕阳,如雨后放晴,整个天空通体宁静清澈。

(二)

沿着江,往东,有个叫"后张"的村庄,离兰溪很近,那里是前往对岸的渡口。江边停着两三艘船,一艘稍微大点的载客载物,另外几艘是捕鱼的小船只,这是 25 年我对这个渡口的印象,如今变成什么样,竟一片茫然。

江的对岸是个叫"伍家淤"的小村,村子虽然小,可在从前也是特别热闹繁华,小时候舅舅常偷偷带我渡船过去玩,两角钱的渡船费,到了伍家淤,给我买碗白花花的豆腐花,配一根油条,满足味蕾的同时也膨胀着童年时很容易得到的幸福感。

豆腐花特别嫩滑,油条又香又脆,爱上一个地方,对于儿时的我来说,简单到有美食便足矣,没有懂事后的心事复杂。

小时候的爱,可以这么潇洒,简单到纯粹,纯粹到坦诚,如此潇洒的爱,如今实难复得矣!

随江而上,是老镇游埠,一个丰富文化底蕴的古镇。正月回罗埠老家,一路上和老罗说很想去江对岸看看,老罗一时兴起,当下决定带我走上一程。

路上交通的高速发展,本想到洋埠镇或到后张村渡口渡船,伊卉东表弟说我这辆车子底盘太低,开往渡口的路还没有修建,都是坑洼,还是从下潘上高速,又快又安全,原本渡船的想法就这样破灭。

驱车来到游埠古镇,已是晌午,肚子开始咕咕叫了,绕着永福桥觅食,大部分店铺都是关门大吉,也是,大正月里的都忙着走亲戚呢。

来到老街,飘来一阵酥饼香,欣喜还能买上几个垫垫肚子。老人一边揉面团一边说:不卖了,已经被人订完了,还有几百个都没来得及做。

我哀求的眼神看着老人:爷爷,你就卖几个给我们吃吧,我们从江对面罗埠过来挺累的,肚子好饿。

老人抬起头,微笑地看着我,应该听得懂我讲话吧。

"好吧,你拿几个去吧,我年轻时经常到罗埠去卖菜呢,也算是同乡人。"

老爷爷诉说着他年轻时的事,我们仨一边吃一边听,吃完告别,老爷爷不肯收钱,只好临走时偷偷把钱塞进他的擀面杖底下,虽然不卫生。

站在古桥望向两端,游埠溪流潺潺,桥上往来的人,桥下游着的白鹅,那儿,站着老罗老伊。

回眸,惊叹梦回千年,那不正是等着我转世的男子与女子吗?

罗帆｜时光，如江水淌过青阳洲

于衢江堤岸边远眺，江面一片白茫，在稀薄的雾气中仿佛能望见一叶孤舟在摆渡。

汩汩而来的是，思绪随江水打捞起一段沉睡的历史，画面里远行着一艘艘货船，船头的桅杆就像是村口的大樟树巍然屹立，层层帆布迎着一个个黎明，荡漾着江水的轻快，而船夫、商贾、游人，随江流打开世界的同时被世界怀抱。

那里有一个古老的时代，一个我们未曾踏足的领域，祖先在这片土地上抒写过的伟大诗章曾几何时被大江湮没，被岁月搁浅。

在埠头生长，衢江是我的母亲河，她比世上任何一条江河都令我动容，她的蜿蜒水势，灌溉着两岸稻田郁郁葱葱；她的宽阔，滋养得我们的胸怀更宽广，更淳朴。而岸边的芦苇仿佛是每位游子播种下的寄予，替远在故乡的我们守护她，凝视她。

青阳洲,我儿时对它存在的理解,是一片鸟儿可以自由飞翔的地方,我不知其来意,也不知它从何得名,所辖为哪些村庄。贪玩的年纪,提到它的名字就会与郊游产生联想,间或与冒险有关。

每到春天来时,我们挎着大竹篮到江滩边剪马兰头,一堆人围着一簇簇的马兰头,老的嫩的一抢而光,随后又挪动一块地儿,直到篮子铺满为止。有时会在草丛间看见蛇的蜕皮,如林中鸟般惊恐地尖叫着纷纷散去,常常是竹篮被踢得东倒西歪,马兰头落了一地。

在出门前,是做好了郊游准备的,带几个酥饼、鸡子糕、干菜饼、烧饼油条充饥,大人们好似巴不得落个清闲,叮嘱几句注意安全。

要说去青阳洲野炊,只需一吆喝,从巷头到巷尾就可以组建一支队伍,带锅碗瓢盆的,带米菜的,带油盐酱醋的,一呼啦就出发了。好像个个都是能手巧妇,捡柴火,搭灶,洗菜,煮饭,炒菜,一桌味道不咋的饭菜就下肚了。

吃是次要的,主要还是玩耍,在水边长大的孩子,天生对水有种情怀。摸螺蛳、抓河蟹、捕鱼是最热衷的,那时我们多纯真快乐,清晨闻着鸟语花香醒来,夜晚枕着星星入眠,草木虫鱼都是我们的好朋友。

而情怀是最令人难以割舍的,就像写此文的本意是研究青阳湖的时迁世事,结果又写成了感怀,因这是无法消逝的流年。

（二）

思绪退潮回岸，回到文章本身。

说来惭愧，前阵子读了文史学家高旭彬的文章才得知青阳湖俗称青阳洲和溪里，也才得知青阳湖原有如此深厚的文化底蕴。

此次受伊有喜老师相邀，与张乎、杨荻、高旭彬、范丹霞同游湖前村、让宅村和西上陈村。同志同道合之人郊游实属趣事，既增长见识，又交流文学。光听高老师一路上对青阳胡祖上的变迁史与人物史的讲解，就痴迷神往，行走于村庄里仿佛置身前朝前世，徜徉驻足在古风里，原来我们的祖先如此神圣。

村里的稻院基上正在举办辣椒节，红的绿的，煞是好看，辣椒是靠近龙游县的汤溪人不可或缺的调味品，小时候吃馄饨、油煎馃、臭豆腐干夹馒头、拉面时必定要浇上一点辣椒酱，提鲜又开胃。

当穿过参加辣椒节的人潮，往村里走进，一路上的田畈里种着稻子、甘蔗、玉米、青豆，靠近路边是一排排辣椒，个个垂挂着喜庆，不时有刚表演结束的演员穿插而过，手里挎着装满辣椒的大竹篮，引得我们直想抓几个带回家烧农家小炒肉吃。

眼里还在对田里的农作物垂涎，立马被一个大坟震慑住了，四方形一圈由石雕镶嵌着，听高老师讲解了此墓乃两兄弟及后代之合墓，大为震惊。大凡民间传统是夫妻合墓而葬，从未闻得兄弟合墓，何况此墓的造型及构造极具美感，论风水更是甚好，掇山理水,前有池水滋养,旁有苦槠树和大樟树守护。

原本见墓绕道而行,避而远之,而尚睦墓建凿者与美学融合得相得益彰,让人所见并无惊悚感,此为一绝;墓内合葬着两兄弟及后代共二十四人,另墓中各位置所对应名字皆能交代清楚,可见古人思考周详,此为二绝;自古吾国乃道德礼仪之邦,家人间和睦相处、礼让的教化之情,墓上的石雕花纹之寓意皆为仁孝礼义,叹为观止,此最为稀罕。

出门前,父亲听说我要到湖前采风,他便告诉我村里有一个高官的大墓,想必他所说的便是尚睦墓了。只是他并不知此墓的来龙去脉,但可见此墓在方圆几里是大有名望的。

前往让宅村去观望另外几处古墓群前,伊老师说来湖前必定要观赏的还有恩荣牌坊。抬头可见褪色的红漆御赐木牌上,写着遒劲有力的"恩荣"两字,牌匾上方的亭阁式石砖,如同一顶官帽庄严肃穆。巷子里挂满了连串的红灯笼,让这丰收节增添了喜庆色彩,站在牌坊下望向尚睦堂,是另一番心境。我想起我的外婆,她姓胡,会不会也是属于青阳胡家族后裔呢?虽外婆已离开人世,很多事要追本溯源,但我想只要后人心诚,这个谜恐怕是不难解的。

（三）

小时候每年正月,父亲会骑着他那辆锈迹斑斑的凤凰牌自行车,载着我到一乐堂姑婆家拜年,大大小小的糕点挂在车龙头两边,随颠簸的石子路一晃一晃的场景,至今记忆犹新。

那时交通不便利,就觉得罗埠镇离一乐堂很远,好不容易出一趟远门,虽然大冬天里寒风凛冽,也是开心快乐的。父亲和我提起过一乐堂在古代是个有文化底蕴的地方,可年少时不会关注这些,也不喜关注。光说小时候经常去玩耍的集雅堂,未曾知其有如此深厚的历史渊源在内。

走在上陈村口,沿着村口一路盘桓至江岸边的大樟树,像一个个站哨的卫兵挺拔着,静谧而安详。呼吸,再呼吸,鲜有自然生态环境如此繁盛的村落了。站在木桥上,才知桥下的溪水流自莘畈溪,与罗埠的厚大溪共同汇入衢江。

江岸边的埠头街,挨着几家茶馆店,挤满了喝茶打牌聊天的人,这与我家乡的老街似曾相识,宽慢的生活态度许是随了这一江温和的流水。

回家后与父母亲说了今日采风之所见所闻所感,往事随着一家人的回忆涌上心头,一些熟悉的地方和熟悉的人,一些有趣的故事,母亲说好像就在昨日发生的事,转眼已过去那么些年。

几代人的传承,几代人的耕耘,几代人的记忆,共同谱写着青阳洲这片古老的土地,除了缅怀与讴歌,我们还能做些什么呢?

郑土有｜汤中读书生活琐忆

　　前不久,恩师胡执友老师专门打来电话,告知今年是汤溪中学建校七十周年大庆,希望我能写点回忆的文章。因为五月是高校老师的"魔鬼月",需要应付各种各样的毕业论文,一直没有时间定下心来整理思绪。今天终于有个空档,可以静坐书房,回味在母校读书时的点点滴滴了。

　　我于1975年9月进入汤溪中学读高中,1977年7月毕业。当年10月,国家决定恢复高考,先是参加了县里组织的预考,顺利通过了;但12月底的正式考试,很多题目都看不懂,根本就没学过,结果可想而知,当时倒没什么特别沮丧的,照样开开心心在生产队干活。后来被推荐当上了大队赤脚医生,倒是学到了不少医学特别是草药知识,还在全区赤脚医生知识竞赛中拿过第三名。记得1978年初,有一次生产队在水碓房榨油,茶油榨好后,根据每家的情况当场"分油",我负责过秤,由于水碓房灯光昏暗看错了秤,被人骂"千年老童生",当时受到了很大的刺激,暗暗发誓一定要去复习参加高考。曾经在一次生产队捋茶子园的劳动中,动员同队的同龄人一起去复习,至今仍被村人提起。当时父亲身体不好,弟弟妹妹都在读书,家里缺少劳动力,但我心意已决,同父母约定,只复习一年,若没考上,就死心塌地回家务农。于是我 1979 年秋回到汤中,参加了一年的文科班复习。所以,我在母校读书的时间,前后共有三年。三十多年过去了,岁月抹去了不少生活的痕迹,有的已经全然忘记,有的记忆模糊,也有的至今清晰可见,仿佛就发生在昨天。

我的小学、中学生涯处于"文革"中后期。小学在自己村办小学就读,1973 年秋我到塔石初中就读。塔石是我们公社所在地,离我们村(壁下)5 里路,每天早上去,下午放学后回家。放学后,帮家里干一些力所能及的活,主要是"打猪草"(采摘一些给猪吃的野草,通常是女孩子们干的,但我们家只有一个年幼的妹妹,所以只好我来干)、砍柴(那时没有煤气,村子里人又多,所以能供烧火用的柴禾非常稀缺,近处的几乎都砍光了,松树、杉树的树枝只剩下一个小小的树冠,有的就因此而枯死。现在回家看看,满山遍野都是柴禾,时常发出感慨)。

当年读高中是一件不容易的事。整个汤溪区只有汤溪中学招生两个班级一百人左右。记得我们上高中那年没有统一考试,而是采取初中学习成绩加政审、推荐的办法来录取的。我初中时的学习成绩不错,一直名列班级前茅,更重要的是我家三代贫农,"根正苗红",父亲是老党员,所以我侥幸被推荐上了。从毕业照上看,塔石初中 1973 届共有 48 位同学,最后只有 6 位同学录取到了汤溪中学。

接到录取通知书时的心情,现在已经模糊了,估计还是很平静的,因为当时即使读了高中,也还是要回家务农的。但上学第一天的情景至今记忆深刻。

我们村距离汤溪镇(村民一般称"城里",因为汤溪在1958年撤县以前是县城,有城墙)60华里,虽然当时已经修建了简易公路(路基上铺沙子),可以开汽车、拖拉机,但没有开通公交车,只有那些跟汽车、拖拉机驾驶员有特殊关系的人才有可能搭到便车,一般人都靠步行,所以,我也是步行去上学的。那是我有生以来第一次离开父母出远门,还要挑一担行李,慈母不放心,坚持要送我去学校。

那天清晨,我和母亲便肩挑行李出发了。现在想起来,那时的行李很古怪,一把锄头当扁担(学校通知明确规定要自带锄头,学农时用),一头是一只椭圆形木箱(我们家平时装黄豆的,该箱子方言中具体叫什么现在怎么也想不起来了,里面放了换洗的衣服和一些初中时读过的教科书),一头是被褥和一布袋米等;脸盆等杂用品另一人提着。担子有点沉,我和母亲轮着挑。当天晴好,太阳高照,天气炎热。因为挑着行李走不快,行走到离家三十多里的黄麻山村时,已经十二点多了。该村有一位母亲认识的熟人,本想到她家歇一会,喝点水,吃一点干粮。但主人很客气,非要烧点心(面条)给我们吃,我们推辞不过,吃了她烧的点心再继续赶路。原本当天是可以赶到汤溪中学报到的,但父母有一个交往多年的好朋友(木匠,60年代时我们村的大会堂是他领衔造的）在油麻车村，母亲决定当天住在他们家，也让我认识一下，以便以后遇到困难的时候可以请他们帮忙（事实上也是如此，高中两年中无数次到他们家拿菜，我终生难忘）。所以，我们没有走从厚大村到农中到汤溪的公路，而是穿过厚大的小街，沿机耕道到了油麻车村。第二天早上，从油麻车村出发，涉过越溪（当时没有桥，冬天也要冒着刺骨的溪水，赤脚过溪，记忆深刻），终于到达汤中报到。等一切安排停顿后，母亲就匆匆步行回家了。虽然母亲大人辞世已经八年多了，但是这一次送行的情景我至今仍历历在目。

　　初中的同学都是同一个公社的，彼此差异不大。但高中同学不一样，来自整个汤溪区，同学之间的家庭条件、家庭背景、阅历见识等，都有很大的差异。其中，让我感受最深的是"山里人"和"城里人"的矛盾。"城里人"主要是指来自汤溪镇及汤溪医院、工具厂、齿轮厂、电厂等的职工子弟，一般都是居民户口，家里条件比较好，穿着相对比较时尚，先天具有城里人的优越感；"山里人"主要是指来自岭上、塔石、山坑、莘畈等山区的学生，家庭条件差，穿着土气，见识也少。"城里人"看不起"山里人"，吵架时就骂"山里人"是"山里毛虫"；"山里人"脾气犟，不服气，你们"城里人"有什么了不起的，"流里流气"的，所以就经常闹矛盾，甚至打架。而一旦发生打架，"城里人"会叫来帮手，吃亏的总是"山里人"。我们一进校门就听说这种情况，还好我们这一届好像没有发生过打架的事。但我们这些来自山区的学生，看到"城里人"总有一种惧怕的心理,尽量躲避。这种情况维系的时间并不长,等我 1979 年参加复习班读书时,这种感觉就不复存在了。对于这种现象的产生,我至今百思不得其解,但确确实实是当时我们一批来自山区同学的共同的强烈感受,或许城里的同学并没有意识到。因为存在过,所以觉得有必要记上一笔,可供以后研究用。

高中两年,朝夕相处,许多同学都成了好朋友,丰建林、胡则鸣、苏战辉、曹志耘、施东方……随便就可以列出一大串。尽管有的同学自毕业后就从未见过面,当面相遇不相识,但一经点破后就有一种亲如兄弟的感觉。记得 2007 年在汤中举行毕业三十周年同学会,在前往会场的路上,遇上曾经同桌好长时间的夏志先同学,就完全不认识,还不好意思地问他叫什么名字,待互报姓名后,大家都哈哈大笑。当然也有不少同学一直保持亲密的联系,比如"老苏"(苏战辉)。"文革"前,他父亲是塔石公社的干部,而我父亲是大队书记,他父亲经常下乡到我们村开会,我也会尾随父亲到开会的地方,他父亲就经常逗我,拿卷烟给我"抽"。因为有这层关系,所以在高中时我们两人关系就很好。当时他父亲在区政府任职,他们家住在汤中隔壁的区政府内,放学后或周末我就经常到他家玩。后来他父亲患病去世,老苏高中没毕业便顶职到汤溪工具厂当了工人,我也就成了他宿舍的常客。以后每次到汤溪,都是住在他宿舍,在他们食堂吃饭。那时,他们工人的待遇可真让人羡慕,夏天棒冰可以随便吃,啤酒用脸盆装。一直到我上大学,有时还会住在他那里,他骑车带我到汤溪火车站上火车。有人说中学时期结交的朋友才是真正的朋友,这话有一定的道理。

说实在的,高中阶段确实没有学到多少文化知识。比如没有英语课,ABC都没学过,高考时只好乱画圈(还好我高考那年英语按 30％计入总分)。物理课叫《机电》,学装电灯、开拖拉机之类,化学课到田间测量土壤酸碱度,数学课用泥土做几何模型。但后来回想,当时教我们的老师都是非常优秀的,大多数都是老大学生,由于"文革"时期各种各样的原因,"虎落平阳",来到了汤中这所偏僻的农村中学任教。只可惜当时的教育方针、教材等的限制,使他们有力无处使,发挥不出应有的作用;而我们这些学生,也不知道学习的重要性,没能从他们身上学到更多的东西,殊为可惜。当然老师的水平往往不是外在的因素所能够压抑的,它就像光一样,随时随地都能显现出来,在他们潜移默化、有意无意的言传身教中,我们年级还是培养出了不少的人才。比如现在的汤中校长丰建林,就是当年我们班的班长,这些年来汤中在他的领导下有了飞跃性的跨越;又如曹志耘,现在是北京语言文化大学教授、博导,是全国著名的语言学家。

在汤中三年读书生活中,给自己上过课的老师有很多:陈培德(语文)、方允中(数学)、陈根森(数学)、周荣耀(政治)、张志奎(机电)、金凤兰(化学)、金烈光(语文)、胡执友(地理)、柴树林(数学)、刘星(历史)……,印象深刻的大概有以下几位:

最钦佩的老师——陈培德。陈老师是我们跨入校门的第一位班主任、语文教师,高高的个儿,长长的脸,深凹的眼睛,颇像欧洲人。他讲起课来,口若悬河,眼睛眨个不停,尤其是一口标准的普通话,极富磁性,板书也极为漂亮。只要他一开口,就能吸引同学们的注意力,我比较好的中文基础是跟陈老师的教学以及潜移默化的影响有密切关系的。后来大家才慢慢了解,原来陈老师是北大哲学系毕业的,难怪这么有才。80年代后,随着国家发展和建设的需要,有一批知识分子充实到干部队伍中,陈老师先后担任金华市委宣传部部长、浙江师范大学党委书记、浙江省委副秘书长、省体委主任等职,在省体委主任任上红火了一把,成了全国闻名的足球打黑"局长"。很可惜,高中毕业后就一直没有机会见到他。

最害怕的老师——张志奎。张老师教我们的《机电》课,他是一位非常风趣幽默的老师,上课喜欢说笑话。但不知何故,他上课的内容我常常听不懂,看到那些公式就头脑发胀,因此这门课的成绩一直不好,久而久之,张老师就成了我高中阶段任课老师中最害怕的老师。

最感激的老师——胡执友。胡老师教我们地理课,虽然现在中学里主副课的界限分明,但那时好像没有这种观念。胡老师的发音金华腔比较重,开始有些听不懂,慢慢也就习惯了;他个子矮小,穿着随意,人非常随和,所以当时我们一些"山里人"都比较喜欢跟他交往,经常到他宿舍玩。他的宿舍(当时汤中老师的宿舍都很简陋,大都只有一间十几平方米的房间,没有卫生设备)正对着学校食堂,又是他一个人住,所以有时食堂打了饭也会到他宿舍吃。尤其是复习班学习的一年中,我经常到他宿舍请教问题,除了学习上的帮助外,其他方面得到他帮助的地方也很多,比如学校放假时,就把一些不能带回家的东西堆放在他房间里。在胡老师的耐心教导下,我平时的地理课成绩一直不错,但比较惭愧的是高考时没有考好,只得了 85 分,没有发挥出最好的水平。

影响最大的老师——金烈光。金老师是我复习班学习时的班主任和语文老师,他的语文知识渊博,而且有很好的教学方法,参加复习班的同学都深有同感。在他的悉心辅导下,一年时间下来语文的成绩有了较大的提高。说金老师对我影响大,还有一件特殊的事:1979 年 7 月 9 日高考结束后,大概过了没有几天,就要填志愿(那时是高考成绩出来前填志愿的)。当时我填志愿可以说是万分的盲目,对全国高校的情况一无所知。因为"文革"后期,父亲遭到了造反派的批斗,受到了村子里那些"蛮横"人的欺负,所以当时第一想法就是报政法大学,学法律,将来可以保护家人,因此填报志愿草稿上重点大学的第一志愿是西南政法大学,一般大学第一志愿是华东政法学院。同学们聚集汤中,然后集体乘车到金华去填志愿,在车上我将草稿给金老师看,请他参谋一下。金老师看了草稿后说,他在上海师范大学(原名华东师范大学,"文革"时改名,80 年代中期又改回原名)

进修过,是一个很好的大学,校园也很漂亮。听了他的话,我就顺从地将原来放在重点大学第二志愿的上海师范大学改为第一志愿,将西南政法大学改为第二志愿。谁知这一改,竟完全改变了我的人生道路。后来高考分数出来后,得知我的分数这两所大学都能被录取。结果,我就进了上海师范大学中文系。我猜测,这样的结果金老师肯定是心中暗喜的,后来数次到金华金老师府上拜访,他对我取得的些许成绩都很高兴,可以得到证明,因为他是学中文的,有学生继承自己的专业总是高兴的事。但这一改,对我来说,是好是坏呢,不得而知。

我们那时读高中,真的很轻松,因为没有高考的压力。所以,那时是如何学习的,记忆已经很模糊,倒是学习之外的一些事记忆清晰。

比如吃菜问题,对我们山区来的同学来说是一件很麻烦的事。因为路途遥远,交通不便,最多只能两周回家一次,新鲜蔬菜肯定没法从家里带,所以只能带些不易变质的霉干菜,家庭条件好点的是霉干菜炒肉,否则只能是霉干菜炒黄豆。我家条件不好,大多数情况是霉干菜炒黄豆。吃得太多了,以致我以后很多年都不吃霉干菜。有时家里给了几毛钱零用,花五分钱买一碗青菜,必然分中、晚两顿吃,那是非常奢侈的事。还好,我父母在油麻车有个朋友,所以有时就到他们家去拿一些腌菜,可以调剂一下。

那时,自来水还不普及,汤中的自来水是用抽水机从水井抽到水塔,然后供食堂使用的。我们学生宿舍就没有自来水。记得宿舍前有口水井,水位很低,吊水用的水桶的绳子有十多米长,每次洗衣服,吊水需要花很大的力气。有时一不小心,绳子滑落,水桶掉到井里,要弄出来可得费九牛二虎之力(用很长的带铁钩的绳子钩上来)。

学农是当时的必修课,校园内操场边有一大片菜地,出校园后校门有一大片农田。每个星期都有半天时间要背起锄头到菜地或田里劳动,但毕竟大家都没有经验,所以菜地里的蔬菜、瓜果收成还好,田里的水稻总是跟周边生产队的相差一大截。

如果天气晴好,体育课在操场上进行。在当时汤中的操场算是很大的,有 250 米的跑道,有 4 个篮球场,有沙坑。遇到下雨天,则在孔庙内上,打乒乓或打羽毛球。那时并不知道那座建筑是孔庙,只是觉得它很古老,建在高高的台基上,木头柱子要两个人合围,很大的石础。后来才知道它就是原来县学内的孔庙,与隔壁的城隍庙一样古老。要是孔老夫子有知,我们这群懵懂小孩在他老人家的殿堂里尽情玩耍嬉闹,不知是高兴还是恼怒?很可惜的是,由于后来学校扩建的需要,孔庙在 90 年代被拆除了。

1979 年 9 月到 1980 年 6 月在汤中文科复习班的日子,大概是我这辈子读书最认真、最辛苦的日子,当然也是收获最大的日子。因为这一年的复习改变了自己的人生轨迹,如果不参加复习,今天会是怎样一个人呢,无法假设,但至少是因为复习上了大学,造就了今天的我。

　　复习班的学习,大家都有非常明确的目标和追求,读书都非常勤奋用功。班级学习氛围浓郁,除了吃饭睡觉,大家都在教室,或是自己埋头学习,或是相互讨论,关系融洽。老师们也很敬业,一门心思上课辅导,帮助同学们提高学习成绩,他们的宿舍也是全天候开放,同学们随时可以上门求教。而我因为与父母有复习一年的约定,颇有破釜沉舟的意味。因为高中阶段没有学到什么东西,很多知识等于从头学起,尤其是数学、历史、地理等。记得开始时我的模拟成绩在班级的排名一直是倒数的前几名,这更加促使自己发奋努力。当时的复习班与高中同学遵守相同的作息制度，大概早上6点起床，晚上10点熄灯，不得违反。而复习班的同学会觉得时间不够，有的晚上熄灯后悄悄打手电筒在被窝里看书，我买不起电池，所以就经常早上天蒙蒙亮就起床。但这些违反纪律的事不能被老师发现，一旦发现就要遭到严厉批评。记得当时是生活指导宋安国负责这方面的工作，早上晚上他都不辞辛苦地在校园里巡视。有一次，我5点多在盥洗室里悄悄地刷牙洗脸，结果被宋老师逮个正着，他毫不客气地没收了我的脸盆，害得我几天没脸盆用。最后诚恳接受批评后，宋老师把脸盆还给了我。现在想来，当时汤中的这些规定，确实是为同学们着想，因为一年的复习时间，一直处于高度紧张的状态，没有良好的身体是支撑不住的。也许是过于拼命和紧张的缘故，临近高考的一个月，我的身体就顶不住了，莫名其妙地发低热，不得不回家休整了半个多月，这一定程度上影响了高考的成绩。

1980年的高考，我们的考场设在蒋堂金华一中。7月4日下午汤中的考生集合后一同前往，被安排住在一中的学生宿舍。印象最深的是宿舍里蚊子奇多，用汤溪话说蚊子多得可以把人抬走，再加上考前的紧张和兴奋，大家几乎都是一晚没睡。进了考场也是头脑昏沉沉。当天考完后，觉得这样子不行，想到有一个高中比较要好的同学刘顺清在蒋堂拖拉机修造厂工作，平时也有些联系，于是就步行两三里路到拖拉机修造厂找到了老同学，接下来两晚就住在他的宿舍里，免受了蚊子叮咬之苦，有了充足的睡眠,也保证了考试的正常发挥。我内心对老同学充满感激。很可惜,上大学后远离家乡,跟高中同学的联系逐渐少了。有一年回家想去看望刘顺清同学,却得知他已经因患病不幸去世了,心中留下了一个永远的遗憾和愧疚。

在汤中读书的三年,几乎都是步行上学、回家的。这在我儿子听来简直是天方夜谭的事,60里路哪!现在我们村里的孩子们,到塔石小学读书,也很少有步行的,因为公交车很方便!这也从一个侧面反映了我国自改革开放以来所发生的巨大变化和人们生活水平的提高。

通常我们都是两周回家一次。如果天气好(不下雨、下雪),周五下课后,整理要带回家的东西:装米的布袋,装菜的杯子、菜筒(一种利用粗毛竹制成的密封用具,是山区人上山劳动时带菜用的传统用具),也有个别同学将外衣带回家洗。食堂里吃过晚饭,一根毛竹小扁担一头挂上米袋菜筒,扛在肩上,然后同一方向的山区同学就结伴出发了。我们到塔石方向的,一般是岭上公社、塔石公社、山坑的同学,少则几个人,多则十几人,一路上有说有笑,嘻嘻哈哈,倒不觉得寂寞、害怕。只是那些住在高山上的同学,跟大部队分手后一个人行走在山间小路上,是否会害怕,没有问过他们,我想对一个十四五岁的孩子来说,肯定是会害怕的,但人到了那个时候,自然会胆从心生。沿着盘山公路行走,不断有同学走上岔道回家,人会越来越少,到塔石后一般就没有几个人了。有时,那些家特别远、不通公路的同学,会在同学家住一晚,第二天再回家。走夜路回家,大概是我们这些在汤中读书的山区学生难以磨灭的记忆。当然,也有些同学害怕走夜路的,他们白天步行,看到有拖拉机(货车速度太快)经过,就动作麻利地爬上去;司机发现后,将他们赶下来;继续步行,遇到拖拉机,又爬上去。就这样边行走、边搭车,能搭乘一段就搭乘一段,两年下来,不少男同学练就了高超的爬车技术。

返校的时候,我们一般选择周日白天出发,因为同学都分居各村落,难以约好同行,一个人走夜路父母不放心。返校时要挑一担行李,二三十斤米,还有几大缸(筒)的菜(主要是霉干菜,少量腌菜),比回家时要辛苦很多。

当年公路上有少量的货车和拖拉机行驶。那时的司机(尤其是货车的驾驶员,一般是住在汤溪、金华的)可是很吃香的"牛人",因为很多人想搭他的便车。我们家没有当驾驶员的亲戚,父母又不是吃"公粮"的国家干部,没有搭车的门路。每到我回家的这周六,父母都会很留意停在村边公路上的车子,看看是否有认识的司机。但即便认识,也仅仅是认识而已,通常都会被拒绝。也曾有几次,周日上午出发时,正巧公路上停了一辆到汤溪的货车,强行爬上车斗,结果很没面子地被驱赶下来。由此,很多年后都对货车司机没好感。所以,大多数时候,都是挑着行李步行回学校的。

在母校读书的三年,虽说就人的一生而言是短暂的,但时间的意义往往不在长短而在其价值。汤中的学习,母校老师的辛勤培养,使我迈进了大学的校门,改变了人生的轨迹;汤中长期以来形成的脚踏实地、吃苦耐劳、勤奋刻苦的传统,至今仍影响着我的学习工作。作为一名校友,在母校建校七十周年的大喜日子里,衷心祝愿母校在现有的基础之上,更上一层楼,取得更加辉煌的成就!(2011年,汤中70年校庆)

范丹霞｜往事如烟：汤齿子弟学校札记

往事如烟，回忆深深浅浅。有些人，有些事已随时光渐行渐远，然而记忆的闸门一旦打开，就如洪水决堤，过往的某些情景依然清晰地浮现在眼前。

（一）父母亲情

在20世纪80年代初，汤溪工具厂和汤溪齿轮厂在汤溪镇方圆百里是远近闻名的。当时能进国营企业当工人是很多人梦寐以求的事。比起田间劳作、脸朝黄土背朝天的农民，工人的待遇要好很多。不用风吹雨打太阳晒，每月还有工资领。所以能进厂上班是件挺令人羡慕的事。

规模宏大的厂房，机器声隆隆的车间，环境优美的职工宿舍，还有食堂、澡堂、鱼塘、篮球场、棒冰室、幼儿园、医务室等完善的配套设施，一切都是那么令人向往。

原本知青下放，在乡下小学当老师的母亲被调去汤溪工具厂上班，那年我五岁。到了七岁那年，就跟着母亲到汤齿子弟学校上小学。从家里到学校有十几里路,走大路要走将近一个小时。为了节省时间,母亲就领着我走小路。从汤塘到塘下李经过上李,再穿过禾边程,沿着寺垅水库走很长一段乡间小路才到我们就读的学校。我们村到汤塘隔着一条河,叫越溪。记得小时候越溪里的水非常清澈,河里有鱼,有虾,有螃蟹。岸边有野花、青草,有芦苇。溪滩上是大片干净的鹅卵石。夏天过溪是最开心的事了,特别是放学回来,可以在溪里游泳,玩尽兴了再回家。冬天可就惨了,冰冷刺骨的溪水常常让我恐惧,不敢下水,要母亲背着我过溪。

　　不管严寒酷暑,每日清晨五点母亲就要起床烧好早餐,料理好家务,然后带着我出门。有时候天还蒙蒙亮,我们就已经走在田间的小路上。一路上,母亲常常会给我讲故事,或是让我背几首古诗,有时也会教我唱几首好听的儿歌。边走边唱,感觉时间过得特别快。放学回来时,我也会叽叽喳喳地把学校里的一些事向母亲汇报。因为不用赶时间,一路上还可以采采路边的野花,捉蝴蝶,抓蜻蜓,或观察水田里的小蝌蚪,母亲也会给我讲小蝌蚪找妈妈的故事。一望无际的田野里种着庄稼和各种蔬菜瓜果,有时抬头看蓝天白云,有成排的大雁飞过。我艰苦漫长的求学之路因了这些动人的风景并不枯燥,甚至回想起来觉得有趣。

　　当时父亲在东祝砖瓦厂上班,是厂里的烧窑师傅,每天早出晚归。厂在寺垅水库后面的山背上,风景很美。但父亲很少带我去他上班的地方玩。怕贪玩调皮的我掉进窑洞去。父亲烧窑的地面上布满了一个个圆圆的窑洞,大概有十几米深的样子。我曾偷偷掀开洞眼上的铁盖子,观看窑洞底部燃烧着的熊熊烈火,非常壮观。压制好的黄泥坯就放在这些窑洞里烧,经过几道工序,就变成了坚实耐用的红砖。但烧窑却是一件辛苦的技术活,要掌握好窑火的温度和时间,稍有差池,烧出来的红砖质量就有变,而且工作环境常年高温,工人每天上班就像汗蒸一样,一年四季都汗流浃背,他们要经常喝一些盐水来补充体能,儿时的我却不能完全体会父亲的辛苦和劳累。

由于父母的勤劳和努力,我和妹妹的童年无忧无虑,幸福快乐。从没感受过贫困的压力。父母的爱最无私,父母亲平时生活节俭,却总是把他们认为最好的留给儿女。望子成龙,望女成凤,每个做父母的都希望儿女有出息,生活得更好。但儿时的我却生性顽劣,不思上进,一次又一次让他们失望。每次我做了错事,平时一向温和的父亲也会挥舞手中的"牛棒丝丝",抽得我抱头鼠窜。当时我也曾因为挨打而心里不平,不能释怀。多年以后才明白父母的一片苦心:养不教,父之过。

我读小学四年级的时候,妹妹也上一年级了。家里终于买了一辆凤凰自行车。当时这辆二八大杠可为我们家立下了汗马功劳,我终于可以免去每日徒步上学的辛苦了。车龙头的横杠是我的宝座,父亲骑车,母亲则要抱着妹妹小跑着跳上车的后座。坐前排是不能乱动的,有时我随意扭动一下身子,车龙头就会左右摇动。父亲就大声训斥,叫我别乱动,否则一家人可都要摔跤了。于是我只能老老实实地伏着。虽然父亲的车技很好，但老马也有失蹄的时候。有一年正月，到下伊的舅公家拜年，他喝了点酒，回家的路上车骑得飞快，结果带着我和妹妹一头栽进了机耕路边的水渠里。当时天气很冷，水面都结着薄冰。我们的棉衣棉裤都湿透了，我和妹妹差点冻成了冰棍。那些年风里来雨里去，一家四口出行全靠这辆自行车。父亲对这辆自行车有着深厚的感情，过了几年，家里买了电瓶车，我们也买了汽车，他把这二八大杠擦得干干净净，放在阁楼上，舍不得扔。

后来我们两姐妹离开父母，去了外地读书、工作。再后来各自有了自己的家庭和孩子，和父母相聚的时间也少了。但每逢周末，过年过节回老家看望父母仍是最开心的事。不管我们长多大，在父母眼里仍然是孩子。也只有在父母亲面前，可以亲昵撒娇，敞开心扉做真实的自己。父母亲情，是人生最宝贵的财富。

（二）师生情浓

"墙角数枝梅，严寒独自开。遥知不是雪，为有暗香来。"念起王安石的这首梅花诗，总会让我想起我的启蒙老师张梅林。

老师一生爱梅，名字中也有一个梅字。连微信网名也和梅有关。"槑"是梅字的异体字写法。可见老师对梅的喜爱和执着。我总觉得她就是那一枝傲雪寒梅，不与百花争艳色，只留清誉满人间。

七岁那年,我第一次跨进小学的校门。张老师是我们的班主任。语文老师兼音乐老师。她个子不高,皮肤白皙,五官精致,气质高雅,和蔼可亲。她声音温柔甜美,说话办事优雅得体,有浓浓的书香味。后来得知她出身书香门第,哥哥是西安交大的著名教授。由于当年大伯伯单位响应国家支援小三线城市建设,张老师也就跟随大伯伯从省城杭州来到汤溪这个偏僻的小镇。一待就是二十几年,人生中美好的青春年华都在汤溪度过了,所以后来老师常说汤溪是她的第二故乡。

当时汤溪齿轮厂和汤溪工具厂还有电厂是国营企业,特别是齿轮厂是有着上千工人的大厂。工人大都是来自各大城市的有文化有技术的人才。所以我的同学中有的来自杭州、上海,有的来自宁波、绍兴。我们汤溪本地的同学倒没几个。当时我们一个班里就有将近五十个学生,有几个还是调皮捣蛋的熊孩子。可想而知当班主任是多么的操心劳累。每节语文课还要备课,批改作业、试卷。每学期期末的成绩单,品德评语都结合每个人的不同情况写得非常详细中肯。张老师对待每个学生都像自己的孩子一样,循循善诱,谆谆教导。

我最喜欢上的就是语文课。从小在田野疯跑的我,原本是屁股擦油坐不住的。慢慢地,在上语文课时能静下心来随着老师悦耳动听的声音,从简单的拼音、字词句、诗歌、散文,渐渐地对文学产生了浓厚的兴趣,正是启蒙老师引领我们进入知识的海洋。

　　记得三年级时调皮的我在操场的双杠上练习翻跟斗,当时人矮够不着,就搬了两块砖头垫脚。上了双杠在翻跟斗时由于手没抓牢杠杆,一头从杠杆上摔下来。下巴磕在砖头角上,下嘴唇砸穿了一个洞,顿时血流不止,当时我就昏过去了。等我醒来已躺在厂医务室里,医生帮我缝了十几针,将伤口包扎好了。而张老师的衣服上全是血,是她抱着我一路跑着将我送进医务室。看到我苏醒过来她才长长地舒了一口气。我在家休息了几天后去上学,她又单独讲解,将我落下的课都补上。教学上的严谨,生活上的关心令我深深感动。

　　学校的外面是寺垅水库,水库里有很多鱼。记得有一次大雨过后,好多鱼都游到附近的沟渠里。我和几个同学午休时间就跑去抓鱼,结果连上课时间也忘了。只顾着抓鱼玩乐,干脆整个下午都不去上课了,这是我平生第一次逃课。结果焦急万分的张老师找来了,将我们几个带回办公室狠狠地批评了一顿。我们写下了平生第一张检讨书。时隔多年,每次想到这些往事,我的心里既有感动,又是愧疚。由于少时贪玩不懂事,让老师操碎了心。

　　张老师退休后回到了杭州。去年我曾和好友晓蕙、美娟,一起去看望她。她的家收拾得整洁雅致,小院种满了各种花草。张老师依然时尚优雅,感觉时光并没有在她身上留下太多痕迹。除了头发比以前白了些,看起来精神很好,开朗乐观,幽默风趣。

还教我们做杭州菜白斩鸡、素烧鹅。师生聚会,情谊浓浓。

（三） 友情难忘

我喜欢那么一种友情,不是那么多,不是那么浓烈,不是那么甘甜,也不是那么时时刻刻。甚至有时候会用年、十年、半个世纪去给它倒计时。它是那么少,那么真,那么久长,很多年后我一回头你还在……

相遇,相识,相知,别离……人的一生总在重复经历着这些事。在五年的小学生涯中,同学之间也结下了深厚的友情。

王晓蕙、胡再影、胡亚玲、胡亚兵、柳枝青、陈俊杰、戴林雪、徐越峰、胡俊峰……一个个熟悉的名字总令我回想起当年我们天真无邪的模样。

戴林雪是有名的淘气包、捣蛋鬼,而徐越峰却扭扭捏捏得像个大姑娘,柳枝青一直是品学兼优的好孩子。那时候班上的女生大多都长得漂亮,乖巧可爱,衣着也很时尚,而男生却是以淘气居多。

晓蕙是个活泼开朗的女孩子。我们从上幼儿园起就成了最亲密的伙伴。她老家是绍兴的。声音脆脆的,说起话来像唱歌,我很喜欢听她说一口吴侬软语的绍兴话。听她讲鲁迅故里的三味书屋、百草园,讲沈园、兰亭……最开心的是她每次回老家总会带一些好吃的与我分享。那些琳琅满目的零食是我在乡下农村从未见过的。奶油饼干、巧克力、果汁糖……我至今仍念念不忘绍兴霉干菜烧肉的浓香与茴香豆的味道。茴香豆也成了我童年记忆中最喜欢的零食,我们成了无话不说的好朋友。儿时的友情最纯真,只知道你对我好,我对你更好。

胡再影是个漂亮文静的女孩子。说话轻声细语,学习成绩很好,一直是我们学习的楷模。当时我们班当班干部的同学手臂上都挂一块红杠杠的牌子,三条杠是班长、副班长,都是三好学生。二条杠的是中队长、学习委员、文艺委员,小组长是一条杠。胡再影都是挂二三杠的牌子,晓蕙是一条杠。而我是除了挂红领巾,从来没挂过杠。好在她们从来没有因为我资质平庸学习差而嫌弃我。我们在一起也从未吵架打架过,一直相处得很愉快。

我的同桌郑军,是个顽皮的男同学,当时他父亲是工具厂的保卫科长,对他比较宠爱。所以他有些骄纵,我和他之间经常吵吵闹闹。他有时候会在老师喊上课、大家齐立的时候偷偷用脚勾走我的凳子,让我一屁股坐空;也会在下课后跑去校园角落摘几颗苍耳往我头发上一阵乱搓,我只能很费劲地一颗颗扯下来。我有时也会在上完书法课时用毛笔故意在他凳子上涂一笔墨汁,让他变成黑屁股。后来他在桌子中间画一条三八线,只要谁超越了界线就用铅笔圆规互扎。但有时候我带了好看的连环画,或是有什么新奇好玩的东西,他就会主动和我合好,然而过不了多久就又开始恶作剧。小学那几年我和他同桌的时间最久,几乎都是在吵吵闹闹又和好中度过。

多年以后,一个朋友告诉我说同桌郑军同学当了出租车司机,在一次车祸中不幸罹难。听了这个消息,我心里很难过。为世事无常,为英年早逝的同学潸然泪下……

回想那些年我们戴着红领巾,一起读书写字,一起欢乐闹腾,童年的时光是多么美好又短暂。毕业之后,大家都各奔前程,天各一方。有的在北京,有的在上海,有的在杭州,还有的同学去了韩国、加拿大、澳大利亚。昔日的小萝莉、小毛孩,而今都已人到中年。叹时光匆匆,岁月如流,心中无限感慨……

近日悉闻汤溪齿轮厂已和横店影视城签约。大片保存完好的空置厂房已经成为影视基地。甚是欣慰!当年曾在汤工汤齿工作学习生活过的人们有了可回忆的载体。走近那些厂房,望着那些岁月的痕迹留下的斑驳苔痕,有种错觉,仿佛穿越时光,重新回到了80年代的流金岁月。

时光流逝,岁月更迭。遗憾的是我们当年就读的学校已被拆除,边上造了九峰水上乐园。一切都已不再是当初的模样。可是记忆中的那些人和事却永远无法抹去。总会在夜深人静时一幕一幕浮现在脑海,仿佛就在昨日。

徐巧红｜关于汤中

汤中是一所有着悠久历史的学校。我的爸爸、我、我的弟弟妹妹，我们村子里的很多人以及村子外的很多人，很多的亲戚、熟人，都上过汤中。有的毕业了，有的因为家里穷或者其他原因没有毕业。但不管有没有毕业，只要上过汤中，就是有文化的人。

老家人其实很少说一个人"有文化"，这样官方的语言，不符合汤溪话古朴的特色。汤溪人只说这个人会读书写字。老一辈的汤溪人都尊崇会读书写字的人，甚至对每一张写着字的纸充满敬畏。奶奶不识字，但只要看到上面有字的纸——报纸也好，我们做作业的草稿纸也好，奶奶总是把它们捡起，小心翼翼地铺平，让我们读给她听。那种神情，几乎有着宗教仪式般的庄严。

1981 年的秋天，我进了汤中，从此告别在仓里完小的走读生活，成为一名住校的初中生。从前仿佛高不可攀需要鼓足勇气才能单独前去的汤溪，终于变得亲切了。关于初中的回忆，有很多。时间长了，有的已经模糊，甚至交叉了别的记忆。但记忆本身就是主观化的东西，我也不必害怕诸君用事实来求证、映衬我的记忆退化了。

小学的同学，大多是同一个村的，大家说着同样的话，穿着一个款式的衣服，谁也没觉得谁的特别。初中就不一样了。汤溪镇人，他们是可以不用住校的，对我们还不熟悉的西门、东门、大街小巷、城隍庙了如指掌，男孩子穿的是有四个兜的既像军装又像中山装一样的上衣，女孩子的衣服总是那么合身，辫子的尾巴还会带着时髦的小卷，不像我们的衣服总是宽宽大大，裤子的膝盖和屁股上还打着方方正正的大补丁。虽然汤溪不算城，但汤溪在古代是城，有东南西三个城门（"北郭阻山不通衢路，故不辟门"，据说不能开北门，否则，兰溪就起火），城里有城隍庙，千百年来，本地土生土长的人都管汤溪叫"城里"。

城里人自然有着城里人的做派，穿衣、谈吐还在其次，关键是眼界。他们见过的新鲜东西，比我们在后山徐钓过的田鸡、抓过的知了还要多。像我这样来自汤溪周边的同学，处在山区和城里中间，说话与汤溪话基本一致，穿得虽然土一点，但是差距并不十分明显，在汤中很容易就找到归属感。最难找到归属感的应该是来自山里的同学，因为交通不便，他们从前很少来过汤溪，住进学校以后，同样还是因为交通不便，他们大多一两个月甚至一学期回家一次。因为地域上与世隔绝，语言也跟汤溪话有些不同，不像金华话和汤溪话的截然不同，是属于虽然一听就能听懂但一听就不是汤溪人的不同。他们不是特别爱说话，可能是怕别人嘲笑他们的口音。"山里毛虫"是自诩为见过世面的山外人用来嘲笑山里人的,但只要山里的同学一说起他们的家,我这个山外的同学就会立刻变成真正的"毛虫"——山里的世界实在是太神奇了。我的好朋友李娟同学,家住井下还是井上已经记不清楚,但是她给我描述的她家里面清泉石上流、小溪穿堂过的情形我却终生难忘,她带到寝室来的那一株山间兰花的香味是我这一辈子闻过的最好闻的味道。李娟同学答应带我去她家玩的,三十多年过去了,她的家乡早已成为城里人旅游的热点,留在金华的同学经常相约去她家玩,我却直到今天还没实现这个夙愿。哈哈,李娟啊,你对得起我当年经常带你到我家玩吗?

即使是在那样城乡悬殊的年代,初中生活也从不像三流电视剧演的那样,城里的孩子会去欺负山里的孩子。自卑都是自带的,大家管自己还来不及,谁愿意没事就去鄙视别人,至少我们女生不会。事实上我们是多么友好、欢乐甚至疯狂啊。那时我们女生住在二楼,木制的地板,上下铺的木床连成一排,每人的床头会放一个从家里带过来的小木箱子,上面挂着一把小锁,里面是米和干菜,可能还会有点别的东西,但是我不记得了。我只记得每到中午开饭的时候,同一个宿舍的女生会一起涌到食堂的大蒸笼前,在热气腾腾的饭盒堆中寻找有爸爸妈妈或自己名字的饭盒。肚子早已饿得咕咕叫,我们拿好饭盒,飞快地跑回寝室,爬上自己的床(是的,我们没有吃饭的桌子,都是在铺着草席的床上吃的),围成一圈,有说有笑,开始吃饭。饭盒里除了白米饭,就是干菜、腌菜。但大家吃得那个香啊。你尝尝我家的干菜,我尝尝你家的腌萝卜,再一起笑话笑话某个老师课上做了什么可笑的动作说了什么可笑的话,笑得米饭直喷,那个开心,只有当时的我们才懂。

记得一开始床并不是连着的,只是有的同学晚上睡觉会踢被子,有的同学做梦会从上铺掉下来,大家觉得把床拉到一块,一个挤一个,既暖和,还安全,吃饭的时候还特别热闹。李娟同学睡觉最不老实,我让她钻进被窝躺好以后,用绳子把她被窝绕了个五花大绑(但也可能是我不老实,常常被她绑。到底是我捆她,还是她捆我?一时竟然迷糊了)。我喜欢说梦话,第二天早上一定会有人告诉我晚上说了啥。当然,床一连,也方便了老鼠。那年头老鼠多,走廊上经常看到它们窜出来偷吃。宿舍的柜子箱子也经常有被偷袭的痕迹,床连成一排后,老鼠经常会上床,在被窝上横穿,哪个同学嘴角没擦干净,或是白天吃饭掉了饭菜在床上,它们还会去闻闻嘴角、拱拱被窝,有时尾巴扫到同学的鼻子,吓得我们一起在半夜鬼哭狼嚎。鬼哭狼嚎过后,我们会大声议论,越议论越好玩,最终又在嘻嘻哈哈中睡去。

住校生活是准军事化的,但我们这群疯疯癫癫的野丫头,又怎会老老实实听老师的话?女生宿舍由此成为政教主任宋安国的重点关注目标——早操的时候,宋老师站在国旗下,点名批评哪个班哪个宿舍,戴着眼镜说话的样子,特别像四人帮中的江青。那时我们没有多少骂人的词语,四人帮应该就是最恶毒的骂人话了。宋老师教育我们：早上不许提早起床！可是尿憋得慌啊，厕所不在宿舍楼里，感觉要走好远。我们不听宋老师的话，提早起床，楼下的含笑花发出苹果的香味，校园的清晨仿佛格外美好，但是宋老师埋伏厕所周围，一抓一个准，让我们的早上变得像打游击似的紧张。宋老师又教育我们：晚上要按时熄灯！不许说话！我们还是不听，打着手电，披着被子，弓着屁股，趴在被窝里看书，甚至打扑克。闷得实在难受了，打探一下宋老师是否已经撤退，感觉门口已经没有脚步声了，于是开始胆子大起来，说话声音越来越响……然后门口一声怒吼！原来我们又中了宋老师的圈套！

这样的斗智斗勇，几乎每天都要上演，在整个初中，宋安国都是反面派的代表，以至于时间过去那么多年，我还清楚记得他的名字。我们女生也在与他的长期战斗中建立了深厚的革命友谊。初中男同学的名字，我只能记起一两个，但是女生的名字，却好像一个个就在眼前。那时我们也就十三四岁，父母能给我们吃饱穿暖就很不错，没有一个父母会像现在的父母一样对子女无微不至，我们更没有手机，连电话都没见过，这些每天同吃同寝的同学就是跟亲姐妹一样的存在。当然，中间会有关系好一点的，我记得的有同桌潘燕萍，圆圆的脸，那时最让我羡慕的是她有饼干吃！好像是她家上海的姨妈给的。有时她会分一点给我，甜甜的奶香，那种美味是我平生从未尝过的，看她每次都只舍得吃那么一点，换了我一定一次把它们全吃光，吃到过瘾为止。燕萍,你知道我当年曾有打劫你饼干的野心吗?还有徐毅,那时班里有两个徐老太婆,一个是她,一个是我。我们两个最擅长的就是每个周日下午回学校以后,把礼拜六在家看的相声、小品再学一遍。那时家里有电视的同学很少,能看电视简直就是眼界开阔的代名词。徐毅家是卫生院的,条件好,有电视看。我家没有电视,但我姨妈家条件好,院子里摆个电视机,邻居们端着小板凳像看露天电影似的来看。我们两个徐老太婆,记性好,性格好,最会傻乐,经常是你一言我一语,把头天看的相声小品模仿得惟妙惟肖,周围同学一个个都看得哈哈大笑。若干年后我在金华的一条街上偶遇了一个很像徐毅的人,她看看我,我看看她,我们两个都没有说话,也不知道是不是她,更不知道她是否还记得这些事。

当时的生活是苦的,苦到我们在身体成长最需要营养的时候每天吃咸菜干菜都不觉得苦,反而觉得很正常——现在的我明白,真正的苦是身在苦中不知苦,一切能自己感觉到苦的"苦",都不是真正的苦,而是矫情。

有时看到网络上对西部贫困地区孩子的报道,看到他们穿着破烂的衣服、吃着从家里带的咸菜白饭,脸上还是那样快乐洋溢的表情,就不由得想到我们的当年。时间过去三十多年,贫困地区还停留在我们三十多年前的阶段,这是令人感叹的。但是我并不觉得那些西部的孩子有多可怜,正如当年的我们,我们有我们的快乐,更有我们的尊严。我记得当年学校里有对贫困生的补助，一共分为三等，大概分别是两块、一块和五毛。初一的时候班主任老师说要给我三等补助，虽然五毛钱在当时能买不少东西，但我问了妈妈，妈妈说不要，我也就不要了。我有两个姨妈，大姨妈家在仓里，人在金华上班，经常给我做新衣服，我的第一条连衣裙是大姨妈给我做的，我一辈子都记得，白底小碎花，特别漂亮，我穿上就觉得特别自豪。二姨妈在金华，偶然送一包旧衣服到我家来就像是天大的恩赐，我是从来不穿的。高中毕业到金华体检，二姨妈带我上街，第一次要给我买新裙子，本来我很开心，但她跟摊主说的第一句话就让我很难受，她不说这是我外甥女，只说：这是乡里的穷亲戚，没见过世面，买条能穿的裙子。也许她不知道穷孩子更要尊严，也许是出于讨价还价的策略，也许是当时的我年轻气盛过于自尊，反正我当时是真的生了气，一回家就把裙子给了我妹妹。如今我们不再是需要接济的穷孩子了，还能有余力去资助一下贫困地区的孩子们。我希望自己能牢记过去，不忘来处，永远记得自己是个穷孩子，要对一切贫穷、苦难抱着最真诚的同情，帮助弱者，慈悲为怀。但我们不是施舍，无论是资助金钱还是捐助衣服书本，我们都要抱着一颗平等的心。

我在汤溪中学的三年，学校里既有初中，又有高中。别的不记得，只记得隔壁人家的"小囡囡"（其实是个男孩子，大概比我大一两岁，可能是从小比较秀气，有了这样一个外号）有时会在办公室和教室中间的路上碰到，说上几句话。他是高中生，那么那个时候应该是有高中的。

高中必定是紧张的,我们初中生的世界跟他们完全不同。仿佛也没有中考的压力,上课,作业,考试,这些如今的孩子听起来枯燥又压力山大的事情,当时的我们就当作吃饭呼吸一样自然。父母没有文化,也没有精力来管我们的学习,老师更不会布置一大堆的卷子让我们回去做。初中三年,学习知识当然是我们的主要任务,然而如今回想起来,课堂的记忆已经渺茫,我们记得更多的,是那些课间的小插曲,是老师的轶事,是同学的嬉笑打闹。那是我们离开父母一个人独立的开始,也是跟兄弟姐妹以外的同学朝夕相处融入集体生活的开始,同学就像是兄弟姐妹,而老师就像是我们的家长。

也正因为如此,如今停留在我脑海里的老师,都是一些温暖的画面:课堂上的表扬,课后的关怀,医院里的慰问,手臂挂在玻璃窗上差点割断静脉时候的救助……李老师、叶老师、王老师,一个个温暖的名字,就是照亮我们独立路上最初的太阳。

就算是宋安国老师,他何尝又不是我们成长路上的太阳呢?只是这颗太阳有点另类罢了。当时我们与他斗智斗勇,俨然把他当"阶级敌人"对待,但如今想想,他有他的工作职责,我们有我们的自然天性,没有谁是谁非。若没有那些"斗争",当年的生活会缺少多少乐趣,如今的回忆又将多么乏味!

而那些温暖的太阳,即使 30 多年过去,如今的我们甚至已经超过了当年老师的年纪,但一说起当年的老师,哪个不是满满的感动！尤其是我，作为当年班里身体最差、语文又最好的学生，当年得到语文叶志凌老师的照顾实在是太多太多了。以至于多少年过去，当年因为调皮被叶老师批评过的叶树涛同学，至今说起来，还是一副酸溜溜的语气："如果说当年叶老师第二个喜欢的是徐巧红，那谁都不敢当第一。"也许是真的有所谓的天分，也许只是老师偏心，反正当年无论写什么作文，总是能成为范文。语文课上，别人答不出的问题，叶老师点了我，就是标准答案。语文考试，当第一名最多的，保证是我。走廊上张贴的范文，最常见的名字，也一定是我。老师的鼓励，是最大的学习动力。那时抄名言警句，一个本子接一个本子。老师布置一篇作文，我能写三篇。而老师也真是偏心啊！我记得有一次我无聊到写了一篇《大便赞》，大意不过是虽然很臭却是庄稼不可缺少的农家肥之类，实在没什么新意，当时写完以后跟弟弟一起大笑，颇有戏弄老师的味道。而老师居然给我打了一个满分！

叶老师那时大学毕业刚来学校，血气方刚，豪情满怀。这豪情壮志可以从他饱满的额头、乌黑油亮的头发以及每天都梳得整整齐齐的"三七分"发型看出来。老师布置作文《我的老师》，有个中戴的同学，姓戴名贤斌的，如今我们习惯称他"戴校"，可他当年写的《我的老师》，却让全班笑岔了气。戴同学满怀深情地朗诵他的大作，其他内容我已不记得，只记得他在形容某老师的发型时，用了一句"头上分了一条清清楚楚的路"。大家立即明白了他所指何人。老家话把头发中间分的那道线叫作"路"，那时除了电影里的汉奸会把头发梳得油光锃亮中间再分个"二八"或"三七"之外,估计只有叶老师了。戴同学不知是真傻还是装傻,下面笑得七倒八歪的,连叶老师自己都忍不住要笑了,他像没看到似的,仍然一本正经地在那里念,直到老师说不要念了,他才停住。

那时班上有几个中戴的同学,贤斌是最顽皮的,但是他总能做出一副天真无辜的表情,让老师笑也不是、气也不是。这样描写老师,在当时是对老师的大不敬,但是叶老师也跟着我们一起笑,最后也没批评他,好像还表扬了他描写人物外貌生动形象。叶老师的名字在普通话里是个好名字,志凌志凌,壮志凌云,多好。可是在我们的老家话里,这么好的名字偏偏跟"野猪林"谐音。这个外号是不是贤斌同学起的,有待考证,反正当时调皮的男生在背后都喊叶老师"野猪林",最后连女生也跟着一起这样叫了。

"野猪林"还没有结婚,有次听说有人给他介绍女朋友,女的要来学校看他。消息不知从何而来,却是万分准确。全班同学埋伏在他俩必经之路的花坛后面、树丛中、教室拐角,一个个好奇万分,比相亲的叶老师还兴奋激动。听到一个人喊"来了!来了!"大家赶紧放低声音,一起探出脑袋,看路的那头走来了叶老师,隔着几米远,又走来了一个个子高高的姑娘。叶老师估计是看到了我们,脸红红的,有点不好意思,后面的姑娘倒是大大方方。后来,听说这个姑娘就成了我们的师娘,如今,他们的孩子从德国留学回来,已经在上海工作了。

那时妈妈经常会趁到镇里开会或卖东西的时候来学校看看我,给我送点新鲜的菜。碰到叶老师上课,妈妈会站在教室后门透过门玻璃看看我们上课的情景。她总说叶老师课上得好,可能是讲得比较生动、有激情。我却一点不记得老师上课的模样,只记得有时老师上着课,看到后门有人,他认识我妈妈,就对我说:"巧红,你妈来了,出去一下吧。"然后我就出去,接过妈妈的网兜,网兜里是搪瓷杯装的菜,我记得的只有四季豆,但妈妈一定给我送过别的菜。记忆是种奇怪的东西,有时没有前因后果,甚至没有时间地点,画面却异常清晰。

初中时我体弱多病,也许是独立生活不适应,也许是住宿生活天天吃咸菜没有营养,初一时候得了阑尾炎,在医院住了一个多月。汤溪医院医疗条件差,一个小小的阑尾炎,我都疼得吐黄疸水了,他们还不敢诊断。在医院住了一个月,不疼了,出院,刚好期中考试。一个月没上课,更没有老师来补课,然而考试还是考了第一名,数学是满分。之所以记得那么清楚,是因为数学李老师在班上说那些考不及格的同学:"你们看看,人家一天课没上,还是一百分,你们在学校是怎么学习的!"初一我的数学成绩一直不错,跟李老师的鼓励分不开。后来换了数学老师,我的数学成绩就开始直线下降了。

初二,身体还是不好,体检身高162,体重80多一点,当时当作喜讯报告妈妈,妈妈表扬我终于体重超过80了。之所以记得那么清楚，一是因为身高从那时开始就没怎么长过，二是因为体重上了80斤，算是我当年人生路上的一个里程碑。如今，身高依然，体重已经不知道是第几个里程碑了，汗颜啊。瘦成那样，体质自然是弱。某一天又开始肚子疼，其实就是阑尾炎又发作了，但汤溪医院还是不敢确诊，拖啊拖，拖成了腹膜炎，转到了金华大医院看。在医院天天挂水，也不觉得痛苦。痛苦的应该是妈妈，又要照顾我，还要记挂家里的弟弟妹妹。最头疼的是那一笔笔的医药费，爸爸连准备留着当种子的花生都拿去卖了，最后才续上了住院费。病稍好点，马上回汤溪医院，毕竟离家近，也便宜。好在命不该绝，当时医院来了一个新院长，看了我的情况直摇头，说这么明显是阑尾炎，你们还不动手术。为了证明自己的判断，他拿了一根歪歪曲曲已经生锈的长针（医院里没有好的针），在酒精灯上烧了烧，直接就戳进了我阑尾的位置。好像是抽出了一管脓液，医生们看了看，终于确诊阑尾炎。可能现在的人会奇怪一个阑尾炎能耽搁那么久，让一个十三四岁的女孩子受那么多苦，但当时农村的医疗条件就这样，我们不会有任何想法，只有接受。手术过后，肚子不疼了，但伤口却拖了一个多月都不好。我每天肚子上包扎着纱布上课，下午下课了就到医院换药，伤口每天流脓，就是不好，护士擦过伤口换纱布，从来不问为什么。直到有一天护士不在，我问一个值班的男医生能不能给我换纱布。男医生应该分配来不久，还是一张大学生的脸，没有像医院其他医生那样傲慢和不理人。我跟他说伤口一个多月了，他让我躺下来，看了看伤口，最后从伤口里面夹出一块挂着血水和脓液的纱布来，才彻底找到了伤口久久不愈合的原因。这种事，要放到现在，算是医疗事故了吧。当年，我心里却只有庆幸：幸亏遇到了好医生，我的伤口，终于可以好了！

做过手术后，叶老师到医院来看我，好像还有几个好朋友也一起来了。叶老师坐在床头跟妈妈说着话，我盯着病房白白的墙壁发呆。说出来可能没有人会相信，然而我当时确实在白白的墙壁上看到了一篇篇的文章，白底黑字，字句流畅，像是从我心底流出来的，又像是老天从天上降下来的。老师和妈妈的谈话像是某种画外音，恍恍惚惚，若有若无，眼前闪过一道道绚烂的光，而光照耀的白墙上，是那样一篇篇精彩动人的文章。那种感觉，强烈而美好，但转瞬即逝，我想拿笔记下那些文章，它们却已经永远地消失。现在想想，我可能是因为身体太虚弱出现了幻觉吧。我的手臂上输着鲜红的血，一点一滴，老师和妈妈的对话，一句一句，时间在那一刻仿佛静止了一般，那样的画面，永远地固定在我的心里。我知道这是绝对真实的。

关于老师的记忆，好像总是跟身体有关。如今身体上的三道伤疤，都是初中的时候留下的。我是疤痕体，加上当时的医疗条件，我身上的每一道伤疤都硕大，初愈时泛着紫红色，天一热就发痒，看着都吓人。肚皮上那一道是阑尾炎的，右胳膊上那两道，十几针的伤疤，是初三毕业考试快结束、就剩一门英语还未考时留下的。如今的中考，哪家不是父母护送、如临大敌。我们别说中考,连高考也都是独立上阵,考完就回家割稻,谁会把考试当作家庭的头等大事?父母有父母的事,我们自己的事从来都是自己完成。中考的最后一门是英语,上午考完,吃过中饭,教室的门锁上了。我要到班里拿个什么东西,又懒得去找班长开门,看到教室靠外面花园一侧的窗户有一扇破了半块,就想着可以伸手进去把窗户的插销拨开,再从窗户爬进教室。教室地基高,窗户下面的墙面上有一道稍微宽出墙面的水泥边,我左手扒着窗台,右脚踩着窄窄的水泥边,右胳膊从窗户的破玻璃中间伸进去。没想到右胳膊刚伸进去,右脚就从墙上滑到地下,胳膊碰到玻璃,顿时割出一道深深的伤口,鲜血直流。我当时整个人都呆住了,上,上不去;下,下不来。这时有同学从边上经过,个个都吓得尖叫。我被尖叫声刺激,不知怎么鼓起勇气就把胳膊从玻璃上拉了出来,当然,这一拉,胳膊上又有了一道新的伤口。这时我们的政治老师王启武老师出现了,一看我这鲜血淋漓的样子,一手就把我的伤口紧紧地捂住了,拉着我就往医院跑。我承认,胳膊挂在窗户上的时候,我是害怕的。可是胳膊一下来,老师一手捂着我的伤口、一手抱着我的肩膀往医院跑的时候,我真的是一点都不害怕了。心想着:没事了,老师来了,没事了。我的后面,还跟着几个女同学,都是当时的死党。洁玲?凤娟?月聪?但莉春是一定在的。一路的鲜血,回来的时候还能看得到。医院没有麻醉,医生的针有妈妈纳被子的针那么长、那么粗。针上带个弯钩,把被玻璃翻开的皮肉一针针缝上。医生说,差一点，玻璃就割断静脉了。那是我第一次看到自己的脂肪，白白的小泡泡，跟猪肉的肥膘不一样。应该是痛的，但居然不觉得，一边看医生缝针，一边还跟同学开玩笑。记得当时莉春紧紧地抓住我的另一只手，她是怕我受不了。我那样开玩笑，不知道是不是怕她们为我担心。

脖子上挂着绷带，从医院像个英雄一样地回到学校。接着就是英语考试。左手不会写字，还是用右手。伤口恢复知觉，开始剧烈疼痛。卷子发下来，忍着痛，以最快的速度答完，看看教室前面的钟，只用了十五分钟。我问老师能不能提早交卷，老师说至少半个小时。于是坐在教室，看着别的同学在那里埋首做题，看着墙上的钟一分一秒走得那么漫长。疼得满头大汗，终于熬过了半小时。老师怕我没完成卷子，怕我没答好，最后老师发现自己的担心是多余的。十五分钟答的卷子，比很多同学好，我记得分数应该在95分以上。中考成绩出来，班里寥寥几个上了最好的金华一中，我是其中之一。挂着绷带回到家，爸爸妈妈不问伤情，不问成绩，只觉得今年割稻少了一个帮手，只能留在家里洗洗碗扫扫地了。

很多时候，我们对一件事的恐惧，不是事情本身，而是对这件事的想象。如今想想初中的这些事，每一件都让自己后怕，但当时想的不是自己多疼多委屈，而是爸爸妈妈不要责怪。小时候吃饭打破一个碗都会觉得是天大的过错。生病、受伤，不是觉得自己有多可怜需要父母格外的照顾，而是又要给父母带来麻烦、又要父母为自己花钱。我们过早地懂事,过早地把自己武装得那么坚强又刚硬,不是因为我们不需要爱、不需要被柔软地对待,只是因为当时的生活实在是太艰辛。

学校,是我们真正放飞自我和天性的地方。我们不用干家务,不用怕被父母骂,学习、嬉闹,一切那么美好。同学,不是学习的竞争对手,是我们同学习同劳动同吃同住的伙伴,是亲如手足的姐妹。老师,不是天天压着我们要升学率的考试机器,是我们知心的朋友、温和的家长。如今的老师,可能他们最大的幸福就是"桃李满天下",最大的荣耀可能是无论在政界、商界、学界、军界……都有自己的得意门生。这些,无疑是老师的光荣。但是,我们当年的老师,是无论他们的学生贫穷富贵都会一样爱、一样自豪的。当年的我们都是穷学生,如今的我们大多数也只是社会的中间层,我们不可能一个个都功成名就、衣锦还乡,但是我们从一个穷孩子成为一个靠自己劳动吃饭、不昧良心、光明正大的人,我们依然保留着善良、纯朴的本性,多年过去我们依然还不忘当年的那份初心,这就是我们对师恩最好的回报,也是老师最大的自豪。

对我偏爱有加的叶老师,谢谢您。温和慈祥,危急时刻救我一命的王老师,谢谢您。进了高中数学一落千丈的我,犹记得初一时候数学满分被光荣表扬,李老师,谢谢您。带着我们一起种花种树的生物蒋老师,谢谢您。英俊潇洒的物理刘老师,谢谢您。当年一张娃娃脸的地理丰老师,谢谢您。坐在窗前弹着风琴歪着头陶醉在《乌苏里江》歌声中的音乐沈老师，谢谢您。讲课抑扬顿挫的章老师，我物理不好，经常抱怨你说话听不清楚，其实是我自己缺学习物理的那根筋，对不起啦！我的英语一向很好，初中老师是启蒙，而我居然不记得老师的样子了，对不起！理科之中，化学是我唯一的强项，化学老师的样子，我也不记得了，对不起！

谢谢所有的老师，谢谢汤中，谢谢同学，谢谢那片土地，是你们让我们知道了柔软、学会了柔软、并愿意为这个世界奉献更多的柔软。愿所有的老师都身体健康！家庭幸福！万事如意！

徐巧红丨当时我们都年少

　　1984 年的 9 月，中考时胳膊上留下的伤口终于长好了疤。要去一中了，父母都有了荣光。然而汤溪已是"城里"，去一趟就算"远门"，蒋堂超出汤溪至少八里地，简直算得上是"遥远"。父母打听到邻村仓里有个人在学校食堂，为了女儿进校能有个照顾，托人去打招呼。报到的那天，爸爸和伯伯家的大哥巧林，骑着自行车，一人带我，一人带行李，过越溪桥，到了汤溪，继续往前，经过白沙驿，路是沙子碎石铺的公路，两边有水塘、有稻田，还有树林和坟地。哥哥带着我，上坡有点吃力，然而他不愿放下我，还是卖力地骑。他觉得带着一中的女学生很有面子，他还想让别人误会那是他的女朋友。他问我别人会不会这么想的时候，脸上的表情很是期待，然而我毫不留情地给了他否定的回答。

　　2017 年的 10 月 6 号，高中毕业三十年同学会。车子进入蒋堂，我这记忆稀疏的脑子，已经完全理不清学校的原有面貌，感觉自己进入了另外一个空间。当年，学校门口是一片农田，农田前面一条公路，公路平行是一条铁路，公路是连接学校和家的，我们有时挤在沙丁鱼罐头一样的公交车里回家,有时挤不上去,几个汤溪的同学就一起走路回去。铁路是划分学校和蒋堂镇的,跨过铁轨,那边有卖馄饨豆浆大饼油条的小吃店,还有摆着白球鞋、解放鞋的百货店。农村的同学,闻闻豆浆的酱油葱花香,就已经很幸福了。在徐州当军官的姐夫回家探亲,曾经问我有什么人生理想,我说就是"吃天萝筋吃个够"——"天萝筋"是我们对油条的爱称。

三十多年来,学校门口的那片地、那条路,会时不时在梦中出现。有时赶不上车,有时买不到票,有时带的行李太多,有时碰到坏人,有时迷糊了方向,家就在前面,想回而不能回的感觉好难过,梦中的挣扎好累。还好,醒了,一切都只是梦魇,就觉得醒着真好,现实真好,现在真好。

大门口的小卖部记忆清晰,毕竟那里有过酥饼、柿饼,在每天干菜咸菜的岁月里,这是我们不多的可以奢侈的东西。我最感激小卖部的,是那里可以买到信纸信封。那时,弟弟初中,在汤溪,姐弟情深,相隔几里路,还要写信。弟弟跑步忽然流了好多鼻血,姐姐说是不是营养不够,把父母给的五元零花钱放在信封里,贴上八分钱的邮票,从蒋堂寄到汤溪,告诉弟弟自己去买袋奶粉或是麦乳精补补身体。我要考大学,弟弟要考高中,学习都是紧张的,快到高考的时候,我不能每个礼拜都回家,父母农忙,弟弟就骑着自行车给我送米送菜。班里的好朋友都知道我有一个好弟弟,因为我作文好,作文经常被当作范文朗读,而弟弟是我高中三年作文始终的最佳男一号。

三十年后爬上行政楼的二楼,同学们告诉我这是我们文科班曾经的教室,楼下的白杨梅曾经滋润过全班的心田,然而我怎么就没有记忆了呢?可能是因为那时完全沉浸在自己的小世界里,沉浸在那个似乎存在又不存在的书信往来构成的虚拟世界里,忘了真实的世界了。小卖部的信纸、信封、邮票,一定是我买得最多,因为每一封信都好厚啊,有自己的创作,还有关于学校、父母、弟妹、同学、自己的所有想法——一个内向的人,在高考压抑而荷尔蒙又涌动的青春岁月里,她的激情总是需要一个出口的。她选择封闭了一个现实的世界,于是她为自己打开了一个虚拟的世界。

所以,也就不奇怪,关于高中的学校、教室、甚至同学,记得最清晰的,反而都是高一的。高一的教室在一楼,我记忆的高中就全是一楼的教室。高一时语文老师让我当课代表,优秀的作文刻成了小报,我的字不好,就请班里字好的男同学帮忙,汪海华和张胜平两个罗埠人,因为都是说的汤溪话,我对他们不客气,经常会请他们帮忙,他们也对我非常照顾,可以说有忙必帮。汪海华一手隶书,字是扁平的。张胜平是正常的字体,应该是楷书吧,记得他帮我刻完以后手上总会沾上黑黑的油墨,却总是把模板擦得干干净净地给我。小报印好以后,我们班里好像是一人一份,其他班的就发几份,我沿着一楼的走廊走,从窗口或是教室的后门丢进去。记得郑东是团支书,搞团知识比赛,大家都在下面抄，自诩清高的我最不屑作弊行为，于是交了一份白卷，最终有没有得到表扬和奖品（一支铅笔？）已经忘记，自己的这个壮举却一直记得，可能很有一点英雄主义的色彩吧。班里有男女同学关系好的，说话多的，在外面水杉树下悄悄约会的，我都很不屑。那时我觉得大家都应该沉迷学习，男女是应该授受不亲的——此处暂略去某同学可能存在的恋爱史两百字。——很高兴的是，在写着这篇文章的时候，失散多年的张胜平也终于归队了。

那时的我们都很自律。清晨早起，出校门，迎着朝阳跑一段，绕到学校的外面，就是一个有湖水有山丘的世外桃源，我们叫它"花果山"。那片野地必定是不大的，山丘也不高，然而在我的记忆中，金色的湖面、赭红色的山丘、晨风吹过迎风飘扬的白色茅草穗，却是记忆中最广阔最美丽最浪漫的画面。早晨的太阳，柔和，金黄，温暖。湖边有时会有饮水的老牛，安静，慈祥，不由自主就要对着老牛念一声"天苍苍野茫茫风吹草低见牛羊"。那时学范仲淹《岳阳楼记》，老师要求我们背诵，很多文字其实不甚了了，但拿着课本摇头晃脑念道："至若春和景明，波澜不惊，上下天光，一碧万顷；沙鸥翔集，锦鳞游泳；岸芷汀兰，郁郁青青。而或长烟一空，皓月千里，浮光跃金，静影沉璧，渔歌互答，此乐何极！"再看看眼前的湖面，忽然对"浮光跃金"一词就有了最直观的感受。感谢当年学校的语文老师徐老师、王老师，他们总能把每一篇课文讲解得那么生动，他们是真的沉浸在文字的韵味里，是真的用心让我们去体会文字的美，引发我们对生活的热爱、对人生的思考。有了他们的指路，困于偏僻乡间、封闭校园的我们，面对一个小小的田间水塘、矮矮山丘，才能在灵魂上与遥远的古人相通，才知道远方有更广阔更美丽的世界。

如今这些都被楼房代替，记忆也就只能是记忆了。古人云"人面不知何处去，桃花依旧笑春风"，那是古人的遗憾。我们庆幸的是，桃花不在，但人面大多依旧。三十年，每个人都有很多的故事，出了金华，出了浙江，出了中国，甚至有的已经出了这个世界。那个总把我的名字念成 ciao 红的英语蒋老师、那个教我们用"一巴一巴呜呜呜"记忆马克思生日的历史申屠老师、还有肚子大大的装着满腹学问的政治赵老师都已经驾鹤西去。因为自己上了一个"假大学"，四年里荒废了学业，也荒废了人生，然而能让我在大学毕业之后，依然能够底气十足地走上讲台，在军校教过大学语文、英语、政治，在警校教过政治、办公室当过文秘，所有知识的积淀、文字的功力、工作的游刃有余、以至于到了哪里都有"才女"的称谓，我知道，这一切的一切，都是来自我伟大的母校、伟大的老师，是他们给了我知识、修养丰润的三年，让我一辈子都有底气，一辈子都不曾感觉枯竭。

三十年，一万多个日夜，很遥远，遥远到忘了很多同学的名字，遥远到见了面都不敢相识。但是，人都回来了，在金华一中这个陌生的新校区，抱着对"金华一中"这个名字的旧回忆，或清晰或模糊，你一点我一滴，慢慢拼凑，一切又都完整了，一切仿佛就在昨天，一切仿佛从不曾过去、不曾改变——

亲爱的徐老师，我们进入高中的第一任班主任，多么高兴能与你再见。然而我没想到，你喊着我的名字，来到我的面前，跟我说的第一件事，居然是当年因为打扫卫生你批评过我，我写了一篇文章对你表示不满和不服，你觉得是自己年轻气盛、脾气不好，对我不公平，这么多年来一直怕我有想法而心怀忐忑和抱歉。徐老师，我只记得你是我高中的第一个班主任，我的第一个高中语文老师，你让我当语文课代表，你跟我一样说汤溪话，你的宿舍我常去，你煮了好吃的东西还会跟我分享，你请学校的摄影老师给我们拍了很多很文艺的照片，你上课非常动情，你对学生又严厉又体贴，你是我的老师，又像是我的姐姐、亲人。现在班里的同学回忆你当年读《荷塘月色》的样子，回忆你给同学借蚊帐，回忆你中秋节带着月饼去寝室看望第一次离家住校的我们……也许善良的人总是记得别人对自己的好，总是耿耿于怀自己对他人哪怕只有一点点的简单粗暴。亲爱的徐老师，我记得你，喜欢你，尊敬你，不仅仅因为你是我们的老师、班主任，不仅仅因为你美丽聪慧，甚至不仅仅因为你对我们如亲人，是因为你善良、仁心、有爱。

亲爱的郭老师，记得当年你翩翩少年，是不可一世的大帅哥，他们都说如今你更帅了，我非常同意。因为以前你对我们很严厉，总是不苟言笑，如今的你有说有笑还有唱，仿佛是天使忽然来到了人间，让我们这些本来只能对你仰望的女学生，终于有了近距离崇拜你的机会。我的地理成绩本来一般,因为你的课,地理就不只是一门课,而是终身受益的学问和兴趣。你讲起地理很有一套,"深入浅出"这四个字的道理我是从你的课上懂得的。我非常清楚地记得,高三最后一次家长会,妈妈来蒋堂,你跟我妈妈说:徐巧红你不用担心,她90%是能上的,没问题。我妈妈原来以为自己一个农妇,去了学校班主任会不搭理她,然而你像对待别的家长一样尊重她,还给她吃了定心丸,让她回家的脚步都轻松了很多。如今,当年87文班的很多同学都当了老师,我知道他们不仅教学有方,而且对每一个孩子都公平相待,温柔有爱,不势利,不偏见。在他们的身上,我看到的是你的影子。

敬爱的王老师,同学们都说您对我是偏爱有加,当年第一期《学步》校刊上,每个同学都以能有作文入选为荣,而您给我的待遇,是整整一个栏目《徐巧红作文选》。三十年来,从同学处陆陆续续听到您的消息。您今日在学术上的丰厚建树,您在新语文教学方面的独到见解和崭新思维,让我不仅看到了一位学识渊博的学者,更让我看到了您对教书育人的哲学思考。从古至今,从中到西,您的视野何其辽阔,您的思想何其开放,我们不仅看到了"仁义礼智信",我们还看到了"自由平等博爱民主",您对教育的思考,其实就是对社会、国家、人类文明的思考。当年课堂上的您,不像一般的语文老师,只会刻板地给学生讲解中心思想、段落大意,您摇头晃脑、神采飞扬甚至唾沫横飞的样子,让我们体会的是真正文学的意境、美的世界。您跟着毛力群学唱《故乡的云》，6号的聚会上，您唱起了《橄榄树》，老师，您学者的心里，是住着一个歌者、一个诗人。老师或严厉或温柔，全看学生自己的表现。有同学回忆自己没交作文被王老师狠克，我的记忆中没有这样"暴力"的场面，回忆起来的都是王老师对我的偏爱。三十年来我一直自作多情地以为王老师会记得我，当10月6号我看到瘦小了很多的王老师终于出现，神情、言语、动作都还是熟悉的样子，思维还是那么敏捷，说话还是那么风趣，然而王老师却已经记不起我这个学生了！王老师问我现在做什么，我说现在是警察。王老师马上就说：做警察不可以对老百姓太凶，有的警察对老百姓太凶了。我告诉老师：我对老百姓很好的，从来没有凶过。老师不了解现在的行情，他可能不会想到现在不仅是警察不会对百姓凶，反而是经常要被百姓凶呢！但我理解王老师的用心，他是要我始终保持一颗仁心。回家我跟弟弟聊起此事，我说老姐平时看到车站扛着大包小包的农民工、出门在外人生地不熟的外地人、行动不便的老人、抱着小孩拎着行李的妇女，都会主动上去搭把手、帮个忙，绝对的耐心、温柔。弟弟说：老姐不一定是最温柔的警察，但一定是最仁爱的警察。王老师，您相信吗？

　　记忆是个奇怪的东西，尘封三十年，有些生疏，却不曾变质。回忆也是个奇怪的东西，每个人都有自己的片段，有点零落，却完全真实。太多的回忆值得记录，太多的故事需要细说从头，太多的感想要跟大家分享，好在，我们还有很多的时间，一切可以慢慢来。好在，大家记得的都是老师的好、同学的情，没有人要在三十年后翻旧账。好在，每一个出现的同学，你们都平安、健康，都幸福地活着。而我可以让大家放心的是，虽然你们眼里曾经作文很好的我如今不靠写文字吃饭，但对文字的爱好一直都好好地保留着，它仍然是我生活的一种方式，是我情感的出口和归宿。还有，我可以很自豪地说，三十年来，无论我是逆境还是顺境，我的脾气也许变了，性格也许改了，但是我的内心一直没变，我一直记得老师的教诲，做人不虚伪，不世故，不势利，不伤人，不卑不亢，真诚善良。三十年，有过痛有过泪，但更多的是欢笑、感恩，出走半生，百战归来，身是中年身，心仍是少年！

高阿大｜二十年前"鸭岭头"

一

你在现在的地图上是找不到这个叫"鸭岭头"的村的！

你为什么会找不到鸭岭头这个村呢？因为它现在已经不叫"鸭岭头"而叫"学岭头"了。在本地方言里"鸭"跟"学"字发音差不多，于是不知从何年何月开始，"鸭"被写成了"学"。我认为这第一个把"鸭"字写成"学"字的人好没见识，"鸭"岭头是因为这里有一座山的外形和鸭子很相像，"学"岭头就解释不通了！

如果"鸭岭头"真有一座鸭岭的话，那么它在哪儿呢？

我一直认为应该就是高高耸立学岭头村那些三四百年的老房子背后的那一座。它尖尖的外形，和鸭子确实有些相像。不过我觉得这个叫鸭岭的说法还是有些小气了。它应该叫鹅岭，鹅多好！雄赳赳、气昂昂的，鸭子毕竟不如鹅来的丰神俊朗。当然，它还有另一种叫法"狭岭头"，也对！这里两山之间最窄处不过数米而已，只容一水流过。这些陈谷子烂芝麻的事好难理清。

我们还是暂且遵从了民国版《汤溪县志》上的叫法算了。

二

二十年前，我当年的女朋友现在的妻，第一次带我回"鸭岭头"。

车还没到祝村，我就有些兴奋，窗外的九峰山青翠葱茏，每一个山头都不相同，非常的入画。车过中戴，一路都是金黄色的稻田，等到了莘畈水库后又是满眼的蓝与绿色，水库边的路弯弯绕绕的，不知绕过了多少个弯，忽然不经意间在库尾"甩"出了一大片黄泥墙与黑色瓦片的房子。我为什么要用这个"甩"字呢？因为这个印象我太深刻了。这些房子正好处在公路的另一边，一条小溪隔着，鳞次栉比的马头墙高高低低地立着，上面还有袅袅的炊烟升起，巷子里有鸡与狗跑过。随着车子的缓慢行进，恰如一幅描绘山乡风情的流动画卷在我眼前缓缓打开。可惜，时间已到了黄昏时分。车在村中的一座便桥桥头停了下来，我们下车。我回头望了一眼村口，竟有些舍不得跟女朋友一起回家。

过去农村里有一种风俗，但凡谁家有新媳妇与新女婿上门，左邻右舍都会上门来一起观瞧，有的还要评论几句，夸赞一番。尽管这里面只是体现了山里人的质朴与天真，但我却特别害怕，太让人尴尬了，让自己变成一件衣架上的衣服或其他货物一样，接受未来的亲戚或朋友的检阅。因此在接下来的时间内，为避免引起别人的非议，我始终待在女朋友的家里，大门不出，二门不迈。不过我的内心却是万分的焦灼，谁能抗拒窗外那么美的自然风光与独特的山乡风情的诱惑啊！

一连忍耐了两天，等到第三天的时候，我终于按捺不住，壮足了胆子，大模大样地和女朋友在村子里走了一番，好像是我要特地向村民们宣告我要娶你们村子的姑娘为妻了。外面的空气真好，刚下过雨，村北面的山上还有瀑布挂下来，多美的自然风光与山乡风情啊！从此也有一半要属于我了。那么，这到底是一个怎样的村子呢？

莘畈溪从更深的山里"井下"等村发源后在此流过，整个村子沿溪分成截然不同的两边。溪的西南方都是解放后或80年代以来新建的住房，有些墙壁粉刷过，有些还露着红砖，有一两户已经装上了铝合金的门窗，看上去有些失序。而溪的东北方，却全部都还是解放前以及明清时代的老房子。除了正中间的大厅——盛氏宗祠外，还有好几处雕梁画栋的古建。尤其是村后山脚下一处高高在上的台门，"八"字形朝外，走进去后另有一番天地。有一座刻着"福晋恒升"字样的砖雕门楼，以及天井一圈雕满了各种人物与动物的小四合院。虽不算很精美繁复，但装饰得也恰到好处。另外，桥头后来修的一个公厕侧对面的老宅，至迟也应该是清初建的，因为里面的雕刻非常古朴。而村头溪边一排老房子尽管全都是泥墙夯筑的，但因为全都采用最原始的土木竹石等材料建造，少有现代的钢筋水泥羼入，也非常别致。村子中的街巷，或铺着条石，或砌着鹅卵石，走起来哒哒作响。有的上面长着青苔，有的上面泛着幽蓝色的光。村子里的古树也不少，年纪最大的应该是八字台门外巷子里的那一株苦槠，目测有五六百年的树龄了。浑身的枝杈都已落尽，只剩头顶的一丛枝叶，倔强地冲天长着。抚摸着它如老人青筋暴露的手般的树皮，特别令人感慨。阳光在巷子里拖出了长长的影子，那些鸡啊狗啊就在这些影子里跑来跑去，太美的一个村子了！

这个村子最有价值的地方在哪儿呢？它尽管缺少单个体量很大和一般老百姓心里认为真正精美的建筑，但像这么原始而完整的风貌在当时也是很罕见的了。整个村子新旧区区隔得很好，尤其是村中心便桥两侧的景观非常优美。背后还有紧挨着村子的山峰、悬崖与瀑布。如果作为乡土建筑研究的范例以及古村落旅游的开发项目还是存在相当的可行性的。可是村子里的人从干部到一般的村民都少有人有这样的意识。

后来，当我正式成为这里的女婿，还把这个村子推荐给了上海的同学，让他们带了一帮上海的大学生前来写生，足足热闹了两三天。可惜不曾催化与激发出村人重新用一种意识与眼光来看待这座生养他们的小山村。还有几个村民很轻蔑地当着我们的面表示：这有什么好画的，都是这样的土房子，这个村子太怂了！

我眼里的二十年前的"鸭岭头"实在太美了，为此还曾不揣鄙陋，作过一首诗。

莘畈乡学岭头村纪事

随山将万转,迤逦入翠微。

瓦缝山峰立,窗檐雾气窥。

杵砧溪下捣,鸡犬灶头追。

饭罢门前坐,桑麻共话归。

三

变化是在慢慢中开始的,首先是村中小溪里的水开始慢慢变少了,原因是上游开设了一个小水电站,水开始分流了。要知道这个小溪里的水原先是很大的,各家各户都有自己的埠头。大桥下原来还有一个公用的最大埠头,由一长排青石组成。在这里洗衣服、洗菜的人最多了,那是村子里的妇女交换信息的重要场所。东家长、西家短的事情都从这里开始向全村传播,这是村里的新闻发布中心。溪水小了以后这里的人也就自然少了。其次是为了更好地防洪,溪两边原来用天然的鹅卵石堆砌的堤岸全都换成了水泥浇筑的,那些鱼儿的巢穴全被封堵死了。牢固是牢固多了,可是原来的趣味也就没有了,而且也破坏了生态!

大约到了2005年,在国家要全面进行新农村建设的政策背景下,"鸭岭头"村也开始自己的改造。由于村子处在库尾,在一个很长时期,都有一种说法,说莘畈水库也许会加高,到时候也许会移民,因此村上很少批地建房。而事实上由于南北两面大山的夹击,这个村子本来的空地就不多。而这个时候年轻人逐渐成长,要求结婚建房的压力也开始增大。房子建不起来,老婆也讨不回来。因为是个山村,这个村里从古代开始光棍汉就多。为了增加宅基地面积,当时的村两委决定把宗祠旁的一座小厅给拆了。这座小厅与大厅一样,也是一座清代古建,只是闲置已久,里面只作为给村上的老人摆预备着的寿木用。实际上是一座支祠,而且还很完整。我听了妻子的述说后,感觉很可惜。不过我人微言轻,而且又是一个外人,直接去讲未必有人听我的。为了能达到效果,我先找了在媒体工作的朋友,发了文章,说明了这个村子在历史文化与建筑艺术上的价值。接着查到当时莘畈乡党委书记的电话,直接给他发短信与打电话联系,谈我的想法。当时的书记姓李,很年轻,其实跟我年纪差不多,非常重视。在第二天我带着区文化馆的美术干部前去游玩的时候特地陪同,并解释了实际的困难。在宅基地问题之外,他觉得这个村子的建筑远没有当时刚起步准备进行古村落的开发与保护的山外的寺平等村精美。村里的干部也是一点自信都没有。不过,好在这座支祠后来没拆,现在已经成了村上的居家养老中心。

其实当时认为我多此一举的人不少,特别是村上的人很不理解。他们觉得你们这些在外面工作的人怎么能这样,你们自己在城里享受着现代文明带来的物质成果,却要让我们这些"乡下人"替你们维护你们心中的"风景",你不知道真的活在这些风景里有多么的不舒服。阴暗潮湿,卫生难搞,没有卫生间,老鼠与蟑螂、蜘蛛很多,不能安装空调。在他们看来,那些幽暗的老房子就是贫困与落后的象征,已经成了阻碍他们奔小康的最大敌人!我们心里所谓的情怀是他们身上实实在在的痛楚。不过,实际上到今天为止,从各种网络与手机微信等媒体看,依照我们现在的技术条件,我们已经早就解决了传统建筑与当代生活不能兼容的问题。通过合理的改造,老房子里的采光与卫生设施都可以提升一个很大的台阶。十多年前我在北方的平遥古城就曾经亲眼见过与使用过做在老宅二楼木楼板上的卫生间,一样可以装上抽水马桶和淋浴设施。目下各地如火如荼的民宿运动也说明了这一切。尽管还不是主流,但现在确实有一些人在多元媒体的熏陶下,已经接受了这样的认识与思维,有些在城市里获得成功的年轻人回去改造了自己的老房子。但在当时就是这样的,这一切都还是像天方夜谭。国家当时的战略布局还没有到达现在这样重视文化的高度,还没有人刻意进行这样的理念指导,也没有什么成功的案例可以遵循。一切还需要等待价值判断的重新引领与审美眼光的再发现!

当代著名画家吴冠中先生曾经说过一句话,从前中国的农村确实是脏,但它的脏里面有美,我们当代的钢筋水泥建筑干净倒是干净了,可是变化没有了,美也没有了。我们是得到的更多还是失去的更多呢?

四

在这之后更遗憾的事情是,村道里的那些鹅卵石与条石的路面全都被水泥抹平了,而且谁家门前要是没有被抹过,那一家村民还会很有意见。凭什么我们家这里不浇水泥,你们这些干部到底向着谁呢?大家都认为这样的路才是真正的好路,走路不会摔跟头,骑自行车与电瓶车也很平稳。甚至他们觉得旧村改造的最佳状态也许是家家门前都能开进车子……为什么会有这样的想法,这到底是谁的鬼主意?

村头的便桥也加宽了不少,一辆三轮车可以与一辆摩托车并排驶入,实际上已经是小车可以开进去了,终于如了有些人的愿。从老村中间新冒出来的洋房也有不少,原始的风貌开始被破坏,新旧开始交杂。钢筋混凝土的现代建筑住起来当然更为适意与舒服,从洋房里走出来的人脸上无一例外洋溢着幸福的光辉。而那些处在风雨飘摇中的老房子则有些诚惶诚恐,就像是一个衰朽而不幸的老年人日益一日地发现自己正渐渐处于年轻人的包围中,而这些年轻人的行为方式,所作所为,让他无从掌握,别提有多尴尬!

二十多年间国家的进步确实也不小。

我们"回娘家"的交通工具从开始时费劲地转两三次车搭公交车到自由快乐地骑摩托车,再到从骑摩托车到换小汽车,最后从一辆小汽车到现在第二代几乎人均一辆的小汽车,要什么时候回去就什么时候回去,想什么时候走就什么时候走。想想从前一天只有两三班车真是不知今夕何夕了！由于每个村子的车子现在都很多,逢年过节时,城市里的拥堵也开始向乡下蔓延了。城乡在物质上的差别逐渐缩小,城市里的生活方式也向农村传播,农村里有不少的老人现在也学会了使用智能手机,会拍照、发视频、聊天甚至是看股票。可是大部分农村里的老房子的命运还是没有改善多少。

随着时间的推移,二十年前"鸭"岭头村子中那些当时还住满了人的老房子大多都已经空了。老人们不断地离开了这个世界,年轻的下一代搬离了旧的家园。这才多少年,原来非常完好的乡村古建,今天掉了一片瓦,明天破了一扇窗。风刮进去了,雨漏进去。不光光是庭院,连中堂与厨房都长出了青苔与芳草！成了老鼠与黄鼠狼的家园。从前的老人们都知道"房子是越住越好的",有人住的时候就会有维护,有点漏会修补,无人住的时候大自然的毁坏就会特别迅速。尽管暂时还无外村那样毁于一场难以预料的火灾的,但终于也有某堵墙不可避免地在某场大雨过后颓然倒下的事情发生！

有些房子尽管有些人想修,但也因为产权多头很难协调而无从着手。

家里有一处老房子位于村口桥头左拐上去的位置,据老岳父说也有三百多年了,奇怪的是这幢房子实际上从我第一次看到开始半边厢房就已破漏，但至今两边的山墙还笔直地挺立，可见当初工匠的建造技艺之高超。那里面保留了妻子幼年时的不少记忆。可是由于是四五户人家共有的房子，到底是拆是修，大家的意见很难统一。一扯起来的时候就会爆发很多陈谷子烂芝麻的往事。这是目前农村的古建保护最令人无奈的问题。难以厘清的恩怨，每个村庄都是如此。往往就在大家的争论当中，某幢房子在某一天就轰然倒地。我们只能眼看着它一日比一日残破而干着急。

城市就像是一台抽水机，还在不断地把乡村的活水抽离。

五

自参军开始算起，离开村子近三十年的大舅哥最近对村子里的建设异常关注。孩子们都渐渐长大了，原来的兄妹三人一家，现在已经分成了三家三户，过年回来时家里连张床铺都安排不出了。自从有了车子以后，我们住在城里的已经很少有在乡下住宿的机会了。

溪边还有两间岳父的一位哥哥与一位弟弟遗留下来的老房子，由于两位老人都无后，身前身后的事都由我们料理，这两间老房子的产权也理所当然地由我们来继承了。和我们最亲密的小叔过世都已经五六年了，这几间久已无人居住的老房子早已成为危房，想当初它们也曾是村口画卷里的重要内容。村里一再动员拆掉。大舅哥心中想拆又不想拆,房前屋后都有他们童年的身影。可是不拆掉这个老房子,下一代又该怎么办呢?大舅哥反过来做家里人的工作,"要让自己的村子尽快地好起来,要多支持有想法想做事情的村干部"。于是我们就这样眼睁睁地看着自己热爱的以及想维护的"风景"在面前倒下,一片乡愁难慰!

"福晋恒升"老宅尽管年代较晚,但是里面的雕刻相对完整,仅在那年要拆小厅的时候被偷过一扇窗子。这个宅子产权也属于好几户人家,不过由于有新任村主任在内,相对来说比较好协调。新年里拆危的大潮鼓起了很多古董贩子买卖文物的热情。浑水摸鱼的事情层出不穷。好好的房子里面也早已无人居住,与其空着烂掉不如早点脱手。大舅哥给我们打电话的时候,我就知道他其实盼望着我们能去买来。也许这是这个村子最后的辉煌了!实际上按照主人的开价,这点钱我们紧一紧还是凑得出来的。但此刻我们正在面对着城区不断升值的房子的牌价里翻滚,在高尚的情怀与现实的利益较量之间有时真的很难让人取舍!

当我们见到那个老人的时候,我早就看到了他内心的悲哀,他有气无力地躺在儿子的新房边给他安排的另一处住所,那张毛竹的躺椅发出快要断裂的吱吱呀呀声。我知道肯定有不知道多少个古董掮客曾经上门来和他谈这笔买卖。儿孙们不一定懂,但老人其实可能很清楚这个老房子已经和他的人生永远不可剥离了。老人认不出同为村人的我的妻，以为这又是一拨陌生的客人上门了，他的眼神告诉我他内心的躲闪与挣扎，他说了一句："你们买不好的！"就把脸别了过去。他甚至都不愿意再带一下路去让我们去看一看，而让我们自己等待她的老伴去拿钥匙。我想了想，还是算了吧！我们的能力太弱了，我们能拼尽全力保住一幢老房子，可是我们永远保护不了一整个乡土……

国家一方面在强力推动治危拆违，整治农村空心村，拆除农村大批的老旧危房的时候，实际上也在做着另一件事情——传统保护村落的认定。最近得到的一个消息是本市在今年共有64个村子被省建设厅认定为省级传统保护村落。其中有新近半年前才萌发出意识申报的，也有完全是土房子，一幢有雕刻的"厅"都没有的村子，就因为这个村子因为僻处比"鸭岭头"更深的深山，在村子的中心没有造过一幢新房。

六

说实在这真的是一篇我最想写又最不想写的文章！

说我最想写是我眼见着这二十年来乡土不断地衰落与崩塌，内心里充满了悲泣与忧伤。说我不想写是因为我对现在已经逐渐凋零殆尽的乡土，实际上已经失去了亲近它的愿望。我在这里虽然只说"鸭岭头"这一个村，但它代表所有的乡土。

钱浩屹 | 汤溪往事

人物简述：

笔者姑婆名叫素云，1954 年生，21 岁嫁到野鸭塘；曾祖父名叫正安，生于 1917 年，卒于 1983 年；爷爷名叫和生，生于 1941 年，卒于 2019 年；太奶奶洪小囡生于 1921 年，卒于 1995 年。

看过《平凡的世界》的人会惊讶于路遥宏大的叙事能力，在路遥的笔下，一幅陕北高原上的生活图景徐徐展开，让人感受到一种生命的张力。路遥用生命写就的宏伟史诗令人钦佩不已。

其实，我们江南一带的民间，又何尝缺乏这种生命的张力呢？烟雨江南，有多少婚丧嫁娶，有多少悲欢离合，就有多少往事值得追忆。我在听了姑婆讲述这几十年，甚至近百年来的人事变迁时，感到无比震撼。我觉得，有必要用拙笔记录下来，作为口述资料，或文或史，以慰乡人。

五八年的饥荒

姑婆属马,生于 1954 年,比爷爷小 13 岁。姑婆躺在椅子上向我讲述着过去的岁月。她一生勤劳节俭,直到现在依然如此,原因就在于孩提时代对于饥饿的记忆实在是太深太深。以至于她对于很多细节依旧印象深刻,娓娓道来之时丝毫感觉不到那竟然是六十多年前的事了。

姑婆讲到大饥荒可能在 1957 年就发生了,1958 年那是饥荒的顶峰,汤溪一带很多人饿死了。我补充道,听外公说当时传闻上境半个村的人饿死了。姑婆说,可不是吗,其实五都钱也饿死不少人。

当时,太奶奶、太公(曾祖父)、爷爷、大爷、姑婆一家五口人的口粮没有着落。姑婆始终记得,太奶奶到田畈里找到一些野菜叶子,把叶子清洗后放到一锅水里,没有一丁点的油,只是搓了几颗粗盐进去,熬了一锅野菜清水汤。

那时候姑婆才四岁啊,正是长身体的时候。姑婆扯着太奶奶的衣服,哭着喊着,"妈妈,我要喝粥,我不喝菜汤,妈妈,我要喝粥……"在生活困苦的日子里,连喝粥也成了奢望,这是现在的年轻人从未经历,甚至无法想象的。姑婆虽然小,但是已经会表达自己合理的诉求了。太奶奶含着泪,轻轻抚摸着小素云(姑婆)瘦削的脸庞,只一会儿,小素云许是太饿了,已经没有力气哭喊了，很快就晕倒在地。

屋漏偏逢连夜雨，大爷爷和平也眼看要晕倒。当时太公立马搀扶住姑婆小素云，太奶奶则搀扶住尚且年幼的大爷爷，两个大人泣不成声，"怎么办啊，这两个小孩要没命了，饿成这样的，可是家里实在没米了啊……"

这就是汤溪人口中"五七、五八年"大饥荒的真实写照。好在世上总是好心人多。村里的樟有（音译）刚好走过来，一看这个情况，马上跟太公说："正安，我家橱柜里还有一碗白米粥，就这一碗了，你先拿去应急。"太公看到了希望，忙不迭地跑到樟有家拿到了救命用的白米粥，马上将之放到野菜清水汤里，熬成了野菜粥。一碗粥加水稀释后变成了五碗。

姑婆接着说道，其实她那个时候眼睛已经快睁不开了，只有一些模糊的印象。记忆中，她连粥也喝不下了。饿到极点的情况下，确实很难进食。太公就用筷子蘸点粥水，放到姑婆嘴边，润润嘴唇，一点点喂食，终于救活了四岁的姑婆。

太奶奶的身世

姑婆的母亲就是我太奶奶，人家叫她洪小囡，是洋埠镇前仓里人。太奶奶十二三岁的时候，她那三岁的弟弟有天突然发病，抽筋休克，人一下就没气了。那时候医疗水平低，找不到大夫医治，眼睁睁看着三岁的小孩在怀抱里渐渐冰冷直至身体僵硬，太奶奶的母亲顿时感觉天昏地暗,一下想不开,承受不住这样的打击,于是一病不起,卧倒病榻,三年之后郁郁而终。

太奶奶的父亲本来家境还算殷实,在洋埠菜市场有猪肉铺的。可是看到妻子这个样子,他也常常恍惚不已。一年冬天,在下徐桥这里,由于当时的桥是木头做的,天一下雪桥面就非常光滑,太奶奶的父亲推着载满猪肉的独轮车走在桥上,一不小心从桥上摔了下去,那时候冬天水很冷,还没等到人们来救他就冻没了。

失去双亲的太奶奶洪小囡只好被寄养到她大伯家。好在她大伯愿意收留她,所以活了下来。太奶奶大伯的女儿名叫洪彩花,后来嫁到了我家隔壁钱仕模老爷爷(还健在的,今年刚好 100 岁了)家里。太奶奶洪小囡则嫁给了我太公钱正安(人家叫他嘞抛,生前是做豆腐的)。太公为人质朴,街坊邻居乃至整个洋埠很多人愿意到他这里买豆腐和豆腐渣(主要是喂猪,很有营养的)。我出生那年,太奶奶很高兴地说,蛮好蛮好。姑婆和母亲常说,太奶奶说话很聪明,人也和善,脾气很好,只是我出生八个月,太奶奶就走了。

厚大囡的故事

我的太公(曾祖父)名叫正安,他的母亲叫范氏,也就是姑婆的奶奶。听姑婆说,她奶奶是汤溪厚大村的,她连她奶奶名字也不知道，只是记得人家都叫她"厚大囡"。厚大囡家里很富裕，她爹是当时汤溪一带有名气的大地主。

我好奇地问道："姑婆，咱们家当时并不富裕，这门不当户不对的，大地主能看上咱们家?"姑婆笑了，"这个厚大囡家虽然很富，但是她爹一连生了十个女儿，非要生个儿子出来。厚大囡就是第十个女儿，按照老汤溪的说法，第十个女儿是很不吉利的，放在自己家会败风俗。"我心想，这大地主也是够迷信的。姑婆接着说道："后来，你的太太爷爷，哦，就是我的太公，心地很善良的，把厚大囡收养了过来，厚大囡也就当了童养媳。"

听到这里，我算是明白了，厚大囡没有在厚大生活过，反倒是在五都钱长大成人又生儿育女了。那当时厚大囡家到底有多富裕以至于如此迷信呢? 姑婆解释道，厚大囡家的房屋连起来有两百间，田地有几千亩。过去，看一户人家富不富，就看这户人家置办了多少田产，汤溪话称"置田"。钱多了就买地，这也符合小农经济的生产特征。姑婆还说，当时厚大囡的前面几个姐姐出嫁的时候，姑婆的太公正好是年轻后生，过去帮忙打理婚事，那迎宾的队伍，敲锣打鼓，从厚大一直排队排到了田畈里。当然，姑婆的这番话也是她小时候听她爷爷讲的。

不过，姑婆最后说道，那个年代的地主是没好下场的，临近解放的那会儿，厚大囡的爹听说地主解放后最起码要坐牢，不服从管理的还要枪毙。他心理压力太大，最后选择了上吊自尽。这汤溪地主的故事也就戛然而止，消逝于历史前进的车辙中了。而厚大囡虽然没有沾到半点地主家的荣华富贵,可也平平安安度过了一生。你看,塞翁失马,焉知非福,不正是这个道理吗?

汤溪的往事还有很多很多,姑婆的口述,着实让我大开眼界,回荡在历史风尘岁月中的,是活生生有血有肉的模样,前辈的声影并未走远,也许,只要我们愿意去发现、去询问、去聆听和记录,还有很多故事、很多人生值得细细回味。

第二辑：美食杂谈

三川｜一袭素衣汤溪椒

一

剪报是我坚守了几十年的爱好。前两天翻旧，忽然发现一篇《汤溪白辣椒》[①]。细读之后，留下两处疑问。

其一，"祖辈传说'白皮辣椒是清朝时，在洋埠镇证果寺修行的一个曾经当过大官的北方和尚带过来种植的。'"闻说此事，作者立马想起，"曾在九峰寺做和尚的清朝康熙年间云贵总督蔡毓荣"。

其二："自从蔡毓荣把白皮辣椒带到了洋埠，汤溪慢慢兴起了食辣椒的风俗，然后慢慢地传到了衢州、江西、安徽等地。"

汤溪在婺城西部，乃春秋时期的姑蔑国所在。明成化七年（1471年），割金华、兰溪、龙游、遂昌四县边塞之地，置汤溪县，直至1958年撤销县制。辖内的九峰山呈丹霞地貌，古称妇人

---

① 《汤溪白辣椒》，见2013年4月12日《金华晚报》，作者刘金桂。

岩,又称龙邱山、芙蓉山。山奇、石怪、水秀、洞幽、地野……

蔡毓荣乃兵部尚书蔡士英次子,康熙初年,即任刑部侍郎。先后出任四川总督、湖广总督加兵部尚书、云贵总督。正当意气风发之际,却因祸下狱。遇赦后,他看破红尘,皈依佛门。

康熙二十八年(1689年)农历二月,蔡毓荣慕九峰之名,追随龙丘苌、徐伯珍、徐安贞、贯休的足迹来到汤溪,却不想九峰禅寺早已破败不堪。

是留还是走?蔡毓荣遣散家人和随从,暂住洋埠镇上的证果寺,边化缘边翻修,几个月后便恢复九峰禅寺的香火。其间,女儿蔡琬(字季玉,清代著名诗人,户部尚书高其倬继室)曾到九峰寺拜访,作七律一首:"萝壁松门一径深,题名犹记旧铺金。苔生尘鼎无香火,经蚀僧厨有蠹蟫。赤手屠鲸千载事,白头归佛一生心。征南部曲今谁是?剩有枯禅守故林。"(《九峰寺有感家大人》)后人注诗曰:"其父蔡毓荣……因做事被朝廷削官夺爵,自云南回来,到浙江汤溪县九峰禅寺遁入空门。"

因此,蔡毓荣曾在九峰山禅修,有案可查。问题是,汤溪白辣椒果真是蔡毓荣引进的吗?

二

辣椒的本色为红,原产北美洲,最早发现辣椒,将它驯化,引上餐桌的,是墨西哥的印第安人。

明万历年间，一艘外国商船停泊在浙江沿海港口，船上卸下的货物中，就有首次进入华夏土地的辣椒——果实娇艳似火，可作花卉观赏。"番椒丛生，白花，果俨似秃笔头，味辣色红，甚可观。"（高濂·《遵生八笺》），到了康熙十年（1671年），浙江《山阴县志》又有如下记载："辣茄，血色，状如菱，可以代椒。"

辣和辛是同义字。辛就是辣，辣就是辛。但这两个字又不能相互替代，特别是在辣椒出现之前，国人所说的"辛辣"，仅指花椒、姜和茱萸。可见，"代椒"一语道出了国人食用辣椒的先机。时至今日，辣椒的越地方言，即为"辣茄"。由此，有专家推测，中国最早食用辣椒的省份，很可能是浙江。

只不过，浙江乃鱼米之乡，物产富饶，辣椒的热情激烈，似乎与浙江菜系的清雅精致不太合拍，自然引不起食客的多少兴致。于是，辣椒以浙江为起点，逐渐向西蔓延至贵州、云南、湖南、四川……

辣椒的扩张线路，史学界至今众说纷纭。"以浙江为起点"，也只是其中的一种可能。但一个不争事实是，辣椒在越穷的地方越容易扎根。因为穷人之为穷，首先穷在食物简单、粗糙、乏味，难以下咽。这时，辣椒来了，一辣顶百味，不论多么粗糙的食物，有了辣椒的刺激、勾引、美化，顿时让人胃口大开，以致出现"湖南人怕不辣，贵州人不怕辣，四川人辣不怕"的现象。

当然，穷人"以辣代盐"，或者"以辣代药"，实属无奈之举。而在达官贵人家里，"以辣调味"未尝不是一种时尚。身为云贵总督的蔡毓荣素无油盐之虞,一日三餐,山珍海味,早已习惯由辣而引发的麻辣、酸辣、鲜辣、煳辣、甜辣等众多口味……

一碟辣椒,激活一条条舌头。不难想象,早年杀人如麻的蔡毓荣一旦放下屠刀,决意前来九峰,笃定思量再三,甚至有些决绝:"什么都可以不带,就是不能不带辣椒。"

佛教戒食荤辛,却允许和尚吃辣,蔡毓荣随身携带辣椒也就合乎情理。我甚至相信,蔡毓荣一定禅悟了"辣辣辛辛一味禅"(宋释心月)之偈语,也发觉了汤溪的地理特征与云贵山区颇为相似——地偏、道塞、雾浓、湿重,山民体弱多病,不由得"阿弥陀佛",慷慨地把为数不多的辣椒施舍于有缘之人,教会他们适时播种……

三

白辣椒,又称盐椒,源自湖南浏阳人自制的扑白椒。只是,扑白椒不是辣椒品种,而是经过人工处理后的青辣椒——经三伏天暴晒,一天不够,还可持续几天,再用特殊的调料腌制,把青色和红色都褪尽了,辣椒便成了白色,人称白椒。

汤溪辣椒一身素衣,乃浙江名特农产品。果实前期微辣香甜,既软又糯;中期中辣香脆,醇糯绵长;后期红亮老辣,椒香浓烈。

因为学非专业,我不敢据此妄断白辣椒为汤溪独有,上网检索,亦是无果。值得欣慰的是,为防变异,汤溪白辣椒种子已被浙江省农业部门永久收藏。现在,我们不妨假设"白皮辣椒是北方和尚带过来种植"的坊间传闻为真,那么请问:蔡毓荣的白辣椒从何而来?

民间传说大多以故事形式出现的,虽然动听,却未必就接近史实,诸如金华火腿之于宗泽、清明粿之于太平军、狗肉节之于朱元璋等等。说白了,蔡毓荣与白辣椒的故事,也仅仅是茶余饭后的谈资,是当不得真的。

不过,"一花一叶一如来,心到佛到椒花开"。洋埠,乃古汤溪县与外界勾连的大型商埠。当年,蔡毓荣驾一叶扁舟,沿京杭大运河溯流而上,必定从洋埠登岸。即便他随身携带的辣椒只是一般品种,也是功莫大矣。

至于说,衢州、江西、安徽食辣习俗是从汤溪传过去,也许是作者刘金桂先生的想象。因为地球上除了分布一些诸如石油、煤炭、森林、黄金、宝石等相对集中的纬度带外,还有一个较为明显的辣椒带,且大部分分布在世界各地的北纬 30 度地区——那是一个神秘的区域,它贯穿四大文明古国,充满着神秘、怪异、迷幻、诡异等现象,给人类思绪的尽头写满了问号。

江西、安徽与四川、云南、贵州等省份,同属长江流域,食辣时间可能有先后,但从汤溪传过去的概率微乎其微。

四

一方水土养一方人，一方水土同样也养一方植物。

百度说，全球辣椒品种有 2000 多个，各美其美，品质难分伯仲。不过，就像黄金椒产于四川、七星椒产于贵州、小米椒产于湖南、朝天椒产于云南一样，白辣椒产于婺城汤溪绝非偶然，而是与地理环境、气候特征分不开的。

学者刘沛林曾从风水堪舆学的角度，描述过金华的山形地势："金华诸山蜿蜒起伏，势如游龙，腾空驾云，雄压成峰，左右分支，回峦列喇，连屏排戟，拱卫四维，面南诸峰数重。近者横如几案，远者环如城郭。廊外双溪萦带，众水汇合，弯环流衍……"（王晓明《阅读金华》）

汤溪又处婺城之西，东高西低，整个地形呈马蹄状，像一只当地老百姓常用的畚箕，更像一把经时光烛照、有些古色古香的太师椅，藏风聚水，可谓浑然天成。用汤溪老百姓的话说，好风能生好水，好地必长好苗。

是啊，南橘北枳。我拍拍胸脯，大胆推想：四百多年前，一枚辣椒被人幸运地带到汤溪，此人可能是蔡毓荣，也可能是张三、李四、王五……反正，寒暑更替，日月嬗变，这枚辣椒的内质和外形在汤溪这片风水宝地不经意间发生变异，渐渐出落成现在的娇贵模样——头尖如笔，周身光洁如瓷，仿佛涂满时光的银粉。

尤为难得的是,其辣度介于辣与不辣之间,是一种特别适合南方人口味的微辣,兼具食材和调味之功。

五

辣椒是植物之"火"。辣椒不辣,犹如羊肉不膻,鱼鲜不腥,名不副实。而在食辣者口中,能吃辣椒的人都叫"辣椒虫"。我不属此列,仅有的一点"耐辣性"也是后天养成的——青椒拌豆腐、板椒炒肉片、油焖尖椒之类,虽说频显餐桌,但均以不辣或者微辣为度。要不然,必受妻女声讨。

咸鲜、香辣、醇厚,是汤溪菜的特色,初次上口,兴许难以接受,但一旦习惯了,又会多一种念想——烂菘菜滚豆腐、黄瓜炖黄鳝、酒糟煮毛芋等等,无不如此。特别是俗称"小炒肉"的白辣椒炒肉片,简直人见人爱——辣椒皮薄,也特别香鲜,以至于很多时候人们愿意吃辣椒,而放弃旁边点缀的肉片。

朋友聚餐,偶尔上来一道汤溪菜,我就会傻傻地想,既然汤溪辣椒以"色"取胜,老熟之后,颜色还是白的吗?一次次地发问,一次次地失望。

有一天,朋友某先生忽然给我来电,像发现新大陆一样兴奋地说:留种的白辣椒是红的。当我追问出处,他如实相告:中午在镇上吃饭,上来一盘"小炒肉",顿时想起我的"好奇心",特地找到一位退休在家的农技员,才问清白辣椒的生长规律:植株矮小，分枝密集，培育期比一般辣椒要长。春末浅夏，别地的辣椒刚刚开花，鲜嫩水灵的白辣椒就已应市。而在漫长的夏季，白辣椒一直在开花，长辣椒，摘一茬长一茬。没有人知道一株辣椒棵子上会长多少白辣椒。入秋之后，白辣椒就停止开花，长成的辣椒一天天颜色转深，银白转成深黄，最后转成红色，是为"老辣"。

还好，自小长在农村，见过朝天椒的苗是紫红色的，不久便被时间漂绿；苋菜出生时是绿的，长大以后却变成红色。

我还知道，葫芦开白花，四季豆开白花，果实都是绿的；黄瓜开黄花，果实也是绿的。番茄也开黄花，果实却是红的。豌豆的花，白得如雪，艳得像霞，豆子青绿。紫茄子开的是紫色的花，它的果实就是紫的。

乡村是蔬菜的王国。菜园无章法，蔬菜可任性！

云坞山房｜汤溪老家的"冬水酒"

听天气预报说，近日气温将会骤降十度。翻开年历一瞧，原来过几天就是立冬节气了。时节使然，此乃天道。

实际上，我老家的一些农人盼望这个时节已经有些时日了。他们将在立冬之后，开做"冬水酒"。这是我老家汤溪一带自古传下的古法酿造。

千百年来，人类一直摸索着与时间的相处之道。赶时间，似乎有一股较劲的味道；而等时间，却呈现了另一种处世哲学。

每年霜降过后，第二熟的稻谷已收割归仓，过冬的小麦、油菜亦已播种完毕。从年头忙到岁尾，是该稍事歇息，也为来年积聚些新能量了。做"冬水酒"，对农人们来说，便是一种好享受，他们等待着立冬时节的到来。

立冬以后，无论家境贫富、人口多寡，几乎家家秉承传统，户户都要古法酿造，所谓的"十月酒，家家有"。汤溪人把这时候酿的米酒称之为"冬水酒"。冬水冷冽，以此酿酒，最宜久存。过早则天热，酒易变酸；迟了则天冷，酒会冻缸。立冬之后，便是汤溪"冬水酒"古法酿造的最佳时刻。

酿酒是一次精心准备的理化反应,也是一场甜美酣畅的心情之旅。汤溪"冬水酒",以农家自产的糯米酿造。以酒药区分为两种:一种是各家自制的老酒药,一种是请制曲师傅特制的红曲。老酒药制的酒,颜色偏深,酒力更猛;红曲制的酒,颜色更亮丽,看着便是享受。各家各户依照自己的偏好,各取所需。

酿酒的步骤基本一致。始于浸米,浸泡两天一夜后沥干备蒸。

蒸饭要用专门的"饭甑",土灶是最适宜的平台。"饭甑"放置在煮开了半锅水的大铁锅里,在灶膛添上硬柴旺火,灶间便腾起氤氲的蒸汽,糯米的清香充盈整个厨房。待到糯米熟透,便可出锅。这时农人会把刚刚出锅的糯米饭盛上一钵,犒赏一下一直在边上巴望的小孩。孩子们喜欢把这个糯米饭捏成团,中间再裹上自产的红蔗糖,那是又香又糯又甜,真是无比的享受。

随后,用凉水将饭扒散,摊晾在筅团上,防止它粘成饭球。时间拿捏是摊晾的关键——饭团太热,酒会变酸;过于冰凉,又会冷缸。其间,可将"活水"烧开,舀进酒缸待凉。糯米饭和水的比例要看农户对米酒浓淡的爱好和家境而定。

在糯米饭将凉未凉之时,将老酒药或红曲按照米与水的比例一把一把地撒入饭中,拌匀后倒入盛着水的酒缸,扒平,再用木制"酒戳"在饭中扎许多孔——一个小孔,就是一个酒窝。之后,盖上滤布并四周扎紧,再在其上覆盖筅盖后加盖蓑衣、棉絮,并在酒缸四圈扎上稻草捆等保暖用具。

酿酒怕冷,低温会影响酒药发酵。因此,酒缸大多摆放楼上,为的就是保暖。初始,酒缸是沉默的,缸盖是被禁止揭开的。有淘气好奇的小孩,总想揭开缸盖一探究竟,于是招来大人的厉声喝止,这就增添了些神秘色彩。十来天后,趴在缸盖上嗅嗅,隐约有一缕让人难以捉摸的甜酸气息。要不了多长时日,酒香便浓郁起来,一缸上好的"冬水酒"便成了。

此后便是挑一个日子,搭好酒榨,用酒糟袋滤酒,股股清酒顺着酒槽欢快地汇聚到大木桶中。如若愿意,可随手舀起一碗一饮而尽。

木桶中的酒水积聚到一定数量后,便舀酒入坛。之后,再将酒坛置放在铁镬中,隔水蒸煮。只有此"蒸",才能沉淀香冽,让米酒变醇变老。接下来的日子,便是慢慢享用了。

为了此次酿造,老家的农人在早前的几个月就开始准备了。他们要在酿造之前准备好酒药。

老酒药相对简单,家家都能制。用大水蓼草的汁拌上大麦糠即可制作,这是老家古人传下的智慧。这种蓼草很好认,叶子上长有指甲印。一般是在盛夏季节,溪头水边的大水蓼草正是长势最旺的时候,农人把这些蓼草连根拔除洗净,一捆捆折好放入坛子,再灌入清水,过个把月,蓼草的皮、叶就腐烂成汁。这些汁水便是老酒药的基础,倒入木桶,与桶内的大麦糠均匀搅拌,使之相互渗透依附,然后用小木框压制成一方方的饼。再用透气性良好的烧纸或者报纸包装,整齐地叠在铺了稻草的楼板上。

数日后,饼子会长出毛斑,然后在烈日下晾晒十数日后即可存放备用。

做红曲就复杂一些了,要请专门的红曲师傅上门服务。红曲是一种以红曲为菌,发酵而来的药物。起源于汉代,根据《本草纲目》记载,多用于治疗食饥饱胀。红曲以籼米为原料,用红曲霉素发酵,消食活血、健脾燥胃。让其大放异彩的是现在医学研究发现,红曲能分离出一种名叫洛伐他汀的元素,用于降低胆固醇,疗效等同于美国公司研发的他汀类降脂药物,却没有副作用。在古时,红曲是大户人家专享的特殊规格。红曲不仅可以入药,还可用来酿酒。老家的红曲酒便由此而来。

制作红曲一般在九月份。夏季的炎热还未完全消散,空气里弥漫着暖暖的湿。古法制曲的准备工作从准备原料开始。红曲原材料是籼米。把米淘完后浸泡上一整晚,第二天才能蒸饭。饭要蒸得恰到好处。时间不够,芯子太硬,容不下菌种寄生。煮得太久,饭团黏软,又可能感染杂菌。

木桶里红色的液体便是调和好的红曲母,它是制曲的灵魂,让普通的米饭蜕变的种子。它也是制曲师傅的祖传秘方,概不外传。一般人家都无从得知这个红曲母是如何而成。

制曲师傅把接种用的菌种与米饭均匀地搅拌,让它们彼此渗透,互相吸附,就这样神奇的变化慢慢发生了。

一小时、两小时、一天、两天,在微生物作用下,饭粒上长出了肉眼鲜见的白毛,紧接着,一颗粉色的斑点冒了出来。

传统工艺的发酵要将近六七天,每天都要观测,浓烈的酸味扑面而来,将手指插入米堆中测温,检验发酵程度。热量上升,意味着要赶紧酒水浸曲。此时最好能够来一场如期而至、恰逢其时的秋雨,空气中活跃的水分子是微生物梦寐以求的催化剂,只要耐心,雨过天晴,便是丰收。此后便是晾晒,也是这场旷日持久的转化之旅的终点。晾晒完成后,红灿灿的红曲就此大功告成。

先父善饮,好酒。特别喜好自家老酒药做的"冬水酒"。一日要饮酒三顿,中餐、点心、晚餐,每顿要喝两大碗。无酒不餐、无酒不欢。

当年,我父每年要做三只大水缸的"冬水酒",足足上千斤,从冬天一直可以喝到第二年的春末。

因为好酒,所以好客。有时招待客人虽无好菜,好酒总是多多。因此,父亲在时,家中上门来的酒客也多。我小时候一个正月里,我们村自己的婺剧草台班自娱自乐演老戏,隔壁邻姓亲朋好友来的颇多,有熟悉的,也有不太熟的。我父亲自己作为草台班的负责人不能在家作陪,任由客人自己来了走,走了来,一天一夜,喝了四十五斤装的老酒坛整整一坛半米酒。

先父三年前因脑溢血走了。还在住院期间的一段时间,脑子有时清醒有时迷糊,说一些不着边际的话。我请教医生病因,医生说有些酒精依赖者戒酒后会有此症状,判断会不会是住院没有喝酒的缘故。

　　为尝试缓解症状,我凭个人主观臆断,自作主张特意去超市买了瓶白酒掺入到饮料中,让父亲喝。结果父亲喝了一口后,说饮料中有酒,他是病人,不能喝酒的。从此以后,父亲其实再也没喝过一口酒,直至两年后离世。

　　父亲走了三年了,我家从此也没再做过"冬水酒"。

伊有喜 | 冬夜与冬日

　　题目有些怪。冬夜？冬天的夜晚？冬天的哪一夜？读者产生这样的困惑很正常，可是，在我的乡人看来，"冬夜"是确指的，就是冬至前夕，不过也泛指那一整天。比如某人说，"我冬夜回来吃荞麦面""我冬夜回来烧冬"——他的意思很明确，就是 12 月 21 日回来——每年的 12 月 21 日就是我乡人嘴里的"冬夜"。22 日冬至那天，乡人称其为"冬日"——如果有人问先有白天还是先有夜晚——他们的回答很明确：先有夜晚，理由是先过"冬夜"再有"冬日"！

　　这是让我感到惊奇的事，那么，先有蛋还是先有鸡呢？——这个问题，我乡人的答案也毫不含糊，就是"不知道"。很有一种"知之为知之，不知为不知"的实诚。不过，这样的回答并不会减少我对冬夜的好感，冬夜可说道的实在不少。

　　一是牛肉荞麦面，荞麦是自家种的，"白露荞麦秋分菜"——白色小花，三角有棱的果籽，黄梅戏《对花》中唱：播了一粒籽，发了一颗芽，红杆子绿叶开的是白花，磨的是白粉，做的是黑粑——这就是荞麦面了。至于怎样收获、怎样磨成粉我就不甚了然（可能刚好在学校的缘故），不过怎样和面、压摊、切成手指宽手指长的荞麦面我倒清清楚楚。荞麦面用的佐料是萝卜丝和牛肉，一边烧萝卜丝牛肉汤一边切荞麦面进锅——切好的同时，差不多就可以装碗吃了。荞麦是粗粮，怎么吃都撑不坏。不过，印象中也就冬夜吃一餐荞麦面，平时还真的没吃过。荞麦开花的时候，人人都知道，就这一小片荞麦，刚好够一家老小、亲朋好友吃一餐，从不忍心糟蹋。

二是"炒冬块"。炒冬块其实是一些炒货，比如炒黄豆（个个会开裂）、炒玉米（炒得好会蹦出很多花来）、炒花生（用砂石炒，黑焦的壳透着香）、炒番薯片（没有现在薯片的味）……总之，灶上灶下，边炒边吃，图的是天寒地冻中的红火热乎。

三是萝卜丝汤洗脸和手脚。用萝卜丝汤洗脸，平常罕见，通常会觉得萝卜丝黏黏腻腻，其实不然，不放油盐的萝卜丝清清爽爽，有股清气。据说这样洗就不会长冻疮，同理，要多用萝卜丝搓你的手和脚，每次总能搓出许多"壳壳"（污垢皮屑）来。我不长冻疮是不是得益于此呢？回想起来，搓搓总能促进血液循环吧——我的乡人实在不笨。

此外，我很小就知道，冬夜的夜晚是一年中最漫长的，就是怎么睡好像天都不会亮的那种。我不知道其他地方的习俗怎样，我曾经咨询过很多人，回答都有些茫然，好像是没怎么讲究的，到底是乡风民俗淡了还是本来就没有呢，不得而知。而我的乡人确乎是这样过冬夜的。

冬夜之后就是冬至日。翻《汤溪县志》，却只平淡无奇的一条："十一月冬至节，各宗祠举行冬祭，颁胙，为先墓添土。"说的是"冬祭""颁胙""为先墓添土"的事。"十一月"是农历，没错，我们乡人原本奉行农历，比如农谚"十月初一晴，黄胖赚得十两银；十月初一落（雨），黄胖过年没着落"——十月是农历十月，乡人开始酿冬酒。"黄胖"是肝病患者，黄疸指数高，肤色往往发黄；脂肪代谢功能差，身体容易虚胖，是"少气薄力"的病人。试想想，如果连"黄胖"都能挣银子，那这老天爷做得多好——肯定是暖冬！可是这农谚很奇怪，这一冬的天气如何，就看十月初一那一天！当然，也有不同的说法，比如"立冬晴，尽冬晴"——让我捏一把汗的是，生怕立冬和十月初一的天气会矛盾，奇怪的是它们几乎从不打架！到了冬至，先看天气，如果晴朗，那么年三十就下雨，反之亦然，农谚说"腌臜冬至即令年"，瞧，就这么神奇！

一年走到冬至，节气上也到了最冷的时候。我小时候，冬天好像要比现在冷，在我的童年印象中，冬天大雪封门是常事，人家屋檐下一尺多长的冰棱骨，常被我们拿在手里当玩具。到了冬至，刚好是农闲，农人们大都窝在家里弄东西吃。除了冬块外，我记得最好吃的是一种叫"麻搲"的东西——用粳米粉蒸熟揉成团，撒上红糖，外面再裹一层熟芝麻粉，软糯糯，热乎乎，香喷喷。有一年冬至，刚好周末（在汤中读书时），雪厚及膝，我穿着长筒雨靴，咯吱咯吱踩着雪回家，冬至的夜来得快，到家已是掌灯时分。推开门，一屋子的人都坐在灶房里烘着火，灶上放着一个小罐子,妈妈看见我回来,连忙递给我碗筷,叫我吃"麻擂"。小罐子里的"麻擂"用红糖拌过,已经有点烊了,另外拿了芝麻粉,一个一个夹出来,在芝麻粉里滚一滚——一口下去,又甜又香。

冬至祭祖,我们乡人称"烧冬","囡弗烧冬"(女儿不回家祭祖)——不过,冬至这天并不祭奠,通常是前三后七——冬至前三天或者后七天,而每天的正午(中午十二点至下午一点)不祭奠。祭奠时用寸肉一刀、豆腐一块、饭一碗,放上三只酒盅三副筷子,黄酒一壶、蜡烛、香火、纸钱若干,于先人墓前祭拜。"祭神如神在",所以你经常能听到或看到在香烟缭绕中有人往酒盅添酒有人在絮絮叨叨。

伊有喜 | 毛芋

据说北方原本无芋,《说文》载:"大叶、实根,骇人,故谓之芋。"看来芋的命名是中原人第一次见到芋的大叶子或者"实根"时惊呼出声"吁"而来的——这个说法着实有趣。《史记·项羽本纪》说:"今岁饥民贫,士卒食芋菽。"意即荒年里,兵士以芋和大豆果腹充饥。项羽为楚人,楚地出产芋,也在情理之中,项羽应该也吃过芋吧。

毛芋是我的最爱,早时看居山人诗句:"深夜一炉火,浑家团圞坐;芋头时正熟,天子不如我。"好个居山人,享受香甜毛芋,居然说"天子不如我"!——天下之大,"口之于味也有同嗜焉"!毛芋煮熟吃要趁热,我喜欢吃小芋艿而不是煮芋头——小芋艿刚够一两口,润滑可口,喜欢咸一点就蘸一下酱油;芋头老了些,润滑度就大大下降,个子又大,吃一个就撑着了,像奉化芋艿头,似乎不适合煮熟吃。本地的芋头是刨成丝,晒成芋头丝,一年四季就可以炒着吃。炒之前先用水泡软,清炒芋头丝要放些葱,暗褐芋丝中透着清亮的葱,香软而韧,宜于下酒。

葱油毛芋是素食,主料是芋头、葱,口味是香脆,工艺是炸——因为是油炸,所以有些腻,有时反而妨碍了毛芋本色。芋艿炖排骨当然好,即便没有排骨——儿时乡下哪有排骨——芋艿汤也是好的。芋艿汤,糯软滑润,适于下饭,乡谚说"芋汤浇饭,当官不换!"又说"芋汤浇饭,父子不传!"——意思是用芋汤浇饭,做父亲的都舍不得传授给儿子!有芋艿汤,可以多吃两碗饭。芋艿汤,有些地方称为芋羹,不过在故乡,芋羹倒另有所指:在年节,煮一大锅毛芋,剥皮,再煮,配以调料,装在钵头里,在正月初头热一热当早餐——有人喜欢吃汤团,有人喜欢喝粥,当然也有人喜欢吃芋羹。

儿时美味有一种跟芋艿头有关,本地人称"燥芋"。它的做法如下:取芋艿头若干,刮去皮毛后放置两天,使芋艿头结一层膜。煮,佐以菜卤(盐卤)、五香、桂皮、酱油、陈酒,继续煮至收干,然后取出晾干。这时的芋艿头,香糯软韧滑咸,皮干肉嫩,既可当点心配稀饭,也可当干粮,嘿嘿,滋味无以言表。

还有一种糕点,主料是毛芋和糯米粉,外面粘上糖霜、芝麻。据说,先将蒸熟的糯米粉与去皮煮熟捣成糊状的毛芋混合后放进石臼舂打,之后弄成小方块在太阳底下晾晒一至两个月,发酵后制成毛坯,最后,将毛坯倒入油锅炸,裹上熬好的白糖,蘸上芝麻。这糕点,松脆香软韧,汤溪人呼为"芋糖",金华人则称为"毛坦",是赫赫有名的金华点心!

其他毛芋小吃,应该还有,武义一朋友就提供一种:整个烧熟,去皮,捣碎,和入番薯粉,搅拌均匀,取小团,捏成皮。用肉啊、豆腐啦做馅，当然还加葱或蒜叶。做起的样子像饺子的，煮着吃，叫芋符。样子像蛋蛋的，蒸着吃，叫公鸡蛋。即便你依葫芦画瓢，可要尝到正宗的风味小吃，还得去武义。

关于毛芋，儿时有童谣一则，是猜谜用的——

一个芋头七个洞
两个听，两个看（念梦字）
两个溜青虫
一个訇訇洞

——谜底当然是人的头了。"两个听"的是耳朵，"两个看（梦）"的是眼睛，"两个溜青虫"的是鼻孔——青虫云云，是鼻涕，小孩贪玩不会擤鼻涕，鼻涕虫眼看着要挂到嘴巴，吸溜一下又回去了！而"訇訇洞"则是嘴巴：訇訇，类似漩涡发出的声音，漩涡的力道足以把东西吸进去，这跟我们的这张嘴何其相似。

乡人有"芋头芋脑"之说，它的意思跟北方的"榆木疙瘩"类似。

伊有喜 | 烂生菜滚豆腐

　　"生菜"是指腌过的叶子菜,主要是指白菜,白菜谓之菘,《齐民要术》有"菘根菹法"之说,菘即指大白菜。"烂生菜",是烂咸菜的意思。咸菜无处不有,腌咸菜、萝卜,腌豇豆、刺瓜,都忌烂,烂则臭,臭则不清口。但烂生菜与普通的腌咸菜大不同,它重在烂,烂到稀巴烂,烂到菜梗都化成一坨坨褐绿色的黏稠物,黏糊糊的,压根捞不出成形的东西!其臭直让人掩鼻,"君子远庖厨",别说是君子,大热天挥汗如雨的乡人,真的要烧这劳什子烂生菜滚豆腐,一般人也避让得远远的。我小时候,农家有镬前屋(厨房),但没有吸油烟机,普通人实在受不了烂生菜刚出坛子以及炖煮时的味道。印象中,我二哥就不喜欢这个,我家也极少烧这个,来了客人更加不烧这个——它是如此重口味,实在是上不了台面的东西!在吾乡,婚丧嫁娶,随便哪种宴席,绝对看不到它的踪影。它跟腌咸菜萝卜豇豆刺瓜一样,除早饭下粥,都不好意思端出来待客。

　　但一到饭馆就不一样了。饭馆的好处,是人人皆可远庖厨,给客人端出来的是终端产品,不见过程。所以,请客人吃汤溪菜,多半会在最后上这道菜,主食当然是米饭——不错,烂生菜滚(滚,即炖)豆腐,特别适于下饭。

有一年(2001年),《诗歌月刊》在金华开首届青年诗会,来了近60位诗人。九峰岩下来,已是下午一点,大伙饥肠辘辘,中饭就安排在汤溪镇政府北门对面的"汤溪饭店",梁晓明有诗为证——

> ……
> 饭店是汤溪最好的饭店
> 各种野生的猪肉、兔子、地衣和米酒
> ……

"饭店是汤溪最好的饭店",这倒不一定,但菜是正宗的汤溪菜,这点毋庸置疑。晓明兄的诗中,没有写最后一道菜,当时,作为东道主,我们几个金华人都意味深长地暗示这些来自天南地北的诗友(最南端的是海口的纪少飞,最远的是来自新疆的沈苇),笑着说,大家要有心理准备啊;笑着说,要多吃几碗饭啊——连笑容都意味深长。果不其然,烂生菜滚豆腐甫一出场,一片哗然,每一桌人,总有几个尖叫逃离,几个浅尝辄止,几个大快朵颐!如果当时有录像,那种种表情,肯定非常有趣,现在想来还忍俊不禁。

还有一次,是北京的世中人来金华,远村兄作陪,游过九峰岩，晚饭就安排在溜冰场附近的根松饭店。因为人少，边吃边聊，很轻松。最后上的就是这道烂生菜滚豆腐：臭中带香，鲜中带辣——难得世中人不反胃，连说好吃。博学的远村就开始说道这名菜的种种好处：从美学的、营养学的、历史的、食材出产以及烹饪方法等方面，旁征博引，侃侃而谈。说着说着，连我这个汤溪人都有些惊讶，远村兄甚至从语义学的角度说，这菜的臭，其实不是臭，这是无色无臭的臭（xiu），其臭实为浓郁的香……正说着，我听到一阵嗡嗡嗡的声音，感觉有东西在振翅萦绕，忙抬头寻找，呵呵，一只绿头苍蝇颤悠悠地循着香味来了！

"口之于味也，有同嗜焉。"孟子的话，证之于烂生菜滚豆腐，实不尽然。让我感慨的，倒是这腌咸菜，一般作为下粥小菜，清新可口，最后居然能演化出如此浓烈的口味来，实在是始料未及。这不由得让我想起王顺健的一首小诗《菜虫子》——

虫子是菜长出来的
青菜开始是个芽
不像虫子
长着长着就动起来
青菜开始是素的
到了一定时辰就变荤了

女孩子也一样

开始多么素静呵

长着长着就荤了

这首小诗蛮有意思，"青菜开始是素的/到了一定时辰就变荤了"，说的是女孩子到女人的成长过程，貌似跑题了，其实，"食色，性也"，也不算太偏吧。是为记。

附烂生菜滚豆腐的烹饪法：

食材：陈年烂生菜（最佳为汤溪厚大高脚白），新鲜嫩豆腐（汤溪罗埠洋埠一带的，尤佳）

辅料：汤溪白辣椒、猪油、大蒜、菜油

做法：1. 将白辣椒切碎，待菜油温八成入锅；

2. 将原汁烂咸菜倒入锅内，与嫩豆腐同煮，加入适量水；

3. 烧开 7～8 分钟起锅前加入适量猪油。

张乎｜鼠耳草

鼠耳草，也叫佛耳草，一种在春天里开黄花的小草。它是紧跟着春天的脚步来的，是春天的一个小发簪。和春天一起来的东西很多，杨树的嫩叶啦，柳芽儿啦，油菜花啦，荠菜花啦，青蛙啦，小燕子啦，春天不是单独来的，她携家带口，呼朋引伴，东张西望，热情洋溢，把认识的不认识的一股脑儿都热热闹闹地唤来了。

鼠耳草夹在这一大群花红柳绿之间，特别不显眼——它就是个不显眼的家伙。连开花的姿态，也是低低的，伏在地上，把枝叶向四周伸开去。或是躲在草丛中，大于苔藓，却高不过草。在肥硕嫩绿的草中，它的叶子也长得鲜嫩肥硕，若不幸长在光秃秃的田埂上，它就尽量把自己长小，长瘦，紧贴着泥土，似乎想钻回泥土中去。背阴、潮湿、茂盛的草丛中的一棵鼠耳草，能长到比男人的巴掌还大，除一个主头外，四周还有二十来个小枝，最中间的主头，有二十来公分高，但向阳地上无遮无拦的地方长的鼠耳草，最多只有四五个分支，有的一个也没有，高度也不过五六公分。它好像特别害羞，更多的是害怕，不愿意在人多的地方露面,不愿意暴露在太阳光下。在光秃秃的田埂上,它没有安全感,成天担惊受怕——怕被牛踩了,怕被人摘了头,怕羊啃,怕尖嘴的鸟啄。让自己长得难看些,不显眼了,受的伤害就会最小,这是植物的智慧。动物也是一样,癞蛤蟆长得这么难看,不招人喜欢,也不招其他动物喜欢,所以就算它慢吞吞地爬,也不会有人去捉。万一捉到癞蛤蟆,大人也会把它们挑出来,扔掉。青蛙这么敏捷,但每年都有这么多小孩去捉青蛙,有这么多青蛙被端到餐桌上。

鼠耳草开的花,也是春天里最普通的小黄花,那么柔和快乐的明黄,跟油菜花、白菜花一个颜色,在万紫千红的田野里一点都不显眼。它小小心心地开,心情有些纠结,结了一个又一个黄白色的小球。球与球之间,又连着缠缠绵绵的丝,扯不断、理还乱。它的花期在桃花李花之前,二月春风刚刚吹到大地上,它就急急忙忙地撑开黄白色的花蕊。此时荠菜花已开得光辉灿烂,油菜花和萝卜花也争先恐后地赶来,它们还在路上,就急不可耐地打开自己的披风,亮出鲜黄的底色。而鼠耳草要胆小谨慎得多,它先打开一个小球,探出毛茸茸的头,看了看外面的情况,看到风平了、地暖了,又打开另一个。鼠耳草的开花过程是缓慢的,从二月初,一直要开到清明后。站在山坡上望去,有的地方密密匝匝的一片,有的地方又一棵都没有。在地里干活的二顺子说,鼠耳草是有根的,它的根在一块地方,就年年生年年长,不会移到别的地方去,就算你今年把它全拔了,明年它照样会在这个地方长出来。

鼠耳草这么低调，这么谦虚，但它的好处，仍然瞒不过聪明的汤溪人。鼠耳草在汤溪话中叫"鼠耳"（音类似于"茨吾"），清明节前，女人们挎着篮子，到田野里去，把它的嫩头一个一个摘来，用开水泡过，挤干水分，除了它的青涩味儿，然后，用刀子细细地切碎，混到炒熟的米粉里，像揉面团一样，使劲地揉。开始的时候，鼠耳的青绿色，还是一团团一块块的，夹在白色的米粉团里，很显眼，很刺目，但揉一会儿，鼠耳草的青绿，就渐渐地融入米粉中，看不见了，整块米粉团也变成青绿，散发着浓浓的清香味儿。然后用擀面杖擀成圆圆的碗口大小的面皮，就是清明粿的外皮，里面的馅则是九头芥的咸菜、肉、豆腐干和笋丁，喜欢吃辣的还要加上辣椒。手巧的主妇把它们做成饺子状、畚斗状，用手捏出细细的花边，有萝卜丝花、扭花、猫耳朵花等，手笨的就只能捏个光秃秃的大饺子。汤溪人做清明粿用鼠耳草，其他地方就不一定了，有的地方用的是一种叫"蓬"的草，有的则用一种叫"青"的菊科植物，样子有点像艾，但比艾要小一些。用鼠耳草做的清明粿，颜色偏灰白，清香味更浓。用"蓬"或"青"做的清明粿，颜色偏暗绿，但韧性要弱一些。

鼠耳草好像是专为汤溪人准备的福音草。其实在苏浙闽赣一带，鼠耳草是一种极其普通的草，并没有多少人注意到它，更遑论采去吃了。每次到外地，看到田野上那一丛一丛淡黄色的花，往往会忍不住蹲下身来，轻轻摩挲它们的嫩叶，心里想：如此美味,当地人却弃之不用,多么可惜。

在江南初春的大地上,有许多像鼠耳草一样的植物,看似卑微、低贱,毫无用处,漫不经心地长在田野,而细品之下,又有许多别样的美好。比如马兰头、野香荽、荠菜,最叫人吃惊的,就算那漫山遍野的紫云英。现在紫云英已不大看得见了,早些时候,春天就是紫云英和油菜花的天下,深紫色、浅紫色的花,星星点点,和金黄的油菜花一道,把整个大地连成一片锦缎,那时候,我以为紫云英除了肥田之外,唯一的用处就是给猪吃,现在我知道紫云英实际上也是一道美味的时令野菜,只是我孤陋寡闻而已。

张乎｜灰汁糕

　　七月半，汤溪人称其为"鬼节"，也叫盂兰盆节。据说，在这一天，地狱门大开，大小饿鬼一拥而出，在人间游荡，享受供品。每家每户都要在门口准备一份祭奠的食物，供过路的众鬼享用。不供当然是不行的，不供，鬼就会到你家里去索要。当然，也不能太丰盛，不然鬼被美味吸引住，不走了，也很麻烦。通常是放上一杯清酒、几块米糕。但是后来，活人们小气起来，供品就只供给自己的祖宗，供奉的地点也由门口改为坟前了。既然只给家里人吃，供品也丰富起来，增加了酒肉、豆腐、金箔银锭，但有一样是不会变的，就是汤溪特有的米糕。

　　米糕很多地方都有，做法也简单，大部分主妇都能做，无非是把米粉和红糖拌匀了，上锅蒸，蒸熟了就可以了。当然也有咸的，用猪肉。但汤溪人的米糕，却和这些普通的米糕有点不一样，汤溪正宗的米糕叫灰汁糕，有许多层，薄薄的，透明的，一层一层揭下来，有七八层之多，最多的，有十多层——号称"千层糕"。

　　我小时候，每到了七月半前后，家家户户蒸米糕，蒸好了，就互相送,一来作为酬答,二来呢,主妇们多少有点显显手艺的意思。一糕在手,看看谁的层数最多,最薄,谁的最韧而不粘牙齿。那些像砖头一样厚且又粘牙的糕,是拿不出手的,怕被人家暗地里笑话。其实,千层糕也有寓意,就是"百事百利,年年长高"之义。

做一笼正宗的汤溪灰汁糕,不仅需要主妇的经验和技术,程序上也比做普通的米糕麻烦得多。

首先,得有一捆晒干的早稻稻草,必须是双季稻的早稻,晚稻不行,麦草也不行。因为早稻长得矮而软而密,烧成灰后,放入水中,可以化成浓稠的汁水。这种汁水特别顺滑,手伸进去摸一摸,如丝缎一般,而且有一股特殊的清香。晚稻的稻秆则又高又硬,柴草似的,化不出汁水。去掉稻草那些杂乱的烂叶,剩下干净的茎秆,团成一个草团——像英文字母"P"——待用。准备一大锅水,烧热后,再把稻草团在镂孔里过火,变成一团闪着红红火光的灰——趁着热,赶快把它浸到热水中,"吱"一下,草木灰融化到水里去了,如是七八九次,直到整锅水变成黑黑的灰汁水。把灰汁水过滤、澄清,用来浸泡早已洗净的新米。

米呢,普通烧饭用的米都是可以的,但要好吃,必须精选。早稻米太硬,蒸出的糕没有韧性,不行。也不能选晚稻中的黏稠度较高的米,而要选用黏稠度适中的粳米。浸过一天一夜,白白的大米吸足了水分,变成圆圆胖胖的,捞起来,放到石磨上,磨成糊一样的水粉。

磨好的水粉上笼屉了，圆圆的用竹编成的蒸笼，是农家过年蒸馒头、蒸发糕、蒸肉圆用的，栏圈外面用黑漆写着：某某某办。我姐夫家是做土馒头的，过年时，堆叠在两口大锅上的"某某某办"的蒸笼可以一直摞到房梁，扎围裙的姐姐在雾气腾腾的厨房里忙碌，场面壮观而美丽。

上笼屉蒸时，先用勺子舀上薄薄的一层，待第一层熟了，再浇上第二层，一般人家也就六七层，不怕麻烦的，可以加到十来层，直到把笼屉蒸满。主妇手艺的好坏，全在对加层时间的掌握。火候没到，里面没熟透，蒸出来的糕是粘牙齿的。另外，笼屉的一边事先要放一块长方形木头隔着，留出一小块空来，方便底下的蒸汽上扬，到达笼屉顶部，这是技巧，不然，米糕只能熟第一层和第二层，其他层怎么都蒸不熟！蒸一笼合格的千层糕，往往需要两三个小时，甚至更久一些——假如层数很多的话。

糕蒸好了，放在电风扇下或通风的地方吹凉，再翻一面，倒扣在桌子上，待最上一层似乎结了一层薄皮，就可以切成块了。切块并不用刀，而是用细线。沿着蒸笼的纹路，一条一条线勒进去，再换一个方向交叉着勒一遍，然后翻转过来，把线拉出，就把米糕切成一块块菱形。

现在的主妇往往没有这般耐心，她们只会蒸那种非常简易的米糕，也不用灰汁。但两种糕的味道是有很大差别的，灰汁糕软、糯、韧、香甜，而且有一股淡淡的草木的清香。红糖的深红和浅红，渗进米粉里去，变成酽酽的咖啡色，有一种老作坊的经典和深邃。每一层米糕都极薄,凉凉的,软软的,像幼小的动物的皮毛,揭下来拎在手上,会不停地抖动,仿佛害怕什么似的。对着太阳光照照,一层淡黄的光晕,朦朦胧胧地从糕体里透出来。这样的糕,看着都叫人心生怜爱,舍不得吃。

吃的时候,轻轻揭下一层,从一端的尖头,咬下小小的一块,放在嘴里,用舌尖转一转,红糖的甜、米粉的香、灰汁淡淡的草味儿,瞬间充满了味蕾,这是嘴小的女人。嘴大的男人,一口咬去,大半块没有了,再一口,囫囵整块下去了,像猪八戒吃人参果,初时什么都没有,待回过味来,才觉从喉咙到肚肠,通体一阵特殊的清凉滑爽。

张乎 | 秋来辣酱香

对于食材，中国人仿佛具有某种天赋，能把极普通的食材做成唇齿留香的美味，或者想尽办法，使食材的鲜味、香味长久地保留，就算是简单的凉拌，不经过任何加工，在厨师的巧手下，也能变成百八十样精巧细致好吃又好看的特色佳肴。而其中最富于中国特色的，莫过于花样繁多、风味各异的腌制类食物。一篮子菜蔬、一把盐、一只腌菜缸，在时间的子宫里交融、孕育、生长，待成熟之日，它蜕变成了另一种风格迥然的美味：既继承了父体和母体本身的特色，又滋生了原物不曾有的酸甜鲜香。在吃腻了大鱼大肉、山珍海味之后，一盘腌黄瓜、一碟辣椒酱、一碗酸豆角，依然能引得人食指大动、口角流涎。

现在网上都在传播，说腌制食品致癌，号召人们拒吃腌制食物。此说虽有一定科学道理，但爱吃腌菜的人依然爱吃。那是来自童年的味觉记忆，留存于身体内的对家乡对母亲的原始依恋，并不是短短一条微信或医生几句告诫就能抹去的。

小时候在乡下，家里穷，平时吃的都是自家种的，一到冬天，新鲜蔬菜少，一天三顿，倒有两顿在吃腌菜。最常见的腌菜，便是咸菜、霉干菜、腌豇豆和腌辣椒，而作为主食的调味品，莫过于那一瓶瓶腌得鲜红欲滴、又辣又鲜、吃得涕泪横流又大呼过瘾的辣椒酱了。

我不知道第一个发明辣椒酱的人是谁，总之，他一定是一个聪明又节俭的人，同时也是一个深谙存储之艺的美食家。这么多年过去了，人们还是和老祖先一样，谨遵食盐和时间的契约，在辣椒枝干枯死掉之后，还能让辣椒的辣和鲜甜原封不动地保存到第二年春天甚至更久。

汤溪的白辣椒，看着赏心悦目，如少女细白如兰的手指，吃着是尺度拿捏得十分适中的微辣，不像圆椒一点辣度也无，也不像朝天椒，辣得人欲仙欲死。即使不吃，在枝上挂着，也是嫩者青白，老者红艳，各有风姿——三川先生说它"头尖如笔，周身光洁如瓷，仿佛涂满了时光的银粉"。

白辣椒的一生，用颜色来区分，可分为三段：幼时青绿色，曲身如虾，顶端带着未脱落的干枯的花瓣，满身皱纹像一刚出生婴儿；成熟时呈青白色，身姿挺拔，苗条修长似亭亭玉立的少女；待老时又逐渐褪去青色慢慢转红，直至鲜红，在绿色的枝叶间像一个个倒挂的小火炬。此时的白辣椒饱满透亮，辣味十足，若以此辣椒炒菜，一屋之内人人掩鼻流涕，咳嗽喘息。而制作辣椒酱，应以此时的白辣椒为最佳。

我不是一个嗜辣之人，但从小到大，确实吃了不少辣椒酱。70年代，农村还未实时分田到户，父母一年到头千辛万苦的劳动,最终只能换来还不够糊口的粮食。家里仅有的几畦宝贵的自留地,全部种油菜、麦子或番薯,蔬菜只是小面积的零星种植。父亲便利用房前屋后,在田垄地角,种上几棵辣椒——这东西肯生,不挑地方,不怎么生虫,而走来走去的母鸡也不爱吃。那时的孩子,似乎每人都有一个填不满的大胃,吃饭特别费菜,桌上仅有的两碗菜,三个孩子上桌,你一筷我一箸,刹那间便见了底,而作为家庭主劳力的父亲可能还未上桌。母亲在每样菜上混上一点辣椒或辣椒酱,不仅辣而且咸,孩子吃菜就省得多。所以,吃辣是每个穷家孩子的基本技能,无论多么缺油少盐的食物,经过辣椒的提鲜调味,都能幻化出不一样的味道来。俗话说"一辣抵百味",典型汤溪人的自嘲与洒脱。

中学时,我在汤溪中学住校,一周回家一次,周日回校时带上下一周的菜,基本上都是咸菜与霉干菜轮换着带。天气热时,咸菜容易长毛,坚持不了一个星期,而如果在咸菜里拌上一些辣椒酱,坚持的时间就能长一些。有时候,母亲也会格外给我带一小瓶辣椒酱,红红白白地装在罐头瓶里,放在寝室里,总会有喜辣的同学来蹭吃。到食堂买个大白馒头,掰开,以辣椒酱配霉豆腐夹入其中,在当时,确实是让人口涎生津的美味。

中秋前后,是制作辣椒酱最好的时节,早稻入仓,晚稻还未收割,农人有充足的时间和心情调制各类美食。田地里,高大的辣椒已完成了生命最后一次华丽绽放,翠绿的枝叶渐渐变黄,青白的、鲜红的、半红半白的辣椒挂满枝头。此时,把那些红透了的辣椒采下,洗净去蒂,趁着还未干瘪,与新鲜的大蒜、生姜一起剁碎,撒上盐,加一点白酒搅拌均匀,用玻璃瓶密封好,就可以了。腌好的辣椒酱过一个月就可以开吃,不过,取辣椒酱时不能用沾过水或油的筷子,最好倒在一个小碟子里,否则,辣椒酱就容易坏了。

辣椒酱是一种极其"下里巴人"的食物。制作简单,没有什么秘诀,普通人看一眼就会做。与什么食物都能搭,什么都没有的时候,与白米饭也能搭。色泽红润讨喜,放在家里亮堂堂的,打开盖子,一股特殊的鲜香扑鼻而来。爱吃辣酱的人,是豪爽,是快意;不爱吃的人,是温和,是雅致,谁都能找到一个合适的词。

汤溪白辣椒腌制而成的辣椒酱,辣味并不十分足,而是微微带点甜味的微辣。由大蒜、生姜、食盐构成的咸香,也把辣味中和了一部分,既去除了新鲜辣椒"辣不死人"的冲劲,又增添了腌制品的醇厚温润,实在是提鲜的佳品。

我以为与白辣椒酱最相配的,莫过于有名的罗埠油炸臭豆腐。罗埠是有名的豆制品产地,其百年老店的豆腐干、千张、油泡、臭豆腐都是采用老手艺手工制作而成。罗埠千张十里八乡闻名,与牛腩一起煮,是一道汤溪名菜,"牛肚邦千张"。罗埠豆腐干软糯筋道,特别有嚼劲,而且怎么炒都不会散。而其制作的臭豆腐,薄薄的、乌黑的,闻起来奇臭,用油煎后,外表乌黑中透着金黄,内里却洁白细腻,入口鲜香无比。吃臭豆腐没有辣椒酱,仿佛一个条件很好的小伙子打着光棍,总觉得少点人间滋味。炸好的臭豆腐轻轻咬一个小口,蘸一蘸辣椒酱,辣酱的咸香与豆腐的鲜香融合,竟似仙女配与牛郎、王子娶了公主,说不出的契合与安稳。

张乎 | 四月初八，乌饭叠塔

　　旧时乡村中，若是碰上值得纪念的人或事，总得吃点什么。端午的粽子自不必说，正月十五吃元宵，清明节吃粿，立夏吃鸡蛋，六月初一保稻节吃保稻饭、七月半吃糕，都是以"吃"作为主要节目，可见吃是强化记忆最直截了当的手段。至于几百年后，当初"吃"的本源已被人忘得七七八八了，但吃风依然盛行。为什么吃，有什么意义，人们多半不会去追究，只是寻个合适的理由，劳作之余，以美食慰劳口腹，为枯燥的日常生活增点乐趣而已。

　　四月初八的"吃"货，便是乌饭。乌饭是糯米以南烛子的嫩叶汁——汤溪人叫乌饭叶，浸泡后上屉蒸熟，配以红糖或白糖。糯米的软糯、乌饭叶的清香、红糖的甜香，巧妙地混合、交融，酝酿出另一种特殊的美味，从齿颊留香，到熨熨帖帖地滑进肚肠，无一不叫人心情舒畅。乌饭原料简单，就地可取，糯米是家里现成的，乌饭叶到山上摘就是。制作也简单，乌饭叶洗净切碎，用水泡一晚，第二天滤去叶子，剩下的水泡上糯米，等米变成紫黑色，就可以蒸了，若加上少许枫香叶浸泡，乌饭则发亮。这样的方法，即使是最不善厨事的人，也是一学就会的。但摘乌饭叶，却是技术活,并不是谁都可以从满山遍野的灌木丛中认出南烛子的。我第一次去摘乌饭叶,是看了许多图片,自以为能认出来,信心满满,到山上一看傻眼了,看这株像,看那株也像,折回一大把。路上碰到一老农,问他是不是乌饭叶,他笑着翻了翻,拣出一细细的枝条,说:就这棵是。第二次摘乌饭叶,是跟有喜的朋友、雅干村的申建安去的,他在杨垅村的荒山中种树养泥鳅,房子周围都是高高低低的浅山——暮春时节,山上长满了各色浆果,当然还有很多南烛子和豆腐柴。他教我们认南烛子:椭圆形稍尖的叶子,刚长出的红红的嫩叶似一根小蜡烛,边缘光滑没有锯齿。我看了后,和小叶女贞类的灌木还是分不大清,只好想一个笨办法,用一根布条系在南烛子的枝干上,第二年就很容易找到了。

汤溪罗埠一带,有"四月初八,乌饭叠塔"之说,在这一天,稍微不怕麻烦点的主妇,都会蒸上一锅乌饭。孩子们手里捏着乌饭团子,在弄堂里啸叫追逐。大人们则端着盘子——盘子里叠着一块块切成正方形的乌饭,往邻居家送。其实四月初八吃乌饭的传统,不光汤溪地界,江苏、江西、安徽、福建、浙江等很多地方都有,可以说是长江中下游一带的共同习俗。四月初八,正是快入夏的时候,天气渐热,蚊蝇来袭,田地里农事正盛,准备下一轮流血流汗的农人们,也需要一种祛风解毒、补肾益气的食物来安抚自己的身体。

我小时候很纳闷,乌饭为什么要在四月初八吃,为什么不是初九初十,或者三月的某一天,要知道南烛子的叶子,农历三月初都已长得很好了。乌饭为什么要在四月初八吃,民间流传最广的要数"目莲救母"的故事:目莲和尚的母亲因在人世作恶颇多,死后被打入十八层地狱饿鬼道受苦,目莲修行得道后,去地狱探母,每次备了饭菜,都被沿途的恶鬼抢食一空。目莲为让挨饿的母亲能吃上一顿饱饭,苦思无计,在山上徘徊。四月初八这日,目莲一个人坐在山上想办法,焦躁之下随手捋下身旁一棵小树上的叶子放入口中咀嚼,发现其味香甜、其汁乌黑,遂想一法,以其叶染米,制成乌饭给母亲送去。小鬼见了,以为有毒,不敢抢食,目莲之母终于吃上了一顿饱饭。但后来读佛教故事,读到"目莲救母",并不和民间传说的一样,跟乌饭也根本没有关系,不知哪一个才是真的。

乌饭不仅和佛教有关,最早有记载的,还属道教。唐代时,乌饭已有记载,叫"青精饭",是道家追求长生不老的食物。杜甫《赠李白》诗云:

> 岂无青精饭,使我颜色好。
> 苦乏大药资,山林迹如扫。

清诗人屈大均也有诗曰:"社日家家南烛饭,青精遗法在苏罗。"

苏罗即罗浮山。相传最早发现南烛子可食用的是罗浮山道士朱灵芝真人,他以南烛叶与白粳米,"九蒸暴之,为青精饭,常服"（清李调元《南越笔记》），所以朱灵芝真人被人称为"青精先生"。"青精"二字，概括了米的晶莹剔透和南烛叶的山林野气，颇有仙风道骨，想来食用它的一定是餐风饮露、辟谷食气的仙人。后来，这道家的食物，不知不觉又与畲族有了瓜葛。

相传畲族英雄雷万兴在领导畲军反抗朝廷时，被围困在大山中，粮草断绝，大家只好采野果充饥。有一种叫"乌稔树"的果子，味道异常甜美，战士常以此物果腹。第二年春天，雷万兴想起去年吃过的果子，下令士兵去采，但此时是春天，乌稔树还未结果，士兵们只好采了它的叶子，泡以白米，制成和乌稔果一样乌黑的米饭。雷万兴吃后，觉得它的味道比果子更好，遂下令年年此时制乌饭犒军。

佛家也好，道家也好，畲族也好，对老百姓来说，究竟还是太远了。乡党们年年四月初八吃乌饭，并不会去想到底是佛家还是道家的渊源，只是觉得它香甜、爽口，吃了还想吃。但乌饭是不能多吃的，因为糯米吃多了不易消化。

四月初八女儿回娘家，可爱的小外孙自然也去了，外婆难免要逗逗这个也许还不会说话的小家伙——

吃乌饭，夹（拉）乌疷（黑粑粑）

纸砂包包送外婆

外婆开启一介朦（一下看）

一块乌饭疷

侬个死逗哥（臭小子）

姓萨么（姓什么）

姓张

张萨么（张什么）

张麦磨

磨萨么（磨什么）

磨麦粉

粉萨么（粉什么）

粉板壁

壁萨么（壁什么）

壁（音逼）汤水

水萨么（水什么）

水（音蓄）铜钿

钿（音递）萨么

递侬个老绵壳（老太太）

　　"萨么"是琅琊话，但这文字接龙类似对课的童谣，并不局限于琅琊一带，"萨么"可以替换成"达西"，也可以替换成"假西"，如果你什么方言都不会而成了新外婆，那就说"什么"吧！做外婆的，抱娃娃在怀，面对面，自问自答，免不了自嘲"老绵壳"。岁月迫人，谁又能不老呢？但外婆没有不慈祥的，就像乌饭，总有童年的老味道。

范丹霞 | 清明粿

春分过后,天气依旧乍暖还寒。但风变得柔和了,雨也开始缠绵。我在一场杏花春雨里等待清明的到来。柳丝新绿,草色青青,漫步郊野,满目苍翠。眼也清明,心也清明,看万物皆有情。"城里桃李愁风雨,春在溪头荠菜花。"陌上溪边,荠菜、蕨菜、马兰头,还有一些不知名的野菜新鲜水灵,仿佛正值豆蔻年华的青葱少女,嫩得能掐出水来。远处有几个着春衫的小姑娘正在挖野菜,走近了看,原来她们正在采摘鼠耳草。

鼠耳草,是一味中药。可治风寒感冒,也可治筋骨疼痛。在我们老家,它是用来做清明粿的原料。小小的淡绿色叶瓣柔韧绵软,像极了老鼠的耳朵,大概因此而得名。鼠耳草的茎叶有着薄薄的白如棉絮状的茸,有些地方也称它为"棉青",此草宜在清明前采摘。过了时节,叶瓣中间就会长出粒粒黄色小珠花结成的球形花籽,那就太老了。

清明节源于寒食节,是春秋时期晋文公重耳为了纪念割肉奉君、淡泊名利的臣子介子推而流传下来的一个传统节日。清明时节,除了扫墓祭祖、踏青郊游之外还要吃清明粿。

清明粿,有些地方称之为清明团子或清明饼,各地的做法也略有不同。比如杭州人喜欢用茼蒿叶的汁水来拌米粉,做出来的清明团子是圆圆的馒头状,里面裹着甜甜的豆沙馅。刚出笼的清明团子碧绿如翡翠,咬一口软糯香甜。吃了一个还想再吃,吃完之后只觉唇齿留香,回味无穷。而义乌人,则喜欢把清明粿捏成三角形状,宛如一朵将开未开的花蕾,小巧而别致,简直让人不忍心一口咬下去,得先欣赏一会儿,再慢慢品尝。而我们汤溪的清明粿更是别具特色,分为甜、咸两种口味。甜的一般是黑芝麻白糖馅的,形状圆圆如满月;咸的一般是春笋雪菜肉馅的,模样弯弯如新月。

记忆中小时候过清明节,家家户户都要自己动手做清明粿。那时叔叔尚未娶妻,姑姑也未出嫁,爷爷奶奶和我们一大家子人都住在乡下的老房子里,日子虽然清贫却也其乐融融。每年快到清明节的时候,小姑姑便带上我到田野去摘鼠耳草,在野外,心情是雀跃的,可以聆听鸟儿欢快的歌声。三月的风吹来有青草和野花混合的香味,我们常常要采得满满一篮子鼠耳草才肯回家。

回家后奶奶将鼠耳草洗净,放在大铁锅中煮泡。然后爸爸将炒好的粳米粉和着鼠耳草揉成团。奶奶说揉粉团要使劲,要将粉团揉透。她将揉好的粉团搓成长条,切成均匀的小块,压扁。然后将芝麻糖馅包入其中,揉成圆圆的清明团子放在一个木制的粿印中压印。每个粿印内部都刻有不同的花纹,有寿字形的，也有各种花鸟图案。每户人家的甜粿印出来图案都是不同的。清明粿蒸熟后，住在同条巷子里的几个小孩子常常会拿着自家做的甜粿互相对比，看谁家的甜粿印得漂亮。做咸粿要将粉皮擀薄一些，像包饺子一样在边上打几个褶，中间装满春笋雪菜肉馅，最后还要在合拢处捏一圈花边。如此，一只精致如弯弯月儿般的清明粿便做成了。

土灶点上柴火，将做好的清明粿放在大蒸笼内蒸，刚蒸熟的清明粿热气腾腾清香扑鼻，味道好极了。相比较而言，我更爱吃咸的。而冷却之后的清明粿也可以用菜油煎至两面金黄，吃起来又是别有一番风味。

清明祭祖，供品中也必有清明粿。一盘清明粿，几碟小菜，三杯薄酒，在坟前烧一堆纸钱以慰亲人在天之灵。十几年前的一个寒冬腊月，我的小姑姑因一场意外的车祸永远离开了我们。年迈的奶奶白发人送黑发人，哭得肝肠寸断，整日以泪洗面，我也悲痛得无以复加。由于过度的悲伤，第二年的清明过后奶奶也撒手西去。她离去的那一刻我泪如雨下……

想起小时候，每次跌倒受伤或者在外面受了委屈回家号啕大哭时，奶奶总会把我搂在怀里说："不哭，不哭，我的命呐……"而后稍懂事些，再听她说这话，我总是忍不住想笑，笑她过于矫情。怎么能说我是她的命呐？直到她永远离去时，我才相信原来她真的是视我如生命的。虽然我生性顽劣，从未曾让她骄傲，而她却一直把我当成手心里的宝，疼爱得近乎宠溺。而今，那个把我视若生命的亲人已经永远离去，我再也吃不到她亲手做的清明粿了。年年的清明，唯有到坟前祭拜，隔着一帘烟雨，寄托内心的哀思。

"南北山头多墓田，清明祭扫各纷然。纸灰飞作白蝴蝶，泪血染成红杜鹃。"山上的杜鹃红了，又是一年清明将至。此时在老家，家家户户都已经做好清明粿，去扫墓踏青了。人到中年才渐渐明白：其实，人生是在做减法，有的人已经是见一面少一面。而我们能做的是尽量惜取眼前人，愿天堂的亲人们都安好……

范丹霞 | 芋荷煮青豆

　　说起汤溪的特色菜，许多人第一时间便会想到烂生菜滚豆腐。这道"臭名昭著"的菜，以其独特的风味在汤溪菜中独霸一绝，成了停留在很多老汤溪人舌尖上的记忆。而我，对这道菜实在不敢恭维，也不太爱吃。却对芋荷煮青豆，情有独钟。

　　芋荷，汤溪人是指毛芋茎秆部分。一个"荷"字，总会令人联想到一顷碧波荡漾的池塘中那随风摇曳的荷叶。芋叶和荷叶颇有几分相似，都是碧绿硕大的，像撑开的绿伞儿。只是荷叶是圆形的，芋叶多呈椭圆心形。记得小时候和小伙伴们在田野玩耍，忽逢落雨时，大家就一人摘张芋叶罩在头上遮雨。听雨声嘀嗒落在头顶，便开心地笑闹着，叽叽喳喳，如同一群快乐的小鸟。

　　女儿四五岁时，依然分不清芋叶与荷叶。在田间看到芋叶上滚动的露珠儿，总是侧着小脑袋问我："妈妈，这荷叶怎么长泥土里？什么时候才开花呀？"我慢慢解释着，然后随手摘下一叶芋荷放在她头顶上当草帽，她便开心地笑了。她不知道的是在我小时候，并没有那么多让人眼花缭乱、包装精美的零食，毛芋、番薯、玉米、是我们常吃的食物。

一方水土养一方人,越溪两岸肥沃的土地适合各类农作物的生长。田间地头,毛芋可是常见之物。父亲常常会变换着地方,种一丘田的毛芋,因为毛芋长期种在一处地里极易得瘟病,所以隔年就要换地种。种植毛芋并不需要花费多大精力去管理。二三月里种下去,待到八九月里便可收获。

毛芋既可当菜,又是零食。好在我们一家人都爱吃毛芋,红烧毛芋,葱油毛芋,毛芋煮崧菜,芋仔炖排骨,青菜芋泡饭……大个的芋头刨成丝,晒干后做成芋头丝炒着吃;整个的毛芋煮熟,剥了皮蘸着酱油吃;或是将毛芋刮了皮在盐卤中浸泡一夜,再放铁锅中慢慢煨熟,这样做出来的"燥芋"可当点心吃。总之,那些年,全家人是变着法儿吃毛芋。其中牛肉滚毛芋是最美味的一道菜:选取最嫩的牛里脊肉,用酱油、黄酒腌制好,加入少许淀粉抓一下。等锅里的毛芋煮熟将出锅之时,迅速将牛肉扣入,稍滚一下,片刻便可出锅。如此,牛肉嫩滑,芋汤鲜美。汤溪人有"芋汤浇饭,神仙不换"之说。牛肉芋汤拌饭,米饭都可以比平时多吃一大碗。只是小时候这道菜只有家中来客人了才吃得到。

毛芋收获后,留下大把粗壮的茎秆和叶子在田间,除了烂在田间当肥料,似乎也无多大用处。大概觉得弃之可惜,素来勤劳节俭的主妇们便选取芋荷梗中间较嫩的一截,洗净后切成小段,置于竹筛上晾晒。直至青褐色的芋荷梗被温暖的阳光晒得绵软,便拿回家摊凉,然后倒在一个大木桶中撒上食盐,按一定比例拌匀。最后,将拌好的芋荷梗装入陶罐或腌菜坛子中,按紧后上面用几块干净的石头压实，将坛口密封好即可，其余的便交给时间了……

时间，有种神奇的力量。腌制的食物在时间的作用下会转化出与新鲜食材截然不同的口味。新鲜的芋荷梗是不能吃的，生涩麻口，而且分泌的汁液不仅会让娇嫩的皮肤变黑，而且会痒。所以在采摘芋荷梗时，皮肤易过敏者得戴上手套。然而，装在密封坛子中的芋荷梗经过慢慢发酵，涩麻的味道会渐渐消除掉，变得酸爽美味。大约过上个把月，便可开坛食用。

清炒腌芋荷，虽酸脆可口，似乎单调了些。聪明的主妇自有搭配食材的好方法。田埂上的毛豆在乡下是寻常之物，采一些饱满的豆荚回家剥开，粒粒新鲜的青豆带着层白色的薄薄的膜，再摘上几个红辣椒，主妇们常常会做一道芋荷煮青豆。在土灶里点火添柴，将铁锅烧得炙热，倒入一些土菜油，熬出香味，便将芋荷梗倒入锅中，"哧啦"一声，腾起一阵烟雾，用锅铲快速煸炒几下，加入青豆再加半勺水盖上锅盖，任其在铁锅中翻滚。煮个十来分钟，将红辣椒在砧板上切碎，等锅中的芋荷青豆快收水时加点盐，撒上红辣椒再翻炒几下，一盘色香味俱全的芋荷煮青豆便出锅了。

褚褐色的芋荷梗，翠绿的青豆，加上鲜红的辣椒点缀，首先在视觉上就有了美感，而芋荷的酸爽、青豆的鲜嫩，配上红辣椒的香辣，酸、辣、鲜、香，让人回味无穷，家乡的老人爱说"千有万有，不如芋荷青豆配烧酒"。芋荷煮青豆，这道乡野土菜虽登不上大雅之堂却深得家乡父老的喜爱。

芋荷,不仅是餐桌上的一道美味,还有药用价值。其味辛,性平。归心、脾经。有祛风、利湿、化瘀之功效。李时珍在《本草纲目》写道:"芋梗,辛、冷、滑、无毒,除烦止泻。疗妊妇以烦闷、胎动不安。民间多用作暖胃、止痛之食疗。

多年前,一个细雨绵绵的秋日,我去第二人民医院看望住院的亲戚。呼吸科,简陋的病房内,邻床是一位老大爷:饱经沧桑的脸上沟壑纵横,黝黑的皮肤,手掌粗糙,指节粗大,一看就是长年在田间辛苦劳作的庄稼汉。中饭时分,被秋雨打湿了衣襟的大娘打开手中的搪瓷杯,我忽然闻见一阵熟悉的酸爽味道,里面正是芋荷煮青豆。就着白米饭,老大爷似乎吃得津津有味。正好走进来一个穿白大褂的医生,看见了便开始责怪大爷:"你怎么还吃这个啊?咳嗽不会好可不要怪我们咯。这些腌菜最好不要吃,里面的亚硝酸盐是致癌物。"医生走后,大娘转过身去,偷偷地扯着衣袖抹眼泪。我看得鼻子酸酸的,而病床上的大爷却一副无所畏惧的表情,反而宽慰着身边的老伴:"么事,么事,医师的话又不是圣旨,我都吃了几十年的芋荷煮青豆了,也没得什么癌啊!"

现在随着生活水平的提高,人们对食疗养生越来越注重。如今我已经有很多年没吃过芋荷煮青豆这道菜了,但那种酸爽的味道却始终难以忘怀。有时候想念一种食物的味道其实就是一种思乡的情结。

高阿大丨汤溪女婿眼中的汤溪美食

汤溪肉圆也能叫肉圆?

我第一次看到汤溪肉圆的时候笑了!

这实在离我们常识中的肉圆太远。一般人常识里的肉圆应该是用切得碎碎的猪肉稍加淀粉捏合而成,小的如乒乓球般大小,北方人所谓"肉丸子";大的可以达到小孩子的一只拳头大小,淮扬菜里所谓的"狮子头",可以红烧,可以清蒸。印象中苏州人、上海人很爱吃,咬一口肉汁四溅,香味浓郁。至不济还有"金华肉圆","金华肉圆"用肉在精细程度上虽然已经没法和扬州的"红烧狮子头"相比了,但肉的分量也还是比汤溪多。汤溪肉圆,它的淀粉也用得太多了,已经不是一种辅助材料了,除了少量的豆腐和一些切成小方块的萝卜、肥肉外,基本上都是番薯粉。蒸熟后明胶一般,我怀疑掉到地上会像皮球一般弹跳起来。这哪能叫肉圆呢?这不就是一块淀粉疙瘩嘛!

不过,拙荆却不允许我如此污蔑她心中这种最好吃的食物。在她看来汤溪肉圆即使不是这世上最好吃的食物,最起码也是最好吃的食物之一。她正是此地人,祖宗十八代,土生土长的。

她和很多汤溪人一样,出门在外时间长了吃不到肉圆会想得慌。一说起"搓肉圆"这三个字就能引起条件反射,口水直流。

汤溪是从前浙江中部地市金华下属的一个县,1958 年后撤县,如今是一个镇。但有意思的是,那些曾经为"汤溪县"管辖的人们尽管现在不属"汤溪镇"了,但他们在潜意识里仍然认为自己是"汤溪人"。为什么呢?除了他们拥有共同的方言"汤溪话"以外,还有像汤溪肉圆这样的共同食物,这让他们产生了一种共同的文化认同。

说起来汤溪为县的历史其实也不长,它并不是古来就有的。历史上虽然曾有过一个非常古老的县——太末,但因为汤溪县的被撤,其"血缘关系"至今被相邻的龙游县继承与垄断了。真正具有独立文化内涵的"汤溪"自明成化年间建立到 1958 年,不过才 500 多年。这个县是当初析金华、兰溪、龙游、遂昌四县交界之地重新设立的。但就在这短短的一个时期内发展出了独具特色的乡土文化。

从自然环境看,汤溪不能算优越。它虽然也有富庶的平原地区,但更多的是山地与溪谷。从旧时它所属的沙畈溪、厚大溪、莘畈溪三条溪流溯源而进,每条长达百八十里而不到尽头。这里的山是仙霞岭余脉,山势陡峭,森林茂密,在当代是生态绝佳之处,在古代却是交通不方便的穷乡僻壤。对于山区来讲,过去最麻烦的应该是物资交换,到最近的市镇也要翻山越岭几十里,缺油少盐应该是常态。在离市镇较远的地方,其大宗货物的消耗能力也会差一些。在汤溪城区杀个猪宰个牛一两天也许就卖完了,而在偏僻的山乡里仅靠左邻右舍零零散散几户人家却不太容易消耗光。一年当中除过年外能吃到肉的机会屈指可数。这样要做正宗的红烧狮子头也许就不太容易了!

猪肉既不易得,不过最适合山地种植的番薯却是俯拾皆是。番薯对于中国人说应该是一种"恩物",根据相关专家考证,中国自明代以来人口激增一大半就是拜番薯所赐。相对土壤与水分要求苛刻的水稻来说,番薯对自然环境的要求太简单了,山上无论什么样的犄角旮旯它们都能生长。山里人从前的生活一大半时间都跟番薯打交道,早上喝一点番薯稀饭,中午在锅边贴几块大番薯,下地或者外出时带几个大番薯做干粮,冬天还可以烘一点番薯干,油炸一些番薯片给小孩子当零食。既然这样的原料易得,于是在做肉圆时多加一点番薯粉作为替代也就是最正常不过了。

要说到过去山区生活的艰辛,最能说明问题的一道菜是汤溪的烂生菜滚豆腐,用盐腌菜本是中国各地皆有的传统,但把菜烂成糊状才吃,全国却独此一份。烂生菜滚豆腐是汤溪饮食的绝对代表,吃过一次后绝对让人印象深刻,此生不忘。不过由于它的气味实在过于浓烈,烧制的时候臭不可闻,所以放到最后烹制。有时需要把生菜腌到第二年,彻底腐烂了才可以用。要说"黑暗料理"绝对可以排名第一。那么为什么当初像这样的东西也舍不得倒掉呢?其实还是反映了汤溪先民的生活面貌,盐在中国古代其实并不易得,尤其是对僻处山区的人来说。

有意思的这个烂生菜滚豆腐,闻闻臭吃吃香,加上葱花与辣椒之后,风味独特,胃口不开的人就着它能下三大碗饭。吃过了以后你还会惦记上!

不过,你要是认为汤溪菜都是这样"寒酸"的食材,汤溪人从前过的都是这样的苦日子的话你就错了,不说汤溪菜中大快朵颐的"白切鸡""千张肚帮"和风味独特的"卤牛蹄",我只说一道很有意思的点心"肉沉子"。中央电视台《舌尖上的中国》栏目曾经来拍过,可惜拍摄者误以为这是与汤溪相邻的今兰溪市的游埠镇所特有的,其实这是汤溪一带共有的东西。"肉沉子"的做法很有意思,它是将鸡蛋打入水杯中,用筷子夹进肉馅,煮熟食用。有的还要加白糖,又咸又甜。这几种配料从前在民间都是好东西。如鸡蛋、白糖从前都可以作为走亲访友,看望病人的礼物使用。在金华民间逢年过节时素来就有"敲蛋汤"的习俗,这是一种极其珍重的待客礼节。而在这样的"蛋汤"里再加上肉馅与白糖,那更是珍重之上的珍重。据说即使在汤溪地区,"肉沉子"也不容易吃到,那是用来招待新女婿的。

如果不算过度解读的话,这里面也涵盖了一些底层的幽默与智慧。你想,谁家的女儿不是爹娘的心头肉与宝贝蛋蛋呢?而甜蜜蜜的滋味正是此时"丈母娘看女婿越看越喜欢"的写照。

"搓肉圆"在汤溪人的生活里绝对是一件大事!一般不是全家团聚或者逢年过节不施行。

　　我丈人家一般是这样的,一家人都聚齐了,这时便到了"搓"肉圆的时节了。下地拔萝卜的拔萝卜,到堂楼上舀番薯粉的舀番薯粉,连老丈人与大舅哥也是一起上阵的,一个在灶下烧火一个在案板上切肉。"搓"好以后放进大铁锅里,铁锅上支着毛竹片做的屉子,上面铺着夏天采摘下来晒干的还散着清香的荷叶,用大火烧。等到灶台上汤罐里水咕嘟咕嘟响的时候,估计锅里的肉圆就蒸得差不多了。掀开锅盖,热气腾腾地端上来,那滋味,蘸着酱油酒吃最好! 又当菜又当点心的。

　　肉圆冷了以后还可以切片,配上葱蒜炒一炒,淋上酒收锅。也是本地一道极受人欢迎的名菜! 做法与粉条差不多,不过人家是条,它是"片"而已。另外,还有一种汤溪小肉圆,搓制好后直接下锅水煮,如馄饨、水饺,比乒乓球还小一些,这可真的是"淀粉疙瘩"了!

第三辑：风物杂忆

伊有喜丨郁达夫笔下的汤溪

郁达夫的文章里,涉及汤溪的有两处。

一是《杭江小历纪程》,提及杭江铁路的路线:"自钱塘江右岸西兴筑起,经萧山、诸暨、义乌、金华、汤溪、龙游、衢县、江山,乃至江西之玉山,计长三百三十三公里;又由金华筑支线以达兰溪,长二十二公里。"那是 1933 年 11 月中旬的事,郁达夫受杭江铁路车务局的邀约,"去浙东(古时分两浙东路与两浙西路,以浙江水系为坐标区分)遍游一次,将耳闻目见的景物,详告中外之来浙行旅者"。当时,"通至玉山之路轨,已完全接就,将于十二月底通车",同时"路局刊行旅游指掌之类的书时,亦可将游记收入"。笔者看书至此,心中颇多期待,觉得这次应该是汤溪山水与郁达夫遇合的良机。想着郁达夫若游九峰,不知会留下多少诗文!文人须得江山之助,江山还得文人扶,九峰山若遇郁达夫,夫复何求?

1933 年的汤溪,还是县制,辖区包括如今兰溪游埠的北源乡。游埠是名僧贯休的出生地——九峰禅寺及住持贯休,对郁达夫不能说没有吸引力。郁达夫笔下多次提及唐末五代的武肃王钱镠便是贯休同时代的人。贯休写过九峰岩的诗,他的《寒望九峰作》深得吾心——

> 九朵碧芙蕖,王维图未图。
>
> 层层皆有瀑,一一合吾居。
>
> 雨歇如争出,霜严不例枯。
>
> 世犹多事在,为尔久踟蹰。

"九朵碧芙蕖"是远眺九峰,从汤溪火车站西下湖镇、龙游,是一马平川的金衢盆地,远眺南山,九峰岩独特的山形地貌便在南山蜿蜒的山脉中突显而出,那种峥嵘挺秀处,别有一番雄奇秀丽气象。

可是,这一趟,郁达夫终究没有去九峰,他去过方岩。方岩和九峰同属丹霞地貌,山形植被颇为相似,若论区别,则是方岩山形要比九峰诸峰更大些,雄伟有余,秀丽则不足,加以九峰龙潭群:依次纵深散落在峰谷间的五个梯形长条水库,波光粼粼,山幽水清,比起方岩来,自是一派旖旎风光。

唉,1933年的郁达夫和九峰岩确实是失之交臂了。看郁达夫行踪,11月12日,他去了金华北山,探访过徐霞客游玩过的双龙、冰壶两洞,还去了智者寺看陆放翁写的《重修智者光福禅寺碑记》。11月13日,我期待着他会去汤溪,结果"晨起匆匆整装,上车站坐轨道车去兰溪"。他沿着铁路去了兰溪的横山!像横山这样的,他居然可以写得那样美:"横山一朵,就矗立在三江合流的要冲,三面的远山,脚下的清溪,东南面隔江的红叶,与正东稍北兰溪市上的人家,无不一一收在眼底,像是挂在四面用玻璃造成的屋外的水彩画幅。"看得我羡慕嫉妒恨,很为九峰山鸣不平——设若横山遇见九峰,实在愧煞啊。之后是 14 日,他又"去兰溪东面的洞源山游"。此时,我有些紧张,想想离开兰溪他该去汤溪九峰了吧,结果 15 日他去了龙游小南海!"午前十点钟上汽车去龙游"——他坐公共汽车去的,只需往南面瞄一眼,就能看到"九朵碧芙蕖"的九峰岩,可是他就这样错过了!小南海有什么好玩的,"小南海的气概并不大,竹林禅院的历史也并不古——是光绪二十七年辛丑僧妙寿所建,新旧《龙游县志》都不载"。呵呵活该!谁叫他放着九峰岩——龙丘山不去呢。

史书上说"龙邱苌,新莽时隐居太末山中,连辟不就。更始元年,任延为会稽都尉。县吏白请召苌。延曰:'龙邱先生躬履德义,有伯夷原宪之节。都尉洒扫其门犹惧辱焉。召之不可。'遣功曹奉谒修书,记致医药吏,使相望于道。岁余,苌乘车诣府。延敬礼备至,乃署议曹祭酒。寻,谢病去。苌笃志好学,以耕稼为业。所居之山,有九石特秀,名九峰岩。因苌居此又名龙邱山。苌卒,葬于山下。"

文中龙邱苌是东汉名士兼隐士,与刘秀以及隐居在富春江的严子陵为同窗好友,只是严子陵隐于水而龙丘苌隐于山。而文中"太末"云云,是秦王政二十五年(前 222 年)设置的太末县,就是后来的龙丘县。据说吴越王钱镠一度不甘于吴越王,看到"龙丘"两字,锁眉蹙额:龙丘,丘,陵也;陵者,墓也。于是改"龙丘"为"龙游",如是一条龙就盘活了,即今之龙游县。

在《横山一日》中,郁达夫曾为横山鸣不平,说大约横山因外貌不佳,所以不能引人入胜,"蓬门未识绮罗香",贫女之叹,在山水中间也是一样。其实,奇山异水九峰岩之错过散疏雅逸郁达夫,或者散疏雅逸郁达夫之错过奇山异水九峰岩,套用郁达夫自己的话说,"弃而不顾,实在是一件大可惋惜的事情!"

郁达夫的文章里,涉及汤溪的还有一处,在《二十二年的旅行》一文中,郁达夫论及浙东山水给他的印象:是在山的秀里带雄,水的清能见底,与沿途处处,柏树红叶的美似春花。郁达夫的游浙东是在11月,是秋天,所以所见的就只限于秋天的景致了。又说到人物,"则金华附近的女人,皮色都是很白,相貌也都秀丽"。这是对的,韦庄早就赞美过,"垆边人似月,皓腕凝霜雪"。至于物产呢,郁达夫说:"浙东居民当然是以造纸种田为正业的,间有煤矿铁矿,汤溪也有温泉,但无人开发,富源还睡在地里。"

这是让我甚为惊讶的!汤溪有温泉,原来郁达夫在1933年就知道啊!虽则史料记载,朱元璋盥手时因水热而名之"汤塘",明成化七年,以汤塘之名为邑名,即是汤溪。五百年来,质疑、寻找汤溪温泉的不乏其人,但直到最近才有乡人胡金泽挖出第一口温泉井水来!古之人不余欺也!可不是吗?刚开发不久的九峰温泉就在九峰岩达摩峰的东侧,里金坞(其址有萤石矿)村边"扁担键"(形似大拇哥)的脚下!日出水 2000 多吨,水温 42～46 摄氏度,有硫磺味,富含锶、硒、锂等微量元素,是典型的负离子温泉。目下池子有十几口,或深或浅,或大或小,形状各异,温度显示在 38～45 摄氏度之间。这温泉揉搓起来腻滑,犹如凝脂。设若走一走汤溪城隍庙,逛一逛汤溪古村落,采风访俗,然后登临九峰,访胜探幽,最后微醺地泡在九峰温泉里,仰头看天看山看流云,其逍遥快活应远胜当年葛洪仙吧!为此,我要为郁达夫不能亲临汤溪九峰而再次抱屈了。

伊有喜 | 灯夜

鲍塘的龙灯也是板凳龙，不过一桥板凳上的红灯笼是两盏，比汤溪一带的少一盏；也是竹骨彩纸，只是没有花鸟人物画，内中红蜡烛映照之下，红彤彤地透着喜庆；不同的是鲍塘的板凳龙比较低矮，大约五六十公分，龙灯停栖的时候，自然会让人有一脚跨过去的念头——且慢，如果你真的抬脚跨过去那就麻烦了——轻则说尽好话散尽好烟买若干炮仗鸣礼道歉，重则被拳脚相向！若干年前一市民真的因为跨越龙身而被打死，最后法不责众，只是赔钱、禁止龙灯进城而已。而汤溪一带的则高与胸齐，人们一弯腰就可以从龙身下钻过去，龙身可以钻却不可跨越，何以如此？龙头会的老哥说，这是规矩——历朝历代如此，没有办法的事。

龙头会可能是目前乡村中最为纯粹的民间组织。几个人，凡事商量着办：村中可能有几桥灯（龙灯论"桥"不论盏），可能讨多少红包，每桥灯能贴多少费用等。比如龙头会放出风声，今年一桥灯贴150元，或者为了激励更多的家庭参与，他们会细化：5桥以下每桥贴150元，5—10桥180元，10桥以上200元。也就是说，一家一户出 1 桥灯，一个晚上，最少可以得到 150 元补助。150 元是基数，这个由龙头会出。可是现在的年轻人一般更喜欢凑在一块打牌搓麻，不稀罕这大冷天赚一两百的（有时会下雨），因此还需要额外的刺激，需要有钱人站出来，比如某个生意人拍拍胸脯，说我每桥捐助 100 元，大家热闹热闹；另一家开厂的老板自然不甘人后，说我跟吧，每桥 100，大家乐呵乐呵。如果这个村子有钱人多，喜欢以此扬名立万，乃至斗狠使性抢风头，则每桥灯的捐助总额会抬得很高。这样龙头会的人反而紧张了，因为捐助得越多，人们参与的积极性就越高，他们会通过亲朋好友向邻村借来板凳龙，准备几十桥板凳！至于迎龙灯的人（一桥板凳两个人），则亲朋好友一起上，或者干脆雇人来，他不一定赚你钱，主要倒是给村子挣脸——龙灯长，说明这个村子团结有实力！可是，龙头会的人很清楚，本村的龙能讨的红包是有数的，参与者越多，他们拿出来分红补助也越多，乃至有龙头会的人最后自己倒贴钱的。为了避免这种情况，龙头会在最后统计灯桥数的时候，一般会有所限制，总不至于过个热闹灯夜，把自己弄成穷人吧。

元宵前后，汤溪一带的龙灯极为活跃，比如正月十二下新宅，十三是上徐、石羊村，十四是上境、节义邵，十五则更多了，比如下伊堰头仓里等。过了元宵，灯夜照旧，十六是寺平……直到正月二十六，黄堂灯夜才得消停。《汤溪县志》说："元宵俗名灯夜，前后数夜，城乡次第迎灯，灯作龙头，节节相衔，自数十节至数百节不等，谓之桥灯。导之以鼓乐，送之以笙歌，从之以滚龙舞狮诸杂技。所至香花供奉，唯谨云以保清吉，故又曰清吉灯。"时至今日，汤溪灯夜一仍其旧，不过多少有些区别。

"导之以鼓乐""送之以笙歌"云云，在我印象中主要是锣和铙，以及唢呐和镲。鸣锣开道，诚然，龙头会的人一头坠一秤砣，一头挑一大锣，"哐—哐—哐—"，先清龙路：沿龙灯所经路线，给各工商户、住家下帖子，鸣锣告知民众，准备香烛接龙——龙路是不回头的。到了灯夜，天色渐暮，又是一通锣，这次是催促大家早点吃"灯饭"，早点去集合——把各自的板凳用活楔相连成一条长龙！然后是祭祀、起灯——两人举灯牌，一人举村名灯牌。这个时候就用上铙了，铙声冲天，不会震人耳膜，惊吓人的是鞭炮，鞭炮响处大人多半会帮小孩子捂上耳朵，而放铙的时候，则安然无事，绝不会惊吓到小孩子。细听听，铙声是通透的，在高天上消失。锣和铙，都是单音的，有些闷闷的亮色。

"从之以滚龙舞狮"云云，好像也不太一样。先说"滚龙"，板凳龙一般很少有挥舞动作，因为灯笼中是点蜡烛的，一旦倾斜很容易起火。比如龙灯的起和停，起得迅速，如果走神，你的那桥板凳会被拖着走，很容易起火；停的时候，往往要先倒着往后挫！而在转弯处，巨大的外抛力，会把人与灯砸向外侧墙壁——你必须狠狠地压着，同时要保持板凳不倾斜，所以"滚龙"肯定不是板凳龙，倒是有一种"褡布龙"，陈村、禾边程的褡布龙就很出名。"褡布"就是用布做成的，系在衣服外面的长而宽的腰带，现在差不多已绝迹。十来个人就可以了，舞动起来极为灵活。可是陈村（黄色）或者禾边程（青色）的"褡布龙"，从来都是独来独往，它不可能跟在人家后面——那样是讨不到红包的。同样，"舞狮"也不是跟在人家后面的（像堰头上境村又有龙灯又有舞狮的另当别论），最出名的舞狮是东祝村的，它有它的狮路。因为小，因为灵活，狮子可以根据需要到人家家里舞！中堂可以舞，卧室也可以，甚至到新婚的床上舞！狮子讨的红包并不逊于龙灯！东祝的舞狮，一招一式，惟妙惟肖，只要空间足够，一公一母两只大狮子能在舞动中生出"小狮子"来，而憨态可掬的小狮子，那种稚嫩可喜的举手投足，会博得满堂彩。

"所至香花供奉，唯谨云以保清吉"，这个基本没什么变化。想讨彩头的商家或住家，会准备好灯烛、红包在路口候着，龙头经过时，便把龙头请到家门口，换上新的灯烛，把旧的放在家里供着，再送上红包，得几句"利市"的话。如果路口不畅，龙头进不了，那就在路口操作。"清吉"是汤溪话，大意是"清楚，清爽，干干净净""吉利，吉祥，大吉大利"。有意思的是，有时候龙头挨家挨户讨红包，由于住家或店家密集，龙灯一时半刻走不了，这时一贯冷清的龙尾会有小动作。人们会举着龙尾，倒抬着进入某家，即便龙头之前已讨过红包，这时还得"利市利市"（龙尾进门，据说从头到尾旺整年），或红包或香烟！说到龙尾，貌似不公，所有的热闹，举凡香火、炮仗、烟花、吉利话及红包、香烟，都是龙头的，龙尾几乎没落什么好，而迎龙尾的多半是年轻人，身强力壮精力多得没地方去,因此,在一些宽而直的好地段,龙尾会揭竿而起,发一声喊,倒拽着龙灯往回走!最后少不了龙头会老哥好言好语好烟哄着。那种倒拽龙灯的声势以及尾随看客四下里奔跑尖叫的场景,是迎龙灯最刺激的事。

迎龙灯最好看的是"盘龙",在开阔地,龙头往里切,貌似追龙尾,一圈一圈,龙头在里龙尾在外,相向而行得让你恍惚。最后绕无可绕的时候,龙头突然转向,再慢慢一圈圈荡出来。由于是逆着出来,高远处便能看到蝴蝶挥动双翅的形状,我们就叫它"盘双蝴蝶"!这时候是一广场的流光溢彩,繁星般闪耀。在这样清冽的夜晚,这繁华的火树银花和到处晃动的笑脸,这蜿蜒行进着的红红火火的龙灯,不能不让我惊叹:我一向木讷的乡人竟有如许的热情和活力。

张乎 | 岱上莲台

从塔石到岱上,还有二十余里山路,在去往大茗、珊瑚的路上,一条岔道忽地向左一拐,稍不注意,就容易走过头。沿着岔道一直绕着山崖往上爬,大约七八里,便见一片茂密的黑森森的粗大树林,树林中露出一两角白墙,这便是岱上的前奏:关山头村。关山头是岱上的一个自然村,离岱上还有一两里路。但是,站在关山头高高的崖上,前面的岱上村已如一幅展开的山水画卷一览无余。

此时你会惊讶地发现,逼仄拥挤的山脉突然展开,像巨人做了一个扩胸运动,山峰齐齐向四周退去。巨人的胸前,呈现出一块微微倾斜的宽阔谷地。它是巨人身体上脂膏最肥厚的部分,黑色的冒着油星的土壤。谷地四周,座座高峻陡峭的山峰宛如一片片莲花瓣插入云霄。而谷地正中,一座平缓的小山突兀而出,四面无依,孤零零地矗立着,正如莲花的花心。从风水格局上看,整个山谷的地形就像是天上凭空降下的一朵莲花,那座孤零零的小山,名字就叫莲台山。而岱上村,正处于北面的莲瓣与莲台相接处。

　　我一直不知道该用什么样的语言来形容岱上这个村庄，在塔石山区的犄角旮旯里，在每一条山脉的褶皱里，这样的村庄就像山毛榉的果实，东一撮西一撮地散落在大山深处，混迹于深秋的荒草丛中。如果他们的房子不是人为地刷成白色，而是原本的泥土黄，那么村庄更像是岩土的一部分，或是大地的一个个隆起。沿着土墙根一字排开的晒着太阳的老汉，抽着呛人的劣质烟，沉默地望着收割后空荡荡的田野，仿佛电线杆上一群孤零零的老麻雀。

　　岱上的历史并不古老，从始迁祖到现在，不到四百年，村民大多姓傅，还有几个客姓。村子也不大，一眼望去，高低错落的低矮泥房像一面面白旗子插在半山腰的平缓处。

　　村民大多以种高山蔬菜为生，站在村中，抬头向上看去，一畦畦扎着竹篾片和塑料管的蔬菜大棚从山顶一路延伸到山脚。有些大棚内空无一物，有些还种着小青菜，上面蒙着薄膜。一个在地里干活的中年汉子说，冬天了，山里冷，大棚里就不种菜了。问他平时种什么，回答是番茄，一年有十来万元的收入。

　　行啊，这日子过得不错啊，比打工强吧！

　　好是好一点，不过也要看天给不给。

　　田里干活的人很少，除了这个中年汉子外，还有一个四十多岁的健壮女人，戴着一顶旅行社里统一配发的方格子帽，在半人高的茂密树林中摆弄一根毛竹，折腾许久，终于把毛竹拖到村子里去了。除此之外，整个村庄几乎没有声音，只有风在林中吹着轻快的口哨,几张枯死的栎树叶蜷缩在树枝上瑟瑟发抖。三只母鸡在草丛中懒洋洋地踱步,似乎是低头沉思的哲学家,在思考世界的本源问题。

村庄中,窄窄的石板台阶通向一个个简易的木门,泥土夯的院子里,用圆匾晒着五颜六色的农产品,白色的是汤团米、番薯粉、萝卜丝,红色的是辣椒,黄色的是南瓜干,黑色的是霉干菜,棕褐色的芋头丝,明黄色透着油亮的地瓜干,自家从地里拔来的草药……戴着绒帽的老太太在门前喂鸡,"啰啰啰啰"呼唤着,一群芦花鸡从或远或近的草丛和树林中钻出来,拍着翅膀跑过来。村子一色土木结构的泥瓦房,并没有农村中常见的西式小洋房,倒显得格外的原始古朴。

比村子更古老的是一棵红豆杉和村后的枫树林。红豆杉长在最高处一户人家的院子前,壮硕的树干粗砺虬劲,大约需两三个人合抱。繁密的枝叶撑开,遮挡住半面院墙,玲珑可爱的红豆像一串串红玛瑙隐藏在浓绿色的枝叶里,仿佛害羞的小姑娘躲在母亲的衣裙后,只露出一双亮晶晶的眼睛。而高大的、窜入半天云里的枫香树则热烈而张扬,它深秋时红艳艳的华美锦袍,已经变黄变暗。地上,落叶铺了厚厚的一层,然而它仍然是倔强而高傲的,像一个失宠的皇后,山风吹来,发出洞察世事的笑,更多的落叶翻转着从高空中飘下来。

村后的这片枫树林棵棵高大粗壮,黑色的根茎裸露在地面上,形成一道道天然的台阶。我不能妄猜它的年龄,村人也说不清,大约还未有村子时,它们就已经存在了吧。看着村子从一户人家开始,一代代的子孙繁衍,一波波人出生、长大、劳动、婚姻、死去,最后没迹于荒草。另有一棵枫树则要俏皮得多,它长在村西头一户人家院子的岩坎下,逸出的枝条刚好伸入这户人家的院子。站在小门口喝茶,便见这棵枫香像一个偷窥的少年,刚刚出手便被主人发现,只好装模作样地别过脸去,而伸出的枝条,却是怎么也收不回去了。

泥墙,黑瓦,枫树,老人……如果仅是这些,岱上确实是一个普通的山村,但是,岱上又确确实实有着不一般的魅力,让人在去了一次之后,还想着去第二次、第三次……

岱上是天降祥瑞。挎着柴刀准备去干活的老傅告诉我,这座莲台山,是有些灵异的,比如说山上从来没看到过蛇,村民甚至无人在山上开荒种菜,只让它荒着。前几年,不知从哪里来的一个老和尚,听说是一个大寺院里的高僧,忽然来岱上,看中了这座莲台山,要在山上建寺庙。让村民惊奇的是,竟然有那么多的善男信女和捐资者。四五年前,寺庙建成,叫万寿寺,寺里的住持叫融树师父,是四川人,另外还有三个和尚。这几年,各地来拜佛求经的非常多,其中上海人最多,台湾和香港人也有。初一、十五做佛事时,供奉的水果吃都吃不完,融树师父只好拿到村老年食堂去,让村里的老人分着吃。

万寿寺的融树和尚,岱上的老人们只叫他融师父。融师父初来时,什么也听不懂,岱上人也听不懂他的四川普通话,而且全寺只有他一人。但岱上人好，家里做点什么，都要拿一份去给融师父，比如做了麻糍，就拿两块去；做了肉圆、汤团，也端一碗去。但融师父不吃荤，有肉的东西，他是不要的，他最爱吃农家自己做的小豆腐。时间一久，他现在的汤溪话已非常顺溜了。

村口开阔处的老年食堂，是村民的娱乐活动中心，四个穿着花棉袄的老奶奶在门前边晒太阳边做手工。一辆卖菜的小货车停在路边，充满了咝咝杂音的小喇叭里传出单调的叫卖声：买菜噢，菜买伐？青菜萝卜豆腐肉……拖斗式后车厢里堆着高高的货物：肉、豆腐、千张、花菜、蒜、芹菜、平菇、毛豆、豆芽、香葱饼干、冻米糖、蛋卷、旺旺仙贝、米饼、山楂片、水果糖、牛皮糖……一个流动的小菜摊，应有尽有。偏僻的乡村，这样的流动商店比比皆是，现在住在农村里的大多是老人，有许多人已行动不便，不能劳动，也无法出门坐车，即便子女月月给钱也无处可花，这些流动商店为守候的山村老人提供了部分生活必需品。小货车的主人是一个头发焦黄、身穿油腻夹克的中年人，看样子跟这些村民都很熟，一边手脚麻利地给一个瘦削老太太称饼干，一边扭头朝呆立在一旁的老头喊：你儿子这星期回不回来的，称两斤肉去！

山谷空阔，小货车带来的短暂骚动很快平息，岱上重新陷入寂静。在这里，声音是珍贵的，鸡鸣声、儿童的啼哭声、小收音机里唱越剧的声音，都像来自天外的某个纯净世界，寺院的钟磬声悠远而具有穿透力，像在安抚这个孤独而盛大的人世。

张乎 | 青草乌云，高儒停久

青草乌云，高儒停久，一阕《雨霖铃》的开端。也像一段小故事的开始，交代了地点人物和起因。从琅琊往南，从过青草村开始，在沙畈乡所属的广袤大山中，除上述四个村庄之外，还散布着许多有着诗一般名字的秀丽村庄：妙康、安珠曲、半溪、加兰、石宫……我心里充满了疑惑，一般村庄的命名，要么带着姓氏，要么带着方位，要么有某种地域特点，少有以这种诗意儒雅的词语来命名的。在迷蒙的云雾深处，白沙溪两岸，我生怕一不小心就会看见这样一个人：有着河里石头般清癯的面容，穿着朴素的灰色长衫，在白山黑水间踽踽独行……

高儒是一个有着上千人口的大村子，在沙畈水库大坝脚下，与停久村相连。村人大多姓李与王，高儒村的得名，得益于一座明代的书院"漓渚书院"。漓渚书院建于明天启年间，是地方文人杜翔凤初创。鼎盛时期，常有金华、兰溪等周边地区的文人墨客云集，谈诗论文，纵议时事，因此叫高儒村。

对合巷 2 号，一溜破旧的古民居被风雨剥蚀得像一个苟延残喘的老人，在飒飒山风中抖动着灰白色的影子。老屋白色的墙皮一片片剥落,露出灰色的砖墙,像癞疮疤一样杵在一片漂亮的小洋房中。屋内光线昏暗,一个弯腰弓背的老妇人正端着饭碗吃饭,好奇地打量着我们这群不速之客。问她:你这房子以前是否办过书院?她摇头,茫然无所知,回过神后,说:没有咧,全都是住人的,土改时分下来,住了十多户人,现在只有我们两个老的住了。旁边一个老太婆也上来说:没听见过办书院,都是住人的,你们客人是哪里来的?

竟然什么也剩不下了。曾经有名士大儒往来的漓渚书院,淹没于茫茫群山,连一个传说也没有。我注意到有一个不甚大的柱础,很像明代的形制,被摆在门前当石凳。另一扇门前,有一个小巧的石磨盘,精致可爱,也被弃在一边。老屋左侧,是一个荒废的园子,长着杂草和野荞麦,靠近屋旁是一口一米五左右的方池子,池水油绿色,飘着大把的青苔,旁边立着一把粪勺,像一个农村常见的污水池。惭愧,这竟然就是漓渚书院有名的两口井之一的"墨花井",是当年书生们的洗墨池。

据记载,漓渚书院的创始人是古方后杜村人,人称梅舟老子的杜翔凤。杜翔凤出身于官宦世家,少年时即有所成,擢升邑庠生,并于明初隐居桃源,在高儒建漓渚书院,编撰《昭利庙志》。昭利庙志前言对其均有记载:"康熙五十三年,双溪人范志德曾于漓渚书院会虞君,虞出一编以示曰:此白沙庙志也,明时杜翔凤所辑,翔凤字世仪,酷坊人,宋迪功郎杜再成之裔也。"

从高儒村略向南行三四百米左右,即见一座暗红墙壁的小庙,隐于大片低矮的杂树林。树林边是通向停久村的"丫"字型村道,在三岔路口,是昭利侯白沙老爷卢文台的墓地。墓园面积很小,铁制围栏锈迹斑斑,青石墓碑上的字迹甚是模糊,隐约可见"敕封昭利侯卢公之墓"字样。坟前供着香炉,坟头上青草萋萋,草叶子垂下来覆盖住墓碑,像一个披头散发的怪客。它另外还有一个名字,叫"隐圣丘",在清道光四年,由琅岩徐清臣捐资修建。和墓园一路之隔的小庙,叫"祖塂殿",是纪念卢文台的庙宇。拨开半人多高的荒草和榛莽往里走,赭红色的庙门上挂着铁将军。一个妇女拿着钥匙给我们开门,很难为情地告诉我们,门楣边上的牌匾写错了,把"祖塂殿"写成"祖墩殿"。殿中有一股长久不通风的湿霉之气,供桌上积着厚厚的灰尘,地上遍布瓦砾,瓦砾中有一簇簇顶端开着整齐圆孔的小泥沙堆,开门的妇女说是白蚁穴。"殿中的柱子都被这些白蚁蛀空了,不修的话,过几年要塌下来。"她说。靠北侧一边供奉着昭利侯卢文台及他的两个副将,另一边是两个女身塑像,上写武威侯,不知是卢文台的什么人,是他的夫人吗?

据《白沙昭利庙志》记载,卢文台为汉代幽州范阳人,汉成帝末为步兵校尉,后任骠骑大将军,曾随刘秀征讨赤眉军有功。王莽篡权后,卢谢病,免归顺,建武三年(27年),带领部下三十六人归隐辅苍山桃源,即今天的停久。在停久,他带领部下开垦田地,种植庄稼,沿白沙溪修筑三十六道堰坝,灌溉下游的万亩良田,使白沙溪两岸不再受水患,成为丰衣足食的富庶之地。当地乡民感其功德,沿溪建三十六座庙祭之,尊其为白沙大帝。卢文台是一个既能建功立业又懂得激流勇退的智者,东汉初年,刘秀的两个同学严子陵和龙邱苌分别隐于富春江和九峰山,卢文台选择隐居停久,是不是也受了他们的影响呢?而在白沙溪两岸,他的恩泽至今尚存。

白沙老爷的故事,正如白沙溪水一样,两千年来,始终在琅琊大地上流淌。后人用想象加工,又添上了许多神话色彩。在不同的版本中,白沙老爷成为驻守一方的神灵化身,有各种各样不凡的传奇。停久村中有一口椭圆形的井,叫金钗井,井壁青石历历可见,井水清澈历两千年不枯,传说即是卢文台夫人用头上金钗挖掘而成。而琅峰山一带,白沙老爷的传说就更多了。

"当年辅国有奇功,勇退归山作卧龙。不向生前承帝宠,却从殁后拜侯封。巍巍古相临清渚,寂寂遗踪对青峰。三十六湾溪堰水,至今利泽未曾穷。"这是汤溪第一任知县宋约对卢文台的评价,也是后人对白沙老爷的基本认同。

停久村。一株枯死的大樟树伸开两个光秃秃的大丫杈,孤独地立在田野中,像一个仰头叩问苍天的失意者。碧蓝的天空默不作声,几朵流云散淡地飘来飘去。大地在燥热中保持着一贯的沉默。远处,五指峰山峦起伏,或大或小的山峰像一个个面目模糊的巨人。西南有一形状奇特的山岩叫老虎岩,从高儒村望去,像一只趴着的猛虎,而从停久村的角度望去,猛虎已变成一块突兀的黑岩,高踞在停久村的上空。高儒和停久所处的山谷,周围山势并不险峻,然林木深秀,景色宜人,不时有大片的竹林从半山腰上流泻下来,一直延伸入溪流。谷地宽阔平坦似一方端秀的泥砚,多少代人在这里耕种劳作,在大地上书写不成文的历史。白沙溪涓涓泠泠,从山脚下蜿蜒而过,把河床中的石子洗得发亮——怪不得两千年前的卢文台,会一眼看中这块地方,希望这里的山水能让他的身体和灵魂得到皈依。

八十多岁的童三奶老人是白沙老爷的积极守护者,多少年,他利用自己有限的力量,积极维护修缮卢文台墓,宣传白沙老爷事迹。而在村中,很多年轻一代已经不知道自己的村子叫"停久",而是简化成"亭久"或"丁久"。

张乎 | 陶家站

　　高铁时代,从金华到杭州只需三十五分钟,接到杭州朋友电话,约在某某饭店吃饭,杭州人还在路上七拐八弯,这边金华人已坐在餐桌边了。三十年前去湖州上学,路上需要折腾两天:第一天,从家中坐汽车到金华,在金华住一晚。第二天一大早,坐火车到杭州,路上需五个小时,下午再坐一辆更慢的火车去湖州,需三个半小时,到学校时,晚饭都赶不上了。从杭州到湖州,路上要经过十来个像糖葫芦一样的小站:艮山门、杭州北、武康、德清、妙西……旧时的火车,对住在铁路附近的农村居民来说,类似于今天的公交车:方便、隔不多远就有一个站,车票也比汽车票便宜。

　　浙赣铁路沿线,每隔二十来里,往往就有一个小站:简陋的站台,几排破旧的长椅子,一个嘴里叼着哨子的着蓝制服的工作人员。火车站只有一个售票窗口,买了票,就可以进入用铁栏杆围着的站台。远远地,看着火车咣当咣当地爬过来,工作人员便吹着哨子,像赶鸡鹅一样赶着靠近铁轨的人群。火车喘着粗气,冒着白烟,仿佛无限疲惫,终于"哧"一声泄了气,停在站台前。

候车的人群，都是挎着篮子、挑着箩筐、拎着蛇皮袋的乡下婆娘汉子。下车的人要先下，上车的却迫不及待地往前挤，吵吵哄哄，闹闹嚷嚷。一般情况下，火车总要停三五分钟，下车的人已走到街上，消失在三三两两的人流中。这样的小站，街上走动的人并不多，路边茶馆里倒是坐着几拨熟客，有一搭没一搭地瞎聊着，有时也来点"小意思"，几个老头打"油糊"，或者围成一堆下象棋。

从金华到汤溪，三十公里的路，共有四个站：白龙桥、古方、蒋堂、莲湖。过了莲湖站，就到了龙游的湖镇。莲湖是罗埠镇辖下的一个乡镇，由于建了火车站，就有了一定的客流，站中也有一条像模像样的街。街上建了邮局、信用社、派出所、乡政府、供销社的门市部等。但周围十里八村的人称莲湖车站并不叫"莲湖站"，而直接叫"陶家站"，简称"站"，盖此村原名就叫"陶家"之故。

对于童年的我来说，"站"是一个很神秘很遥远的地方。除了过年走亲戚，我的活动范围，仅仅是自家村上这一块巴掌大的地方。听说"站"里有火车，我想象不出火车是个什么样子。我的同伴们也没见过火车，他们就发挥天马行空的想象，说火车"长着两只长脚，一步跨过去就到汤溪了"，也有的说火车"有一百辆拖拉机连起来那样长"。村里也有人见过、乘过火车的，但他形容不出，只是"很长很长""像牛一样叫得很响"。

小学二年级时，我终于有了一次看火车的机会。学校里组织春游,内容就是到站里去看火车。

从村里到站里,有十里路左右,从田里小路走到东祝,再从齿轮厂边上绕过去走到站里。孩子们因为兴奋,并不觉得累,到陶家站时,还有多余的精力蹦蹦跳跳。彼时站里横跨浙赣铁路的公铁立交桥还未建成,站在山下周村高高的坎上望去,两条闪亮的铁轨像两条乌黑的大蟒蛇一样伸向远方,一截一截的枕木,仿佛是蛇身上的肋骨……在山下周与陶家站之间,有一个无人值守的道口,可是那道口要绕很远的路。行人多半直接从山下周沿着缓坡下去——平时若有火车停着,行人便会从火车底下钻过去。有火车时,道口的红灯便会亮起,车站里也会响起急促的"当当当"警告声。不多时,远处的高空中传来一声厉叫,众人吓得落荒而逃。老师说,别怕别怕,是火车要过来了,大家仔细瞧着。话音未落,一个全身乌黑的大家伙喷着巨大的白烟,风驰电掣般地冲过来。越到近处,那家伙越疯狂,像一匹神志不清的恶魔。快进站时,又是"呜"的一声长长的尖叫,伴随着车轮碾过铁轨的轰隆声,震得脚下的大地都在抖动。不一会儿,火车已拖着长长的尾巴跑远了,而我的旁边,几个胆小的女同学已脸色发白,神情呆滞,完全没有从恐怖中回过神来。

以后又有几次机会去莲湖,却并不是看火车,而是为了看病。与莲湖挨着有一个小村叫山下龚(发音似乎为"山下钟"),村里有一个世代相传的土医生(不记得姓什么了),治疗疮疥癞之类的皮肤病是本地最好的,其他小毛病的也一看便好。

　　我那时经常生一种叫"鳅肚"的毛病，就是手指头的中间一节莫名其妙地肿起来，发白发亮，像泥鳅圆圆的肚子，里面明显有脓，而且像鸡啄一样日夜地痛。医生矮矮胖胖的，四五十岁的年纪，笑眯眯地执着我的手指头看，东问西问转移我的注意力，一个不备，已极快地在我的手指上划开了一道口子，脓水和血水混合着流下来。原来他的手中已不知何时握了一个极小极薄的刀片。切开伤口后，我还在委屈于他的欺骗，他已快速地清洗、上药，此时即使还痛着，也只能忍一忍了。此医生医术好，药到病除，但治疗手段却有点与众不同。记得我妈有一次脚趾里生了一个东西，医生看了，心里知道是要拔掉整个趾甲的，但也不跟她说明，也不打麻药，只叫她把脚伸过去，用消毒药水涂涂，我妈心里正纳闷着呢，医生手起钳落，"卟"的一下已把她的趾甲连根拔掉了，我妈痛得差点昏过去。这种治疗方法放在现在是不可想象的，现在的医生，事先都要和病人协商，我准备怎么治，用什么药，你同意不同意，你有什么建议，等等，仿佛病人也是半个医生。好固然好，医生责任也小，但病人干涉太多，医生往往缩手缩脚，不能决断。

　　莲湖隶属罗埠，受罗埠人爱泡茶馆的影响，莲湖尽管小，但也有好几家茶馆。我公公生前，隔三岔五就要去茶馆里坐一坐，早上起来，他说"去站里"，便是泡茶馆去了。莲湖站小，茶客也少，不外乎相邻的几个村子，相互之间就算叫不出名字，也大多都是熟识的。简易的木桌木凳，最便宜的老茶梗，用旧了的粗瓷茶杯，一壶滚烫的开水，压两个酥饼，或者茶馆对面买一付烧饼油条，讲讲村坊琐事，看街道上偶尔走过的熟悉或陌生的行人，能磨蹭一个上午。

现在的莲湖站，当然不会再有一列客运火车停下来，但货车还是有的，所以车站并没有全部废弃，还有几名工作人员。高速时代的子弹头列车，从小站前呼啸而过，旅客甚至没来得及看清地名，破旧、简陋的站台已被远远地抛在身后。

杨荻 | 白沙记

　　青黑峰峦汹涌腾跃的南山腹地，自东而西孕育五条清冽源流，百折千回之后，蜿蜒出山，向北流入金衢盆地，并最终汇入兰江。这是紧扣浙中大地的五根手指，这水系是掌握如蚁集聚的生民的田亩丰歉运命的硕大只手。白沙溪即其一，"白沙溪在金华县西南，出处州遂昌县，流入大溪，其溪出白沙如霜雪，故名"（明《环宇通志》）。

　　这是一条与我的生命有着瓜葛的溪流，很多年前，我从下游的江畔草甸溯流而上，经过繁盛市镇的那座白龙古桥，在上游的水岸栖居。白沙溪在贴近孤山（山上草木蒙茸，坟冢成堆）的时候沉静下来，变成宽阔的玉山潭。那些天色阴郁的黄昏，一个遐想的孤独散步者目睹白鹭从岸边的暗绿柳荫翔出，掠过山丘，天使一般去了远方。以及幽夜，独自涉过卵石为底的苍茫溪滩，在摇曳的芒草旁见证流水如何将潜藏的圆月击成一河的碎银，从而也旁听了黑暗的村庄鼾声如云。

　　堤内平旷的田畴里残存着几个土墩，墩上挺立着茂盛的参天野树，藏着鸟声风声，或许还有神鬼闪躲的眼睛。传说一个月黑风高的冬至前夜,有人顺着河堤漫步,突然起了薄雾,把路径遮掩。彷徨之际,他听见后面传来自行车清脆的叮呤声,一个邮递员骑着一辆墨绿色的邮车赶了上来,戴大盖帽,骑得飞快,面目不清。这人暗想:既然他骑过去了,那么前边一定有路的,就顺着他的方向走。骑者一会儿就消失在浓雾里。他走了大概二三十步的样子,路却到了尽头,这时,看见尽头是一座荒坟!坟上有株猎猎作响的孤树,仿佛在招魂……

当然要是月白风清的良夜,会看见深陷于野地里村庄晱着的寥落灯火,以及提着微灯赶路的流萤,远远听见村人稀疏如山前雨点的话语。那是可以眺望南山的村庄,在晚秋给人以想象和温暖,我承认当年想混入那个村子,在篱边种一把菊花,但是毕竟只有在村子的外围放一把火,煨几颗土豆或红薯,用来佐酒。

那个天空晃荡不定的夜晚我瞭望身旁的洞山,那是一座相看两不厌的矮山,孤寂,黑沉,像我内心顽固的块垒,在它的上面,繁密的星子在悄声低语,似乎在说:瞧啊,这人!此后,我数次独自或结伴前去洞山。我想从另一个角度看看那个寒凉空旷的夜晚,它似乎是我青春的迷茫背景,但多数只看见一两朵停云,泊在村子的上方!洁白而深厚,像天空的某种意绪,像我某种意绪的客观对应物;在温柔的白云下方,白沙溪以优美的弧度画在大地上,但我知道昔年临水自照的影子永远流走了……

只是白沙溪畔的洞山永远无法游走。这一座在平野突兀隆起的小小山丘，它的性格是孤僻的，它的面目是荒凉的。洞山原名铜山，《大清一统志》里记："铜山在金华县南三十里，太平环宇记，山下有泉，水色鲜白，号曰：铜山泉。下临南溪，旧产铜，故名。"在堪舆者的慧眼中，南高北低的洞山是迎水而上的一尾鲶鱼，为了它不至于摆尾游走，从而留住风水，邻近的古方村人在平坦的山顶造起一座风水塔，这塔象征着一柄重剑插入鱼身，将它镇定，使其原地游弋，固步不前。

时至今日，在洞山附近的村庄里，依然流言山顶埋有宝物。多年前，盗贼猖獗，塔底被挖开一米多深，地下数块石板被凿断，便是佐证。村人固执地认为，盗贼们曾从洞山塔的地宫中取走了半箱子白花花的银子。盗洞虽被封住了，但依然有人在山顶窥探、挖掘。据说每月农历十五，当圆月升至洞山塔的顶端，循着月光照射产生的塔影挖掘，便可寻到宝物……

而在我梦境出现的这片原野却是荒芜的，甚至没有一个人影，黑白，迷雾重重。环绕小孤山的是四季色彩变幻的农田，我曾穿过麦地、苞谷地或稻田、油菜林，试图找到那只鱼眼——铜山泉，但它无疑已经壅塞。哦，盲目的洞山！

暮春时节，野花已经败落，到处是繁荣的绿色，我再一次踏上洞山。远眺，西坡是蔚然森秀的毛竹林，将孤高的灰白古塔团团簇拥着。沿着林间荒径上山，几分钟就抵达塔下。仰视，它生殖器般深深地插入苍穹。

塔始建于明朝万历二十三年（1595年），为楼阁式空心砖塔，平面呈六角形，共七层，塔身逐层内收，每层青砖檐头，早年外壁绘有佛像、壁画，已经磨灭。每面均有券门，塔之底层，有拱门通至塔内，在塔心可直视塔之内顶。内壁两侧，自下而上，有两排小坑，供攀登之用。二层南面券门上嵌石匾一块，上刻"耸壑昂霄"。古塔曾被日本人的炮弹击中，削出一个洞孔，且塔身倾斜。加之风雨侵蚀，摇摇欲坠，近年刚刚修缮过，但已听不见昔年悦耳的天籁般空灵的铜铃声。

塔后的关帝庙，半已倾塌，木椽断裂，满地瓦砾，不避风雨，残败不堪，泥塑的关帝面目不全，处境凄凉。东面马头墙旁的屋顶上，一棵寄生的枸树，手臂粗细，遒劲的树根扎入墙身，焕发出葱茏的绿意——似乎吸收了这座凋敝野庙的全部灵气。庙宇四周的苦槠、樟树、枫树和朴树，多已合抱粗巨，遮天蔽日。日光斑驳，鸟声清越，但站在绿草茸茸的林子里，我依然感受到一股强烈的阴郁之气，那是从坼裂的墙缝、昏暗的竹林和荒败的庙宇生发出来的，在我身旁浮荡。

流水渊渊，白沙涓涓。在洞山之麓逆流而上，是平野尽头的琅峰山。这里是东西起伏延展的南山脉的一道豁口，山北水西的旷地上，结着一个马蜂窝般的集镇：琅琊。这是个宁静的小镇，街上疏落地走着闲散的农人，老者躺在沿街的店面里冥想，枇杷树在庭院里坠着累累的黄绿果实，鸟儿啁啾着向山影飞去。

在镇东，因为筑起堰坝，白沙溪含蓄成一个娴静的湖。2010年的8月，我曾在笔记本上素描这个弹丸小镇："初秋炽热的阳光粗暴地熏蒸着大地,小镇的气息是微弱的。偶尔,一辆重型卡车碾过,漫起一股灰尘,而午睡的小镇仿佛在梦中随之颤抖。蝉,在远处声嘶力竭地呼喊着,它使得小镇更加宁静。坐在根木饭店的门口,透过小街上空的浓荫,可以看见群山参差重叠的淡蓝影子,蓝影的上方,是银亮的、静如太古的白云,那群山深处、白云下面又是什么地方?我的心思因此变得异常邈远。"

多年过去了,琅琊并没有多少改变,依然那么静谧,那么心定气闲,只有出山或进山的车辆卷起一阵躁动,随即复归平静。这是一个能让我放心的地方!水曲山隈四五家,夕阳烟火隔芦花。渔唱歌,醉眠斜。纶竿蓑笠是生涯。走到琅琊我就联想起这诗,仿佛看见琅峰山下白沙溪上漂流着某个虚幻的古代身影。

站在镇南的堤岸上,琅峰山原形毕露。东西走向的山峦像一条肥壮的卧蚕,临着清流,山势并不崔巍,但亦雄奇,因为赤色崖峰陡峭如削,罅隙处只长些灌木和藤类,众多或大或小的洞穴嵌在其中,洞中居着观音、真武大帝和白沙老爷等一应神明。过公路桥,转琅峰阁,就来到竹木清俊的山峰底部。

沿翠竹和陡壁夹峙的清幽山道攀行,上白沙亭,很快就抵达山腰的白沙古庙。庙宇简陋、逼仄,倚着危岩以木构建,形似路廊,崖壁旁坐着红脸的白沙老爷。白沙老爷叫卢文台,东汉幽州范阳人,汉成帝末为步兵校尉,迁辅国大将军,曾领兵扶汉室讨赤眉,有功;后助刘秀得天下,卢不受赏,激流勇退,率部三十六人,退隐辅仓桃源(今白沙溪上游),开垦田畈,自食其力,又治理白水,修建沿溪三十六道堰,灌溉二州三县良田万顷,成为浙江最早的水利工程之一。乡民感怀其德,沿溪建三十六座庙祀之,尊奉其为白沙大帝。明《白沙昭利庙志》引证唐碑赞云:卢侯当光武应运之期,即能脱身山岛,与樵夫渔父为俦,假使以隐遁之故,与草木同腐……

卢率领乡民修筑的三十六堰坝,尚存十三堰遗迹,其余部分已沉没金兰水库的库底。"巍巍古柏临清渚,寂寂高坟对碧峰。三十六湾溪堰水,至今利泽未曾穷。""白沙三十有六堰,春水平分夜涨流。每岁田禾无旱日,此乡农事有余秋。"历史上,有诸多诗篇感念和传诵卢的功绩。卢死后葬于汤溪县南四十里的白沙原、三台山下,但他的各式化身端坐于溪谷,日夜谛听着白沙溪滚下道道堰坝发出的浩荡回响。站在琅峰山上,透过树隙,能清晰地窥见布帛般抖动的第二堰,依然引导一渠清水向东流,滋养一方。耳闻白沙堰潺潺不息的水声,我反复想起一个词:恩泽。

那群山深处、白云下面又是什么地方? 多年以后,我解开了内心的悬问。车子过琅琊镇大桥,瞬间进入了山口。一处处折叠的山坳被打开来,远山近坡是蔓延的葱郁竹树,连绵无际。五月明净的阳光静静烛照山野,把绿叶涂得油亮。一个个散淡的村庄,藏匿于树荫下,似乎已经空无一人,只有火红而寂寞的石榴花开在窗棂下,鸡在山坡后幽啼,松鼠在枝柯攀援,一条阒寂的林荫道把我们引向深藏不露的铁店,一个屋舍散落的慵懒的小村。

转过村后的竹林、水塘，我们来到一片植被葳蕤的缓坡。慢慢的，我的眼前闪烁着越来越多的光点，那是漏下的阳光在碎瓷片上跳跃的反光。然后，我发现自己已经站在一片深厚的废墟之上，到处是堆叠的、残缺的碎瓷，那可能是破损的碗、盘、罐、瓶、壶、杯、花盆、三足鼓钉洗、鬲式炉、盂，以及其他不知名的物件，它们全被某只暴虐之手打碎。

它们已经沉寂了上千年，但是随着我们脚步的碰触，又喧响起来，泠泠泠，悦耳，像微风拂过，又像一条无形的时光之河在流动，或者是它们在诉说，诉说着它们的前生今世。这些经过粗大双手揉搓、把捏、划纹，经过烈火灼烧的泥土，没有完成出走，又回到了泥土。是的，更多的在地下，在黑暗中，在时光深处。"厚的地方堆积有几十米，这一片山坡下都是"。站在一棵结实的板栗树下，有人用手画了一个大圈，铁店窑遗址是婺州窑系代表性窑址之一，婺州窑以生产青瓷为主，兼有黑、褐、乳浊釉和彩绘瓷，是唐代六大青瓷产地之一。

铁店窑均为北宋龙窑，烧制时间延续到元代，现存窑址三处，其中一号窑址烧制乳浊釉瓷（挂釉很厚，没有透明感，像蛋白石或牛乳中溶以颜料一般，故称乳浊釉）为主，亦烧青瓷，A 窑长50 米，B 窑长 40 米，均南北走向，均为龙窑，南高北低。铁店乳浊釉瓷，是两次上釉，一次烧制成功，这种釉具有萤光一般幽雅的蓝色光泽，釉面呈天青色、天蓝或月白色，具有玉石质感，晶莹美观。除利用釉面的乳浊效果外，装饰有花口、鼓钉、兽足及弦纹等。

我拣起一只碗底（厚重！），走到池塘边把它磨洗干净，内壁霎时呈现乳白的釉面，间着丝丝缕缕的深蓝，犹如一幅宽广的瀑流向碗底奔流。换一只，暗黄中浮着月白，仿佛远山升起的袅袅晚炊，有着宁静致远的意境。这是一千年前在器皿表面凝固的时光，我触摸的手指感到光滑而冰凉，内心有微微的疼痛……

铁店附近之所以出现众多龙窑，一是丘陵山坡便于建造窑床，二是陶土紫泥取之不竭，三是柴薪丰富。更重要的是，铁店窑址遗址西一公里处即是白沙溪，原称白沙港，水运方便快捷。大量的陶瓷产品经由白沙溪—婺江—兰江—钱塘江，直抵杭州，并外运到韩国等地。

铁店的熊熊窑火是明代慢慢熄灭的，一片热土渐渐冷却，随后被野草藤蔓和林木遮蔽。坐在松荫下，我凝望这片厚土，有沉默在嘴上，有感喟在心中。我走到水边洗手，手上一片寂静，而我无意中瞥见，一朵悠云，正缓慢地在水底移动。哦，是不是我多年前目睹的那一朵？

从琅峰山下沿着白沙溪继续溯源，是一道稳重的大坝，扼守着谷口，蜿蜒曲折的湖水像青色巨兽的多重触角，伸向一个个隐秘的山坳，其中西面的水域尽头，建有一个东山草堂。去东山草堂需要搭乘轮渡，大坝一侧即是一个小型码头。朋友告诉我，他曾经数次陪着外地诗人前往，那是一个幽谧的世外之地，要是春天去，小山坳里浮着数不清的桃花，空气中弥散着甜蜜，而入夜的山月，格外孤冷。这是一定的……

夏日的午后，我站在岸边，看青碧的湖水在岸边流动，映着蓝幽幽的峰影，白亮的云朵从山后出来悠闲地踱步，我揣想着那个似乎已经子虚乌有的草堂、曾有的烟火和人声，以及那一个个无名山坳，心思变得旷远和惆怅。我知道，在内心深处，也有那样一道峡谷，偏僻，清冷，甚至连月光也无法企及……

"……我相熟的亲人越来越少/他们老去　消失在南山的褶皱中//南山的褶皱中：人们手脚并用/匍匐在琅峰陡壁夹峙的山道//山道弯弯，日复一日在额头蜿蜒/一个人一次次在内心回到他的南山//南山。十万大山的连绵起伏。/十万大山的奔涌。十万大山的清寂。"（伊有喜《南山》）

杨荻丨千山暮雪

　　细雪开始时如点点杨花，若有若无，漫不经心，只有到了郊外旷野时，才渐渐变得紧急、绵密，凌空乱舞，不停地扑向车窗，迷离了人的视线，于是，远处田野的稻草茬、茅花和黑色灌丛，都铺上一层薄雪，等进入冈峦起伏的山区，竹林、树丛、野地和人家的屋瓦，已是白茫茫的一片。人、兽类和鸟雀，已遁隐于雪帘的背后，不知所终，它还会埋掉一些荒村和朽木，我知道这是雪的间离效果，雪拉开了我和人世的距离，却与往事切近。往事有一张虚无的面孔。不要去追溯往事，因为往事就在身边，诗人这么说。当第一片雪花冉冉降落在我的眼前，我就想起市域最西面的那个僻远山村——上阳。在我内心深处，可能是想绕到这场雪的背后，或者是企望在上阳与它相遇。那么为什么是上阳？我并不知晓。事实上，我并没有去过上阳，我只是听朋友伊偶尔谈论起它，说它地处金华、丽水和衢州三地接壤处的幽林穹谷之中，我一直想去上阳，可能因为它是那么遥远，就像往事一样遥远，像上一场雪那样遥远，现在，突如其来的雪催促着我动身，我看看地图，它像一只脚，突兀地伸向西面的龙游县域，因此去上阳最便捷的路是先行抵达龙游县的社阳乡,再沿着社阳溪南行进山。

位于龙游县东南的社阳乡,幽闭在深谷峻岭之中,它像大地上的许多山乡一样,一直默默无闻;它的地盘呈南北狭长的半封闭状态,沿着蜿蜒修长的社阳溪两岸分布,与丽水下辖的遂昌以及金华所属的婺城区的地界犬牙差互,全乡只有十八个行政村一万多人口,散落于近百平方公里的深邃谷地。我们所途经的乡政府所在地红光村,也只是个人迹稀疏的小山村,坐落于谷口坡地上,在霏霏冬雪中愈显荒寂萧瑟。此地多苦槠、甜槠、青冈和映山红,富产黄精等药材,但更丰富的是毛竹,竹林从沟壑绵延到峰顶,莽莽苍苍,无穷无尽。此后的路程,便是沿着迤逦的社阳溪逆流而上,其间穿过一个隧洞,下行到正在建设的高坪桥水库的库底。周围腰部以下的山体已被切开,岩石和泥土裸露,一些小村已被迁走,各种装载机械和运输机被抛弃在冰冷的工地中,呈现一种地老天荒的景象。车子在泥泞的简易公路上摇头晃脑,终于艰难地挣扎出来,驶上柏油路面的乡道。因为屏风似的青嶂的阻挡和森森竹树的荫翳,天色更加晦暝,似乎已经黄昏。曲折多弯的公路上黑茫茫的,阒然无人,偶尔,一个山民骑着摩托车冲着风雪错身而过。上了一道缓坡,穿过一个村坊,原先逼仄的幽谷豁然开朗起来,两边的山峦退却开去,出现了一处开阔的腹地,我看见了路旁溪流上的一座石桥,桥边孤立着一棵高大的古枫树,然后,一座人间聚落,静默卧在皑皑的雪原上。

大公村到了,伊说。他的声音听上去像是梦呓。

　　大公村陈列在社阳溪(又名大公溪或长枝源、芝溪)两岸,溪水莹洁无染,跌下堰口时发出的潺潺声响,笼罩着溪岸人家。溪流西侧狭隘的山麓,连绵分布着古旧的老宅,徽派风格,山墙高耸,屋瓦乌黑,容颜沧桑。其中的朱家厅,始建于清嘉庆年间,又名"二宜堂",砖额题"南山拱秀",为二进三开间建筑。整个建筑用材粗大,制作精良,且檐下透雕狮子和花卉,牛腿透雕麋鹿、雄狮,门前有若干旗杆石。门厅外的四柱三楼牌坊式门楼,镶嵌有大面积的青砖浮雕,犹可细辨,但是残损不全,气质颓败。大公村原名长枝,因为供奉徐偃王的大公殿后改称大公。徐偃王是西周时代诸侯国徐国的国君,因好行仁义,国力强盛,滋生称霸雄心,"僭越"称王、"逾制"筑城,归顺之国达到三十六个。周穆王巡视各国,听闻徐君威德日远,遣楚国袭其不备,大破之。《淮南子·人间训》记载:"王孙厉谓楚庄王曰:王不伐徐,必反朝徐。楚王曰:善。乃举兵而伐徐,遂灭之。"民间说法,徐偃王不忍战事祸民,生灵涂炭,遂弃国出走,过会稽之水,隐于甬东。"偃王子孙,散处四方。西汉之季,其裔元泊避王氏之难,是卜居会稽之太末。会稽太末,为今衢州龙游。"(清代徐时栋《徐偃王志》)此后,徐氏在浙西繁衍为大姓,仅龙游一地,祭祀徐偃王的祠庙一度达到五百多座,大约唐元和九年(814年),"文起八代之衰"的文学家韩愈为龙游徐偃王庙撰写了碑文,人称浙西第一碑。"其南四十里有徐山,一峰卓其东,其下有溪,溪外为庙,庙曰仁惠。"徐时栋记载的这座仁惠庙,可是这座大公殿?

濒溪背山的大公殿原是供奉狮子的牛角殿,清雍正年间改建为大公殿,现存格局正殿分上下进,中隔天井,偏殿内设观音堂,也分上下进。大横梁竖柱所有木构件皆设朱红色。门楼为歇山顶单檐,檐角高翘,如虎踞鹰翔,所谓"其栋宇峻起,如鸟之警而革也,其檐阿华采而轩翔,如翚之飞而矫其翼也"。门楼牛腿构造繁复,雕有猛士坐兽抡锤和武将挥矛鏖战等场景,并髹漆彩绘。正殿内,徐偃王的彩色塑像端坐在布幔之中,面容慈祥而肃穆,目光高远——据说他长了一双远视眼,殿侧弃置着龙马造型的彩灯和泥塑的司水神、五谷神。幽暗的大殿弥散着神秘、悠远和苍凉的气息。死寂。只有纷纷扬扬的雪花发出"窸窸窣窣"的声响。从大公殿折到一旁的墙弄里,可见残存着一座建立在高高石阶上的八字小院门,砖雕精美,门檐下悬着红灯笼。跨入院子,空无一人。抬头,屋脊之上,修竹葱茏。回到溪上小桥,依然不见人影,只有雪地里的一串脚印,通向黄昏的深处,发人遐思。雪中的大公村,有着一种久远的农耕时代的散淡恬静的意境,有着一种别样的凄美,这使得这座籍籍无名的村庄一见之下,便在我心底留下了鲜明的影子。

伊说,大公村有着"闹会"习俗,一年之中共有五个庙会,而最奇特的,是清明节灯会,据说这一习俗肇始于 1844 年。清道光二十二年(1842 年),大公殿重修,同时定铸庙钟,举人朱焕然倡导清明花灯展,得到村民响应。他们以竹篾和竹黄为骨,不用一根铁丝,外面蒙上花纸,描上图案,里面绑上蜡烛,自创了漂亮的花灯,取名"百家灯",每逢"清明灯会",每户必出一灯。白天花灯展览于大公殿旁争奇斗艳,晚上,先锋、鼓钹齐鸣,村民们抬着徐偃王像,村里老人舞动两个火红的炭球,花灯结队跨溪走巷满村巡游,从傍晚开始,一直要游走四个小时,观者云集,真是"凤箫声动,玉壶光转,一夜鱼龙舞"。这一天,家家户户宰鸡杀羊,招待前来观灯的亲朋好友,朴野山村弥漫着快乐、祥和的氛围。灯会曾在兵荒马乱的年代中止,近年始得复兴。如今,花灯的式样繁多,有各式各样的人物灯、动物灯、植物灯,也有各种花篮、绣球、长生灯、如意灯等。人物灯中有封神人物、三国人物、水浒人物;动物灯有蝴蝶、狮子、凤凰、麒麟、孔雀、各类鱼灯、兔灯、马灯、羊角灯等;植物灯有葵花灯、玉米灯、稻穗灯、白菜灯、牡丹灯等,式样之多,不胜枚举。荒远山野,僻陬之地,竟有如此古朴的风情存焉,令人讶异!

大公村给我留下深刻印象的,还有一段清丽文字和一坛酒。"闲居无事,或临水而渔,或登山而猎,或弹琴一曲,或饮酒一卮,或凉竹簟之暑风,或曝茅檐之冬日,或赤足科头倚树而坐,或绿蓑青笠藉草而眠,兴之所至无乎不可……",这段文字出自一个叫叶元琪的大公人的手笔,他是清同治年间的拔贡,曾为凤梧书院山长。对于这位叶拔贡的生平遭际,我一无所知,但借由这段文字,我似乎洞见了这位古代书生的内心景观和生命意趣。酒则是山民土法酿制的藤梨(猕猴桃)酒,大公山野多野生藤梨,村

240

民采来，与糯米一起酿制，果香浓郁，酒味醇厚甘甜。我跨进路旁的一家酒坊，看见屋角排列着一排硕大陶缸，缸口盖着麻袋，里面是正在发酵的原料，屋子当中，有一架木头制作的方形榨酒器具，一根原木伸进框内，另一端垂吊着沉重的石锁，透明的酒液汩汩流出，注入承接的铁桶。"十斤卖一百十元！"酒坊主人说。而我想象的是这样一幅图景：风雪凄迷的乡村静夜，踏雪而归的歌者打开柴扉，他似乎闻见了墙角开放的蜡梅的幽香，脚步因此迟疑了片刻，随后，他从墙上摘下酒壶，于灯下独饮……他可能是叶山长，也可能是另一个时空里的我。

从大公继续沿着溪水南行，不时有其他山谷派生出来，山坳的土地平旷，每隔数里分布着一个村庄：苦株潭头、下桥头、金龙、沙畈。暗暮时分，左右的山丘模糊成一团幻影。寥落的村子已经有灯火亮起，但是因为雪光，景物依然可以辨识，但人的感觉却是惝恍迷离，如梦如幻。天地间浑然一色，似粉妆玉砌，又似铅华洗净，回归朴素，时光冻结了，我们回到了初始的世界，宛似禅境：寂静，庄严，澄明。又一个哑默的村落渐渐迫近，路旁屋角挺立着两棵黑森森的古树。冬雪给大地造成了陌生化的效果，但是这两棵树使得伊如梦方醒：到了，上阳到了！看，这是两株五百多年的红豆杉。

寒冷像一道蓝色闪电，在体内游走，使得肉体变得麻木僵硬。寒冷来自山风，风像无数把无形但锋利的刀子在纵横穿梭，钻心刺骨。寒冷也是一种视觉效果，它由积雪的光、光秃秃的老树、糟朽黯淡的木板壁、空寂的深巷、残垣上萧瑟的枯草、某个无人门洞内深重的暮色,以及村子后面空蒙的山林散发出来,寒冷是一种气息,弥漫在周围,如池塘的冰面那样严密。

为我们提供抵御严寒的酒和火的人,叫伊树贤,上阳村的村长。他有一个奇怪的外号传遍周边山乡:伊拉克。在上阳、塔石一带,提起伊拉克,人们首先想到的是一个人,而不是那个遥远的国家。伊姓在上阳是闯入者,这里的大姓是徐和项,他的曾祖父从汤溪下伊迁到此地,繁衍生息。伊拉克单姓独户,却能上升到一个村子权力的最高层,且一当十五年,无疑有着过人的能耐,他与伊有着乡谊,也曾有一面之交,因此热情地招待我们。他和老伴两人住在一幢新建不久的别墅里,圈着一个院子,旁靠山丘,女儿已经外嫁,儿子在金华忙着生意。他闻讯匆匆从外面赶回,头上落着雪,把我们让到火盆旁边,开始和老伴进进出出地忙碌。菜陆续端上桌子:冬笋炖豆腐、炖猪蹄、牛肉、红烧黄麂肉、炸花生米……,喝藤梨烧制的烈酒,一口下去,腹内热辣,像有一条小蛇蠕动着往下钻,口里不断哈气。我打量今年65岁的伊拉克,一件迷彩色的长棉衣敞开着,露出里面的时髦衬衣,嘴里叼着烟,有时耳朵上也搁着一支,被风霜雕刻的脸上透露着精明和朴直。他听力不太好,当地方言我又难以听懂,需要伊的转述。说起门外那棵树。早年那里的老树有个窟窿,有村民在里面养猪,一次在树洞里搁了灯盏,不慎把树烧了,此后,村子就连年发生火灾。请来风水,才知道那是定住船型村落的一根撑竿,没了竿子,所以动荡不安。于是补种了一棵枫杨,才平安无虞。

　　酒后去源头村看戏。源头村是龙游县道湖源线的终点,也是社阳溪的源头,再往南,就是与遂昌接壤的崇山峻岭。车子行驶在静谧的山谷里,在动物们暗中窥视的眼睛里,它一定就像一个发疯的怪物。四野黑魆魆的,借着车灯,只见前方无数的飞雪箭矢一般密集射向挡风玻璃,刮雨器劲扫着。大概一支烟工夫,车子在新修的村委会大楼前的平地停下来。走进村礼堂,里面黑压压的人群,气氛热烈而欢快。那些老人,提着竹篾编的火笼,坐在长条凳上,全神贯注地盯着舞台。鼓点激越,锣钹铿锵,唢呐声声。开场戏是文武八仙,然后是跳魁星和送财神,演员扮相狞异,动作滑稽,不时引起台下的哄笑。我走到后台,醉眼看到的是一张张画满油彩的怪异的面孔。这是个怪异的夜晚,我突然置身于陌生的山村,身外雪花纷飞,我可能回到了久远的年代。但推开边门的一瞬间,乘势而入的冷风让我凛然清醒:我只是一个混入他们当中的陌生人!正本《正德下江南》开演了,是的,今晚的礼堂是山村激动的心脏,他们陶醉于帝王将相的平庸剧情之中,但他们需要陶醉,戏要连演四天。我走到空无一人的门外,站在村委会的新楼门厅,看幽谧而茫昧的山村,看潇潇飞雪……

　　回到上阳村,已经万籁俱寂,如果屏息谛听,也只有落雪的淅淅声。但是拐弯抹角处的路灯依然亮着,照着鲜黄的泥墙,照着废置空屋,照着瓦垄上的厚雪,照着寂寞的空巷,照着巷门上的四个楷体字"源远流长",照着门罩上残缺的雕花青砖,也照着陈旧的红灯笼。但是,更大面积黑暗,蹲伏在巷门后悠长的、卵石铺砌的窄巷里,它盘踞在村落的头顶,甚至深入一具具肉身。没有一处窗口和院门透出灯光,所有的街巷都没有一点人的踪迹和气息,没有一声犬吠,似乎这座村庄所有的生灵在我们看戏的间隙悄悄地迁徙了出去,并且在雪地里不留一点痕迹,呈现给我们的,只是一座荒村,像墓园般死寂的荒村,夜晚因此显得格外神秘莫测。当然,有风吹过,风吹着口哨,像一个隐身的夜行人,行踪诡秘,它先是被枯枝挡了一下,然后进入了巷子,从尽头某处老宅的破损门缝潜入屋内,穿过天井、檐廊和侧厢房,摸了摸精致的牛腿,微微拂动起陈旧的布帘,掠过屋角的农具,沿木质楼梯上到阁楼,再从一个嵌在砖墙忘了关闭的窗洞飘然而出。它没有带走什么,但是掀动木窗扇发出的那一声突兀脆响,却像一枚石子猝然投入一潭死水之中激起的微澜,在古老宅院内一层层传递开来,并得到一些物体的回应,令潜藏于黝黑房梁或墙角的孤独鼠类因为惊恐而瑟瑟发抖。

入住的枫杨客栈就在伊家前侧,是一座三间两搭厢的老宅改造的,天井上方设低矮围廊。主人徐达明,是个神情温和的五十多岁山民。只有我们三个住客,客房在楼上,我所入住的,就是东厢房上方的狭小楼阁,左右各有一扇小窗,打开里面那扇,可见围廊上方的檐雪,另一扇可以看到文化礼堂前面的巷道,礼堂上的霓虹将白墙和雪地映得血红,令人心惊。子夜时分,我突然醒来,只听见飘荡的、细若游丝的鼾声,再也没有任何声息。这是年度最后一天,我想起南北朝诗人谢灵运的那首《岁暮》,它部分表达了我的心境:

殷忧不能寐,苦此夜难颓。

明月照积雪,朔风劲且哀。

运往无淹物,年逝觉已催。

我睡在上阳的古老屋顶之下,像一个守夜人。我似乎听见了村旁的溪流声,听见夜鸟从屋顶飞过去的拍翅声。今夜,有没有一只白狐跑过?有没有人在雪地里失踪?没有人,一座房子就没有了温度。最寒冷的,是村上那些没人住了的房子,它只是一个躯壳,明明已经死去却立在那儿,像守寡一样,这就是许多老房子的命运,也像一个孤独老人的命运。是的,有时候孤寂之上还有另一重孤寂。孤寂被白雪覆盖,不可言说。

我早晨起来的时候,看见村庄在雪地里翻了一个身子,从僵冷中复活过来。天井里,锁着铁链的狗不时抬起两只前腿,仿佛在练习人立姿势,雪使它的内心寂寞。墙外有人走过,发出嚓嚓的声响,砖墙孔里有青烟散出来,对面人家的檐口,挂了一排冰锥,不远处,一株蜡梅已经盛开,如玉的金黄花瓣被雪裹着。当然最耀眼的是银光闪烁的积雪,它们制造了一种假象,仿佛山村已超越尘世之上,变成琼楼玉宇。在客栈吃过红薯稀饭,伊拉克带我们看望遗存的古宅。乡谚云："上阳、源头的屋，山坑、岭边的谷，井下、吴村的杉树毛竹。"而上阳之所以曾有如此众多的华屋，与村子积聚的财富有关。从前，上阳是遂昌和塔石通往龙游的隘口，有着边界贸易的地利。历史上，下游的溪口曾是造纸业的重镇，受其辐射，上阳村的竹纸制造一度兴盛。上阳竹纸辗转销往金华、兰溪等地。制造业和商贸业以及丰富的山林资源使得上阳在清代、民国时期一度富庶繁荣。但时光瓦解了许多老屋，如今最完整的是深陷于村中的老街，叫明月街，南北走向，长已不足百米，路面用光滑的赭红粗石铺筑，弄堂口为骑楼，外设巷门，上有石匾额刻着"带水环流"四字，下方，一支清流从墙角淌过，它用于村民浣洗。沿街明清时期的徽派建筑古宅栉比，还有十多座。严整的条石门框上方书写"瑞日祥云""紫气东来"或"如日之升"，其上马头墙高耸。南端还有一座木质过街楼和过路亭。如水时光的漂洗使得栏杆、斗拱和门扉暗淡或惨白，但老街雍容华贵气度尚存。推开木矮门，曲折进入幽暗的院子，里面蜗居着许多老人，与老宅共同度着迟暮之年。打量院落，似乎可以感受到主人的志趣、品位，乃至性情、气息。房柱、门楣多耕读、隐逸、闲适内容的对联，如"其贤可乐比嘉鱼　不祷自安缘寿骨""看鹤松阴赏高洁　疎泉石罅得清甘"，或"鸢飞　鱼跃"。板壁上一般是梅兰竹菊的画幅。冬瓜梁上云纹飘逸。斗拱站着麒麟等瑞兽。彬彬有礼的古人正在作揖。举着尘拂的仙人笑逐颜开。木雕图景意蕴着喜禄封侯。壁上挂着甲骨。天井里的盆景生机益然。一只眼神疑惑的白猫坐在布满刀痕的木门槛上。一个老者在缓缓剥一棵白菜,把它浸入盛着清水的脸盆……在某所院内,我见识了清末民初购自上海的德国彩色玻璃,依然镶在绣花窗里:鲜红和碧绿。

项氏宗祠"有恒堂"。始建于清乾隆年间,两进一天井,后厅略高。匾额黑底金字。东壁张挂着色彩鲜艳,神情蔼然的祖宗画像。他们的脚下是几块朱红的牌位,置于供台上的粗重石头香炉上的香火已经熄灭,阴冷弥漫在这方空荡而幽暗的内部空间。林林总总的漆黑屋柱支撑起栖满珍禽奇兽的肥硕的冬瓜梁,它们正在漫长地冬眠,全然不顾白雪飘洒于方形天井之中,偶尔落下一两声悠然鸟语,然后又是悠长的寂静。我散漫的目光游荡着,与祖宗的目光对接而又分开,最后落在偏门后的吊楼上——那儿摆放着一具绯红的棺材。

枫杨树边的存义堂,似乎更加冷落。原是项氏家族厅堂,外有仓门、小院,牌坊式三楼门楼,门面和基座为剁斧精细的青石。花草祥云、龙须卷纹的砖雕正中,嵌着蓝底白字的"百世传家"匾额。三进二天井,感觉幽深。内部木柱粗大,梁坊、斗拱、梁托、月牙梁等木构件都精雕细琢,刀法古朴,线条遒劲。穿廊两侧的水池深挖。存义堂结构繁复,两进之间还有骑楼,只是萧索,蒙尘,墙角绿苔如茵,徘徊其中,心头涌上人世的无常感、荒凉感。

八十四岁高龄的项兆呈依然身体健朗,思维敏捷,他是个乡村知识分子,爱好书法和音乐,家中四壁挂满条幅。他满腔热忱地为我们介绍村史。据说南宋末年徐参从兰溪首迁遂昌桃源(即今上阳村徐家坪,位于村东山腰,今讹为四高坪),其五世孙徐仲玑之四子徐文雅发现家犬每晚必到山下上坑头水源口的一片竹树林中栖息,天亮返回,于是前来察看,才知这是一处水源丰沛、土地平旷的宝地,于是举家迁下,繁衍生息,形成依山傍水的月牙形村落结构。清初,因为战乱和山贼侵扰,徐氏家族多次受到重创,渐次凋敝。乾隆末年,兰溪东山项村二十九岁的项百恒因事来到上阳,"见其处娴静,水石清丽,深山密林,远绝尘嚣,地势既幽,风俗尤朴,公因有卜筑之志,逾年遂挈眷居焉"(上阳《项氏宗谱》)。项百恒精通岐黄之术,声名遐迩,终于发家致富,项氏也衍为大族。如今,近千人口的村庄,项姓占据了一半。

站在项兆呈老人的屋顶眺望,由西边的西光山和东面的马面山、月形山和东山夹峙的村落一览无余,村子上方的苍穹,密布波诡云谲的灰暗雾霭,积满白雪的人间屋宇只露出纵横马头墙的一行行黑色瓦当,气氛肃静,如一幅久远的静物,一幅版画,这是波澜起伏的岁月长河中的一格画面,而已。

在伊家喝过烈酒,我们驱车返回。雪已经停歇,银装素裹的寥廓山川绵延起伏,寂无声息,如同太虚幻境,让人心思苍茫,想起往事,想起人世的日子,总是那么悠长。此时,五只拖着长尾的黑鸟由北而来,次第掠过低空,飞向南方,于是,也想起金代元好问的那一阕著名的《摸鱼儿》：

　　渺万里层云，千山暮雪，只影向谁去？

2019 年 1 月 2—5 日初稿

杨荻｜诗人、温泉、九峰山

我脱离文学队伍已经十几年。早年写过几行歪诗，但很快知道自己不是当诗人的材料，所以果断搁笔，并对当代诗歌敬而远之。在我平庸的生活中，如果要说与诗歌还有什么瓜葛，就是还认识几个本土诗人，比如相识二十多年的林子，还有去年结识的李英昌。不过偶尔相聚，我们从不谈论诗歌或者文学。现在的文学行情多少钱一斤？大抵相当于废报纸吧？这一天，我接到李英昌的短信和电话，叫我参加一个组织的活动，并且要请我到一个神秘的地方喝酒，我不禁心中有些蠢动，但还是比较犹豫。林子说：去吧！散散心嘛！于是打定主意。早晨，我赶到指定地点时，他们都在了。上了一辆大巴，看见车上有二十几个人，基本不认识，据说是本市一些作家、书画家、摄影家。车子开动，组织里的人掏出两页纸——核对。我瞄了一眼，第一栏写着"作家 15 人"，下面是那些德高望重的名字。当然，上面没有我，林子拿笔把我的名字添上去，我就临时充当了一回作家，但难免有些心虚，想起滥竽充数的典故。车子出了城，直奔西面的开发区。看了一个碟片，参观了一家乳业公司，转了一截老街，就去农家乐吃中饭。

伊有喜就是这个时候出现的,他在邻桌冲着我点头。我觉得纳闷:怎么一上午没有发现他呢?我是见过他一面的,是去年,上海一批诗人作家到这座城市来交流,我不知怎地也去凑热闹,刚好坐在伊有喜的边上,之前对他有所耳闻,我向他表达了敬意。那次聚会,诗人们雄辩着当代诗歌要不要押韵的问题,喋喋不休,听得我云里雾里,仿佛时光回流了几十年,这不是没事找事吗?一下子没了兴致。吃中饭时,他们又大谈起 UFO 和外星人等神秘现象。饭后,作家诗人们鸟兽散,瞬间印象全无,我唯一的收获就是认识了诗人伊有喜,他的名字多有喜气呀!他毫无诗人的孤傲。我们相互留了手机号码,说多多联系。事实上后来也没有联系。那次他理的是平头,而眼下,头发长了,形象变了。但也可以说,从长相上,我读不出他是一个诗人。

吃过中饭,顶着初夏的炎炎烈日奔九峰山而去。"九峰山,古称妇人岩,又称龙邱山,叠嶂连冈,奇峰挺九,故名九峰。"九峰山是典型的丹霞地貌,多峻崖峭壁,山丘不高,但群峰连绵,沟壑纵横,崖陡洞幽寺古,我玩过两次,觉得还过得去。伊有喜说,分成两队人马,有兴趣的跟他反穿九峰山,就是从一个静僻的山谷进去,从景区山门出来。于是,我和林子就决定跟着有喜。车子在一个村庄把我们九个人撂下,载着另一部分直达山门。我们刚走进村巷,就看见水圳里流淌着清澈丰盈的渠水,不禁欢喜。过了寂静的村子,就看见谷口一道石坝,锁着翠谷。翻进山谷,有一弯狭长的水库。伊有喜说，这便是外龙潭了。伊有喜就是从九峰山下的村庄走出去的，熟悉这里的一丘一壑、一草一木。这儿是我的后花园、会客厅呢，他说，瞧！这是还魂草，这是覆盆子，又叫树莓。他如数家珍，边说边摘下小黄果招待我们。酸甜。水库的尽头是一道圆石垒砌的堤坝，坝后又渟涵着一泓碧水，这是个梯级水库，库岸多光滑的石壁。就有画家欢呼起来，不顾烈日熏蒸，跳到坝上开始写生。我想找一片浓荫，独自往前走，灌木丛杂，修竹纷披，藤蔓缠绕，路径荒芜，很快不敢再动，只得待在草窠里，大气不敢出，怕惊动了什么生灵，等着伊有喜他们赶上来。山鸟们都在午睡，白云慵懒地坐在树梢，野花眨着明眸，除了一阵凉风，没有什么动静。世界无比安静，直到伊有喜窸窸窣窣地摸过来，然后我随他猫着腰一步步蹲着走，两手不时分开荆棘，绕过一个小山谷，又回到了库岸。

眼前又是一道杂树丛生的绿色堤坝，又藏着一个潭，近岸有一尺多长的草鱼悠游，旁若无人，潭水从坝侧的缺口顺着石壁哗哗地注入下潭，三个水潭毗连，水色越来越青碧，环境愈行愈清幽。驻足谛听，有高远的松涛起伏。这儿石峰奇耸，草木深密，杳无人迹。绕到库尾，潭水清浅下去，水草连绵丛生，却有点九寨沟的风韵。我问伊有喜：有专家考证，得出结论，晋陶渊明当年就是隐居在九峰，却是何处？有喜说：正是此地！后来我在景区的导游图上果然看到这里叫东篱菊径。哦！他们确实为陶先生遴选了一处很好的栖隐之地，如果当年真把他搬到这儿来，我想他是欣欣然的。有喜说虽然他也不认同专家的论断，但此处的地形与《桃花源记》中的描摹有几分形似。我说中国宣称是桃花源原型的地方多了去了，况且文学形象不一定等同于现实。专家将陶先生的户口迁到此地，这文学玩笑开得太大了，在下实难苟同，其实何必舍近求远依傍古人呢?！九峰山下虽然没有隐过陶渊明，但出过当代诗人伊有喜却是事实！可以在这儿修筑一处有喜别业，以资纪念。有喜谦逊地笑。

我们经过的龙潭是景区的边缘，有待二期开发。我原来以为九峰景区就是那样了，谁知隐藏着一连串的碧潭，诗人就是诗人，另辟蹊径，给了我们意外的惊喜。九座山峰是阳刚的，而这三个碧潭是阴柔的，"万物负阴而抱阳，冲气以为和"。我们坐下来休息，这儿竹木森茂，涧水明净，端的是个修身养性的好处所。拍拍照，擦擦汗，我以为差不多了，该循着景区的游步道转回去了，有喜却说还有。他领着我们拐进一条林中幽径。途中有人看见一条蕲蛇，花容失色，惊叫起来，但毕竟有惊无险。上了一处隘口，视野洞开，突然看见了黛绿宁静的湖面，倒映着对岸一簇簇耸峙的孤峰，湖水深邃地向峡谷深处延展。人们全都尖叫欢呼起来。这就是里龙潭，清秀绝佳的山水，纤尘不染，被大地秘藏着，与世隔离，只有太阳、月亮、清风、野鸟光顾，今天，有喜把它贡献出来了，谢谢有喜！站在潭边陡壁上，有喜告诉我：你看，那座陡峭的崖峰叫大马峰，它在痛苦地扭着头，像不像？潭水深不可测，有喜说，大概有二十多米深，他以前来过，刚好潭水放空,潭底全是石壁,看到一柱泉水往上喷涌。他又告诉我,对面的山峰上,曾经有一对恋人跳崖殉情,轰动一时,附近的男女老幼都跑来观看,那是 20 世纪 70 年代的事。在这仙境一般的地方,也曾上演过人间悲剧,令人嗟叹。转念一想,他们是以这种惨烈的方式,脱离人世,进入仙境。里龙潭的形状像一对鹿角,沿着两个方向延伸,我顺着其中一只角深入。小道盘曲,细竹密密层层,钻到水尽头,是一片垂直的山崖,再也无路可循,放眼远望,满谷翠绿。伊有喜说,山谷还很深远,里面人迹罕至,只有一些采草药的才偶尔涉足。

退出里龙潭,回到中龙潭,人们又分为两路,一路经崖壁栈道出山,而我与林子、伊有喜等翻越黑熊峰。山径旁危岩陡立,只生长着苔藓野草,一缕滴泉淅淅沥沥作响,不见其他游人,格外幽谧。翻上黑熊峰,精疲力尽,我们光着上身沐浴着山风,耳听林涛,静思。有些感叹,对这座家山,他了如指掌,二十年弹指一挥,山还是山,人却倏然老了。我本来想说:百年以后永远地回到这座山上来吧!但终于没有说出口。继续下行、上坡,到止观亭,有一些书画家对着奇峰林立的九峰山挥毫泼墨,令人好生羡慕他们的手艺。俯瞰蓊郁的翠谷,可见那孔穴遍布的峻峭丹崖下被竹树围绕的九峰禅寺,黄色的寺墙格外醒目。要是来点钟声就好了!有喜你说呢?

出了九峰景区,大巴载着我们去不远的九峰温泉。温泉在一道山垄里,才刚试营业。伊有喜说,当初老板投资开发温泉是一场豪赌，项目立项花费千万元，钻井花了五百万。当时不能确定地底下是否有温泉，请来的地质学家断定是没有的，但老板一意孤行孤注一掷。这口井一直打了近1500米深，后来钻头遇到坚硬的岩层，断了，都以为完了，一千多万真的扔水里了。没想到钻头拔出来时温泉就跟上来了，投资者赌赢了，现在的出水量是每天2000吨，又在打第二口井。我们进到汤泉里泡着。池子一共有十几口，或深或浅，或大或小，各式形状，温度显示在34度到40度之间，无味。但有喜说，刚出水那阵子跑来看过，闻到一股强烈的硫磺味。这温泉揉搓起来比较腻滑，有如凝脂，这我明显感觉到了。

　　泡好温泉，就打道回城了。在车上，有喜摸出两本书，送给我和林子。这是他前几年出版的诗集，《最近我肯定好好活着》。我看到序言里写道：荒诞派是21世纪极具感染力的诗歌流派，伊有喜则是这个诗派的重要诗人。我翻翻集子，里面的字我都认识，当然，诗就不一定看懂了。为什么是荒诞派呢？我看有喜一点也不嬉皮、不荒诞呀！他块头不小，看上去朴实、平易、热情，更像他的职业，一个尽心尽责的中学语文老师。哦，不，诗歌是诗人心底的温泉，一般人是很难感知的。我翻看他的诗，有些很短，比如《车祸》，只有两句："从一条路拐入/另一条"。我一下子就记住了。有点意思！我说你签个名吧！但车子一路颠簸，终于没有签成。问他的住址，原来他的小区与我仅一路之隔，最多百来米。

车子进城，已经薄暮，但组织默默无语，显然不准备为我们安排晚饭了。林子跟我说，我们去喝点，喝点！于是邀请有喜，但有喜说，咽喉发炎，不能喝酒，下次吧！行，那下次吧！车子到了市政府门口，我们告别一车的文化人士，从一条路拐入/另一条。当夜幕完全降临，林子和我，一个诗人和一个俗人，在这喧嚷的小城街角，已经临风把酒。

2013 年 5 月 23 日—5 月 24 日随记

杨荻 | 青草村

南方群山深处。河湾。森秀碧绿的参天毛竹从溪边一直涌到山顶,风在林子里游荡,纷纷扬扬的竹叶在光影里闪烁、舞蹈,鸟声间或从竹林深处幽幽传来。

清粼粼的溪水漫流过草丛和卵石,有点急速,发出潺潺的声响,回荡在清幽的狭窄谷地。夏天已经来临,野草还开着三种颜色的小花:金黄、洁白和紫红,那么细碎。淡红的芒花并不轻盈,它们等待在秋天悠扬。草丛里有野虫独自吟诵,似乎有些愁闷。

看看上游,同样是青黛的山色,远景是远山含糊的黑影。散淡的白云填补着山峦的缺口,它们是被风放牧的沉默羊群。

它们挡住清纯阳光的时候,溪谷明显暗了下来,浩荡的山风便有着透骨凉意。

没有人踪。坐在水边的岩石上听水,是可以听出天荒地老的。

我现在终于说到了这个村庄,它位于对岸一片桑林后面,靠着山麓,从溪畔望过去,只看见林子的一角,还有一棵古樟树,它孤独而宁静,有着遗世的况味。

它叫青草村。

我希望村子里居住着爱我的妹妹,她浑身散发出好闻的青草气息,我希望她的名字叫青草。

杨荻 ┃ 坟岩

南山之南，一条深达几十公里的山谷尽头，再南，得翻越高高的分水岭。一座村庄，被孤零零地撂在陡峭的山坡上，从岭上下来的公路，像蛇一样绕着村庄转了数道弯，然后像蛇一样悄悄溜走。公路多数时默默无闻，没有车子，晒着稻谷。我、老苏、伊公站在公路上看了看，就顺着起伏很大的村道下去。老苏的一个远房亲戚，就住在一片老房子里，瞧！正端着瓷碗站在巷子的旁门吃中饭，和邻居谈天，看见我们，热情地邀请吃点。谢谢，不用了，只来看看老屋呢！老屋建于清末，院子天井用条石砌的，很深，那廊檐下的斗拱，啧啧，惟妙惟肖！狮子们栩栩如生，一个多世纪的烟熏火燎反而让它们更加鲜活，似乎附上了灵性，随时从柱子上跳了下来。伊公仰着头不时转着脚步看，嘴里喃喃自语，他是个诗人，也是文物收藏者，我和老苏就从前门出去，一朵银亮的云也跟着我们从天井上空出来，回到了东边山林。走下很陡的石阶，横过公路，那儿丛生着一片原始的老树林，松树、樟树、楮树，老的上百年。风吹树顶哗哗地响，下面的竹子却纹丝不动，嫣红的凤仙花娴静地开在一边。空山无人，水流花开。老苏要带我去看水碓的遗址,就在村前涧底,却只看见一间路廊一样新盖的房子,罩着一个干涸的土池子,看不出来曾经是个水碓。许多事物,都已转入水流的背后,世界上所有的事物,最后都化为乌有。涧水就在外边,水色很清澈,它是一条溪流的源头之一,傍着山崖,一路跌跌撞撞,它停下就是一泓山潭,它跃下就是一道短瀑,在茅草丛里吼声如雷。我们越过涧流,东面也是一道缓缓升上去的山坡——大地在这里大起大落,坡腰之上是密密的树,之下是一环一环的梯田,田塍上种着壮实的黄豆,田里金黄的水稻,形成一个回环的漩涡。十月新鲜的阳光涂抹在山野上,像一层蜂蜜,涂得很均匀。然后听到大地深处传来"嗵、嗵、嗵"的声响,沉闷,像大地疲倦的心跳。走近,哦,是一个农人在打稻,精瘦,黑裤黑衫,戴着手套和草帽,他手执一束水稻高高举过头顶,再发力掼在木制而扁圆的稻桶里,谷粒四溅,稻芒纷飞。稻桶边上还放着镰刀和簸箕,以及装着谷子的编织袋。他转过身来,这时才看见古铜色的老脸,笑容就隐在横流的汗水里,像泥土一样卑微的笑。放眼四望,再没有人,就他一个,他是被剩下的,一个古代农业的活标本。他的动作机械而单调,响声回荡在正午空寂的山野,有着某种疲惫,他其实就是一个农具。我捡起镰刀,弯腰揽过一丛黄灿灿的稻子,一股热浪"嗡"地腾起,笼罩着我的脸面,"嚓"的一声,明晃晃的刀锋一闪,一把稻子倒伏于地。搓开谷壳,一颗颗白玉般晶莹剔透的米粒躺在手心,它们并不轻盈,而是有着一种生存的重量,沉甸甸的。看看这个孤独的劳作者,他身上有着父辈的影子,他身上系有无形的绳索,不,他就是一株水稻,依附着土地的水稻,他在收获其实也是被收获,那一遍遍倒下的是他的身影,当他再也爬不起来,那时,这片土地是否会变得荒芜?这样想着,心中便有一股悲悯,像一道寒流袭过。当然,这一点老苏并不知道,正在山村内欣赏狮子的诗人并不知道,那只是一瞬间的事,但我的意识抓住了它,不过,也随即将它放下。抬头瞭望,坟岩村已经高高在上,显露在苍翠的山色中。为什么叫作坟岩?老苏也说不出来。他催促我:快点走,下面人家的菜已经烧好,去喝酒!我们沿着清涧下行,不再说话。穿过一片树林子,走上公路桥上回望,没有什么割稻人,没有动静,也没有坟岩,只有耸动的叠叠山色。"寒山转苍翠,秋水日潺潺",唐代王维的诗句掠过耳际。

范丹霞 | 下洲，我永远的乡愁

　　我曾在一首诗中写道："乡愁是父亲日渐佝偻的背影；乡愁是母亲眼角深深的皱纹；乡愁是薄暮时分那一缕袅袅的炊烟；乡愁是梦里日夜流淌的越溪……"下洲，是萦绕在我心底永远的乡愁。

　　据《汤塘范氏宗谱》记载：先祖显二公南渡从宦兰溪，后择居于汤溪之汤塘。厚大溪在村东冲积成一沙洲，村在洲下部，故名为下洲。偶有飞鸟掠过水面，悠闲地落在溪畔绿洲，《诗经·南风》描绘的情景大约也是如此吧："关关雎鸠，在河之洲……"下洲，是这样一个栖居在诗意中的地名。

　　下洲距汤溪镇仅三四里路，从汤溪西门头的下坡沿着公路步行十几分钟就到了越溪桥头。越溪的一边是汤溪镇、李水碓，另一边就是下洲、瀛洲，越溪水清澈澄净。桥畔有枫杨，长长的枝条低垂在水面，初夏时分，会结出串串嫩绿有黏性的柔荑花序，恰似一只只展翅欲飞的绿苍蝇栖息在枝叶间。童年的小伙伴们常常会爬上枫杨树折下一串花枝，然后将一颗颗"绿苍蝇"粘在额头上、脸颊上……

越溪边水草丰茂,溪岸有几茎芦苇,一到秋天,芦苇花开,随风摇曳,美不胜收。薄雾蒙蒙的清晨,经过越溪,总是会想起诗经中的句子:"蒹葭苍苍,白露为霜。所谓伊人,在水一方。"

越溪两岸是一望无际的田野,溪边优质的砂壤土适合种植甘蔗、玉米、花生、番薯、毛芋等各种农作物。犹记得小时候溪滩地里的西瓜黑子红瓤又沙又甜,梨瓜又香又脆。

早些年村上还有很多人家种植花卉,田间种得最多的就是茉莉花。村里老支书的女儿云琴是我童年最要好的小伙伴,而盛夏采摘茉莉花是我们每天必须要完成的任务。清晨,戴上草帽,挎上竹篮来到花地里,远远就能闻见茉莉醉人的清香。碧绿的枝叶间缀满了含苞欲放的花骨朵,偶尔也有几朵舒展着洁白花瓣、盛开着的花,扑鼻的香。应是前日采摘时遗漏下的。我们像采茶叶一样迅速将一朵朵欲开未开的花蕾摘下,放入篮中。太小的花蕾就留在枝头,而盛开的花朵因卖不出好价钱,也就留在枝头了。我们要赶在中饭之前将地里的花蕾都摘完,然后提着满满的花篮,过越溪桥一路走到镇上的供销社去卖花。据说收购去的这些花蕾经烘焙后制成茉莉花茶,远销杭州、上海等大城市。卖完花,我们几个小孩子手里攥着大人给的一毛几分零钱,跑到镇上的冷饮店里买上一块白糖棒冰或一瓶橘汁汽水,一人一口分着喝,现在回想起来也是十分开心的一件事。

下洲村庄并不大,只有一百多户人家,五百多口人。四周农田围绕的小村宁静而古朴。几百年来,我的父老乡亲们一直在这片土地上辛勤耕耘，过着与世无争的田园生活。小村民风淳朴，邻里相处和睦。居住在老家的乡亲们至今仍保留着一口纯正地道的汤溪方言（古越语口音）。外人听起来如同鸭听天雷般难懂：比如茄子，我们不叫茄子，叫"落苏"，丝瓜不叫丝瓜，美名为"天萝"，南瓜也不叫南瓜，而是叫"花蒲"……每次回老家，听到有乡邻喊着我的小名，笑问一句"归来吧?"那浓浓的乡音听起来感觉特别亲切。

小时候村庄里大都是些低矮的老房子，也有几幢青砖黛瓦、木雕精美的四合院。那样的大房子，用我们本地话来讲叫"对合"。哑巴大叔家就住在"对合"老屋里。云清叔叔和根新大伯家的老房子也很宽敞。那时村里有电视机的人家没几个，孩子们都喜欢跑到云清叔叔家的堂前看电视。村中错落有致的老房子之间是曲折幽深的弄堂，铺满鹅卵石的小巷。儿时的我们常常光着脚丫在小巷的石子路上奔跑嬉闹。夏日的傍晚，老人们喜欢坐在小巷的青石板上乘凉。奶奶轻轻摇着麦秆扇，爷爷"吧嗒、吧嗒"悠闲地吸着旱烟。光阴，就这样在幽深的小巷中慢慢地变老了……

村中有一口古井，年代久远。井水清如明镜，冬暖夏凉。在没有自来水的年代，全村人的饮用水全靠这口古井。天刚蒙蒙亮，就有人用扁担挑着木桶到井边打水。清晨和日暮时分的井头沿是最热闹的，常常有大姑娘小媳妇们在井边淘米洗菜，闲话家常。夏天用井水冰镇西瓜，是极好的。冬天用井水洗衣服，温热不冰手。用井水煮的茶味道也特别好，喝起来也有一丝淡淡的甘甜。这清洌的井水，曾经养育了一代又一代的下洲人。如今，古井依然静静地孤立在老地方，石井栏边上都已悄悄滋生了青苔，似一个孤独的老人，默默记载着这些年小村的沧桑变化。

除了田间耕作，小村还有两大特色。是祖传的手工豆腐和索粉干的制作。虽说做豆腐在江南的农村是很常见的，但在下洲村，每逢过年，几乎家家户户都会做豆腐。现在村里也有几户专门做豆腐的人家，一大清早就做好豆腐、千张、油豆腐送到镇上的菜场去卖。儿时，村上每天清晨都会有做豆腐的大妈挑着豆腐担子走街串巷叫卖。那时买豆腐一般都不用钱，舀一碗自家种的黄豆去兑换。大妈用随身携带的一杆小秤将豆子一称，麻利地操起手中的一方薄铁片横竖一划拉，便齐齐地将四四方方的嫩豆腐码入碗中。手工做的豆腐洁白如玉，嫩滑爽口。用来凉拌、红烧、做豆腐羹或做小肉圆，都各有风味。千张薄而柔韧，用于烹制汤溪名菜"牛肚帮炖千张"，味道绝佳。油豆腐喷香松软，可蘸着调料佐酒亦可做菜炖汤。后来我离开家乡，去过很多地方，也尝过许多地方小吃，却依然怀念家乡豆腐的味道。原来，乡愁有时候是一种停留在舌尖的记忆。

索粉干的制作过程比较复杂，以前越溪桥头有几间老房子是村里制作索粉干的作坊。索粉干有两种：细粉适合用来做炒粉干。在物资匮乏的年代，平常家里来了客人，一般都用炒粉干做点心招待客人。粗粉一般做汤粉或是水索粉（冷淘）。用麻油、酱油、醋、豆瓣酱或辣椒酱一拌,顿时胃口大开。

　　我家的老房子坐落在祠堂后面,村子的最北边。门前有条小溪,溪边是一望无际的稻田。春天听蛙声,夏夜捕流萤。秋日满眼金色的稻浪,冬季白雪覆盖原野……但诗情画意之外,农村的生活还是很清贫。村民多以种植水稻为主,一年的收入,除去交农业税和一家人的口粮,也就所剩无几。平常农家,一日三餐,粗茶淡饭,蔬菜也都是自家种的。为了改善生活,奶奶就开始养鸡,养鸭,养猪。因此,挖蚯蚓,捞浮萍,喂鸡鸭的活就落到了我的头上。除了打猪草,我还经常去田野剪马兰头,挖野菜……

　　和村中大多数的年轻人一样,曾经年少的我开始向往大城市的生活。向往城市的高楼大厦,向往体面优雅的生活。那些青春叛逆的时光,内心总想逃离,逃离贫穷落后的家乡,逃离日出而作、日落而息的农村生活,逃离这片熟悉得不能再熟悉的土地。

　　然而多少年后,当我站在城市的高楼上眺望远方的家乡,却发现下洲竟已成了我心底永远的乡愁。在那些异乡漂泊的日子里,在陌生的城市街头,听到一句久违的家乡话,心总是会因刹那的惊喜而变得柔软。细雨微风处,故园草木深。在无数个风雨潇潇的夜晚,淡淡的乡愁,总是如影随形般萦绕着我。原来,人到了一定年纪,心是会慢慢往回收的。"树高千丈,落叶归根。"那些远离故土,仍漂泊在外的游子:愿你们走出半生,归来仍是少年!

范丹霞｜又是一年三月三

　　莺飞草长的三月，和煦的春风吹拂着大地。风中弥漫着苦楝花的清香和青草的芬芳。又是一年三月三，带着喜悦的心情，伴着一路欢声笑语，前往位于汤溪镇西南边的偏远小山村鸽坞塔。

　　沿着汤溪至莘畈的公路，途经茶亭岭、寺平、中戴、堰头，再过上叶村就到了鸽坞塔村。一湾清澈的溪水，一座古老的桥。桥头有一棵大樟树，粗壮的树干，枝虬叶茂，应该是有几百年的历史了。村口有一大片平整的空地，是以前的晒谷场，现在是村民广场。边上有原木建造的古色古香的长廊和亭阁，里面有记载着村史村貌的文字和图片。

　　小时候，听人家说起"鸽坞塔"这个地名时心中总带有一丝困惑，以为那是个又脏又臭的荒蛮之地。因为用我们汤溪话来讲，会将"鸽"说成"狗"，"坞"说成"沃"，而"沃"在汤溪方言中是"屎"的意思。总之，"鸽坞塔"三个字被儿时天真无知的我可笑地误解成了"狗沃多"。感觉那就是个狗屎多的地方。

　　这个困惑直到我转学到中戴初中读书时才解开。因为班里有几个来自鸽坞塔的同学,我才知道鸽坞塔并非"狗沃多",而是一个依山傍水、风景优美的小村庄,并且是个少数民族聚居地。全村八十多户人家,两百多人口,居然有七个民族的村民在此居住,有汉族、畲族、壮族、苗族、水族、布依族、傣族,而各民族之间各自保留着自己民族特色,又与其他民族的人和平共处。村中有80%的村民是畲族人,因此鸽坞塔至今仍保留着传统的畲族文化。

"畲"意为刀耕火种,农耕和狩猎构成了畲族文化的特点。畲族人自称"山哈","山哈"在畲语中的意思是山里的客人。依山而居,耕猎为主的畲族人勤劳善良且能歌善舞。

畲族的主要姓氏为盘、蓝、雷、钟,关于这,有个传说。《高皇歌》记载,畲族始祖为盘龙麒。盘龙麒因佐高辛帝平燕国有功,得与公主成婚,封管东粤,生下三子一女。长子诞生时放在盘子中,因而姓盘。次子是放在篮子中的,因而姓蓝。给三子起名时,天上响雷,歌中描述"雷公云头响得好,朱笔落纸便姓雷",因而姓雷。女儿成婚是招婿的,女婿姓钟,因而这一脉繁衍出的后人们姓钟。我的几个同学都姓钟,应该是盘龙麒女儿的这一脉的后人。

关于鸽坞塔的村名也有来历:据说清朝雍正年间,有一个叫钟运来的人(也就是鸽坞塔第一个太公)从福建的汀州府(现龙岩市)武平县永平寨举家迁徙到这里。先是在山里搭建了几间茅草房,后来在三条垅交会的一个山坞里安家落户。因当时他居住的山坞口大松树上有一个鸽子窝,所以这个太公就将村子取名为"鸽坞塔"。而在钟氏宗祠的上方写着"派衍汀州"四个大字,提示后人莫忘先祖。

农历三月三是谷米的生日,所以畲族人都有三月三吃乌饭的习俗。山上有一种植物,将嫩叶采摘下来之后,捣烂的汁水像墨汁一样乌黑。然后将糯米浸泡于乌汁中,蒸熟后的糯米饭乌黑发亮,清香扑鼻。据说吃了乌饭能防蚊虫叮咬。

后来农历三月三成了畲族的传统节日。每年的这一天,男女老少们都会穿上独特的民族服装,载歌载舞,欢度佳节。晚上点燃篝火,年轻的男女们可以借此互诉衷肠,两情相悦。三月三也可以说是畲族最早的情人节。

畲族的传统服饰,斑斓绚丽,丰富多彩,现已列入中国非物质文化遗产。早期衣服崇尚青蓝色,多着自织的苎麻布。有文献记载:"织绩木皮,染以果实,好五色衣服。"在清朝时期,畲族服饰大致是"男女椎髻,跣足,衣尚青蓝色。男子短衫,不巾不帽,妇女高髻垂缨,头戴竹冠蒙布,饰璎珞状"。

随着时代的变迁,畲族服装在保持原有的风格上也有了小小的改进。女性服饰以凤凰形态贯穿整体,故称"凤凰装"。传统的头饰也称"凤冠",由银钳栏、头面、银金、银链、古文钱等组成凤凰翘首的形态。随着音乐舞蹈的节奏,头饰上串串流苏般的银珠链轻轻摇荡,甚是美观。

此时广场的舞台上身着炫彩畲装的姑娘正在表演着畲族舞

蹈。清脆动听的嗓音,轻柔曼妙的舞姿,浓浓的畲乡风情,让台下的观众如痴如醉。"被禊被禊,杨柳依依,踏歌青堤,吉年戊戌。坐看东南朝晖起,歌且舞,情自怡。被禊被禊,流觞水曲,惠风和畅,上巳春煦,手舞足蹈醉烟絮,乐忘归,长相忆……"

表演结束,已是中午。今日的鸽坞塔家家户户高朋满座,热闹非凡。这里民风淳朴,村民们热情好客。好多人家都摆了好几桌的流水宴。乌珠头的村主任,我的初中同学李乌牛非常热情地领着我去钟卫、登香和少琴家串门,然后在老同学家品尝了丰盛的农家宴。为人仗义、性格豪爽的牛哥喜欢呼朋唤友,大碗喝酒,大块吃肉。席间大家推杯换盏,开怀畅饮,主宾俱欢。品着香醇的农家土酿,听着浓浓的乡音,不知不觉有了几分醉意。

午后,在村庄里闲逛。只见路边粉白的墙上写着畲语和汉语普通话的音译:有时令、天文、地理、称呼等,看着倒是挺有趣的。比如畲语中的"啦公"就是"打雷","啦公虚"即是"雷阵雨"。畲语也称"山客话",有语言却并无文字。如今畲语已被联合国教科文组织列为极度濒危语言,会说完整的传统畲语的人越来越少了,有些地方的畲语受当地方言影响已经不再纯正。在鸽坞塔村,可能只有几个上了年纪的老人还会说几句畲语,年轻人除了普通话之外大多数说本地的汤溪方言。

村文化礼堂前的空地上摆满了各种本地特色的美食小吃,有乌饭、汤团、清明粿、灰汁糕、手工麻糍还有中戴小馄饨。热情的牛哥买了许多麻糍和灰汁糕非要我带回去,说这是地道的家乡美食。

　　鸽坞塔,这个充满了畲族风情的小村庄,以它独特的魅力吸引着众多的游客旅游观光。愿年年三月三,都能去鸽坞塔故地重游,感受悠悠畲乡情。

范丹霞丨四月十六赶交流

农历四月,是一年之中最美好的时节。寒已尽,暑未至。田野里大麦、小麦已经开始泛黄,水稻秧苗一片绿油油。土豆、黄瓜、茄子、四季豆、西红柿……各种应季的蔬菜鲜嫩水灵;而枇杷熟了,桃子与杨梅也开始泛红……

母亲打来电话说父亲种了很多菜,让我有空回老家去拿。然后又说,过两天就是四月十六了,唉,可惜这两年的交流会都取消了……话语中充满了遗憾和失落。在我童年记忆中,每年的四月十六赶交流会是最令人开心的一件事。耳边似乎回荡起儿时的小伙伴的声音:四月十六,扣嬉交流哦……

汤溪的交流会一年中有三次,分别是:农历的四月十六、八月十五、冬至。每个交流会为期三天,而四月十六的交流会特别热闹,又有特殊的意义。

原先四月十六这天是汤溪的庙会。汤溪的首任知县宋约,为官清廉,勤政爱民。在任期间兴学堂,建医馆,修水利,励农耕。为老百姓做了不少实实在在的好事。所以汤溪的父老乡亲奉他为城隍老爷,将宋约的生日四月十六这天定为庙会之期。

庙会这天，男女老少都上街赶集，热闹非凡。流传至今已有五百多年的历史了，可以毫不夸张地说以往每年的四月十六这天是汤溪最热闹的日子了。

四月十五这天，天刚蒙蒙亮，镇上的菜市场就开始喧闹起来了：挎着菜篮子的大妈大婶们在卖肉卖鱼的摊前挤来挤去，一边讨价还价，一边忙着挑选。偶尔也有几个汉子穿梭其间，但他们买菜一般都很干脆。就像我父亲，买东西从来不讲价，也不会挑挑拣拣，付了钱提起东西就走人。不过男人买菜，回家后多半会被家里的"孺人家"数落一番。不是嫌太贵了就是嫌买差了，"孺人家"唠唠叨叨的同时也不曾闲下手中的活。明日家里客人多，要提前准备好一些菜肴和点心。

"正日"十六这天清晨，马路上就开始热闹起来了。人们从四面八方往镇上赶，有来自中戴、莘畈方向的，或罗埠、洋埠方向的，也有从厚大、塔石过来的，还有从蒋堂、古方、琅琊那边过来的。虽然都讲着汤溪话，但口音还是有些差别的，仔细听能大致判断出客人来自哪里。人们的脸上大多喜气洋洋的，除了赶集买东西，还可趁此机会走亲访友。

镇上的大街小巷都已摆满了摊位。吆喝声、叫卖声、讨价还价的声音不绝于耳。最繁华拥挤的要数西门头那一带，只见人头攒动，熙熙攘攘。平时一二十分钟就能走完的路程，这天可能得花一两个小时才能走到头。

交流会上卖的商品种类繁多，正街上一般都是服装鞋帽和各类小商品的摊位,大姑娘小媳妇们都喜欢聚在这些摊位前。看见有中意的,就拿起来在身上比试着,还不时地问边上的人:"好看吗?好看吗?哪件更好看呀?"还有三五成群的小伙子,就喜欢往漂亮的姑娘身边挤,胆大的还故意吹几声口哨,以引起姑娘的注意,没想到却招致几句笑骂。

巷子里的美食小吃还有各式各样的玩具,那是小孩子的最爱。冰糖葫芦、棉花糖、凉粉、手工麻糍……对于当时年少无知的我们,吃和玩是最有诱惑力的。我仍清晰地记得有一年为了看西洋景(万花筒)就赖在那里哭闹着不肯走,当时很好奇为什么能从一个个小孔里看到不同的美景。看了一遍还想看,结果被大人训斥了一顿。当时交流会上还会出现一些民间手工艺人,有人用蔗糖制作的糖人栩栩如生,又好吃又好玩;有捏面人的,将小小一团面粉调上颜色居然能捏出水浒和西游记中的人物来!还有一个老人,会用棕榈叶子即兴编织出蛐蛐、蚱蜢、蜻蜓等各种小动物。神态各异,惟妙惟肖,不禁让人赞叹他巧妙的构思和灵活的手艺。一根根棕榈、藤条,在他手中瞬间变成了一件件艺术品。

老汤中附近的大院基上会搭起一个个大棚,有杂技表演,飞车,武术,杂耍,惊险刺激,是年轻小伙子们最喜欢光顾的。还有一些所谓的江湖游医,时不时地表演一下气功,耍几招拳脚,然后唾沫横飞地吹嘘着,推销所谓的祖传秘方,跌打损伤药及一些狗皮膏药。那些狗皮膏药买的人还不少,当时农村卫生条件差,也有人生疔生疮，据说贴了还比较灵验。

卖农用物资的一般都摆在镇边上的大马路边，打稻机、风车、稻桶等，朴实黝黑的庄稼汉们精心挑选一些农田必备的器具。各种木制品、竹制品应有尽有。箩筐、簸箕、篾席、竹匾、米筛，都是手工编织的。有个塔石那边的篾匠，手艺非常好，编的篾器精美又牢固耐用。往年的交流会上都会看到他的身影。但现在篾匠这门手艺的传人越来越少了，也许有一天会失传。

中午时分，镇上及附近村庄的各户人家都已准备好了丰盛的酒席，亲戚朋友多的人家要摆上好几桌。汤溪人善良淳朴，热情好客，不管是远亲挚友还是泛泛之交，来到家中都是客。于是主人频频斟酒，不断劝客人吃菜。酒喝到兴头上，便开始划拳。"钱来，福来……一锭恭喜呀，四季发财啊，六六顺风哪……"平时斯斯文文的客人此时也扯开嗓门，吼得脸红脖子粗的，酒桌上的气氛便达到了高潮。有人高谈阔论，有人豪气冲天。感情似乎也随着一盅盅下肚的酒开始升温，兄弟义气，朋友深情尽在杯酒中……因此四月十六这天也常常会见到几个醉汉或哼着小调，扶墙而行；或跌跌撞撞，找不着北。

十七这日，街上依旧热闹。逛街的大多是些妇女、老人和孩子。因为主妇们在十六这天大都在厨房灶台前忙乎，招待客人。而一些商贩们也会在最后一天清仓甩卖，擅于精打细算的主妇们总能买到一些实用又便宜的东西。暮色中依然能看见三三两两从镇上赶集回家的人们，手上提着大包小包，留下一路开心的笑声……

　　时代在发展,社会在进步。现在我们已进入互联网时代,很多农村集镇的物资交流会也逐渐取消了。四月十六,汤溪再不复以往的繁华热闹。可是,儿时赶交流的那些场景依然深深地留在记忆中。

姜兆龙 | 定水石

　　当你走进蒋堂镇泽口村,受惊的苍鹭与晚霞齐飞,映入眼帘的是一派柳丝婆娑、清波荡漾的水面。隐现在苍松修篁里的古朴农舍的投影,随着花团锦簇般的姑娘们的洗涤而晃动。这一片江南秀色,记载了泽口家谱上的十景之一的"枫林渔火"——枫树塘。占地百亩水泽,还记载着一部可歌可泣的风雨春秋,泽口也因此而得名。

　　枫树塘挖掘英雄们何在?泽口与莲塘地处跌宕起伏的仙霞岭余脉,延伸至瀔江平原断裂层的崖上丘陵地带,与崖下孟塘下周上下往返须爬"百步梯",完全靠天吃饭的垅背脊上。"晒死莲塘泽口,淹死孟塘下周"的谚语在汤溪地界家喻户晓。时遇大旱如无泽口报灾,任何地方都不可能得到赈灾或指望减免纳税钱粮,泽口成了汤溪县衡量旱灾唯一的标杆。

　　最早迁至泽口的是来自白鹤殿口的陈氏,陈氏面对这片荒芜的处女地认为只要有水,就能生存。于是率领家族日夜开塘蓄水,保障了人畜饮用及农田灌溉。所以陈氏在枫树塘英雄谱上当立头功。

不久洪氏迁入，加入挖塘；到了元朝末年，又有姜氏加盟。姜氏先祖：祖德、宗德兄弟迁至泽口。

到了明末已经发展至数百人口的陈氏大家族消失了，是迁是亡至今还是个谜。在历史上由于战争、瘟疫、旱灾等导致饿殍遍野的情况时有发生。那时枫树塘一二十亩规模，根本满足不了生产和生活需要，所以陈氏失踪，很可能是人口发展与有限的资源不相适应而自我调整的结果。

陈氏消失后，塘主归洪氏。于是洪氏与姜氏联手扩大枫树塘的规模。但仍不能满足洪、姜两个部族生存的需要。在连年的干旱威胁下，洪氏见西边三里外的莲塘水里有观音显像，于是举族逐瑞西迁，这就是现在的莲塘村。

陈氏消失，洪氏西迁，泽口成了姜氏"一统天下"。可是到了乾隆十六年上半年一连下了七十二天雨，"十八捆麦打了无四两，养得阿爹，养不活阿妈娘"。到了下半年，又发生历史上少有的大旱，枫树塘干裂。人畜饮水困难，姜氏在严酷现实面前不得不把兴修水利看成生死存亡之举，发动族民挑灯夜战。经过四百余年手挖肩挑，终于把枫树塘从几十亩扩大到百亩，还修建了纵横交错配套的排灌营渠，并利用冬闲在四周田地，按其石田斗塘比例挖塘大小三百余口，用于水稻车水灌溉，做到丘田口塘，丘丘有塘，小旱保丰收，大旱也丰产的布局。

泽口姜氏始祖，系三国蜀汉西征将军姜维后裔，先迁临安，后又有分支迁泽口，经过二十二代挖塘不止，终于把高隆的黄土丘陵地段变成江南水乡。

"种田靠侬,布雨靠'龙'"的祖训流传至今。这个"龙"就是水车,挖塘储水,车水灌田,以血汗换生存,修水利求发展成为先祖迁基泽口以来的生活基调,用一代代人的血汗谱写了人间最为悲壮的心曲。

姜氏源于西北,也带来了西北民族坚韧不拔的进取精神,传承了黄河上游农田排灌的传统技术。拥有一千二百人口的泽口,百分之百的稻田靠车水灌溉,水车成了普及戽水工具,一般农户都拥有长短一至三架水车,多的达五六架。先祖多才多艺,宗德把祖传的造车手艺传给后代,在漫长的与旱灾斗争中造就了一批制作水车艺匠,人才辈出。近代有献金师、文修师,最有名望的还数景聚师,他能做手摇、脚踏、牛拉的各色长短水车。

根据水位及流量需要而定位水车长短和人力配备。如三人踏的称三龙头,四人踏的称四龙头;车壳有八尺的,二丈八的不等。在泽口一般用二龙头,最大的用六龙头。

车骨、车板、车壳、踏板都有通用的标准性,不论长短,车身与不同龙头可以搭配使用。

景聚师选料讲究,车骨必选榔榆,车板选苦楝树,车壳选阳山杉木,新车须用石灰拌桐油过三遍方可使用。无独有偶,青阳乡兆根师造的水车与景聚师齐名。这说明车水文化已经得到普及。不过即便如此,也改变不了泽口在原汤溪县车水文化源头地位。

每架水车制成后，必由文人在车壳上题词。现择几联如下：

深山古木化成龙；一到池塘雨便通。

木龙能胜水龙；人工可代天公。

刻木为龙，不用风云之力；代天行雨，能施雨露之恩。

龙游上海思常熟；丽水青田乐永康。

油然沛然，稼穑勃然；寂焉静焉，仓廪盈焉。

……

前人艰苦创业的精神激励着子孙后代。但人在利益面前又会派生出过度贪婪的一面。在滴水如油的旱灾面前，偷营抢水引发斗殴情况愈演愈烈。历史上曾有佃农宝麟与人争水被富家田头踩进营沟致死事例，所以历届"姜积堂"头首们都把枫树塘管理视为至重。在乾隆年间，把刻制铭文的"定水石"置于塘中，开营排灌的时间定于小暑，其时即将扬花吐穗的水稻正需要大量水分之际。铭文规定：一、小暑上五日开西营（使地势较高的西畈首先得到灌溉），中五日开东营（使地势次高的东畈也得到灌溉），下五日开底营。二、大暑开禁。三、石现水禁（定水石露出水面禁止车水，把所剩下的小半塘水用于饮用、洗涤衣物、洗澡）。如有人胆敢违禁开营偷水必开祠堂门，轻者罚银，重者用乱棍打死或沉塘。如果祠堂头首包庇大户，群众就会自发冲到其家强行杀猪宰牛大吃一顿，这叫吃大户。

可惜这块定水石经过历年的兴修水利,已不知掩埋在何处土中。更加遗憾的是,曾经见过这块定水石的人多有作古,这无形中为寻觅这块定水石增加了难度。

大暑按照定水石上的铭文开禁,即抢水。一旦祠堂会发出枫树塘明日开禁的告示,村民们就会欢呼雀跃,奔走相告,有的还会像过年一样宰鸡沽酒,四处邀请亲朋好友前来帮助自己抢水。他们连夜检修车具,不够还会向邻村借调。因为抢起水来,换人不换车,使哗啦啦的水一到龟裂的稻田就会换来粮食的丰收,换来白花花的银子,就会远离当饿莩的危险。

开禁当日,全村水车都在枫树塘沿各自固定的埠头装好水车,并经过营渠网络,使大流量的水灌进各自稻田。同水路用户则合伙,按田亩摊派费用。凡交叉的水路必用车厢似的设备搭起水桥,因限于营沟,有的竟搭起上中下叠层水桥。有高坡梯田的户头用多架水车打水传递。一站接一站地将水传递到远程。如姜秉权家曾动用五架水车才把水灌到较高地势的梯田,足见在发明抽水机之前的古人无穷的智慧。

待日上树梢,祠堂会会长坐着盘纱笼用滑竿抬到塘岸,由人扶上太师椅落座,瞧瞧日头觉得时辰已到,便大声喝道:"诸位听好了,祖制有定,车水听锣,一声锣开车,二声锣停车,凡有谁家水车坏了鸣锣三声,全线水车一律停下,待该车修复,重新鸣锣开始!"

"听到了,快些开始吧!"全线水车手齐声回应。

族长把手一挥，示意开锣，侍者立即扬起槌子，"当"一声，枫树塘四周上百辆水车立刻被壮汉们疯狂地踩踏起来，那纵横交错的营渠里立即响起了哗啦啦的流水声……

直到日头搭岗，经过一天的抢水，塘里的水位慢慢降低，很快露出定水石。族长挥手喊声"停车"，侍者拿起神锣鸣二响，可已经发了狂的车主们哪里停得下来？见其他车主未停，自己也不停，继续抢水。族长见势不妙，一把夺过神锣，"哐哐哐"地一阵猛敲，水车手们不但不听，反而更加疯狂地抢水。

不久，几十位手持木槌的姑娘、媳妇来了，他们款款来到车手们面前，细声细气地说："爷们快停车吧，连定水石都露出来了，也该留点水给家人、牲畜饮用吧？再说了，没水叫我们上哪儿洗澡去？再不停车，我们就要动手了！"车水的汉子边踏水车边说："别砸我的水车，这是借来的。"妇女们回答："谁砸你的车了？我们打的是你们的脚，谁叫它不听话……"车主们回答："好，我们即刻停车。"

不到一刻工夫，所有的水车都停了。

妇女们向族长走去，各领了一双馒头，在族长的奖赏下款款离去。

徐巧红 | 汤溪，汤溪

　　在金华一带，汤溪曾经是"乡鄙"的象征，汤溪人也从来没觉得自己是金华人，尽管在行政区划上，汤溪是从属于金华县（后来改为金华市）。汤溪人与金华人的区别，不用看衣着，仅凭一开口，汤溪话刚硬，金华话绵软，乡里人与城里人的区别，立马就能显现。

　　我小的时候，只知道自己是"姓徐人"。其实我出生的村庄大名叫作"后山徐"，但我们都不说后山徐，而叫姓徐。村上一半人姓徐，一半人姓陶，以前说是某一家招了姓陶的上门女婿所致，现在又有研究历史文化的说是陶渊明的后代。两姓人的争斗暂且不表，那时我们管汤溪也不叫汤溪，而叫城里。城里其实也就是个小镇，离村子也就五里地，但是不到农历四月十六、八月十五城里要搞交流大会的日子，我们也不会去。那时镇上的几条街道，就会呈现平时难得一见的繁华，大人们感兴趣的是农具、家具、种子、小猪（仔猪，买回家养到过年杀，那时的猪吃粗粮野菜红薯藤，一家最多也就养个一两头）、小鸡小鸭，小孩子感兴趣的当然是好吃的、好玩的。汤溪虽处江南，汤溪话却没有一点吴侬软语的影子。金华话是从舌尖出来的,最多来自舌头和喉咙的交界处,轻柔,嗲气。而汤溪话则不然,几乎每一个字都带着咬牙切齿的味道,有的来自喉咙深处,有的来自鼻腔深处,有的更是感觉来自五脏六腑,不仅铿锵有力,简直就是斩钉截铁。所以汤溪的交流大会,不仅是视觉的盛宴,更是听觉的狂欢。同一个村的、许久未见的熟人、相约而来的亲朋好友,人隔几丈远,就开始大声招呼。后来上了大学学古代汉语,古语里有喉塞音、鼻音、浊音,北方同学费尽九牛二虎之力也发不出来,我这从小说着汤溪话的人感觉不过小菜一碟,这才明白自己的家乡话原来这么有文化有积淀。

我小时候胆小且自卑,连爸爸手推的独轮车都不敢坐,但是性格却倔。五里地之远的汤溪,在小时候的视野里,就是我所有的诗和远方。带着弟弟妹妹们玩耍,最多也就是家门口和邻居家。爸爸妈妈不带我们出去见世面,倒是会耻笑我们连汤溪都不敢去。那时偶尔能跟着卖猪、卖粮食的父母到汤溪镇上去一趟,买一块冰棒、吃一块烧饼包油条已经是天大的福利,自己是从来不敢离开村子半步的。那时觉得世界也就一个村子那么大,听到奶奶说北京、南京,也就是听个天方夜谭,从来没觉得这些大城市会跟自己有关。但是爸爸妈妈耻笑我连汤溪都不敢去却着实让我不服,于是终于在某一个农历四月十六的交流大会日,带着弟弟就走上了通往汤溪的路。还没进城,已经被汹涌的人流——童年印象,可能也就是比平常在村口看到的人多了那么几个——弄昏了头,稀里糊涂地看了几个卖东西的,又稀里糊涂地跟着别人回家了。之后很长一段时间,此一壮举一直被爸爸妈妈津津乐道。

后来初中考上了汤溪中学,一周有五天半住在学校,汤溪终于变得不那么遥远了。周日下午,住得近的同学会一起相约,带着米和干菜,一起走路去学校。我们用铝制饭盒,在食堂的大蒸笼里蒸饭和菜,一周基本上都吃不到新鲜菜,有时妈妈会送点刚炒好的四季豆过来,站在教室的后面看我们上课,班主任看到了,就让我出去。看到饭盒里绿油油的切成细丝的四季豆,觉得世间最好吃的东西,除了汤溪街上那一根根大大的油条(我童年的梦想就是天天有油条吃),就是妈妈送的四季豆了。

同学里有来自更偏远山区的人。由于交通不便,我们一个礼拜回家一次,他们则一个月甚至半个学期回家一次。这些山里的同学被大人们称作“山里毛虫”,他们的口音跟我们又有不同。但大家都没有恶意,我经常会带着山里的同学回家,妈妈对我的同学一向热情又好客。但山里人心里是有自卑的,就像我们在金华人面前会有自卑一样。可能人人都会在“自卑链”中占据一个位置吧,金华人见了上海人也会觉得自己低到尘埃里。这些小小的心思,在城乡悬殊的年代里,是分外敏感的,现在的人可能很难体会。为了避免自卑,人会去掩盖很多东西,但语言是掩盖不了的。山里人努力学一口山里味不那么重的汤溪话,汤溪人则努力去掉汤溪话刚硬的本质,学着金华话变得绵软起来。但再怎么学，还是会露出蛛丝马迹。

高中上了金华一中，同学来自金华各地，说金华话的同学多了，我们这些来自汤溪的同学开始说起了普通话。普通话不标准，毕竟来自远古的汤溪话跟现代的普通话，中间相隔的不仅仅是个汉语拼音。然而我们必须说，金华人听不懂倒还在其次，要命的是一开口就要遭到嘲笑。汤溪人问为什么叫"哈么"，不开心表示一下感叹叫"哈么哇"，搞不懂什么事就自言自语"哈么呢"，于是在金华人的耳朵里，仿佛汤溪人一天到晚只会说两个字"哈么"，"哈么"演化成"蛤蟆"，汤溪人就有了一个代名词叫"汤溪蛤蟆"，汤溪人的粗鄙、不开化、丑陋、可笑就尽在这个称呼里了。这种自卑，深入当年每一个汤溪人的骨髓。其实说着金华话的同学大都友好，也从不曾小瞧我们这些人，有的甚至成了很好的朋友，但这种骨子里的自卑却从没有减少，有的甚至堆积成了过度的自尊。

现在想想这一被定性为汤溪人外号的称呼，所谓"哈"，应该就是古语里的"何"吧。汤溪人也不说"没有"，而说"mi song"，古语应该就是"未曾"。茄子不叫茄子，叫"落苏"。丝瓜不叫丝瓜，叫"天箩"。类似的话还有很多。你去查查古汉语词典，就知道汤溪人多有文化。当年如果懂这些，又何来那些自卑，可见有文化多重要。

如今汤溪成了金华人的后花园，那些曾经被他们看不起的土菜，比如烂生菜滚豆腐，那时是没有牙齿的奶奶辈们吃的，如今成了名菜。那些曾被称作"山里毛虫"居住的地方，如今成了旅游的好去处。汤溪不缺好山好水，爸爸妈妈早上出门看看远处的山头，就能知道天气。但从前的山，是爸爸辛苦几天吃着干粮只为背回几捆毛竹、几根大树的地方，如今则是城里人泡温泉、吃农家菜、游古村落、看梯田云海的去处。"毛虫"们没有了自卑，我们这些既不是"毛虫"也够不上"城里人"的汤溪人，也终于找到了心灵存放的位置，开始淡定和从容了起来。

　　从前，从村里到汤溪，五里地的距离，就觉得好远好远。从家到金华，更是感觉跨越了整个世界。在上大学之前，金华就是我去过的最远方。后来，大学，去了洛阳。再后来，昆明、大连，如今在南京已经生活了将近二十年……我知道，所有这些城市，自己只是过客。而只有汤溪，那个叫"姓徐"的地方，是我的家乡，我属于那里，是我灵魂的归处，是过去的我、现在的我和将来的我一切一切的渊源。

徐巧红丨汤溪，我的家乡

　　所谓家乡，应该就是你出生和长大的地方，那里有你的父母亲人，还有你走过的每一寸土地。亲人若没有了，家就不再是家。土地若失去了，家乡也不再是家乡了。

　　十八岁离家，整整三十年，家乡始终都在，然而这几年里，姨娘姨父相继去世，妈妈跟着妹妹在杭州，弟弟在金华，就剩下爸爸一个人在乡下。左邻右舍中，回家还能喊上我名字的已经越来越少，年轻的都外出打工，年老的，有的已经永远离开，有的老年痴呆整日在村里恍恍惚惚游荡，连自己是谁都搞不清楚，更不要说记得我这个一年才回去几次的家伙。而在过去，只要我一进村，河边洗衣服的、小卖部门口坐着聊天的、路上挑着担子从地里刚回来的，哪一个不是高高兴兴地跟我打招呼："红，归来罢？"老家话古韵悠悠，这一句话翻译成普通话就是"红，回来了？"如今走进村里，一路打招呼的已经越来越少，不仅他们不认得我，我也不认得他们：外来的媳妇、新生的儿童，都是那么陌生。正应了贺知章的那首诗："少小离家老大回，乡音无改鬓毛衰。儿童相见不相识，笑问客从何处来。"让我落泪的是，我们乡音无改,儿童却都一口普通话,他们最多看看你,甚至连问"客从何处来"都懒得问了。

人不在,地也不在了。虽然村子还在,然而已经今非昔比,土地在减少,村头原来种稻子的地方如今都是两层、三层的楼房。虽然年轻的一代都在汤溪、金华或者更遥远的城镇打工,然而汤溪人是讲门面的,也就是城里人说的要面子。房子平时有没有人住是一回事,别人家都是两三层的洋房,你家没有,儿子是娶不回媳妇的。何况过年过节,一家人团圆,总要住得宽敞。所以原来通往汤溪城里的路边都是一片片的稻田,如今都是一幢一幢的楼房。那条路我们叫汽车路,原来是石头沙子铺就,现在变成了水泥路,因为这几年汽车太多,早已是坑坑洼洼。汽车多,摩托车、电瓶车多,路边的岔路多,乡下又没有红绿灯,这几年发生的交通事故也就多了很多。我的爸爸曾经被路上飞驰而过的汽车上滚下来的大石头砸伤过脚,小姑姑家的表弟,不止一次被摩托车撞,如今腿上还打着钢板。想想那些被撞死的人,已经是万幸。

就算是还留着的那些地,也不是传统意义上的地了。老家人其实不说"地",他们说"田",农民就是"种田人","田野"叫作"田畈"。"田"是统称,是个大的概念,要区分就得加上定语,如:稻田、麦田、棉花田。汤溪是丘陵地带,平一点的地方做田,种粮食。靠山丘的地方,地势狭窄,就开垦起来种菜。菜地不叫菜地,叫"菜塔"。山丘以前是种橘树的,我高中、大学的时候,正是土地承包、责任到户开展得如火如荼的时候,家里承包了一座山,爸爸在上面种橘树。我们叫它"桔园",山丘环绕,中间有一个小水塘。为了支撑三个孩子的生活学习,父母所有的苦都在那里,所有的乐也在那里。犹记得暑假在橘园摘绿豆,一排排的橘树中间,老爸种上绿豆,绿豆可以卖钱,摘完豆子绿豆苗拔了可以给橘树当肥料。当年没有机器,浇水、打虫,都是爸爸挑着一担担的水,一株株地浇,背上背着喷雾器,一株一株地喷洒农药。农药的味道,我闻到都要头晕。爸爸没有任何防护措施,唯一的不同就是在三十七八度的高温下仍穿了一件厚厚的长袖,那就是他对农药所有的防护了。老年的爸爸有一段时间皮肤病严重,手上头上身上奇痒,他说是因为到了杭州水土不服,我一直觉得是他当年打虫时候农药留在体内的毒。好在这两年他终于好了很多。

老爸对这几年家乡的发展也是喜忧参半。回家的时候,他会给我们介绍哪里开了奶牛场,哪里修了高速,哪里的村子又成了旅游景点。然而后山徐一直是沉寂的,除了哪边的地被人租了养老鳖,哪边的地又被人租了开养鸡场,没有什么大的动作,不像别的村落搞旅游搞农家乐搞得红红火火,一年政府下拨的补贴都是以千万计算。然而,毕竟到处都在变,后山徐也在变。如今的田里很少种以前的庄稼粮食了,而都是转租给外来户的大棚,里面是一年四季不断的蔬菜、水果。一顶顶白色的薄膜罩着,你不再像以前那样能看到田野里的五颜六色。不盖薄膜的地方，往往是种了树，银杏、香樟、桂花，都是城里人喜欢的行道树，或者是房产商们准备用到新楼盘的。老爸看一眼这些价格不菲的树木，感叹它们脚下的这块地，已经不再像种粮食的时候那样肥沃、湿润、温软。老爸说：一块种粮食的田，需要几年、几十年种田人辛勤地培育，施肥、浇水，就像对待一个孩子，赋予了这块地生命。而树，它是种在路边的，不需要地。如果把树种在地里，地会慢慢板结，逐渐失去生命。毁掉一块地可能只要几年，而要恢复它的生命，则需要很长很长的时间。

老爸老了，他已经没有心力（家乡话，精神加体力，有个成语叫心力交瘁）去照顾他最爱的土地，只能随波逐流，把田交给别人，每年收一点租金，只留一小片地，种点蔬菜。自己一个人吃有余，周末就带着自己种的菜去金华儿子家。父母在，家就在。家在，家乡就在。然而我每每想到家乡的田野，脑海里浮现的还是小时候的样子。那时的田野是一望无际的，不会有鸡棚、鸭棚以及薄膜覆盖的大棚阻碍你的视线。尤其是春天的田野，绿的小麦，黄的油菜花，紫的草籽（也就是紫云英），一块块相互交织，永远是我记忆中最美的画面。草籽在清明前后疯长，紫色的花朵下面是一棵棵黄嫩的鼠耳草，我们采回家，晾干，等着清明节的时候用来做清明粿。草籽最后是要被牛拉的犁铲掉做肥料的，在它们还没有化为肥料的时候，我们摘了紫色的花，编成一串串的花环，戴在头上，比如今的小姑娘穿了新衣服还高兴。毕竟，我们是只有到了过年才有新衣裳穿的。

记忆有画面,也有嗅觉和触觉。记忆中的田野是香的,春天将割未割的小麦,是香的,捋一串麦子在嘴里嚼,会嚼出口香糖的黏味。油菜花是香的,有点刺鼻,带点苦味。花开繁盛,遮住了阳光,花下的土地就湿润而绵软。连泥土都是香的,渗着青草和野花的味道。一片花与一片花之间,是窄窄的田埂,上面开满不知名的野花,白的紫的都有。田埂的两边长满野草,我们能认得哪些可以喂猪,小伙伴们提着竹篮,拔满一篮子的猪草就会有说有笑地回家。我们都光着脚,脚下的地是湿润的、温暖的,踩在家乡土地上的感觉,是文字难以描述的。倘若感觉可以互通,我想只有温暖的暮春时节,从田里回到家后、那一杯清洌的老酒可以比拟。田野被一条条的田埂分割成一块块,这块是他家的,那块是我家的,我们看起来没有二致,大人们却从不会搞混。一块地就是一个孩子,需要精心呵护。一块地又是父母,需要敬畏和尊重。真正的农民不会去亵渎土地。土地是有灵魂的,每一个走在上面的人都是它的孩子,它用它的心在滋润着我们、营养着我们。

值得回忆的事情太多太多了。从前想家,是想着一到村口就能听到姨娘的声音,看到姨娘姨父在家门口忙碌的样子。回家,也就是在自己家和姨娘家两地走动。姨娘去世了,姨父也去世了。田野也早不是过去的田野了,没有一片片黄的绿的紫的田野怎么能叫田野呢?没有色彩,没有芬芳,只有白色薄膜覆盖的大棚、被挖掘得面目全非的养殖场砖瓦厂,整个田野弥漫的是浓重的金钱气息，早已没有了往日的诗意，这样的田野，不看也罢。

姨父去世前很长一段时间，都在福利院躺着，除了吃喝拉撒，没有别的感觉，就连姨娘去世都不知道。有时想想现在的家乡，这被人捯饬过的农村，有点像躺在病床上的姨父，呼吸尚在，只是没有灵魂了。我还是留恋过去的那片田野，一如我想念那个生机勃勃、谈笑风生的姨父。家乡是要发展的，农民是要生活的。所有的一切都可以理解，只是希望发展的同时，不要失去家乡本来的特色。

家乡的诗人艾青在诗里说过：为什么我的眼里常含着泪水，因为我对这土地爱得深沉。汤溪有一首有名的民歌《老老嬷》，村里的姑娘年轻时候送走了情郎，一直等到头发皓白。年老了，听说年轻时候的情郎要回乡，心里百转千回，又怕情郎已经不是年轻时候的样子，一个跟别人一样的老头子有什么好想念；又怕情郎一点没变，而自己已经白发苍苍无脸再见情郎。可能这也是每一个游子和家乡的关系吧，怕它变，又怕它不变。我只是想说：汤溪，不管你有没有千年的历史，我一样爱你。不管你有没有悠久的文化，我一样爱你。也不管你变成什么样，我还是一样地爱你。如果我的眼里含着泪水，那是因为我对你爱得深沉。

曹志耘 ｜ 九峰岩

九峰岩离我家有一公里路。

秦置太末县,古治即在九峰岩山口。乾隆《汤溪县志》称:"其城闉街址,历历犹存。"我记得小时候在村里看到过一块记述太末县事略的石碑,差不多有一人高,褐红色的,后来被人拿去当"埠头"放在河边的大石块,妇女们成天在上面洗菜捶衣裳。据说有一年发大水时被泥沙掩埋,至今下落不明。岩下村东头有一座古石桥,上面曾书"太末桥"三字,但这座桥今天也已被水泥桥取代。至于被视为太末古治的九峰岩山口,"城闉街址"早已不复存在,但残砖碎瓦随处可见。在"农业学大寨"的年代,村民们在当地开荒造田,曾挖出不少建筑物上的大石料和鹅卵石路面。今天,除了一户守墓的人家以外,这个地方已无人居住,但有一口池塘却叫作"牌门塘",不远处还有"洗菜塘""横路塘""祝家""丁家马家"等古塘名、古村名,昔日繁华可见一斑。

九峰岩古名"龙邱山"("邱"亦作"丘")。《后汉书·郡国志》注引《东阳记》:"县龙邱山有九石,特秀林表,色丹白,远望尽如莲花。龙邱苌隐居于此,因以为名。其峰际复有岩穴,外如窗牖,中有石林。岩前有一桃树,其实甚甘,非山中自有,莫知谁植。"可见龙邱山得名于龙邱苌。龙邱苌,西汉末名士,王莽连辟不至,时与严子陵齐名。晋代时,太末县改名为"龙邱县","以山为名"。吴越王钱镠嫌"邱"字有坟墓义,不祥,遂改名为"龙游县",并把县城从九峰岩迁至今址。在设立汤溪县以前,九峰岩(以及我的老家岩下村)一直属于龙游县管辖。可如今,龙游县城远在衢江之滨,离九峰岩有四五十里地。因此,龙游人一方面大力宣传龙游县肇始于古老的太末县,另一方面却又拒绝承认太末县古治即在九峰岩下。

当地关于九峰岩的传说中,有达摩始建九峰禅寺之说,故九峰岩主峰又名"达摩峰"。据《善慧大士录》里的《嵩头陀法师传》,达摩于梁普通元年(520年)离香山寺南游,后至龙邱,见南山岩势孤秀,可以置寺,遂建"龙邱岩寺"(即九峰禅寺),寺成继续云游,最后又返回龙邱岩寺,直至圆寂于此。此外,还相传晋葛洪来九峰岩炼丹,后世丹灶犹存。南齐徐伯珍在九峰岩"筑室讲学,授徒千人"。其裔孙,唐吏部尚书徐安贞自幼在九峰岩读书,并建安正书堂,晚年归隐于此。龙邱苌、徐伯珍、徐安贞被尊为九峰三贤,有祠供奉。近年来,当地人又开始在九峰岩一带寻找古姑蔑国都、陶渊明后裔故里、桃花源原址等。往事如烟,一时虚实难辨。不过,如果从南朝齐梁的安正书堂、九峰禅寺算起,九峰岩的教化史已达1500年,不可谓不悠久。汤溪人十分重视教育,坐落在偏远乡下的汤溪中学竟位列浙江省一级重点中学,不知是否与此有点渊源关系?

九峰岩"岩洞玲珑,望之似蜂巢"。刀劈斧削般的悬崖峭壁之上,布满大小不一、形状各异的山洞。其中最大的一个叫作"九峰仙洞",可容数百人。洞前有一帘瀑布从山顶落下,随风飘洒,"如泻珠玑见雨天"。在仙洞与山顶之间的一个小洞里,安放着一把小木椅,那个地方离仙洞和山顶都很远,我至今想象不出古人是怎么把椅子放上去的,也不明白其用意何在。仙洞的下方是一大片葱翠的竹林,要进入仙洞必须先经过竹林。盛夏时节,外面酷暑难耐,但只要一走进这片竹林,顿觉清风拂面,凉意袭人,那时真有如临仙境之感。

仙洞的前部是一个称为"大殿"的大厅,中间安放着各种佛像和十八罗汉,后部还有一个幽深的山洞,里面一片漆黑。当地人把这个洞中洞叫作"乌蛇洞",据说住着一条像卷起来的"簟翼"(晒粮食用的竹席)那么粗的乌蛇,我们小孩子是从来不敢进去的。关于十八罗汉,我父亲多次对我说过他的恐怖经历。说他小时候有一次在仙洞里玩捉迷藏,正好躲在一个罗汉的后面,当他紧张得担心被同伴发现时,黑暗中一只毛茸茸的手(他坚信是那个罗汉的手)悄悄地伸过来摸了他一把,顿时吓得汗毛直立,连声音都发不出来。

在我小时候的记忆中,九峰岩就是一个避暑胜地。那时十八罗汉都已剩下残肢破体,僧人更是踪影全无。我们的最大乐趣是在盛夏时节,把牛赶到山里,然后在九峰仙洞的大厅里找块地方,或玩或睡,等凉快够了,牛也吃得肚皮滚圆,就骑上牛背,慢悠悠地回家。

近些年来,九峰岩大兴土木,修建寺庙,重塑"老佛",善男信女接踵而来,求签抽牌热闹非凡。我每次回家,总少不了去一趟九峰岩,各季的景色也拍了不少。但我感觉九峰岩已经越来越没有自己的特色了,心里有一种说不出的滋味。

有一个鹤发童颜的老者,十几年来一直在九峰仙洞的外面为人算命。他算命主要靠抽牌。抽牌的方式是用一副画着各种吉凶图案的"牌"(大约有四五十张),折叠着放在盒子里,来算命的人从中随意抽取三张,算命先生根据牌上的图案和文字来解说抽牌人的命运。这是我们老家一带最流行的一种算命方式。多年以前,在情绪低落的一段时间,我来到这里抽了三张牌,其中两张是"乌云遮日""着蓑衣救火"意为引火烧身,还有一张忘了是什么了,反正都是不好的,当时觉得十分丧气。他像预言家似的对我说:"你到 36 岁就会时来运转。"去年我 36 岁,又去找他抽了三张牌,结果是"状元及第""麒麟送子""聚宝盆"。他连呼奇怪,说从来没有人同时抽到这几张最好的牌。

位列金华第一古迹、号称"望尽东南是九峰"的九峰岩,近世其名不彰。乡贤士绅无不深感痛心。近代著名学者余绍宋《龙游丘山感赋》指出:"妄陈偶像置高椅,冀邀香火愚凡民","山名本以先生著,喧宾毋乃太寡恩"(先生指龙邱苌)。他的意思是说,本为隐居读书之地的九峰岩,如今竟成了炼丹念经的场所,终日香烟缭绕,钟鼓乱鸣,已经失去它本来的灵性了。

(1998 年 11 月 12 日,北京)

　　附记:在一般介绍金华、汤溪和九峰岩的材料里,都可以看到元代大画家黄公望 81 岁时作《九峰雪霁图》(现藏故宫博物院)之说。一次,我想欣赏一下大画家笔下的九峰岩是什么样的,上网找到该图,但发现画的根本不是九峰岩的模样。再找文字材料,才知道黄公望画的是上海松江境内的"松郡九峰"——几个小山丘而已,与汤溪九峰岩毫无关系。颇感失望。

(2008 年 8 月 17 日,北京)

曹志耘 | 岩下

　　岩下是我的故乡,17岁以前我一直生活在这里。"岩下"这两个字,在普通话里读音相去甚远,而用岩下话来说就成了声韵母都相同的字,叫作[uo uo]。厚大源的人把"岩下"里的"岩"读如"红",把岩下村叫作"红下曹"。他们问我是哪里人时,我如果说"岩下"[uo uo],他们就听不懂。所以我有时也说是"红下曹"的。

　　在当地方言里,"岩"是岩石山的意思。岩下村附近就有九峰岩、龙岩、塔岩等山峰,同属金华市的永康有著名风景区方岩,附近建德市也有著名风景区大慈岩。岩下应得名于九峰岩。因为九峰岩是当地最著名的地方,而岩下村就位于九峰岩的山下,有时候也有人用"九峰岩下"来指岩下村。

　　岩下村现有近200户,约900人。主要姓曹,也有少量姓邵、徐、张、俞、胡等。原来由岩下、塔上、殿里、铺上四部分组成,后来莘畈水库移民,又在村旁建了"屋基塔儿"部分,不过今天除了离得较远的铺上以外,其他部分都已连成一体了。当然,这些地名里的"塔"义为旱地、畦,非本字。

岩下位于山坑坞的口上，南面就是山坑坞。从山坑坞流出来的小溪绕村东而过，流向钱塘江的上游衢江。如果从大处着眼，可以说岩下位于山区和平原交界处。南面是山坑坞、九峰岩、塔岩等一系列山峰，它们均属于仙霞岭余脉，再往南就是浙南山区了；北面是田畈和平缓的丘陵，属于金衢盆地的范围，从岩下往北不到 10 公里，就是衢江了。

山坑坞是一条山坞的名字，里面有很多大山，例如龙岩、里龙潭、大岭、安尖、万楼尖、寿桃尖、野帽岩、狗浣尖、大饭甑、细饭甑儿、大马背脊、细马背脊、水牛头、水牛肚、水牛尾巴，等等。现在里面有四座水库，从里往外依次是龙潭、新塘、外塘、山坑坞水库，其中后三座首尾相连。山坑坞可以说是岩下人的后花园，更是我的乐园。我小时候很多日子就是在山坑坞里面度过的。后来到外地上学、工作，回老家后第一件事就是去看山坑坞，平常没事时也总是在山坑坞里转悠。以至于有人找我，都知道到山坑坞去找。这些年没人去山坑坞砍柴割草了，有时候整个山里只有我一个人。

山坑坞每个季节都有自己的景色，也有自己的气息。我最喜欢的是春天，草木初长，山花烂漫，百鸟欢叫，到处弥漫着浓烈的春的气息，那是真正的沁人心脾。不过夏天也很惬意，暑假回家的时候，我每天傍晚都去山坑坞水库游泳，一眼望不到尽头的水库，我一个人在里面游来游去，游累了就上岸找个阴凉的地方席地而坐，眼前高峰矮山层峦叠翠，水库碧波荡漾，蓝天白云倒映其中,山下的村庄里鸡鸣狗吠,炊烟袅袅,这时我总会怀疑自己是否真的已离开北京那个水泥森林,是不是在做梦?

当然,生活中的岩下并不是诗意的,山坑坞也不是世外桃源。记得十几年前还发生过一场械斗的悲剧,起因就是几个村子之间争夺山坑坞水库的水。

岩下曹氏现有的家谱是民国二十九年的《续修曹氏宗谱》,书里又称为《谯国郡曹氏宗谱》。谯国郡位于今安徽亳州一带,是曹操故里,岩下曹氏以此为发源地,所以墓碑上均刻有"谯国郡"三字,不过一般人不明就里。该版家谱共印了四部,我见过的是由樟松家里保存的那一部。几年前樟松家着火,家谱也化为灰烬。其他三部是否还保存完好不得而知。据该家谱记载,曹氏家谱还有清乾隆十年的《泰三公实录》,嘉庆十二年的《重修曹氏家谱》,道光八年、道光二十八年、同治十二年、光绪丙申年、民国六年的《重修曹氏宗谱》。但我都没见过。

《续修曹氏宗谱》转录《泰三公实录·原序》云:"始祖泰三公,乃二宣义公之后,一本于周世继忠公叔铎之裔也。宣义公自衢郡至龙邱,越数十世。泰三公实生长焉。延于景定年间迁九峰二十都,即今曹氏发族之地也。昔公尝有言曰:'予本龙邱城都士,遗下田土在九峰。于今仕途非为福,暂归陇亩得从容。'……"

南宋景定年间即1260—1264年。如此算来,岩下建村至今已有700多年,历史也够悠久的了。曹氏迁来岩下之前,据说居住在龙游县城大桥（通驷桥）东头，村名"桥下"。今年 4 月，我带着张世方、张燕来两个研究生到龙游调查方言。有一天晚上，我们三人走到古老的通驷桥的西头，望着现已楼房成片的对岸，我说："七百年前，我的祖先就住在那个桥头。"他们俩惊讶不已。

我的祖先泰三公似乎完全是出于对九峰山水和田园生活的热爱而迁居岩下的。历代家谱也无不对岩下的风水津津乐道：

> 高岩峷屼兮溯来龙，塔山峥嵘兮傍邻封。
>
> 峰巅环照兮拱秀，太末流芳兮包容。
>
> 绕田原兮洵有获，面泉流兮可汲供。
>
> 泰三公卜吉于其间兮兄弟追从，聚族于兹土兮子孙亢宗。
>
> 仰层峦之耸翠兮远列，俯清涟之不息兮近逢。
>
> 要由祖德之渊深于岩下兮，所以宗功之高厚克配九峰。
>
> （嘉庆十二年嘉瑞撰《九峰岩西曹氏阳基歌赞》）
>
> ……考九峰本古太末县治，《志》称城址残碑犹存。宜其居斯土者，饶有古风欤？……又思山川灵秀，所钟其人类多英奇倜傥。且曹氏德未耀，积久弥彰，必有光大其门闾，焜耀其家乘者。余拭目俟之，冀相遇于九峰翠云间。
>
> （道光八年《重修曹氏宗谱·序》）

对岩下来说，"山川灵秀"四字当之无愧。然而几百年来，岩下既未出过达官巨富，也算不上兴旺发达。唯一值得一提的是出过一个进士，那还是 600 多年前的事了。祖先们在"九峰翠云间"翘首以待，真是辛苦他们了。

岩下曹氏世系图引为：

> 昭贤泰富兴，通宝洪永宣，
> 仁义礼智信，淳良裕美丛，
> 敬顺慈敦睦，乾元亨利贞，
> 恭宽和敏惠，钦明文思安，
> 肃义哲谋圣，福禄康寿强。

到我这一代，已是"元"字辈了。

（1998 年 11 月 9 日，北京）

曹志耘 | 云中珊瑚

当我和董正勇、傅惠钧在塔石玩的时候，高中同学胡则鸣（金华县宣传部部长）正好来塔石。那天晚上，塔石乡政府请胡则鸣一行和我们几个人吃饭。席间，一个乡干部端起酒杯请我喝酒，客气地说："曹教授，我敬你一杯!"这时，坐在旁边的乡长吃惊地问他："曹老师和胡则鸣是同学，胡则鸣和你是同学，你和曹老师不是同学吗?"这一问不要紧，敬酒者竟然也是我高中的同学邱启祥! 二十多年未见，万万没有想到会在这里以这种方式相见! 我们两人一时面面相觑，嗟叹不已。我还清楚地记得，在汤中读书时，我和邱启祥同住一屋，他还特意用竹筒从老家带腌制的刺瓜（黄瓜）给我吃。而如今，他腰粗背宽，胡子拉碴，一副乡镇干部的模样，让我完全认不出来。

第二天，邱启祥找了一辆汽车，拉着我们几个人直奔离塔石二十多里路的珊瑚村。珊瑚位于汤溪和遂昌的分水岭上，海拔将近千米，可能是汤溪地区海拔最高的村庄了。前几年修通了汤溪至遂昌的公路，但从公路到珊瑚还有五六里路。汽车沿着简易公路弯弯曲曲地前行，快到珊瑚的时候，进入一个十分窄小的峡口,只见古木参天,溪水潺潺,虫鸟齐鸣,一转弯突然豁然开朗,在一个盆形的山坳里,林木繁茂,梯田井然,高高的山坡上白云缭绕,而白云之中,就是有着一个美丽的名字的珊瑚村。

位于高山之巅的一个村庄,却名叫珊瑚,真使人迷惑不解。这回还是董正勇机智,他说"珊瑚"就是"山坞"的雅化,就像金华的一个镇,本来叫作"瓦畈",现在却写作"雅畈"。他的解释似乎不无道理。但后来我查《珊瑚廖氏宗谱》,则说该地有三个湖形山凹,故称"三湖",后改写为"珊瑚"。但"山坞"也好,"三湖"也好,这里确实是一个仙境般的地方。站在珊瑚村的上方眺望四周,只见它背倚雄伟挺拔的山峰,不远处是一道弧形的低山,把珊瑚村包围得严严实实,远处则分布着一道比一道高的山脉,层层叠叠,似乎都簇拥着珊瑚这颗高山明珠。尽管它身处重山之中,视野却非常开阔,天碧蓝,云洁白,竹木森森,满目葱翠。尤其难得的是,从这里看不见一处别的村庄,也看不见别的道路及其行人。可以说这完全是一个与外部世界隔断了的空间。但实际上这里电灯、电视、电话齐备,汽车可以开进村,自来水则从村后的高山上引来,绝对清洁。

我们几人表示想合伙在此盖一座房子,每年来住一两个月。村长廖旭荣听后极为高兴,当即表示无偿提供土地,并兴致勃勃地带领我们参观了珊瑚的风水。他带我们到珊瑚的总太公墓前,说这里是老虎形,老虎右爪的前方正好有一个猪头形,但本来虎爪和猪头之间是断开的,珊瑚人为了抓住猪头,有肉吃,就把二者之间的沟填上，垫高，现在看上去虎爪正好紧紧地抓在猪头上。在猪头形的下方，葬着珊瑚的总太婆，那里是蟹形，螃蟹不能没有水，于是珊瑚人在总太婆的墓前挖了一口小塘。听他一番话，真觉得珊瑚是块风水宝地。珊瑚还有一个值得骄傲的地方，就是古树名木繁多，全村共有各种一二百年历史以上的树木一百多棵，是全金华县古树名木数量最多也是保护得最好的村子。这大概跟珊瑚人历来十分重视风水不无关系。

珊瑚村现有一百多人。据廖旭荣讲，先祖是清朝时从福建迁移来的，至今在本村内还讲福建的客家话（他们自己称之为"福建话"），跟外地人则讲汤溪话。这里的房子都是二层土木结构，有的屋顶结构跟遂昌等丽水地区的建筑相同，而跟汤溪不同。由于地势的关系，一般都在楼上开一个小后门，用小桥连接到屋后的山坡上。我们几个人在廖旭荣家里把楼上楼下的器具统统搬到了外面，一一拍照，作为这次考察的结果。

如果有机会的话，我准备再来珊瑚调查他们原有的方言。至于能否真的在珊瑚的云中盖起我们梦中的小屋，则完全没有把握。

2000.8.20　北京

曹志耘 | 珊瑚的月亮

就像它的名字一样,珊瑚是吴语汪洋大海里的一个客家话方言岛,我挑选它作为研究生调查实习的地方。

300年前,珊瑚人的太公廖文仕从福建上杭辗转迁来浙南汤溪,入赘傅家,备受欺凌,在忍无可忍之下,夫妻俩挑起一副装满行李的箩愤然出走。太婆有言在先,箩线在何处断掉,就在何处住下。当他俩走到珊瑚时,箩线迸然而断,于是廖氏祖先在此扎根定居,繁衍生息,迄今已历十数代,现有子孙100多人。

9月26日,在塔石乡政府的协助下,我们一行十人乘一辆中巴车,沿着盘山公路浩浩荡荡地开进了大山深处的珊瑚村。到达珊瑚的时候,天下着蒙蒙小雨,但仍有不少村民聚集在村口,像是在等待我们的到来。村支书廖旭荣平时在金华做买卖,这天也特意赶回来替我们安排食宿和调查工作。

"男生"住的是一座旧式砖木结构的房子,楼下三大间,当中是堂屋,两边是卧室,楼上不隔开,用于堆放杂物。因为房子的主人在外地打工,整座房子被我们"占领",王文胜、黄晓东、曹文、巴维尔住一间,我和秋谷裕幸住一间,堂屋则用作工作的地方。因为一时找不到足够的床,秋谷就睡在由沙发展开的床上。虽然秋谷个子不太高,但也得沿对角线躺下才能把腿伸直。要命的是沙发床上缝隙太多,秋谷得经常在上面手忙脚乱地翻腾他的东西。有一次袜子不见了,而他只带了一双袜子,所以有好几天只好光着脚。"女生"(彭宗平、郭风岚、严翠姮)的条件就比较好,住的是楼房,每人一间,她们还有个女房东作伴。我们在堂屋里摆开四张方桌,大家围坐一圈,上午下午记音,晚上整理和讨论。发音人就是廖旭荣的父亲廖启生,今年59岁。他除了会说珊瑚客家话以外,还会说汤溪话、遂昌话、金华话等多种差别很大的方言,但几乎完全不会说普通话。因此,调查时我一方面用汤溪话给廖启生当翻译,另一方面用普通话给学生们当翻译。由于大家以前都没有接触过客家话,所以调查工作进展较慢。不过比起当地的南部吴语来,客家话可以说是相当"好记"的了。

当我们向廖启生调查的时候,经常会有其他村民在旁边围观,这倒给我们提供了核对和比较的好机会。对我们的调查工作最感兴趣的是一个哑巴,他年纪跟廖启生差不多,就住在我们的隔壁。哑巴几乎每天都要来看我们工作,每当我们中间休息的时候,他总会兴奋得手舞足蹈,脸红脖子粗地跟我们大声地"说"他或珊瑚村的事情。这时王文胜就自告奋勇地充当"同声翻译"。王文胜是遂昌人,虽然在北京读了六七年书,但普通话仍不地道,例如"这个菜不如那个菜好吃",他总要说"这个菜还是那个菜好吃"。不过理解哑语他倒是胜人一筹,虽然有时候也是牛头不对马嘴,但据廖启生的评价,准确率大约能达到50%。有一次,哑巴趁廖启生不在的时候,指着廖启生坐的椅子,激动地边"说"边摆手,我们"听"了半天也不明白他的意思,最后大家恍然大悟,原来他是想对我们说:"他的珊瑚话发音不如我的准!"

饭是由一户人家专门替我们做的。主人以为我们在北京成天吃山珍海味,总是担心我们吃不惯她的饭菜。因此每天想尽办法变换花样,杀鸡宰鸭,甚至连蛇都抓来给我们吃(我们担心如果在这里住上半年的话,大概连蛤蟆都要被我们吃光),还找来一坛存了一年多的老酒。学生们在学校食堂里早已吃腻了那些单调的饭菜,现在正好放开肚子猛吃,无不吃得红光满面。

吃得虽然很好,但上厕所是个大问题。这里的所谓厕所就是一个带简陋的茅草棚的粪坑,既无墙壁也无门,随时都可能有人从面前经过。更可怕的是,厕所里的木板摇摇晃晃,吱嘎作响,而且看上去都像是腐朽了似的,不知道一脚踩上去会不会扑通一声掉进粪坑里去。为这,秋谷每次去上厕所时总要脱了长裤,换上短裤,说是穿短裤行动比较方便,万一掉下去也容易爬上来。他对我说,在珊瑚上厕所对他来说是个新的"挑战"。全村只有哑巴家里有抽水马桶,他总是热情地邀请我们到他家去上厕所。当他要出门的时候,手里拿着一把锁,过来对着我们"呃——,呃——"直叫,意思是说:"我要锁门了,你们快去上厕所吧!"因此,女生们都特别感激他。

这里看不到电视,手机也没信号,只能依靠彭宗平带来的小收音机关注美国"九一一"事件的进展和中国队进军世界杯的形势。晚上 10 点多钟,工作完毕,我们就开始打扑克。一开始是打升级,后来就"敲三家",因为敲三家可以有 6 个人参加。秋谷以前从来没有打过扑克(日本人好像不打扑克),但一旦学会,竟十分上瘾,每天晚上总是期待着早点开战。但秋谷打牌没有"隐蔽"意识,他的牌是朝天拿着的,谁都看得一清二楚。

10 月 1 日国庆节,也是中秋节,下午放假半天。我们在廖旭荣的带领下,步行七八里山路到一个叫交椅山的小村访问游览。出得门来,只见重峦叠嶂,云腾雾罩,路上方油茶成林,路下方梯田井然,老农在稻桶里摔打稻谷,"嘭!嘭!"之声在山间回荡。坐在交椅山的村民家里,喝着高山清茶,从大门往外看去,不经意间却发现一幅天然油画:近处是一只鸡正在悠然觅食,鸡的背后是一座房子的顶部(这个村的房子也像梯田一样上下排列),上面盖着老式的黑瓦,远处就是一层层的山峰,满山长着清一色的毛竹,夕阳从山顶方向射过来,形成金黄色的光芒,在云雾间闪动。

从交椅山往回走,已是暮色朦胧了。七点钟左右,我们终于拐过了村口的那个关隘,群山环抱中的珊瑚村像是已经睡着了一样。回头一看,一轮洁白明亮的大圆月已经从山岗的那边悄然爬上,正静静地注视着静静的珊瑚,注视着闯入静静的珊瑚的我们这些不速之客。我不禁想起董正勇写的诗:"这个月亮很干净,因为山泉都流进了天空……"

我忽然发现,珊瑚的月亮,真的比北京的圆。如果用王文胜的吴式语法来说,应该是:北京的月亮还是珊瑚的圆。

2001.12.15 北京

曹志耘 | 水竹蓬

　　水竹蓬,在金华县最南端的溪口乡,与遂昌县交界。从前只有几间毛竹搭成的棚子,因此得名。(按:另一说法是,此地多产水竹,且茂盛成蓬,故名)村旁的水竹蓬尖海拔 1175 米。

　　大约是 1990 年前后的一个夏天,我和金医师、董正勇、金一星(金医师的小儿子)四个人一起从塔石去水竹蓬。当时金医师已从中戴调到塔石卫生院,董正勇则还在塔石教书。塔石是个山清水秀的地方,给人印象最深的是从村旁流过的那条溪。清晨,周围的山头笼罩在朦胧的薄雾之中,山上的竹林若隐若现,使人产生出一种迷迷茫茫的心情。

　　一早就出发,一出发就爬山。从塔石到水竹蓬大约有二十里山路,一路上就是不断地翻山越岭。中间经过了两个小村,一个叫"高田",一个叫"高山"。

　　我们在其中的一个村吃了饭,招待我们的是金医师的朋友。金医师在这一带走到哪里都有吃饭的地方。

　　吃完午饭,太阳已经在头顶上了,山上树木茂盛,很闷热。累了就在树荫底下坐一会儿,渴了就找点山水喝。每当走到山梁上的时候,凉风袭来,顿觉清爽。抬头望天,蔚蓝而纯净,似乎触手可及。有人唱起了那时最流行的歌曲,"蓝天越来越近,越来越温柔",悠扬的歌声在山间回荡。

离开"高山"以后,十几里路都荒无人烟。只是在半路上碰到几个赌徒,问我们是不是来此赌博的。这里天高皇帝远,赌博最安全,但不知我们几个当中哪一个看起来像赌博鬼。

傍晚时,终于到了水竹蓬。这是个位于深山老林里的小村,大概有一二十户人家。金医师在这样偏僻的地方居然也有好几家朋友,接待我们的那家主人好像叫作小柏根。小柏根不太喜欢说话,见我们来了就开始用腌肉炖香菇笋干。在这里几乎吃不到鲜肉,山民们过年时把猪杀掉,然后整只地腌起来,平时吃的时候就割一块下来。不知道他们有什么祖传秘术,腌肉吃起来其香无比,似为人间鲜有。

吃过晚饭,小柏根拿了猎枪上山打野兔,说是第二天让我们吃野味。水竹蓬无电、无自来水、无公路,是个"三无"村。在朦胧的月色中,看着周围高耸入云的山峰,天如井口。村旁有一条从高山里淌下来的小溪,永远地发出"哗哗哗哗"的声音。溪边长着几棵合抱粗的银杏树,据说已有几百年的历史。由于水竹蓬过于偏远,很少有女人愿意嫁到这里来,这确实是个棘手的问题。

小柏根家里有一个小女孩,叫香什么的,正上小学。她眼睛水灵灵的,看样子很聪明。我们跟她家里人说,应该让她继续读书啊!她爷爷马上反对:"女孩子读书会有什么出息?"

那天晚上,小柏根一无所获。

1998.11.8　北京

曹志耘 | 从苏坑到苏村

几年前的一个正月,我回老家一带调查地域文化现象。我到了塔石乡东店村(根清的老家),根清的嫂子带我去看了一个残破的水碓。后来有人告诉我,金医师就在苏坑。苏坑在东店后面的山里,离东店五六里路。金医师最近认了一个亲儿(干儿子),是苏坑人。

于是我一个人朝苏坑方向走。快要到苏坑的时候,金医师却从后面赶了上来。原来他听说我来了,又跑到外面去接我去了。

苏坑分上、下苏坑两个自然村,都在山腰上,上苏坑更高。从下苏坑到上苏坑的路几乎呈 80 度角。金医师的亲儿叫作献群,住在上苏坑。献群摔了一跤,就生了一种怪病,在大小医院花了几万元,连家里的楼栅(楼板下面的木头)都拔下来卖掉了,也没能医好。最后,家长抱着奄奄一息的孩子到金医师当时所在的蒋堂卫生院,想开点中药吃吃。谁也没有想到,经过金医师几个回合的治疗,献群竟奇迹般活过来了。此事在当地一时闹得沸沸扬扬,金医师一不小心出了名。

这次我们来到献群家,全家无不兴高采烈。献群已经恢复得差不多了,但家里四壁空空。最近这里闹鸡瘟,家里只剩下一只大公鸡,就杀了给我们吃。早晨,太阳从对面的山头上慢慢爬上来,霞光万道,我给献群他们照了几张相。

吃过午饭,我和金医师去塔石,想从塔石坐车去银岭(汤溪话说成"年岭")。银岭位于金华与遂昌的分水岭上,在我小时候的印象里,是个非常偏僻遥远的地方。最近塔石与银岭之间修了一条简易公路,在山间盘绕蜿蜒二十多里,但这条公路上一天只有一班辆车,一大早从银岭开出,下午从山外开回银岭。有人告诉我们,银岭车还没来,我们决定先走着。我背着照相机、录音机等器材,金医师提着一个蛇壳袋(编织袋),里面装着一二十斤三七(中药名),准备拿到山村里卖。我们俩在盘山路上走走歇歇,歇歇走走,跟我们做伴的只有路边那条深邃的小溪,发出"哗哗"的水声迎面而来。

在一个山腰上,我们取了一条捷径,打算从下面这段公路走到上面那段公路。正当我们走到半路上,远远看见那辆该死的汽车喘着粗气开了过来,我们急忙大喊大叫,不幸的是它很快就转过弯去,消失在我们的视线之外了。

我们怀着绝望的心情继续爬山。天慢慢黑下来了,万籁俱寂,微微发白的公路上只有我们两个人默默地蠕动。金医师的蛇壳袋显得越来越重,如果不是价值数千元的贵重药材,我们早就把它扔到山沟里去了。九点来钟的时候,我们终于看到了在一个高高的山岭上,那闪烁如星的灯火,遥远的银岭终于到了。当敲开金医师朋友家的门时,他们都感到很惊讶。

第二天上午我们在银岭考察,下午继续南行。从银岭南望,还有最后一个属于金华的村子,叫作张村。村里有我的一个中学同学,叫张荣坤。我们到了村口,就向人们打听张荣坤家住在哪里,结果那些人都说没有叫张荣坤的人。后来有一个人说可能就是蛮牛牯(野蛮的公牛)吧,于是我们就一路打听蛮牛牯的家。到了后一看,所谓的蛮牛牯果然就是张荣坤。老同学见面,很意外。他的伯父去世了,正好今天出殡,家里忙得一塌糊涂。但他还是拉着我们喝酒。我因为没有摄像机无法拍摄难以遇到的出殡场面,感到很惋惜。

接着,就进入遂昌县境了。第一个村子,也是遂昌最北端的村子叫作寨下,金医师的同事叫邓根香的就是这个村的,她正好和丈夫霞兵(也在蒋堂卫生院工作)都在这里玩,我们就住在她家。

寨下村依一个坡度较大的山坡而建,整个山坡上下都有房子。对面是一座非常高大而陡峭的山峰,完全挡住了人们的视野。一条不算小的溪从银岭、张村方向流下来,在村子与高山之间经过。以前这里只有羊肠小道,最近刚修了一条粗糙的公路,还没有通车,因此到目前为止,这里还是一个人迹罕至的地方。耳目所及,是潺潺流水,是虫鸣鸟叫,是错落的民房以及屋顶升起的袅袅炊烟,这个村子是我最喜欢的地方之一。

　　第二天，我们继续向南，经过了几个小村，最后到达遂昌北部的中心苏村。外村人习惯把苏村叫作"石圹苏"（意为被石头压掉的苏村），但苏村人听了就不高兴。多年以前，苏村背后的山崖上突然出龙（山洪暴发），顷刻之间把整个苏村压在碎石之下，至今仍可见悬崖上崩开的大口子，以及满山遍野的大小岩石。幸存者在废墟上面重新建起了新的苏村，但他们每天都会看见悬于头顶的崩塌的山崖，这是世世代代的苏村人永远无法弥合的伤口。

　　在苏村，我们好不容易搭上了一辆三轮卡车。伴着"嘭嘭嘭"的巨响和飞扬的尘土，我们经龙游回到汤溪。

1998.11.8　北京

戴建东｜故乡的樟树

村北有一口池塘，名叫跌塘，跌塘边，长着两棵古樟和一棵枫香。三棵古树枝繁叶茂，相依相偎，默默地立在村头，春花秋月，风霜雨雪，一年朝晚同沐，四季晨夕相伴。村中老人说，这两棵古樟，是母子樟，母樟已经有千年历史，子樟也有三四百年了。母子樟屹立在村口，目睹村庄的风雨岁月、沧海桑田，也观望着整个村子的世道变迁、四季轮回。而枫香则像母子樟的邻居，默默地陪伴着古樟，岁月轮回，不离不弃。

没有人知道，这口塘为什么要叫跌塘，也没有人知道，这两棵古樟到底是什么年月长出来的。母樟外围粗壮，需要十人才能合围，子樟也要两三人。一大一小两棵古樟，就这样相互依偎着长在故乡的土地上。岁月悠久，古樟的中间已经枯空，人可以从枯空的树干中间，爬上树去。成群的鸡鸭在枯洞中趴窝，经常有人在清晨时分，从树洞中捡拾到新鲜的禽蛋。小时候，我因为生活在古樟附近，也惦记着树洞中的大鸭蛋，因而常常不等父母催促，就在大清早跑到树洞内寻找这份惊喜。

在江南一带，许多村庄都会有这样的樟树，但是，像故乡跌塘边这样高大雄伟、扶摇苍穹、枝丫遒劲的古樟,却并不多见。村中老人说,这株樟树的年纪,比整个村庄的还要大,我们不知道,一片荒芜之时,是谁把母樟的种子播撒在这片土地上。随着岁月的流逝,樟树的根系已深深地扎进了土里,她汲取了土壤的养分,而边上的跌塘又给古樟以充沛的滋润,以至村人在离树百来米的地方挖水沟,还能挖到古樟延伸的根系。

大凡千年古樟,都会被奉为"樟树娘",这是江南乡村的传奇。古樟的一枝一叶,也因此披上神秘色彩:任何人都不能随意折枝,否则会遭到报应。相传,有位村妇,傍晚经过树下,发现古樟有一枯枝,虽然还未枯死,但枝干叶黄,几近脱水。这个村妇一时贪念占心,攀爬上樟树,将枯枝砍落,想背回家中当柴火。不料,刀砍古樟,枯枝断节处,竟流出殷红的汁液,如同鲜血。村妇吓得跌下树来,她顾不上疼痛,对着古樟连连跪拜,尔后扔下枯枝,失魂落魄地跑回家。此后,村妇竟一病不起,后来又双目失明,最终医治无效而亡。村人说,她是得罪了樟树娘,遭到报应了。此事之后,再也没人敢对古樟动贪念了。即使是后来有人在古樟旁建造新房,碰到古樟伸展开来的枝叶,也都小心翼翼地避让,绝不会随意折断。乡民就这样与古樟相依相伴,古樟也俨然成为村中的老者,受到全村人的膜拜。

古樟是鸟儿们的天堂,常年鸣叫着小鸟的欢唱声。百灵、鹧鸪、八哥、麻雀成群结队聚集在树丛中,它们在古樟上安家,在古樟上觅食,在古樟上戏耍欢闹,从来没有人会对古樟上歇息的鸟儿动歪念，这是古樟的灵性庇佑着这些栖息的生灵。鸟儿是古樟的子民，也是古樟年复一年漫长生活中最忠实的邻居。在古樟的最高顶，筑着一个庞大的鸟窝，那是喜鹊住的，因为树顶太高，从来没有人能够爬上去。有人估计，这个庞大的鸟窝，如果拆下来，可以供一家人烧好几天灶头。

樟树一年四季常青，即使是在秋风扫落叶的季节，依然苍翠。冬雪皑皑，没有摧垮古樟闹春的枝头。春来江水绿如蓝，河堤上的柳枝冒芽泛绿，池塘边的樟树经过严冬，愈显得苍翠蓊郁。然而经过一夜春风的吹拂，樟叶由青翠变成绛红，没过几日，绛红转成殷红。在明媚春光的照耀下，满树樟叶流光溢彩。入夜，春风春雨悄然飘至，殷红的樟叶开始漫天飞舞，掉落在地。翌日，天公放晴，在鸟儿鸣叫声的催促下，孩子们睁开惺忪睡眼，大人们便在樟树下收扫层层覆盖的红樟叶，因为这一地樟叶足够应付一户农家数月的柴火。在古樟底下的跌塘，大半个塘面被树荫覆盖，飘落的树叶漂浮在塘面上。到了年底，池塘抽干了水抓鱼，塘底下竟然积了厚厚的一层枯叶。

古樟长在村口处，村人出工、收工，都会在树底下歇息片刻。一到夏天，这里就成了村人的纳凉场所。村姑村嫂在树荫底下纳鞋垫、缝补衣服；大老爷们则光着膀子吹牛喝酒；老人们摇着蒲扇，眯着双眼闭目养神。水牛泡在树荫下的跌塘内，黄牛或站或卧，嚼着草料。成群的孩童或从古樟的树洞里，爬上树干嬉耍，或围着树干玩着躲猫猫。而我这样的半大小屁孩，则提着竹竿，从黄牛背上，抓苍蝇作诱饵，在跌塘里钓翘嘴鳊鱼。夏天有时连着几天刮风下雨，雨后，樟树的枯枝上长出大小不一、晶莹剔透的木耳。这时，村人便会用竹竿绑上镰刀，从树上采割这些新鲜木耳，捣下来便是美味的大餐。

后来，渐渐长大的我，离开了家乡，外出求学，务工，对故乡的古樟也疏离了许多，但无论什么时候，只要我一回家，总会不经意地转到古樟边，去看一看古樟巍巍然而执着的身躯，去听一听古樟满身曼摇枝叶的沙沙声。只要一挨近古樟，便会油然而生一种宁静幽远、从容淡定的心境，这种情绪如披挂着浓郁的乡思，在苍翠茂密的古樟树冠下，让游子眼热心跳。

冬去春来，年复一年，樟树在诉说岁月的沧桑。如今，当年在古樟底下讲述神仙传奇的老爷爷作古了，当年在古樟下嬉戏玩闹的孩子长大离村了。看到古樟，我不禁泪眼迷蒙，追忆着似水年华，端详着千古风韵，谛听着神奇传说，故乡的古樟，给我一辈子念想。

第四辑：文史钩沉

丰建林 | 徐安贞生平六问

远在一千多年前的唐朝,汤溪人的生活条件虽比一些荒蛮之地要强很多,但教育文化上与中原发达地区还是有不小差距的,然而就在这远离政治中心的汤溪,却诞生了盛唐科举奇才徐安贞。他不仅年纪轻轻就高中进士,而且还在制举中"岁擢三甲",最后官至中书侍郎,也有说是吏部尚书。这样的经历和仕宦旅程,在汤溪历史上极为罕见。由于史料缺失,后人对这位当年誉满京城的先贤,认识并不清晰,对其故居地以及生卒时间等问题也没有深入考证,造成许多模糊、错误认识。因此很有必要对现有史料进行梳理分析,对尚存遗迹加以考证,还先贤以原貌,增进后人对先贤的认识。

有关徐安贞的史料"两唐书"都有记载,但都很简要。《旧唐书》在列传的"文苑"下,附《席豫传》后:"徐安贞者,信安龙丘人。尤善五言诗。尝应制举,一岁三擢甲科,人士称之。开元中为中书舍人、集贤院学士。上每属文及作手诏,多命安贞视草,甚承恩顾。累迁中书侍郎。天宝初卒。"《席豫传》中提到徐安贞,是说席豫"三迁中书舍人,与翰休、许景先、徐安贞、孙逖相次掌制

326

诰，皆有能名"。

《新唐书》则在列传"儒学"中，附《褚无量传》后："徐楚璧，初应制举，三登甲科，开元时为中书舍人、集贤院学士，帝属文多令视草。终中书侍郎，东海县子。在中书省久，是时，李林甫用事，或言计议多所参助。后更名安贞。"《褚无量传》中提到徐安贞，是说褚无量受命负责对府库中的图书进行编目校定，于是他奏请卢僎、陆去泰、王泽和"武陟尉徐楚璧"承担任务，"采天下遗书以益阙文，不数年，四库完治"。编目校定工作初步完成后，玄宗带领群臣观览，十分赞赏，将参与编撰的徐安贞等授予"丽正殿直学士"并准与京官一起参加朝会。

民国《汤溪县志》中，《徐安贞传》介绍相对详细一些，卷十《人物·列传》载："徐安贞，旧名楚璧，字子珍，好学博古，善骈俪文，尤工五言诗。尝应制举，一岁三擢甲科。登神龙二年进士。第开元初，以武陟尉选入丽正殿刊正，累迁中书舍人兼集贤院学士。上方好文词，敕供奉内庭，凡诏令，多命视草。因奉撰武惠妃哀册文称旨，赐今名。除检校尚书、工部侍郎，进中书侍郎，寻拜吏部尚书，封东海子。时李林甫当国，忌文学之士，安贞遂弃官，栖止岳麓寺。北海李邕过之，安贞以道服见，邕惊曰：徐公至此乎？因载与俱还，隐九峰山。天宝初卒。后人即其地立庙祀之。"

此外，徐安贞后人徐力行编的《盛唐文伯徐安贞》一书，总结梳理了大部分与徐安贞有关的历史文献资料。如转录《全唐书》

《全唐诗》《龙游县志》《衢州府志》《兰溪县志》以及衢州、兰溪、宁波、湖南平江等各地徐氏宗谱中,对徐安贞生平等内容的记载和介绍,摘录了各地宗谱对徐安贞祖居地、生卒时间等记载。其中生平内容介绍,与《汤溪县志》中"列传"内容大同小异,只是有的对安贞隐居湖南等,描写更多。有的则提到安贞"少读书九岩山"或"肄业九峰岩"内容。至于安贞祖居地及归隐地方等问题的描述,则有多个版本,莫衷一是。

根据以上资料,我们可以从六个方面,对徐安贞生平及仕宦历履等作一些分析讨论,以便澄清之前模糊认识和错误说法。

一问:徐安贞的"一岁三擢甲科",到底是哪"三甲"?

"两唐书"对徐安贞的介绍都只寥寥数言,但都保留了"岁擢三甲"的内容,《旧唐书》还特别注明:"人士称之。"说明安贞当年制举考试的成绩是非常突出的,也或者曾经轰动一时,以至成为他身上的一个重要标签。但我们现在的人,并不十分理解它的含义,也体会不到安贞考试到底厉害到什么程度。更多人的理解是,安贞在进士选拔中,连着三级考了甲等,包括《盛唐文伯徐安贞》书中,也认为他是一年中通过了会试、殿试,最后考中了进士。造成这种误解,原因是我们不熟悉隋唐时期科举制度的具体内容和细节。

唐朝沿用隋创立的科举取士办法并不断完善。当时的科考分为常科和制科两类。常科有秀才、明经、进士、明法、明算及史科等,这是朝廷每年固定举行的考试科目,其考试内容和形式也相对固定明确。及第者才有资格成为吏部的候选官员,吏部则根据需要进行考核和任用,即便考中进士,等待三两年后再任用也是正常的。唐初以后,进士科逐渐成为才学之士的标志,报考的人越来越多,录取率很低,每年中进士者仅十几人(后期增加到三十人左右),因此一旦榜上题名,便"百千万里尽传名"。所以,安贞在神龙二年考中进士,已经是了不起的成就。但并没有写进"两唐书"中,毕竟,唐朝近三百年间,录取进士六千余人,不值得特别记录。

制科,又称制举。制举是皇帝根据需要和个人兴趣而随时下诏举行的,以便选拔各类非常之才。考试的科目也由皇帝随性确定,以致后人都无法统计,整个唐朝到底有多少制举科目,当然许多不同科目其实内容雷同,只是名称变换而已。每年考几科也不固定,有"岁举十科",也有"岁举四科"等。制举在社会上的名望虽不及进士,但名义上由皇帝亲自主考,及第者就是"天子门生",无须再经吏部铨选就可授官。因此,应制举者既有布衣,也有进士、明经及现职官员等(没有制举登第者再考进士的),不少为官多年的人,都因制举登第而得到重用、升迁,或由地方官擢为京官。制举及第者分为五等,第一、二等是从来都没有的,第三等实际就是最高等,称为甲科或刺头,甚至有称状元的,第四、五等称为乙科,所授官职差一些。

从介绍安贞生平的内容看,他应该是举进士后,先被吏部选任为河南武陟的县尉，直到玄宗登位，他仍以武陟尉的身份参加褚无量组织的图书编目工作。大概在这之后，他作为在职官员参加制举考试，并在三个科目的考试中同时获得甲等的优异成绩，成为轰动一时的科考奇才。因为一般的进士、官员，但凡一科甲等，就能得到皇帝的青睐和重用，如与他同时期的贺知章等，都是进士及第后，又获制举甲科而得到提拔的。"岁三擢甲"应是整个制举中非常少见，所以史书特意记录。至于安贞考的是哪三科，现在已经很难深究，《龙游县志》提到"以博学宏词举五言应制"，根据安贞主要因文词优秀而得到玄宗信任和重用的情况看，"博学宏词"为其中一科肯定没问题，另两科估计会与精通政典、律令或历史等有关，这些都是与他工作相关的。

二问：徐安贞哪里人？祖居地或"古宅"到底在哪里？

《旧唐书》说安贞"信安龙丘人"，因衢州在天宝元年曾改称信安郡，而当时龙丘是它的属县，因此安贞为龙丘县人是确定无疑的。至于龙丘县哪个村，"古宅"又在哪个位置，便有许多不同说法。龙游的徐氏后人说他是龙游灵山人，兰溪徐氏后人说他是兰溪徐宅山背人或乐塘人，黄堂徐的徐氏后人认为他是黄堂徐人，种种说法都源于各自宗谱的不同记载，并无确凿的史料佐证。历代家族宗谱，在编修和传承过程中，内容多有讹误，这是公认的事实。徐力行等人编的《盛唐文伯徐安贞》一书中，本身也载有相互否定的考证文章。

《汤溪县志》卷九"选举·荐辟"中载:"徐安贞,黄路人,有传。"卷十三"杂录·古迹"中载:"徐安贞古宅,(前志)在县北十里,地名洪塘。"同时注明"《龙游县志》徐安贞宅在龙丘山下,《兰溪县志》徐安贞宅在紫岩乡徐宅山背,未详孰是"。意思是三县的县志说法都不一样,我们也只是按前志抄录。近来,汤溪镇护城街新制作的徐安贞宣传画上,标注"徐安贞,洪塘人(今属莲湖管理处)",大概是制作者在县志庄区表上,找不到"洪塘"这个地方,就根据"古宅县北十里"的方位简单推定了。

其实县志卷九"选举·荣典"部分,有一条明确的记载:"丰敬,洪塘人,成化间输粮三百石,授冠带。"同时注明"洪塘即黄堂"。这个记载虽没有关于黄堂地名演变的具体说明,但汤溪话洪塘、黄堂同音,也许汤溪建县之初的成化年间,黄堂仍称洪塘或两者混用。

另外,黄堂丰氏上东房居住的自然村叫"横路","黄路""横路"汤溪话同音,村上的人也不作区分,只是后来作为村名才被固定下来。因此,如果徐安贞家在黄堂(洪塘)横路(黄路)自然村,则与县志记载完全吻合。

据村上传说,黄堂曾经以徐姓为主,只是不知何故,逐步外迁和衰弱。南宋初年丰氏来迁时,已经人烟稀少。丰氏繁衍后,"不忘所出",每年正月二十六,举行盛大庙会祭祀徐偃王。横路自然村东南面的土坡,现称殿埠头,相传为徐安贞读书处,后人"即其地立庙祀之",曾建有崇祀徐安贞的侍郎殿。清代以前的

《丰氏宗谱》形势图上，注明该处为"侍郎殿山"并标有侍郎殿庙宇的图案。这里离九峰山（龙丘山）八九里地，与徐安贞"读书九岩山下"的记载相符，与龙游县志"徐安贞古宅在龙丘山下"的记载也吻合。

　　《盛唐文伯徐安贞》书中转录兰溪、龙游等徐氏后人的好几个宗谱，都标明汤溪先儒徐伯珍是徐安贞六世祖。而《南齐书·徐伯珍传》明确记载，伯珍"宅南九里有高山，班固谓之九岩山，后汉龙丘苌隐处也"，这个地理位置，正好是黄堂（洪塘）附近（按：徐伯珍旧居在东祝界牌塘，离黄堂不远）。徐伯珍办书院授徒，"受业生凡千余人"，如此大的办学规模，也不可能真的在九峰山的岩穴中，而黄堂侍郎殿一带为平缓的坡地，北面直到衢江的十多里地都是良田，物产富饶，旁边莘畈溪水路与衢江相连，交通便利，书院办在这一带而称"九岩山下"也符合逻辑。

　　至于县志中"县北十里"的讹误，如果按《汤溪县志》卷十三"古迹"记载，"太末县旧址，在九峰山下，其城堙街址，历历犹存"，近来考古也发现古城遗迹。以太末县古城论，则"县北十里"为黄堂（洪塘）倒也没错，只是按理，《汤溪县志》不应出现这样的错误。

　　《汤溪县志》卷三"氏族表"载明，汤溪黄堂徐（注：陶家站附近的黄塘徐）徐氏为"徐安贞后人"，其"始迁祖徐瑞凤，元季由兰溪之紫岩迁居黄路，即今汤溪黄堂徐"。黄堂徐徐氏既是元代始迁，显然不可能是唐代徐安贞的祖居地。至于墓葬问题，除汤溪外,兰溪、湖南平江、江西丰城等有多处徐安贞墓,应是徐氏后人为了祭祀的需要而立,不足为凭。

龙游县由龙丘县沿革而来,黄堂(洪塘)原属龙丘县,龙游将徐安贞列入县志"人物传"是可以理解的。但黄堂所在的位置,史上大概率没有隶属兰溪的可能,《兰溪县志》也把安贞列入"人物志",可能与安贞父亲徐宗迁居有关。兰溪几个徐氏宗谱都记载,徐林甫长子、徐安贞父亲徐宗迁居兰溪,只是迁居地点有徐宅山背或乐塘等不同。如果确实是徐宗外迁,则徐安贞早年和晚年就有了两个不同的居住地,"古宅"自然也有两处,兰溪县志将其列为县人也符合事实。

古代地方修志,总体应该是认真严肃的,那时也没有太强烈的名人消费需求,没有足够依据应该不会列入县志。所以,徐安贞为故龙丘县人,祖居地在黄堂(洪塘),汤溪置县后其地隶属汤溪,早期读书九岩山(龙丘山)下,之后随父迁兰溪。龙游、汤溪、兰溪三个县志的记载,除《汤溪县志》的"县北十里"有歧义外,其余基本正确。

三问:徐安贞的生卒时间?

《旧唐书》只提到徐安贞"天宝初卒",《汤溪县志》没有明确记载。汤溪镇制作的宣传画上,把徐安贞的生卒时间标注为"?—742",这个标注很不科学。首先,《唐书》上虽没有记载,但龙游、衢州方志及徐氏宗谱可以借鉴、参考,说明汤溪人没有很好调查。《衢州府志》标注的时间是"671—743",不知这个时间是源自确切的史料记载还是考证结论,如果是前者就不必讨论了。就《盛唐文伯徐安贞》中摘录的宗谱资料看,有作 671 年的,也有 673 年的,与《衢州府志》大体一致。

至于去世时间,一般认为《旧唐书》"天宝初卒"的说法是可信的,但汤溪宣传画上定为 742 年就错了。《全唐书》"册信王卢妃文"中,有"副使,银青光禄大夫、行中书侍郎徐安贞,持节礼册"的内容,时间是"天宝二载七月",可见,天宝二载(743)年徐安贞还在世、在任。天宝二载后,再没有徐安贞活动的记录。《衢州府志》的 743 年虽不能说确切,但至少比 742 年可靠。天宝年号从 742 年开始,共历十五年。因此,徐安贞的生卒时间标注为"约 671—743"更为合理。按这个时间算,徐安贞神龙二年(706 年)三十五岁举进士,符合唐代"三十老明经,五十少进士"的科考实际,到天宝初七十多岁去世,也较切合实际。

四问:徐安贞最后的官职到底是中书侍郎还是吏部尚书?

《全唐书》"册兴信公主文"中,有"今遣使吏部尚书兼中书侍郎徐安贞持节礼册"的内容。按唐玄宗时期的官职品级,吏部尚书是正三品,中书侍郎是正四品上。据此,民国汤溪知县李涞认为,徐安贞的最高官职应是正三品的吏部尚书,后人称其侍郎是史书记载缺失。因此,他在整理和重印明代龙游人童珮编辑的《徐侍郎集》时,将之改称"徐尚书集"并专门写了《徐尚书集后序》一文作说明。但按照唐代官员等级和官称制度看,该诏令中的"吏部尚书"可能是担任使职时的检校官,是虚衔,不是实际的职事官。两年后的"册信王卢妃文"中说"银青光禄大夫、行中书侍郎徐安贞持节礼册"也表明,安贞虽为从三品的"银青光禄大夫",但实际"行"的还是中书侍郎职。因此《新唐书》说他"终中书侍郎",后人称他为"徐侍郎",为他的立庙也称"侍郎殿"应该没有问题,倒是李知县可能没有仔细考证。

五问:徐安贞参助李林甫是否可信?

《新唐书·徐安贞传》中有"是时,李林甫用事,或言计议多所参助"的描述,李林甫是唐史有名的奸相,这个记载给徐安贞带来很大的负面影响。李知县在他的《徐尚书集后序》中指出,这是《新唐书》作者宋祁,采信了范摅《云溪友议》中的不实说法,是没有事实依据的妄语和猜测。除《云溪友议》外,《旧唐书》及其他史料中,都没有关于徐安贞参助李林甫的事实和说法。

确实,徐安贞与李林甫不但同朝,而且是工作关系密切的上下级,难免让人产生错觉和疑惑。《盛唐文伯徐安贞》中摘录的唐诏令文书中,徐安贞作为李林甫副使,出使公主出嫁仪典就有六次,因此徐安贞自然无法避开李林甫。但李林甫"自无学术",忌恨有才名的人,安贞也应属被嫉恨之列。只是徐安贞之所以"在中书省久",是因为玄宗皇帝"好文词",对诏书、文章要求很高,需要安贞这样的助手,并非李林甫能左右。

李林甫祸国殃民，不等于同朝的官员都有问题。李林甫死后"诏夺林甫官爵，废为庶人"，安贞并无牵连。一个很有说服力的细节是，宰相张九龄被李林甫忌恨，于是他利用玄宗与张九龄在任用牛仙客及太子废立等问题上的分歧，百般陷害，但张九龄墓出土的墓志铭则为徐安贞撰书。可见安贞并非与林甫合作，反而与九龄及家人保持密切关系。由此猜测，在林甫迫害文学之士、良善官员之际，安贞虽回天乏术，但很可能是处于同情并给予保护、照顾的境况。一句模棱两可的"或言计议多所参助"，使徐安贞蒙受不白之冤。所以，李洣认为，包括童珮等都没有对史料进行认真的考证和分析，导致以讹传讹。

六问：徐安贞到底有没有归隐九峰山或湖南衡阳、湖南平江？

汤溪、龙游、兰溪几个县志及徐氏宗谱的安贞生平介绍中，都有关于徐安贞"逃隐衡山岳麓寺"等内容，说安贞害怕李林甫迫害，弃官隐居衡阳岳麓寺，装聋作哑当和尚，最后被大书法家、北海太守李邕认出，并与李邕一起归隐九峰山。甚至还有故事说，"安史之乱"时安贞躲到湖南平江隐居。如果前述安贞"天宝初卒"事实，而743年尚在任职，那么徐安贞就根本没有时间隐居。何况"安史之乱"发生的时间已经是安贞去世十多年后的天宝十四载。从另外角度看，唐玄宗因喜欢优美的文词，离不开徐安贞为他起草和写作，并对他"甚承恩顾"，安贞自然无须为躲避李林甫而"逃隐衡山"，甚至都不会允许他"逃隐"，以至于一直干到终老为止。

李洣在他的《徐尚书集后序》一文中,通过考证李林甫、李邕与徐安贞三人去世的时间、李邕可能到衡阳的时间等,认为"逃衡山、逢北海"完全是子虚乌有的事。这些故事都是源于《云溪友议》,而该书内容与事实不符的"十之六七"。或许,徐氏后人觉得,"逃隐"的故事可以让安贞与李林甫划清界限,因此谱书中关于安贞隐居的内容和细节写得都比较多。其实,这既不符合事实,也无必要。

汤溪是安贞的出生地,是安贞的第一故乡,汤溪人理应对自己的先贤有清晰认识并为其正名。

2021 年 5 月

参考书目:

① 中华书局点校本:《旧唐书》《新唐书》《南齐书》

② 白寿彝主编《中国通史》第六卷

③ 民国版《汤溪县志》

④ 徐力行编著《盛唐文伯徐安贞》

伊有喜｜古汤塘钩沉

一、先有汤塘，后有汤溪

池蓄如汤水更清，

帝王新建邑由名。

源泉混沌何尝息，

万古乾坤属大明。

这是汤溪县首位进士胡超写的《邑右汤塘》。邑，指的是汤溪县城；右，地理方位是指西边。此诗说，汤溪城的西边是汤塘，这里的温泉水很清，并说新县治汤溪因此汤塘而得名。

乾隆版《汤溪县志》把汤塘说成"明太祖驻跸处"——驻跸，是指皇帝后妃外出，途中暂停小住。当年朱元璋将与对手厮杀，哪有这么优游从容？"驻跸"无非是对朱元璋当年落魄的一种美化。不过，相传他经过汤塘时，曾经在这温泉塘里洗过手，"因水热偶指其塘为汤塘，其地遂以此得名"。

其实,"汤塘"得名要远远早于朱元璋与汤塘的邂逅。那么,有多早呢?

《汤溪县志》说到东祝始迁祖祝钦慈:"原籍湖广(江陵),唐高宗时以进士任东阳郡判,弘道二年,致仕卜居汤塘。"意思是说,祝钦慈在唐高宗时担任东阳郡判,弘道年间,退休而定居汤塘。从祝氏宗谱看,其最早的谱序在北宋政和元年,也就是说,最迟在北宋,就有汤塘存在。《汤塘李氏宗谱》也有记述:"铄由大罗山(温州)迁居婺州兰邑之汤塘中市,即今塘下李村。"李铄迁居是在南宋庆元乙卯年(1195年),当时的汤塘属于兰溪县管辖。《汤溪县志》记载,南宋有个进士叫李楫,"历官广州刺史、南昌知府,升左参议"的就是汤塘人;又南宋孝宗乾道乙酉科考,王雷奋、王雷震兄弟同科中举,县志上说是汤塘市人:既然是汤塘市——集市或集镇,自然就有杂姓,比如汤塘王氏、汤塘祝氏、汤塘李氏。

据此,我们可以保守估计,北宋乃至更早的唐朝,汤塘或汤塘市就存在了。汤塘市,只是集镇而已,就像游埠市、花园市等。而汤塘或汤塘市,从唐上元元年(674年)八月成立兰溪县到明成化六年,都归属兰溪县。汤溪以南十里的九峰山也属于兰溪县,作为地标符号的九峰山更多地见于各种方志,比如成书于北宋端拱年间(988—989)的地理总志《太平寰宇记》卷九十七"兰溪"条,就明确记载:"九峰山,在县南六十里,下有中书侍郎徐安贞读书岩。"

直到明成化七年(1471年)，九峰一带的兰溪南境才划入新设立的汤溪县。汤塘市、花园市自然也在其中。

二、 汤塘温泉与祝昌宥家族

祝氏宗谱记载："太末之墟有巨姓，曰汤塘祝氏。昌宥公之家也。"祝昌宥是什么人？

祝氏宗谱《清源録遗迹》记载："公之子伯玘伯瑜，并举进士，孙景先陈治安十策。"这是说祝昌宥的两个儿子伯玘、伯瑜，都考上了进士，孙子叫祝景先，向朝廷进献治安十策。当然，祝昌宥并不是只有这两个儿子，他有五个儿子四个女儿：伯玉、伯掌务农，老三文豫"自幼多病愿学佛为缁徒(和尚)"。先后中进士的伯瑜、伯玘，《汤溪县志·科考》中有相关记载：祝伯瑜，是崇宁二年(1103年)进士，四年之后，祝伯玘在崇宁五年也中进士。兄弟俩分别担任处州教授、潭州司理参军(判官，掌狱讼)。

祝昌宥，《汤溪县志·人物》有传："祝昌宥，东祝人，敦尚气节，事母抚弟，乡人称孝友。急人之困，无疏昵。学宫颓圮，捐资易而新之，士大夫雅重焉。课二子伯瑜伯玘，崇宁中并举进士，克振其家。"

关于祝家事，《龙游县志》有更为详细的记载，因为彼时还没有汤溪县，东祝村所在属于龙游境，村中有口界牌塘刚好是龙游兰溪交界处，"学宫颓圮"，祝昌宥"捐资易而新之"的学宫是龙游城里的。"祝昌宥,字悦(阅)道。以力穑致资巨万,性好施与。"靠辛勤务农积累巨大财富,乐善好施。"所居当衢婺之冲有派溪者,为石塘源支流,洄洑奔放,不利于行舟。昌宥乃造大石桥,行人称便,凡费钱三百万,未尝资于人也。前后凡造石桥二十所,亦悉出己资云。政和二年(1112年)卒。"他独资造桥20处,尤其是现如今的派溪童处(按:派溪童人也有汤塘祝氏分支),他用石桥替换原先的木桥,"行人称便"。"子,伯瑜、伯玘,进士。"又说到他的孙子祝景先,"靖康中陈《治安十策》,朝廷咸为采录"。此后还有续集,祝景先的孙子祝逋,"有祖风,以时多艰不乐仕进,读书谈道,终老于家"。因为生不逢时,不求仕进,老死家中,祝逋是祝昌宥孙子的孙子。

余绍宋在《龙游县志》说及祝家时,有两处加了按语。一是"派源今在汤溪县境,唯宋时尚属龙游,兹故采入","派源"就是派溪,也就是现在的派溪童附近的越溪;二是,他编及祝景先以及孙子逋时,当说到"逋,有祖风"时,有一困惑:"景先传中除陈策外别无记述,而曰有祖风,殊不可解。"但,"姑仍之"——姑且依照前志记录。祝逋有祖风,祝昌宥应该算是他的祖了,"敦尚气节",居家孝友,"性好施与",修桥铺路,乐于公益事业,这便是逋之"祖风"吧。

这个祝昌宥,真的了不起,在北宋率先开发汤塘温泉,老板祝昌宥,老板娘徐氏,分别入列《龙游县志·人物传》。《祝君悦道墓志铭》说:"即舍之西南构室施无碍浴,而衢婺二境之人无大小咸利汤沐。""无碍浴"出自北宋王之道的诗:"其温本硫黄,气味自同臭。大哉无碍浴,天地不轻授。"有硫黄味的温泉当然"天地不轻授","施无碍浴"与"汤沐"均是温泉浴。附近的衢婺两州的人们,不论大人小孩,都得益于这温泉浴室。而《徐氏祝昌宥妻》也提及开发温泉的事情:"又以乡人不识浣沐,往往逾时,乃即所居西南隅辟室数椽,旬具汤水以施之。"在温泉边,"辟室数椽",修建几间房子,"旬具汤水以施之",每九天休假日洗一次温泉澡。北宋沿袭唐制,公务人员一个月休息三天,"九日驱逐一日闲","十日一休沐,故曰上浣、中浣、下浣"。

也就是说,汤塘温泉,早在北宋年间,就已开发。怪不得与九峰山失之交臂的郁达夫在《二十二年的旅行》一文中,论及物产,郁达夫说:"浙东(古时分两浙东路与两浙西路,以浙江水系为坐标区分)居民当然是以造纸种田为正业的,间有煤矿铁矿,汤溪也有温泉,但无人开发,富源还睡在地里。"汤溪有温泉,原来郁达夫在1933年就知道啊!估计当年郁达夫游浙东是做足功课,看过余绍宋的龙游县志吧。

三、汤塘故址今何在

目前存世最早的《汤溪县志》(万历版)说到汤塘市:"在县西二里,与县通。"说到汤塘山(山川篇),则简单明了:"附郭。"郭指外城,所谓的"附郭"是指与汤溪外城相连。乾隆版《汤溪县志》

也说到汤塘市、汤塘山，内容则要充实许多。比如汤塘山："平冈一带，绕于县郭之西南，山侧有塘，相传明太祖曾盥手于此，因水热偶指其塘为汤塘，其地遂以此得名。明初有汤塘市，分上市、中市、下市，绵亘约数里。成化八年，迁邑于其地之北隅。因汤塘之名遂名邑为汤溪。今其地仅存小丼，深不越尺余，广不越丈许。访求陈迹，已尽属民业矣。"而汤塘市则成了汤塘庄："汤塘庄：县西南二里，有汤塘遗迹，庄内有回龙祖殿、越溪桥庵。"庄，类似于乡，下辖"塘上李、塘下李、禾边程、汤塘范、汤塘余、汤塘郑、上瀛头、下瀛头、李水碓、西门外詹里"。西门外詹里就是现在的汤溪西门，原汤溪卫生院附近。

比较万历版与乾隆版，还是有所异同的。相同处是汤塘的距离，二里；不同处是方位（西或西南），考虑到一个是市镇，一个是庄（乡），一个乡的范围比市镇要来得大，还算说得过去。

此外，最有价值的信息是关于汤塘温泉的："汤塘庄：县西南二里，有汤塘遗迹。"汤塘遗迹的说法表明在编纂乾隆版汤溪县志时，汤塘温泉已成遗迹。从乾隆版汤溪县志陈钟灵（当时的县令）的序文看，编纂时间是在乾隆四十八年（1783年），也就是说，到了乾隆四十八年，汤塘温泉已经停摆了，但遗址还在。

围绕这口汤塘温泉，有"塘上李、塘下李、禾边程"三个村子，其中，禾边程应该是王边程，王姓是原住民，程姓是依附王姓而居的：以村中官衢为界，官衢以北王姓居焉，现在因为程姓越来越多，就慢慢连成一片了。这王姓，村人称为汤塘王——就是汤塘王氏，县志上说的南宋兄弟同科中举的王雷奋、王雷震就是汤塘王氏，其父王兼善，是南宋淳熙年间从婺州定居汤塘。据说，汤塘王氏曾有十八精壮后生淹死在衢江的悲剧，导致王氏至今人丁不旺。

至于"汤塘范、汤塘余、汤塘郑"，就是现在的汤塘村三姓氏。目前的汤塘村始于元代，据该村最早的谱序（万历）记载："其先本遂昌长濂巨宗，元初文三奏差公世望以宦游归，悦九峰之胜，遂面峰而家焉。自是族渐大，迄今称汤塘郑氏。"郑世望所担任的"奏差"，是掌管表笺章疏的，元明清于衍圣公府（曲阜孔庙东侧）置一名，以流官（流官是相对于土官而言，是朝廷派出不能世袭的官员）充任，正七品。郑世望的第九世孙，分支到汤溪"县治之街南"，现在汤溪城南一带有一郑宅巷，曾经有他们的祠堂。此后，又有迁往上郑的。上郑就是现在的上徐村，因洋埠也有上郑村，目前统称上徐村，上徐村有郑氏与徐氏祠堂各一。从时间上说，目前的汤塘村迟于元代才出现村落；从空间看，也不止"二里"，故可排除。这多少有些遗憾，汤塘村里没"汤塘"（温泉），但没办法。

同样的，虽然东祝人最早与汤塘结缘，不过因为东祝村"在县西五里"，与"在县西南二里"不符，所以也可排除。可能由于祝昌宥家族权势大（巨富且出了两个进士），且乐善好施人缘好，估计当时祝昌宥的家产不会局限于目前的东祝村。

看看上李与塘下李，他们原是一家人，不唯上下李，派溪李也是。《汤塘李氏宗谱》载:"汤塘李氏始于毅十七公迁自永嘉之大罗山脚,递七世,文一公与文五公又析为上下二族焉。"上下二族即为上李、塘下李。后来上李的福廿八公去了派溪,即派溪李,塘下李文五公的儿子又分发到大有李。如是汤塘李氏分居四处,"上李名贤房,派溪(李)名良房,下李名方房,大有名正房",分别为贤、良、方、正四房。

塘下李村,原先只是分布在山坡沿,房屋上下错落,现在则蔓延到汤山公路边上了。有一篇《塘下阳基山水记》提及温泉:"其西则一望而皇枫插天,汤泉温燠而非先王之手泽尚有存乎?其前则有别业一所,为子孙读书之处。"意思是说,塘下李村的西边有参天的枫树,有温热汤泉,有别业。所谓别业,是与"旧业"或"第宅"相对而言的,业主往往原有一处住宅,而后另营别墅,称为别业。这别业是谁的不得而知,反正此时是供子孙读书的书院。这篇《塘下阳基山水记》写于乾隆十九年(1754年),作者是钱塘龚春生。此文提供的信息是温泉在塘下李村的西边。

无独有偶,《程氏宗谱》也有了线索。原来禾边程村最近在积极申报精品村,按精品村要求,村中不能有坟地,村民扩建新房,原本不在村中的祖坟现在散落村中。他们迁移了土名"耳朵东"的一圹太公坟,需要查清楚是几房的太公。这位太公叫程光生,字利宾,号赐山,行序为智四三,也就是说,智字辈排行第四十三。据宗谱记载,是禾边程第十世,生于康熙戊午年(1678年)十月初五日巳时,卒于乾隆癸酉年(1753年)十一月初七日午时,享年 76 岁。这位程姓太公是德高望重的乡贤,他有一荣誉:介饮宾。"翁为人正直,然诺不欺,小心谨慎,素为乡党推重。乾隆十一年正月举行乡饮酒礼,翁以迈德首列宾筵,给予顶戴荣身……"不错,被批准为"乡饮宾"的人,朝廷都要赏给顶戴品级,地方政府还要赠送匾额以示祝贺。这位程姓太公与那口冒温泉的汤塘有关,原来在他安葬的"耳朵东"坟地图示上,赫然标有"汤塘故址"的方位字样。

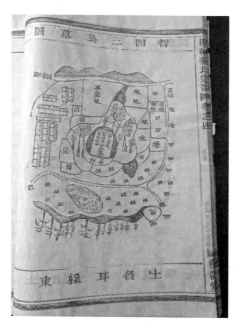

"汤塘故址"

　　孤证不立,我们需要更多的证据。同时受此启发,我们翻阅汤塘郑氏宗谱,特别留意太公坟墓图册,不出所料,果然也有一太公坟图上标有"汤塘"方位。

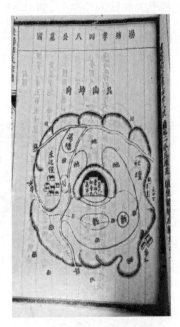

标有"汤塘"的太公坟图

　　这位汤塘郑氏孝四八公在宗谱的字辈中很容易就翻到了,是雍正七年生,乾隆廿一年卒。

　　通过比对,最终汤塘遗址落户禾边程村,目前是在移动发射塔下,一处低洼,常年湿漉漉的。

　　关于汤塘温泉,清朝时州同(知州的佐官,从六品)帅焕有诗：

> 闻道汤塘水，曾经盟至尊。
> 一泓澄似液，半亩注如盆。
> 激滟因名县，济沦别具根。
> 已逾四百载，胜迹尚留存。

乾隆年间的邵志谦（常山人，乾隆二十五年任汤溪县令）也有《温泉》诗：

> 膚沸泉声细，一勺回澄绝。
> 凉燠元无心，肯作因人热。

而到县人杨虬赋诗时，温泉似乎了无踪影。其《汤塘》诗，是古风，抄录如下：

> 真人濠泗乘龙起，栉风沐雨无宁晷。
> 偶然兹地停马过，涟漪爱此一勺水。
> 澄波浴日如热汤，温泉游幸差此比。
> 曾否当年驻六飞，野人传说矜光辉。
> 我来访古问陈迹，耕农指点空依稀。
> 草塘非复旧涯涘，但见油油粳稻肥。

世俗宁知真与伪，妄言妄听姑传异。

人间韵事误亦佳，一览遗迹豁遐思。

    帅焕诗中似乎有温泉，"胜迹尚留存"，邵志谦诗中三四句有些摇摆，杨虬诗中却已模糊："我来访古问陈迹，耕农指点空依稀。"杨虬似有无限的怀疑："世俗宁知真与伪，妄言妄听姑传异。"我想，现在"汤塘"既已定位，而科技发达如斯，为什么不可以试着挖一下呢？毕竟这是地表温泉，所费不多，万一沉寂多年的汤塘重新喷涌呢？

参考文献：

《太平寰宇记》《龙游县志》余绍宋版《兰溪县志》《汤溪县志》（万历版、乾隆版、民国版）

《汤塘程氏宗谱》《汤塘李氏宗谱》《汤塘王氏宗谱》《汤塘郑氏宗谱》《华封祝氏宗谱》

伊有喜 | 古城下伊探源

古城下伊，最近声名鹊起——2017年，它成为一匹黑马，获批浙江省首批传统古村落；2018年，它给人更大的惊喜，在12月公布的"第五批中国传统村落名录"中，下伊村赫然在列。但在金华乃至汤溪一带，人们对它所知甚少，它貌似人间秘境，充满着迷雾，也预示着无限可能。

那就让我们一起走进它，试着揭开它略带神秘的面纱。

一、下伊村为何称为古城？

下伊村为何称为古城？这可能是人们普遍的疑惑。这个谜底在青阳山，山上至今还留有土夯的城墙，宽四五米，高有一米多。这城墙原本更长，因为园田化改造，西侧的那一段成了机耕路，东侧尚残留一二百米，那一带，人们习惯称为"古城脚"。

民国版《汤溪县志》卷十三是"古迹"，第一条就是"古城脚"："（前志）在县城西五里，汤塘山之尾。高约五尺，广二丈余。未详何代所筑。"无独有偶，万历版《金华府志》也有"古城"："在府城西南四十里,广袤五六里,相传古州城遗地也,今属汤溪县界。而汤溪县新志又云:古城脚,在县五里,汤塘山上,阔二丈,高五尺。意古之治所也。"由明代上溯,元、宋、唐、隋、南北朝、魏晋、三国、东汉、西汉,汤溪一带的行政区划、建制沿革均有据可查。只能往秦朝或先秦找了:秦为太末县,先秦则为姑蔑。春秋战国时代,除了古越人,在汤溪一带还生活着从北方迁徙过来的姑蔑族。姑蔑本是黄河流域淮、泗一带的一个古老国族。周初穆王东征,姑蔑族的始祖徐偃王"仁义失国",败退南下,到了"越城之隅",也就是相当于汤溪、兰溪西乡和衢州全境以及江西玉山一带。这一区域的人们,供奉的基本上是徐偃王。下伊山头祖殿也不例外,乡人呼为"徐王圣帝"。目前龙游人全力做大姑蔑国文化,汤溪人也不甘落后,毕竟姑蔑国曾建都于九峰山一带。而古城究竟是什么年代什么人建筑的呢?

不唯古城,青阳山带给人们的想象空间也非常大。

2018年3月,浙江省文物考古研究所进驻下伊村,青阳山遗址考古调查和试掘工作有序推进。据悉,青阳山遗址内容丰富,发现了商周时期、钱山漾文化时期和上山文化时期三个阶段的遗存,出土了大鱼鳍形足鼎、扁侧足鼎等大量文物。从2019年开始,将对青阳山遗址进行全面挖掘。蒋乐平专家曾说:"青阳山遗址范围大,汤溪—龙游东部一带采集文物多、遗址集中,希望青阳山遗址能成为一个钉子,在这里扎下根展开系统、深入调查,带动周围金衢腹地包括上山文化遗址在内的新石器文化考古的开展。"

二、 章枫山先生为什么给古城下伊写谱序?

《汤溪县志》说到伊姓:"伊恭,其先汴人,元至大间,恭为龙游县尉,乐古城山水之胜、土田之沃,遂卜居焉。"下伊人始迁祖伊恭,"恭字德正,行德一(伊恭在下伊行德一,在伊氏则为第89世),其先汴人,世居中州洛邑。会宋中叶南渡护驾临安。至公作尉龙丘,卜居古城,明成化分隶汤溪,行事亦载龙邑志书"。

古城下伊最早的谱序《古城伊氏宗谱序》记:"……至宋中叶,吾远祖有运使公讳凯者,随驾南渡,始自汴而来,寓居严陵。而运之元孙讳恭者,在前元至大间,为尉于龙游,乐其山水之胜、土田之沃,又卜居邑东之古城。厥后古城之地,析属汤溪,故今为汤溪人。"

在北宋南渡的时候,有个叫伊凯的人担任转运使(宋时转运使除掌握一路或数路财赋外,还兼领考察地方官吏、维持治安、清点刑狱、举贤荐能等职责,其官衙称"转运使司",俗称"漕司"),伊凯从开封随驾南迁,但他从京城(杭州)迁居严州分水县(今分水县已并入桐庐县,是桐庐县的一个镇)。据说是因为秦桧专权,当时许多人避祸离京。这个伊凯有个元孙叫伊恭,在元朝时担任了龙游县尉。当时的古城属于龙游管辖("邑东"的邑指的是龙游县城),这个龙游县尉"乐其山水之胜、土田之沃",就定居在下伊了。古城下伊由此开枝散叶、繁衍生息。后来,明成化七年,设立汤溪县,下伊人就成了汤溪人。

忘了交代,这《古城伊氏宗谱序》的作者,大大有名,是兰溪的枫山先生章懋,这篇《古城伊氏宗谱序》,收录在明刻本《枫山全集》中。

章懋(1436—1521),字德懋,号闇然居士、瀫滨遗老,人称枫山先生,兰溪女埠渡渎村人。明成化会元,举进士,官至礼部尚书。章懋出身寒微,世代务农。人品高洁,平生襟怀坦荡,为人和平温厚,耿介拔俗。任官以民为本,志在天下。人与之交则亲,与之言则信,道德文章为世所重,著有《金华·兰溪乡贤祠志》《枫山全集》《枫山语录》《正德兰溪县志》等。

其实汤溪人对章枫山并不陌生,汤溪人以娘舅为尊,但也流传"外甥皇帝"的说法,这源于章懋——只是汤溪人说到"外甥皇帝"时,习惯加一句"娘舅狗屁"。其实这不是章枫山本意,他从未说过"娘舅狗屁"的话,他是很尊重娘舅的。

那么,大名鼎鼎的章懋凭什么给古城下伊写谱序呢?我们先看一下谱序内容:

> 先辈有言,为常人之子孙非难,而为名人之子孙者难;为名人之子孙固难,而为圣贤之子孙尤难。盖以前人之功德极盛,而后人不克肖焉,则未免辱其先矣,斯所以为难也。汤溪有伊廷玉者,以医名家,而好尚文雅,喜交结贤士大夫,

得其词翰,则珍藏宝爱,时取而玩补之以为乐。又尝慕渊明之风,治圃庭前,品植佳菊以娱。晚节其亦可谓旷达而不俗者矣。……

至此可知,伊廷玉是儒雅名医,他与章懋的交往,文艺是媒介。在给伊廷玉写的《菊庄诗序》中,章懋说到伊廷玉爱菊而命名所居之室为"菊庄",《菊庄诗集》是"凡缙绅君子之过其居者"的题咏诗作合集。这篇《菊庄诗序》,也收录在明刻本《枫山全集》中。

三、 儒医世家:岐黄有术堪医国

章懋先生在《古城伊氏宗谱序》中给下伊人指明了出路:医与儒。他说:"君之先翁择术为医,其意美矣。至君昆季而术业益精,声称籍甚,颇能得其一技之良而有功于人,庶几能绳祖父之万一矣。君又使诸从子进业为儒,藏修泮水,明经修行,志伊学颜而彬彬可观,异时进用于上……"

"泮水"指古代学宫前的水池,形状如半月,后多以指代学宫;"志伊学颜","伊"指以才著称的商汤宰相伊尹,就是章懋提及的"能绳祖父之万一"的"祖父"和"圣贤","绳"则为继承的意思,"颜"指以德著称的孔子弟子颜回。"至君昆季",君为伊廷玉,"昆季"指兄弟,到了伊廷玉兄弟这一代,医术更为高明,遂声名远播，名气很大。伊廷玉亲兄弟有五人，分别为瑜（廷玉）、球（廷器）、琳（廷珍）、瑸（廷琚）、瓒（廷瓛），而堂兄弟则更多，因为伊廷玉的父亲伊鸾兄弟有七人。"君又使诸从子进业为儒"，"从子"是指侄子，伊廷玉有诸多侄子，"进业为儒"，走科举仕进一途。当时的古城下伊确实人才辈出：医学名家有伊柷、伊汉以及伊天叙、伊明经等，科举仕进有伊橡、伊蕙、伊萃，尤其是伊蕙，医学与科举并通，一边治民一边治病，下伊"甘露流芳"午御门的荣耀就是他挣来的。

医学名家伊柷，他是伊廷器的二儿子、伊廷玉的侄子。他子承父业，医术高明，在汤溪县志中有记载："伊柷，字东泽，祖父业医，咸称良。柷克承先业，兰溪唐渔石先生尝以疾就诊，获瘳，为作《杏林书屋序》以进之。胡九峰亦有诗为赠。著有《医学正论》《汤液衍传》各若干卷。"唐渔石就是唐龙，胡九峰就是胡少卿胡森，他们与伊柷的交往在伊氏宗谱中有更为详细的记载。

唐龙给伊柷写《杏林书屋序》，文末有一小序，说及他与名医伊柷的因缘：

"正德五年，寇环齐鲁，予守郯城，师旅仍焉。六年，先人丧。重以戚戚故，乃构疾，期而不瘳。就君诊之，因作《杏林书屋序》以记。"唐龙是明正德三年（1508年）进士，授郯城知县。在正德六年，唐龙父亲去世，归家服丧，因哀痛过度而得病，一年不见好（"期而不瘳"），赖伊柷就诊而痊愈。该文落款时间为正德十三年季冬，题名为"赐进士第巡按云南监察御史、奉旨加俸二给、兰溪唐龙伏枕书",并题诗一首：

祖贻生意只青囊,培积源头杏自芳。

活水流通三世脉,春风吹散满城香。

杏林金籍却林阴,蒲屋须观夏屋光。

歧路正应明义利,肯如养虎效亡羊。

胡少卿与伊枳结缘,也是源于治病。《赠太丈东泽先生诗有序》："予室丰恭人泊(及)儿文采皆尝构危疾,赖公之起用,酬以诗。"胡森夫人丰恭人(四品妻子)是黄堂丰的冬畈人,文采是胡森的第二个儿子(文炳、文采、文秩、文清),他们都曾经患病,依靠伊枳得以痊愈,胡森写诗来酬谢。其实,胡碓、冬畈以及下伊,都是近邻,看病就医原本稀松平常,何况文采娶的就是伊蕙的孙女,加上胡森是大名人,又能诗文,所以成就一段佳话。

其一

老于东泽寄闲身,不负明时白帻巾。

双手携来瑶水月,一筇拄住杏林春。

岐黄有术堪医国,绮角无心只养神。

数过茂陵同净几,每因调燮问经纶。

其二(用前韵自述兼呈东泽)

曾向明时早乞身,也应黄发岸纶巾。

吟遍柳匝清池午，醉后花明绿野春。

却老底须金炼液，养生唯以鹤全神。

泽公本是忘机者，添得沧江一钓纶。

明时，是指治世，政治清明的时代。"曾向明时早乞身"，胡森为人"气度端方，志存经济（经世济民），而天性至孝"。为官则"节用爱民"，而审时度势知进退，以父亲年老为名"自乞休归养"，"优游林下者二十余年"。睿智如胡少卿，面对伊枳，不由得感慨、赞美"泽公本是忘机者"！

胡森还有一首《纪梦绝句席间呈东泽》赠给伊枳：

楼上清尊照晚霞，楼前乳燕蹴飞花。

书生岂是封侯骨，贞白山中自拜麻。

伊枳有三个儿子：倡、俌、佃。其中俌的二儿子叫天叙，字可知，号近川，在万历年间，"考授汤溪医学训科"。简单地说，伊枳的孙子伊天叙，"行职汤邑，掌主医学"。此事也见于伊氏宗谱，当时的汤溪县教谕张时辅在万历九年曾写《赠伊近川先生掌汤溪县医学事序》一文。

无独有偶，伊枳的堂弟伊椿（其父伊瑸）生二子：熛、焰。焰的儿子伊汉和伊汉的儿子汤望、汤就、汤谟，还有孙子伊明经，都是名医。汤溪县志载："伊汉，号乐莘，博学能诗，以医术名于世，子汤孙明经,皆折臂功深。"这位乐莘公伊汉,"少业举子,有司其文赏为上格。既而失怙,遂纂诸父世医之绪,由是名震浙东,活人甚众。"伊汉的子与孙皆为名医!

保守说来,从振举公文林郎伊鷟算起,到伊天叙、伊明经,古城下伊以医名世,已历七代:从永乐(1403 年)到万历九年(1581 年),已有 170 多年!而且从医者均有其祖风范,"以医名家,而好尚文雅","纾人之难而忘其德,供其困乏而勿恤其报"。事实上,古城下伊,历代都出名医。民国时期,掌管汤溪医院的依然是下伊人,如今远近闻名的山下龚中医外科就是传自下伊人,至今已历三代……

除了儒医世家,下伊人"进业为儒",走科举仕进一途的也有不少。兹以明代为例,略举一二。

伊橡,是伊枧的亲弟弟,是伊廷器的小儿子,字文才,号汤山,就是伊氏宗谱中的汤山公。他主攻《易经》,嘉靖癸卯(1543 年)应浙江乡贡第十名,嘉靖丁未(1547 年)授江西抚州府东乡县训导,升任广东广州府香山县教谕,嘉靖丙辰(1556 年)擢升湖广荆州辽府教授。汤山公伊橡,"曾师枫山章文懿公、渔石唐文襄公之门,得婺学之传"。章懋的得意弟子众多,伊橡应该见过晚年时的章懋(卒于 1521),可能章懋的学生唐龙指点他的更多些。在古城下伊,跟伊橡有关的是藩臣堂,位于思任堂西侧,又名小厅,可惜在 1983 年因年久失修而倒塌,之后被拆除并另建新房,但藩臣路一直沿用。

伊萃,是伊廷瓛的大儿子,字文端,又字以正,号贞一,治易经,由选贡授湖广上津县教谕,补汀州府归化县教谕。他的荣耀可能被他的堂兄弟伊橡、伊蕙掩盖了。

伊蕙,他是伊廷珍的二儿子,字文馨,号子溪,治《易经》,由拔贡授福建泉州府永春县知县,兼摄同安县事。他的事迹,汤溪县志如是记载:"嘉靖间以贡入太学,授永春知县兼署同安。时旱疫交作,蕙躬行虔祷,有甘露瑞粟之应。刑科给事中同安黄光升赠以序略,谓伊君为政,唯是破觚为圆,斫雕为朴,顾其心,至诚恻怛,恒以邑瘠民贫为忧。故志之所至,气必至焉。嘉禾瑞莲固天所以示喜也。又精医理,民赖之全活甚众,闽人至今思之。"

这位伊蕙,在福建永春、同安做知县,当时闹干旱,又闹疫疾。伊蕙日夜操劳,面对疫情,他有办法,因为他出身于名医世家,他用精湛的医术救人无数;可是面对干旱,他除了虔诚祷告也别无良方,巧的是当时天降甘霖,更巧的是老天居然又下起了面粉。以现在科学昌明看,这事并不稀罕。在福建沿海,台风频繁,龙卷风把别处米面鱼鸭等卷投至此处,是常有的事情。但在那个年代,这只能归功于最高长官德行感天动地!何况伊蕙原本廉政爱民,深得百姓爱戴。所以这事在当时引起了轰动,直至惊动了嘉靖皇帝,于是"甘露流芳"的午御门就在烈宿堂门前竖起来了,直到今天,在明清一条街的甘露路上,明嘉靖御午门的荣耀依然口耳相传……

四、 古意盎然的传统节日

下伊村有两个古意盎然的传统节日:元宵节摆胜和六月初一保稻节。

古城下伊摆胜(牲)旧制:七年一轮回,先空四年,第 5 年为接胜(牲)年(小规模),第 6 年为培胜(牲)年(小规模),第 7 年为正胜年(大规模 25 桌)——若同时遇上祭新谱,则伴以板凳龙、筒龙、布龙(6 条)、舞狮、做戏(2 台)、抬阁高跷等,热闹非凡。

摆胜(牲)的程序如下:在山头祖殿,先踏八仙,然后接徐偃王(下伊人说成"徐王圣帝"或者"老佛",随从是"毛杨蔡卫"四路伯侯,寓意风调雨顺)至伊氏宗祠(思任堂),与伊氏祖先一起接受摆胜祭祀。

至于供品,则为飞禽走兽草木虫鱼等奇珍异宝。摆设如下:一号桌面对祖先画像横放,左手为双号竖放,右手为单数竖放,齐整整二十五桌。每桌相同的是都有一对红烛、八个碗、八双筷、八个斟着酒的酒杯、一对印有福禄寿喜的馒头,每样摆胜品上都会放一张红纸条,红红火火连成一片。此外左右天井还趴着一头童猪、一头童羊,头披红绸缎,嘴含一把香和桔子,胸前挂一个大元宝。摆胜寓意着国泰民安、风调雨顺。

故《汤溪县志》说到正月风俗:"是月赛会最盛,其尤著者为下伊之十五、黄堂之廿六。凡会场陈设赛品,各极富丽。有装高跷台阁,扮演故事以助胜者,而架列巨猪十百,谓之胜猪,或重至四五百斤尤为特色。"

除了元宵节摆胜,还有保稻节。在汤溪一带,萧家、西祝、派溪李、梅头、溪滩下等村把农历五月二十五这一天称为"保稻节",而在下伊、东祝、派溪童、黄堂等村,保稻节却是六月初一。汤溪县志风俗卷记载:"六月初一,或五月廿五日,农民以牲礼祈祷于土谷之神,谓之保稻。"而《龙游县志》风俗卷说得更为明确:"二十五日:祀田神,谓是日为五谷神生日也。北乡则以六月朔日行之。"也就是说,保稻节是为五谷神庆生!或为五月廿五日,或为六月初一日,这就是汤溪一带保稻节的来历。有意思的是,龙游那边,随着时间推移,他们原有的保稻节没有保留下来,而明成化年间划归汤溪县的这些村子,则恪守古礼,相比较而言,古城下伊做得尤其好,他们恢复了传统的祭祀仪式,目前是市级非遗,这冥冥之中似有天意——从青阳山遗址、上下周遗址、三潭山遗址出土遗存看,金衢盆地早在一万年前就有水稻种植了,这是人类史上名副其实的稻作农业文明的重要发祥地之一。

参考文献:

《汤溪县志》(民国)

《兰溪县志》(正德)

《龙游县志》(余绍宋编)

《金华府志》（万历、康熙）

《古城伊氏宗谱》

《枫山全集》（明刻本，金华丛书）

伊有喜 | 黄堂丰之冬畈

　　黄堂丰，是汤溪人对黄堂丰姓五村的总称，丰姓五村如今已连成一片，即高义、横路、前宅、后宅、冬畈。

　　冬畈，不是东畈。不错，它是处在黄堂的东面，但冬畈的得名与黄堂丰人的繁衍生息有关。简单地说，有个叫丰尔福的（是全德堂的祖），他生了六个儿子，其中有春房、秋房和冬房。这个冬房丰道周，就是目下冬畈村的祖，冬畈是冬房的田畈，故村名为冬畈。

　　冬畈与汤溪名人胡少卿有关，胡少卿的夫人就是冬畈人。胡少卿以清廉刚正、节用爱民、不附权贵著称，但奇怪的是，在黄堂丰的民间故事里，胡少卿的形象好像不那么高大上，说胡少卿与丈母娘吵嘴、怄气也就罢了，还说什么成了嘉靖皇帝的国舅爷，唉，让人哭笑不得的汤溪"白话漫"。

　　在冬畈以东，汤山线转到牛桥和派溪李的岔路口附近，有座道士桥——桥本身平淡无奇，只是这桥名有些奇怪。道士桥，它跟道士有关吗？

　　道士桥确实跟道士有关，这个道士就是大名鼎鼎的丰去奢

（也有写作酆去奢的），与他有关的还有崇仙宫、仙至山、道士堰以及道士畈。

关于崇仙宫，万历版《金华府志·寺观古迹》有记：在（汤溪）县西十里，梁大同二年（536年）苏府君建，招接（招呼接纳）十方仙道之所，道士丰去奢来居。未几，去，之处，于茅山得道，白日上升。并附宋约诗《崇仙宫诗并序》：

> 白云满地护苍苔，路杳玄关少客来。
> 仙去已无丹灶在，坛空唯有碧桃开。
> 石间宝剑飞应久，天上飙轮更不回。
> 安得借骑珠树鹤，相寻我亦到蓬莱。

飙轮，指御风而行的神车。珠树，指神话、传说中的仙树。珠树鹤，自然是仙鹤了。

《衢州府志·人物·隐逸》也有记：丰去奢，崇仙宫道士，刘宋初隐于处之卯山，一夕天神谓曰："石下有天师佩剑，终当归汝。"去奢修炼，至三年果得之，乃得道仙去。

《龙游县志》（旧志）也有记：

> 宋丰去奢，少为崇仙宫道士。云游，见处州茅山，遂结庐岩下，其地即张天师、叶静能修炼处也。一夕，有神谓曰："岩下有天师佩剑二，及大丹一斗，终当归你。"去奢修炼三

年，果得之。剑隐见七星，丹状麻子，莹莹然朱色。处州刺史，以兵绕山夺之。闭去奢空屋中，断其饮食，经十日不死。因遣还山，仙去。

明万历版《金华府志·仙释》也有记，但与龙游县志记载有出入：

丰去奢，崇仙宫道士。《列传》曰：衢州龙丘人，家于九峰山下。少入道，精思忘疲。年三十居处州松阳之茅山，汉张天师、叶静能修道处。结庵绝顶，朝夕焚修。山有方石，阔二丈余，平若砥。去奢坐其上，拱默静想。一旦，感神人谓曰："张天师有斩邪剑二口，并瓶盛丹在此石下，可取之。"去奢辞谢。神人曰："但能勤修无怠，自可立致。"后三年，神人遂以剑丹付焉。中和年荒，括贼华造据岩险为盗。闻去奢丹剑，囚之空屋中一月。及开屋，见神色俨然，愈于来时。造骇异，即送归山而留其剑丹。一夜，风雷飞失所在，去奢复得之。辟谷不食，居十五年，常有龙虎异鸟行于庭，若朝礼之状。或夜间谈话，道士窥之，乃闻异香满山，环佩飞空，去奢与黄冠绛服、螺髻垂髫、绡衣男女四人对坐。侍从皆玉童玉女。又十五年，忽告道士曰："恐当离此山去，不长相见也。"他日，忽有彩云鸾鹤、舆骈幢幡迎之上升而去。后野火焚其室，灵迹尚存。

两相比较,修炼得道过程差不多,但区别与疑点并存。

一、抢夺丰去奢手中张天师佩剑的人截然不同:一为官(处州刺史),一为寇(华造)。余绍宋认为:处州刺史不署名,而华造造反指名道姓,应该后者更为可靠。从常理看,达官贵人经常与和尚道士交往,和尚道士常常给达官贵人指点迷津,处州刺史抢去奢丹剑,似乎有违常理。

二、丰去奢是什么年代的人?所引材料有三处提及丰去奢的年代,分别是刘宋初、中和年、宋。刘宋初是指南北朝刘裕缔造的宋,年限在 420—479;中和则是唐僖宗年号(881—884);宋,则是北宋(960—1127)与南宋年间(1127—1279)。其中刘宋居然比崇仙宫的建造(梁大同二年)还要早,显而易见是记载有误了,可排除。剩下的唐与宋,也相去甚远,那么究竟何者更为靠谱呢?这个问题当年可没少折腾余绍宋,他编纂民国版的《龙游县志》是非常较真的,可是很遗憾,他弄错了答案(他认为是唐朝),细究起来,余绍宋的遗憾是源于黄堂这一带从明成化年间就脱离龙游县了,他对黄堂不了解。

要解决这个问题,就需要黄堂丰氏宗谱了。

据《黄堂丰氏文献谱序》记载,黄堂丰始迁祖是丰谕:"宋绍兴末,清敏公之曾孙谕公由括苍转迁黄堂,黄堂之有丰氏自此始。"其曾祖父清敏公丰稷,字相之,明州鄞人(现在宁波鄞州区),登嘉祐科进士(1059 年),官至金紫光禄大夫、枢密直学士、工部尚书,谥清敏公。丰稷大大有名,历任仁宗、英宗、神宗、哲宗、徽宗五朝,多著政绩,气节高直,公忠不阿,广受时人赞誉。其人其事见于《宋史·丰稷传》。丰谕之后,依次为丰杰、丰文、丰艮,四世单传,至丰艮才得二子,即丰去奢、丰去泰两兄弟,他们是始迁祖丰谕的第五代。丰去奢得道成仙,丰去泰官至承事。此后丰氏繁衍,散枝开叶,瓜瓞绵绵。

据此可证,丰去奢应该是南宋时期人,《龙游县志》原先说法是对的,虽然说刺史抢去奢宝剑似乎有违常理。

到了清代,黄堂丰族人丰桂荣,是末代秀才(廪生),文才了得,但生不逢时,科举考试已废,他在民国曾担任汤溪县县立师范讲习所所长。他也写过崇仙宫的古体诗《崇仙宫遗址怀古》。

　　仙人已乘白云去,此地空余仙至山。
　　……
　　白鹤飞来山左畔,畈名白鹤今未删。
　　山前有圳名道士,山前有田名一般。
　　古地今名犹未改,古宫今圮丛榛菅。
　　沧海桑田容易变,沦为墓地入民间。
　　……

丰桂荣诗中提及目前还在的几个地名:道士堰、道士畈。

同时期的族人丰之纲也有同题诗,对沧海桑田人世变迁颇多感慨：

> 冬畈之东仙至山，仙宫遗迹在其场。
>
> 名登县志传千古，不见当时栋与梁。

丰之纲诗中提及的仙至山，因为汤溪人极少翘舌音，仙至山便错讹为仙子山，但还在用，只是，知道的人越来越少了。

参考文献：

《金华府志》(万历)

《衢州府志》

《龙游县志》

《黄堂丰氏文献谱》(民国丰桂棻修)

伊有喜 | 莲塘旧闻录

　　蒋堂莲塘村距汤溪五六里,是个大村,1340 人,洪姓为主。关于莲塘,汤溪人耳熟能详的是两句话,第一句是"晒死莲塘泽口,淹死孟塘下周";第二句是"莲塘的娘娘实在灵,十八落雨十九晴"。

　　由第一句可知,莲塘地势较高。从山塘下、中央陈和白沙驿的田垄看,莲塘确实处在起伏舒缓的丘陵高处;若从泽口、胡家看莲塘,则是一马平川——经过长年累月的耕作和园田化改造,目前已经很平整了。"晒死莲塘泽口"是说从前这一带经常闹干旱,目前因有金兰水库供水,莲塘一带已经是著名的粮仓了。第二句中"十八落雨十九晴",是指农历二月的十八、十九,即使是二月十八下雨,到了十九,天就放晴了。这句话表达的是观音娘娘的灵验!二月十九是什么日子呢?是观音的生日。莲塘二月十九有延续已久的物资交流会,其实是观音庙会。《汤溪县志》有记:"二月十九日,观音佛诞,俗有赛祀者,莲塘为盛。"赛祀云云,就是摆胜——从前的莲塘确实是有摆胜的,"胜"就是"牲",人们用最丰盛的牲品拜祭观音娘娘与祖宗!

那么,莲塘洪姓祖宗是谁? 莲塘缘何得名? 莲塘的观音娘娘又缘何而来呢?

洪姓人落户青阳洲,这要追溯到南宋的洪仲。当时青阳洲"属于三衢龙丘,至明成化辛卯(1471 年)始设汤溪,乃割属焉"。《汤溪县志》说:"洪仲,宋处士,嘉定间因父宦,道经青阳,遂卜居焉。"洪仲父亲叫洪樾,字德茂,号西山儒林郎,常州府推官(掌治刑狱),祖籍江西乐平(今属景德镇市)。宋宁宗嘉定年间(1208—1224)洪仲"因父宦回祖居","经三衢青阳,见双溪环绕,九峰山映,人有古风",再加其堂兄洪侨迁居社塘,洪任迁兰溪太平乡西山,"遂购地卜居",成为青阳洪始迁祖。据说,洪仲妻方氏,死后合葬莘畈苕坛。育有三子:清、澄、淑。

小儿子洪淑仍居祖处,大儿子洪清迁居洪墈头,二儿子洪澄"因青阳马站驿被元兵焚毁","同迁墈头,以避其扰",其中洪澄后人洪泽(字德润,号莲源),"天历甲申年赘配郑氏,转迁莲塘,是为莲塘始祖,生二子,道生、道长,葬方口桥"。道生居于下门,遂为下宅始祖;道长居于上门,为上宅始祖。

此后,洪姓人繁衍生息,散枝开叶,先后扩散到瑶陇(今跃龙)、下尹村、杨塘下厚沃、城里东门、高堰、黄路畈、浪坦塘、兰溪北门外、龙游大墺、义乌廿三里等。

但莲塘并不是一开始就叫莲塘的,在洪泽之前,此处叫什么呢? 写于康熙二十三年(1684 年)的《莲塘阳宅记》一文,详细记述此事:

　　汤邑城东五里，地名山坊，乃昔日郑氏宅居。于大元天历(1328年)年间，始祖莲源公由墈头中屏入赘，屋一院、塘一口，以为奁资。奁塘之名所由来也。考其屋，即今之祠庙。传曰：昔日郑氏居住，则怪异迭见；公居之，贴然。又有樟木一根，大十余抱，遮蔽门前，欲伐之，树忽有声，公祷之曰：今伐汝，非为材用，为子孙发福计耳，必不敢轻亵，当募工金装大士圣像，子孙世世供奉香水。随伐之，无恙。是数事，虽近诞妄，但得之故老，考之遗文，确有可据者也。虽然洪氏子孙云仍，而郑氏情义百世不能忘也……

　　此文信息量大，我们梳理如下。

　　一、莲塘此地，在洪氏入赘之前，叫山坊(与黄堂的山坊同名)，从阳基图看，有山坊庙存焉，关于山坊庙，莲塘村中老人至今尚有记忆，除山坊庙，还有金塘殿。

　　二、大元天历年间，洪泽入赘山坊郑氏，郑家给女儿奁资为：屋一院、塘一口。因为这口塘，改名为奁塘。这个得名犹似"山塘下"——当年汤溪城里人嫁女儿给陈氏，先挖山塘作为陪嫁——这山塘的位置就是目前汤溪加油站附近，故名山塘下。

　　三、"屋一院"，这房屋有些古怪——"郑氏居住，则怪异迭见；公居之，贴然"。这院落，洪泽住进去，妥妥的，好像是天意，合该洪泽来居住发家的。

　　四、这屋子前面有一棵大樟树，要十多人才能合抱，遮天蔽日，把日头给挡了。洪泽想把它砍了，但刚要动手，这树就发出奇异的声音。于是洪泽就祷告说，我砍你，不是因为用你的材料，而是为子孙后人谋福祉——我要拿你塑观音大士金身，让子孙世世代代供奉香火！于是顺利砍树，且塑观音大士金身——观音娘娘由此而来。

五、奁塘讹传为莲塘，可能与观音大士更为匹配吧。不是吗？观音与莲花，向来都是标配：双手捧持一茎莲花，站在莲叶上，这是观音形象——"三十三观音"中的"持莲观音"。至于一会儿大士，一会儿娘娘，这源于观世音菩萨在随类应化上原本是可以有男相和女相的。

六、目前莲塘有一娘娘厅，厅中堂悬挂着观世音菩萨造像，一年四季亮着两盏琉璃神灯，面前摆着神案、烛台和大香炉。但这厅并不是洪泽入赘时所居的祠庙。建于元末的莲塘祠堂，始郑家住宅，后莲塘祠堂，已毁。真正的娘娘厅旧址在目前搭台演戏的地方，门前正对的就是莲塘。

至于莲塘庙会始于何时，这个也有据可查。

《莲塘洪氏宗谱》有《莲塘洪氏祀观音大士序》一长文，说："自其始祖兴二公（洪泽，行兴二）肇基于此而即供之于家也。每有所求，辄多灵应，嗣后若子若孙莫不愨（诚实）承祖志，四时朔望（农历初一、十五）罔勿（没有不）各尽厥诚，而于二月十九降生之日尤加敬礼焉。是以香水之奉，延至百有余年。"该文作者是清乾隆乙丑年（1745年）的汤溪县儒学教谕盛澍。

乾隆年间再上溯百余年，应该有400年上下，也就是说，四百年来，每年二月十九，全村男女老少好像过年，四面八方宾客云集，一方面是物资交流大会，另一方面是祈祷风调雨顺，祈求观音大士赐福消灾。

此外，每逢三年就有一场"三昼夜"的大功德会。做"三昼夜"：二月初十后，纸扎各种妖魔鬼怪，搭神台，然后请道士做道场，大致意思是驱逐村里妖魔鬼怪。其间，全体村民穿新衣、戒荤吃素。据说，村中曾有猎户犯禁，叫嚷着要吃鸟肉，结果当场嘴角歪斜，半边脸疼肿，后来他母亲拿了香烛，到娘娘厅菩萨面前替他忏悔，才慢慢好起来。史上最后一次做"三昼夜"是在1951年。

在《莲塘洪氏祀观音大士序》长文中，盛溏论及大士变幻无穷，可为男形、女体，为鱼篮千手观音等，但不变的是慈悲心。盛溏认为："人人可以祀大士，人人可以为大士，人人可以言大士，而莲塘即佛地矣。""人人可以为大士"——平常人若能扩大偏私的爱心，助人为乐，慈悲为怀，确实可以成就菩萨心肠。比如明万历年间莲塘人洪迁材，礼部儒生，而他乐善好施的外甥运景尤为人称道：他捐资从汤溪东门铺的三百余丈石板大路，直到20世纪60年代还在使用。

参考文献：

《汤溪县志》

《莲塘洪氏宗谱》

伊有喜｜寺垅的前世今生

地名，一般能反映地名实体的来历、历史沿革和含义，表述地名实体的人口、面积、自然条件、政治历史、经济发展、文化教育等，毫不夸张地说，地名是地方文化的一张名片，是一个载体。

汤溪一带的地名，一般很少变化，但也会有偶然的因素导致地名改变。时日既逝，相沿成习，乃至习焉不察。比如山坑，实为三坑（驻地有三条坑）；又比如百善的得名，是"村边山岩呈白色，村遂取名白石，讹称白善，雅称百善"（见《塔石文脉》）。

今天我们就说说"峙垅"与"寺垅"。

一、"峙垅"是这么来的

汤溪有个峙垅湖公园，该公园依托峙垅水库，向东西两岸拓展，占地达 1500 亩，再加上毗邻的植物园 1500 亩，形成了一个特色鲜明的景观公园。该公园由公园景观区和植物园景观区两部分组成。公园内建有先贤雕刻、桃源会所、汤溪阁等，集中展示了汤溪一带的历史文化与民俗风情。此外，公园还配备了音乐喷泉、网球场、健身广场等娱乐健身设施。这样的公园注定是老百姓的休闲乐园,早晚两次,绕湖行走的人越来越多,而峙垅湖的美名越来越大。

峙垅的地名,有些奇怪,"峙"是耸峙、对峙,有高高耸立的意思,与峙垅的缓坡岗地并不吻合,更奇怪的是汤溪本地人从来都念成"寺垅","峙"与"寺",音形义差别挺大的。

那么,什么时候开始叫"峙垅"的呢?

峙垅的得名,源于1957年,当时造了个水库,下限止于1990年的《金华县志》对峙垅水库的记载只有一行:"5月,峙垅水电站建成,装机容量160千瓦。为全县第一座水电站。"1957年,汤溪还是县治,估计峙垅水库完工,还有个什么仪式,当地领导——1957年的汤溪县委书记是山东人或者南下干部吧,可能把"寺垅"翘舌成"峙垅"了,然后,书面表述时就相沿为如今的"峙垅"了。

二、 寺垅的前世: 千松寺与"寺垅"

然而,汤溪人口耳相传的"寺垅"有什么来历吗?

还真的有来历,"寺",无疑与寺庙有关,"寺垅"与汤溪最古老的寺庙——千松寺有关。

《汤溪县志》有宗教卷,说到寺庙,达摩开基的证果寺与九峰寺名声很大,它们均建于梁天监年间(503—519)。而千松寺也有记载:"在县西五里和尚山,创建年代无考。明嘉靖间废。"废寺的理由,是"明嘉靖年间,诏变寺产以充兵饷","汤溪证果寺、九峰寺、千松寺并废"。这三座寺庙都毁于明嘉靖年间(1522—1566),这多少有些蹊跷。主要的原因是,嘉靖帝在历史上以崇信道教而著名,他是继宋徽宗之后的又一位"道君皇帝",这样,他禁佛教、毁寺庙就很正常了。

"在县西五里和尚山",县,指的是明成化宋约时的汤溪城,只有三个门。康熙金华府志说:"城周三里许,高二丈,厚一丈,筑以土,覆以瓦……城东门曰迎旭,西门曰通衢,南门曰履华,北郭阻山不通衢路,故不辟门。"当时从汤溪到兰溪,有一条出西门绕往北边的"兰汤大路":自县城北行至塔岭背,又东北经后朱山,过通江桥至湾田村,又东北至颜村殿,又东北过羊公桥至绯塘,又北至聚凤岩,入兰溪境。

而"和尚山"就处在塔岭背以北至后珠山的途中——就是现在汤溪酒厂附近,原先酒厂的土地归属禾边程村,1958年建造酒厂曾有80亩土地被征用。禾边程人至今以"和尚山"呼之,不唯如此,在汤塘程氏、李氏、祝氏宗谱中——就是附近的禾边程、上李、东祝村,他们提及祖坟、山地,经常可见"和尚山""千松寺东""金刚垅"等土名。

此外,《汤溪县志》有地理卷,说的是山川走势:西逾沿塘垅为汤塘山。此山自西门外斜向西北,绵亘数里,上有詹里、上李等村。自此分支,北出行金刚垅,南为和尚山,有千松寺故址。

又西北至社坛山,分为四支,一东北行为擂鼓山（在陶家之南）,至寺垅口止。一北行为梅家山（昔有梅家村,即梅科、梅稑所居,今亡）。又西北为金盘山（色赤如霞,亦称为霞山,在山下陈东南）,至稻江垅口止。一西北行为九旋墩（平地突起,形圆如珠）,为铁甲山（在山下陈南,前志记载,县西北六里,本名卸甲山,相传明太祖兵过,卸甲于此,故名。今讹为铁甲山）,大龙山至晚稻垅口止（在上竹园村南,此支东为稻江垅,西为大垅、晚稻垅）。一西行为白鹤山,又北至青阳山,西北至古城山而止。

这里明确提及"金刚垅""和尚山""千松寺故址""寺垅口"等,因为有千松寺,某垅就叫寺垅。可能是庙产,也可能是寺庙所在的垅。就像证果寺毁了,但寺前杨、寺后郑还在;千松寺没了,但寺垅还在——峙垅原来是寺垅,汤溪人叫寺垅由来已久,因为千松寺古老到"创建年代无考"。

作为地名,"寺垅"有着悠久的历史,有千松寺就有寺垅,退一步,从梁天监年间（503—519）算,有1500年以上,何况这千松寺久远到"创建年代无考"!

三、 千松寺是一个文化符号

千松寺不仅历史悠久,更重要的它还是一个文化符号:歌咏千松寺八景的骚人墨客,代不乏人。

在明成化前后,先后为千松寺写过诗的,有胡荣和胡超爷孙俩。

胡荣是青阳人,"当荣在时,汤溪尚未置县,青阳乡尚属龙游"。"胡荣(1370—1435),字希华,龙游乡人,从金华江公若讲学,得其旨归,当道交荐,不起。居家孝友,名动乡间。涉猎百家,旁通九艺,乐潜味道,超然独立于尘埃之表,日拥书万卷反复披寻,更不知人世南面百城之贵也。守令高其行,每回车过之,逾垣不见。晚优游山水,自称榖溪渔者。年七十以微疾终,门人私谥之曰文庄先生。所著有《榖溪渔唱集》。"胡荣是饱学之士,坐拥书城不羡权贵,"当道交荐",哪怕当政者共同举荐,他也不去当官,是个很纯粹的读书人。"守令高其行",衢州知府或龙游县令认为他的操守高洁,经常驾马车去拜访他,他居然翻墙躲起来不见客。他曾写过《千松寺八景》,今录其中两首:

梅坞黄昏

落日映桑榆,山村兴不孤。

樵归争唱和,鸟宿竞喧呼。

烟景成浓淡,梅香时有无。

隔篱烟火起,夜读听伊吾。

六渡小桥

雨余春水活,小涧亦难消。

近是千松寺,哪无数尺桥。

崖花分秀色，堤柳拂柔条。

何事行人少，禅心本寂寥。

而胡超——胡荣的孙子，在明天顺年间（1457 年）由选贡毕业于南雍——明代设在南京的国子监，在成化四年先中了举人。成化七年设置汤溪县，青阳乡并入汤溪县，第二年，胡超考中进士，就这样成了汤溪县的第一位进士。胡超是让宋约特别有面子的人物——试想想，宋约刚上任不久，即有汤溪人中进士，这是多么喜庆的事！所以，新建汤溪县署上梁，宋约也让胡超写一篇"上梁文"，毫不客气地说，胡超是当时汤溪地界的"男神"，具有极大的感召力量！

胡超与东祝有缘，他的侄女就嫁在东祝村，不过很不幸，其侄女半路守寡，祝氏宗谱有记《员外郎胡超诗赞侄女赵孚孺人胡氏贞节》，该诗入选县志文征时，题目改为《孀居为祝氏侄女题》：

年少何堪失所天，孀居甘誓柏舟篇。

养成一女几多泪，守节孤灯仅百年。

萱草有心坚晚节，真松无梦妒春妍。

我诗只恐题难尽，留于观风作史传。

柏舟之誓指妇女丧夫后守节不嫁，亦作"柏舟之节"，语出《诗经》。全诗委婉真挚，似乎有无限怜惜与宽慰语。

　　有胡荣、胡超的榜样,汤溪风物名声日隆,骚人墨客赋诗渐多,后来宋约偕同上司雷霖,公务之暇,也作千松寺采风之游,便是名正言顺的事情了。

　　宋约为千松寺写诗,此事见《汤溪县志》:"明同知雷霖、知县宋约、县人王鉴、陈叔平有诗,见文征。"同知,是明清时期官名。同知为知府的副职,正五品,负责分掌地方盐、粮、捕盗、江防、海疆、河工、水利以及清理军籍、抚绥民夷等事务。也就是说,金华府同知雷霖来了,汤溪县令宋约喊上几个人陪着上司游玩千松寺。古人学而优则仕,写诗对各级官员而言并非难事,故游而有诗。

千松教寺

（雷霖）

因采民风宝地游,凉飚晴落五峰头。

烟笼碧玉松林晚,日盎黄云稻谷秋。

佛像也随人世老,泉声长绕寺门流。

几多衲子谈空色,尽向斜阳伴土丘。

次韵雷司马千松教寺

（宋约）

五马西来作胜游,翩翩旌旆出城头。

半岩老木明斜照,一派凉风动早秋。

古塔凌空灯尚在，小桥横涧水长流。

悠然此地焚香坐，何用谈经到虎丘。

他们游千松教寺是在秋天，诗中提及千松教寺有碧幽松林、金黄稻谷，还有小桥流水，此外，还有凌空的古塔，看来千松教寺是有塔的。宋约觉得此地清幽参禅，不输给虎丘。至于千松寺称为千松教寺，是源于寺庙的分类：禅寺（丛林、禅宗寺院，是中国佛教禅宗的修行道场）、律寺（着重研习及传持戒律的律宗修行）、讲寺（从事经论研究之寺院）、教寺（从事世俗教化之寺院）。可见，千松寺是从事世俗教化的寺院，故称千松教寺。

当时一块游玩的还有本地人陈叔平，他也有《千松教寺》诗留下：

千松深处有禅宫，山势分明似五峰。

梅坞夕阳三弄笛，黄源树色几声钟。

玉泉风月归清净，汤市烟霞隔淡浓。

更喜虎跑云液满，小桥流出碧溶溶。

陈诗中，一是说寺庙确实在"千松深处"，二是此地有叫"梅坞"的，三是千松寺钟声悠扬。千松寺的这口钟，我在故纸堆中看到过，是靖康元年（1126 年）邑人邵欣捐助的，"高五尺，口径三尺有奇"，邵欣是"大宋国婺州兰溪县横山乡"人，民国版汤溪县志说"钟纽已坏，口亦残，今在县西门城楼"。估计看过这口钟的还大有人在，毕竟汤溪撤县在 1958 年，城墙城门被毁并不遥远。

寺垅，一个多么有历史传承和底蕴的名字！而如今的"峙垅"，则中断了历史文化的延续，导致汤溪人言文不一（嘴上说的与纸上写的不符），让人困惑。

伊有喜｜陶祠 & 陶寺

陶寺，原在厚大山口殿。村里没有寺庙，但有一座祠堂——忠烈祠，供奉忠烈公陶成。该祠堂始建于明景泰四年（1453年），清顺治十三年（1656年）毁于兵火，康熙二十九年（1690年）重修。后因九峰水库建设，陶寺村以及忠烈祠整体搬迁至汤溪镇东南角。

一、 陶成其人

忠烈祠内供奉的是忠烈公陶成。陶成何许人也？"公讳成，字孔思，梧（广西）之郁林（玉林）州人也。"一个广西玉林人怎么会跑到我们这里来呢？他是怎样的一个人？此事说来话长。

陶成是永乐举人，"以易经中广西乡试第四人"，一开始是在交趾（越南）一带当典史。由典史累迁至大理寺评事。大理寺，掌刑狱案件审理，长官名为大理寺卿，位九卿之列。明代与刑部、都察院并称为"三法司"。而大理寺评事是大理寺的属员，明时为七品。正统年间，陶成转任浙江按察司佥事。明代按察使，是管理一省军事的长官，陶成是佥事，分道巡察。

浙江丽水和福建山区，民间开矿早在唐朝就有，宋元顺延。据史料记载："明代丽水县各乡矿床成脉形，脉石为石英，色暗灰或碎裂成角粒，矿脉之数约二十，产生状态甚不整齐，平均长度一千公尺，平均宽度七公寸，坑深自一公尺至数十公尺不等，矿物为辉银矿，结晶甚细，与黄铁矿共生，又含次生的自然银。"明初，国家不主张开矿，轻坑冶政策一直持续到仁宗。但随着银子在流通领域的使用，国家对矿产管制越来越严，至英宗时激起了一些矿主与矿工们的激烈反抗。英宗正统七年（1442 年）十二月，丽水福建一带终于酿成民变："丽水盗陈善恭、庆元盗叶宗留合众盗福建宝峰场银冶，命浙江、福建有司捕治之。"（《明史纪事本末》卷三十一　平浙闽盗）

矿工平时作业原本分工合作，组织性、战斗性极强，加以山势绵延、灌木蓊翳、道险而狭，官兵一时难以平定。诚如谷应泰所言："内可以聚糇粮，下可以伏弓弩，急可以远遁走，缓可以纵剽掠。……以故庆元叶宗留，以千余人攻政和（属建宁府政和县，现为南平市管辖），此乱之始也。然其由浦城，劫建阳，则自浙犯闽。攻上饶，破永丰，则自浙犯江。而叶希八又焚浦城，屯云和、丽水，则自闽还犯浙矣。其时闽地邓茂七反宁化，蒋福成反尤溪，莫不据地称王，摧锋陷敌，拥众万余，转战数郡，比之于浙为尤剧焉。"

一波未平，一波又起。正统十三年（1448 年），处州宣慈矿工陈鉴明、陶得二（德义）响应叶宗留、邓茂七等起事,十一月攻入金、兰西南乡。这些就是陶成出场时不稳定的时局背景。

二、陶成御寇

"正统戊辰（1448 年）冬,处州丽水诸县盗起,巨猾陈谏胡等为之倡,率众四出焚室庐、劫货财。金华属邑多迩贼巢,数被害。"这是说金华府下辖的武义、金华、兰溪（那时尚无汤溪县）大多与"贼巢"（羊棚峡）不远,屡次受害。

"而兰溪又为金衢严杭要地,兰溪有警,则诸郡皆震。"那时主要是水路交通,兰溪刚好处在婺江、衢江汇合处,若兰溪失守,顺兰江而下,势必危及严州以及杭州。在古代,兰溪地理位置的重要性是毋庸置疑的:"兰溪冲要之地,南欲拒北,则兰为衢婺之门户;北欲御南,则兰为杭严之屏蔽。"在水运时代,兰溪的重要性远远超越金华府,因为它可溯衢江而上,直达江山的清湖渡,过仙霞关而入闽。清湖渡在江山"县南十五里,官置浮梁以济行旅,有清湖镇,为闽浙要会。闽行者,自此舍舟而陆;浙行者,自此舍陆而舟矣"。当然,兰溪的繁华程度也有过于金华府,故有"小小金华府,大大兰溪县"之说。

"公时为金事,当御寇之任,首率兰溪义旅,因旧城址立木栅,置更楼、巡捕,昼夜警备。又于县南五十里立山口、苏村、大岩等寨以遏寇冲……"陶成先巩固兰溪城防卫,然后在山口、苏村、大岩三处设寨。

其中的山口寨，"在汤溪县南十里"，就是厚大进去的"山口殿"；大岩寨，"在汤溪县东南二十里"，就是现在的琅琊大岩附近；而苏村寨，"在汤溪县南五十里"。这苏村是莘畈乡的苏村（筑莘畈水库时已经移民），还是塔石乡附近的苏坑，抑或是现在遂昌最南边的苏村？

论距离，莘畈苏村去汤溪不足 40 里，且方位为西南。《读史方舆纪要》有记："山口寨，县南十里。又县东南二十里，有大岩寨，县南五十里有苏村寨，皆正统十三年（1448 年）筑，以御倭寇。"又提及"银岭"："县南六十里，与遂昌县接，旧有银岭寨，亦要隘处也。"苏村与银岭，一为县南五十里，一为县南六十里，二者应相距不远——现在的珊瑚村过去就是银岭张村，银岭是汤溪、遂昌的分水岭。《汤溪县志》乾隆版说及银岭："县南七十里，盘曲而上约十里，过岭五里为梨树源。是岭为南源之要口。昔时山寇出没，设巡检司守之。由厚大之山口殿抵银岭六十里。明天顺间（注：应为正统年间），陶公成扎寨山口殿以御寇，即银岭之外口也。"此外，"山湖北为西源入处州要隘"——山湖村就是现在的珊瑚村。可见，守住这一带关隘，可以同时守住山寇通往南源与西源的要道。又查《金华府志》（康熙版）军政卷，论及汤溪，说："东北为辅仓、箬阳，实与金华接境，幽邃可避兵。然与括之遂昌、宣平相邻，故苏村为要道。又大岩地方，东通金华，西通龙游，北通兰溪，此当三路之间道也。若出山口，则为平原。"

明确提及苏村与遂昌、宣平相邻,可见苏村为山坑境内而非莘畈境内。另外,现在塔石鱼潭村后有"永安关",尚存"永安关"摩崖正书,字大约 26 厘米,旁刊"大明景泰岁辛未,典吏李仲器立",这无疑也是陶成当年待过的地方。

如上所述,陶成举措得当,此后,"用计略擒贼党数百人,贼由是不敢近兰溪,一县之人得免祸,而诸郡皆安堵如故"。以故,"朝廷嘉其绩",陶成升迁为按察司副使,"仍守金华","复遣都督徐恭等来讨贼"。

三、 陶成之死

此后,"贼首陈谏胡等亦依次就擒。唯陶得二窜匿大山中,招之不服。景泰改元(1450 年),得二复出为寇,大肆猖獗,无赖之人多从之。而公灭贼之志弥厉。驻兵武义,树栅为城以自固。阴遣人结其徒党,杀贼数百,又生擒百余,招降者亦三千余人。得二独与四十余贼走入山"。这个陶得二,十分了得。"久之,势复炽,拥众来犯。先遣其党十余辈伪为乡民避贼者,以敝缊裹薪,阑(混进)入城。及(陶)成出战,贼持薪纵火,焚木城。官军惊溃,成与都指挥金事崔源战死。时景泰元年五月也。"

陶成之死,还有另外的版本,但大同小异。

景帝景泰元年五月,贼在庆元大社者,又出掠丽水、青田

诸县,进攻武义。武义无城郭,副使陶成力御之。贼锐甚,
麾下劝稍却,以避其锋,成不可,帅兵更进战。自辰至申。
俄而城中火起,兵溃,成策马突阵,死之。

辰时是 7:00—8:59,申时是 15:00—16:59,"自辰至申",差
不多是一整个白天,当时的陶成 61 岁。

陶成殉职,"两浙人闻之,如丧其亲戚,诸郡县皆遣人致奠。
兰溪人民相率言于宪司,塑公像立祠祀之。又各出己田以为经
久计。事闻,朝廷遣官论祭"。看来,当时给陶成立祠是自下而
上的,"咸请立祠以奉公",而政府则顺应了民意,金华知府石瑁
"力赞之"。

陶成死后,朝廷"赠成左参政,录其子鲁为八品官"。"鲁以
公卒之明年(1451 年)十二月二十六日归葬郁林之三山源"。同
时官宣:陶成配享越国公祠——越国公是指明洪武初忠臣胡
大海。

又过了两年,即明景泰四年(1453 年),忠烈祠建成。兰溪人
春秋二祭,此后十多年,至明成化汤溪县成立,兰溪与汤溪轮流
祭祀("兰溪举春,汤溪举秋"),如是若干年,到了忠烈公曾孙陶
凤仪,"以奉公祀",居汤溪的陶祠与陶家。原山口殿陶祠在现九
峰水库堤坝处;而陶家,就是汤溪火车站那儿,汤溪人呼为陶家
站。现在汤溪镇还有一条陶祠弄,此巷位于汤溪镇的中心位置,
出口处即为东门街的邮电局。

　　汤溪话发音,祠堂的"祠"类似于寺庙的"寺",该村有忠烈祠而无寺,故陶祠村名至今错讹为陶寺。

　　有意思的是,陶成之死对汤溪有着深远的影响:从某种意义上说,陶成的死、陶祠的存在,间接催生了汤溪县的成立。

　　陶成死后,朝廷继续围剿,一方面施以重兵,另一方面实施安抚。朝廷"广布恩信,戒官吏勿相激扰,不听抚者,调兵剿灭"。官兵派人入山招安,陶得二等"尽焚其寨出降,余党因陶得二降,悉解散复业,所司随在抚谕之"。"二年(1451年)秋七月,镇守浙江、福建侍郎孙原贞以处州盗平,奏析丽水、青田二县,置云和、宣平、景宁三县。福建置永安、寿宁二县。从之。"在兵部侍郎孙原贞的建议下,丽水地区多出了云和、宣平、景宁三县(后宣平撤县,归武义),这些地方,"其民刚悍不相下""其俗犷猛",号为难治,急需教化也。

四、缘何立县

　　而汤溪缘何立县呢?

　　《汤溪县志》(万历版),有一篇遗文,是仕英宗、代宗、宪宗三朝元老、大学士、明代首辅商辂(1414—1486)的《建汤溪县治记》:

　　　　夫汤溪,金华属邑。建置者谁? 曰:守请之也;兴造者谁？曰：守主之也。守良于政，莅郡三载，令行禁止，民翕然从。唯汤溪地僻，介于龙游之东、金华之西、兰溪之南、遂昌之北。阻山界水，民之趋役输赋，往往后期。守谂（劝告）于众曰：郡若邑，所谓亲民者，以势相近也；远则民弗亲；弗亲则情弗通；将政化弗洽，征输弗及：几于弃其民乎！兹欲割四邑之边隅，增汤溪之县治，庶地迩而政易达，政达而民易使。上下之情通而式化之风成矣。众皆曰：善。守以其事白之藩臬，藩臬以其议达之朝。诏许可。因名曰汤溪，隶金华府，时成化庚寅岁（成化六年）也。明年夏六月，胙城宋约来知县事，守悉以经营之役委之。乃择地曰官山，为构邑之所。……

这文章颇有《醉翁亭记》的风范，文中的"守"，就是当时金华知府李嗣。商辂为李嗣代言：汤溪立县是因为"汤溪地僻"，"阻山界水，民之趋役输赋，往往后期"，并树立了一位亲民太守的形象。而状元侍郎吴宽（1435—1504）在《建汤溪县儒学碑记》也有类似的表述："成化庚寅岁，知金华府南海李侯嗣以汤溪之民居阻山弗便服役，请割旁近县裔别为县……"

李嗣，字克成，南海人，知金华府。民谣云："廉明李刺史，爱民如赤子，祈晴便得晴，祈雨便得雨。"从民谣看，李嗣廉明爱民，是个好官。《读史方舆纪要·卷九四浙江》有记："汤溪县治在府西南六十里，明成化六年，知府李嗣以其地僻阻，奏请析龙游东鄙金华西鄙兰溪南鄙遂昌北鄙建县。明年辛卯六月胙城宋约来知县事,设治于官山。淳安商辂有记。"撇开地僻原因,金华知府李嗣的建议有无更高层面上的考虑呢?

这个答案还是在汤溪县志中,《汤溪县志》最早的版本是成化十年,宋约主持的,今已无存。但成化志的序文还在。该文写于成化十年秋七月朔旦(初一),作者是丰庆,落款为:赐进士正奉大夫、正治卿、河南右布政使、前兵科给事中、致仕四明丰庆。该文存于万历版县志,题目为《汤溪县旧志序》。

······汤溪县新所创立,乃兰溪属地,地势险僻,居民无几。近岁以来,处之群不逞者不时啸聚为非,所司虑有蔓延波及之患,为闻诸朝,遂割衢之龙游、处之遂昌、婺之金华兰溪四县之边,辏合为县。

丰庆明确提出,汤溪置县是怕处州"啸聚为非"之徒"蔓延波及"兰溪之患,汤溪设县,实为兰溪之拱卫也。它与陶成在山口、苏村、大岩立寨是一样的道理。

果不其然,汤溪置县后,类似的事情时有发生:

正德四年,处州矿贼拢县境,知县刘桐计走之。

嘉靖三十八年春,处州矿贼过花园堡,大掠各乡,兵击歼之。

……

怪不得，当年宋约下车伊始，便祭拜忠烈公陶成，并赋诗——

《陶公祠》

（宋约）

功同骂贼守睢阳，赢得名归汗简香。

自许丹心悬日月，宁辞白刃蹈冰霜。

穹碑已立新祠庙，折戟空遗旧战场。

忍听表忠桥下水，至今犹似杀声张。

"骂贼守睢阳"的是唐朝安史之乱中名将张巡，文天祥有词："骂贼睢阳，爱君许远，留得声名万古香。"（《沁园春·题潮阳张许二公庙》）宋约是把陶成视为张巡类似的人物。"自许丹心悬日月，宁辞白刃蹈冰霜"，宋约夸赞陶成的同时，何尝不是自许呢？有如此气象格局的人，无怪乎死后会被汤溪人尊奉为城隍老爷，世世代代受人供奉！

宋约事见《金华府志》（康熙）官师卷：

宋约：河南胙城人，成化八年任知县。时县治新设，百废方兴。乃先谒陶忠烈祠，赋诗兴叹，其自负气格于此见之，且烦剧悉经综理，劳绩茂著，民畏服之。

参考文献：

《济阳陶氏宗谱》

《金华府志》（康熙）

《汤溪县志》（万历、民国）

《浙江通志》（中国方志丛书成文出版社有限公司印行）

《大明一统志》（中华再造善本）

《读史方舆纪要·卷九四浙江》

《明史·纪事本末·卷三十一·平浙闽盗》

《明史·列传·卷五十三》

《龙游县志》（余绍宋版）

《嘉庆武义县志》（清·张营堧修，周家驹等纂）

《兰溪县志》（万历）

《宣平县志》（清·皮树棠修，皮锡瑞纂，光绪四年刊本 中国方志丛书成文出版社有限公司印行）

徐峥晨 | 我和下伊的故事

　　我出生于农村家庭，从小在田野和山岗上跑闹嬉戏，喜欢在坚硬的泥土上堆砌房子、老虎和小鸟，当梅雨季的雨滴重重地打在我的"雕塑"作品上，泥土破碎、流走，第二天便不翼而飞。6岁那年，当爷爷、奶奶带着我在长湖边上收割稻子，散落在地里的那些陶瓷碎片引起了我的注意，我捡拾起几片，上面已积上了一层岁月的尘埃，我想仔细辨认出瓷片上的花纹或者字迹，便找到就近的一处池塘，慢慢擦拭去岁月的堙壤，认出了一个字——"福"。过年时，在门、窗、厨、灶，家中的各个角落都发现了它的存在，我问大人这个字的含义，他们告诉我，这个字念 fu，是幸福的意思。那一刻，我突然把我的"雕塑"和这个"福"字联想在了一起：在我们赖以生存的这片土地上，经历过多少年风雨的侵蚀后，会累积下多少的故事和历史？那是我记忆深处的一件小事，却深刻影响了我的一生。

　　初中毕业后，我考上了汤溪中学，报到那天是我第一次来到汤溪。听着当地同学的介绍，汤溪以前是县，是"八婺"之一，历史非常久远，早在春秋战国的时候就有过姑蔑古国。学理科的我对这段历史产生了浓厚的兴趣,专门向历史老师问过此事,她的回答早已记不清,只知道那是一段距今有 2000 多年的历史,却还被当地人口口相传至今。那时,学习知识和考大学是我最重要的责任,这些传说和谜团只能等着以后来探索和印证。

大学毕业后,我报考了心心念念的考古学专业,背井离乡、孤身一人来到山西太原,在山西大学学习考古学的知识。考古是一门讲求实战和实证的专业,我从研二开始大部分时间都在各个考古工地上实习。山西、辽宁、河北、吉林,我不停地奔波于各地的考古工地和基地,经过野外和室内的考古学训练,我基本上掌握了考古的工作技能和方法。考古于我而言,是一扇门,敞开了这扇门,既为远行,也为回归。

研究生毕业以后,我进了金华市博物馆工作,参与了市博物馆基本陈列的创建工作,这使我有机会更深入地了解汤溪的早期历史。正是在查阅相关史料时,我看到了一个富有诗意和令人充满遐想的地方——下伊。《诗经·蒹葭》中"所谓伊人,在水一方"一句即刻浮现在我脑海中。下伊一定是个山美、水美的地方,因为这里发现了距今约 9000 年的上山文化遗址"下伊青阳山遗址",而上山人是最早讲究"风水"的人,他们安土重迁、择优而居,创造出了最早的稻作和定居文化。那一刻,我在想,有机会我一定要去下伊看看。

2017 年 11 月,市博物馆举办圣旨展,得知汤溪某村村民传世有一道圣旨的消息,我被派往汤溪了解相关情况,并争取能借到圣旨以便展出。此事的联系人是来自下伊村的伊有喜老师，那是我第一次和下伊人接触，伊老师热情好客、和善可亲，交谈间得知下伊竟有乡村博物馆。

工作结束后，我向伊老师提出能否去乡村博物馆看一看的想法，伊老师欣然同意，并作为向导带领我们抵达位于下伊村两委办公楼的乡村博物馆。"博物馆"是一间不足 30 平方米的办公室，里面摆放着几张长桌，长桌上陈设着村民田间劳作捡拾到的各种石器、陶瓷器，这对我可是极大的"诱惑"。我认真地摆弄着石镞、石斧、石矛，它们少说也是距今 3000 多年的文物啊！那是我第一次到下伊，给我印象最深的是下伊村民极强的文物保护意识，并渴盼着更深入了解自己生活的这片土地。

2018 年 3 月，我被市文物局抽调，外派下伊协助浙江省文物考古研究所对下伊青阳山遗址进行考古调查和勘探工作。来到下伊的第一件事，是查看该地的地形图，下伊村西有衢江支流厚大溪曲流而过，村北有绵延起伏山峦缓丘，景色秀丽，万年前人类生存的原始地貌保存较好。为了保障考古工作的开展，开发区、汤溪镇、下伊村两委等有关部门给予了大量的支持，使得我们的考古工作进行得很顺利。调查时在村北的丘陵上发现了文化层堆积的情况，浙江省文物考古研究所研究员、上山文化的发现者——蒋乐平老师鼓励我再接再厉，对文化层堆积的位置和其他重点区域进行试掘，争取更大的收获。

我们首先选择"晚稻垄"水库旁的"古城脚"进行解剖发掘。

　　"古城脚"位于下伊村西北的青阳山上,即今残存的一段高槛,长约 80 米、宽 5～6 米、高约 1 米。据汤溪县志载:"在县城西五里,汤塘山之尾。高约五尺,广二丈余。未详何代所筑。"又据《古城伊氏宗谱》载:"村祖伊恭为龙游县尉,乐古城山水之胜,土田之沃,遂卜居焉。"经考古试掘表明,"古城脚"下有人类活动的历史最早可追溯至上山文化,此后也一直有古人在此定居和繁衍。高槛上的土壤区别于其两侧的耕作土,可能是人工堆砌而成。

　　此后,我们又对村西北的文化层堆积区域进行试掘,发现了距今 7000—8000 年的跨湖桥文化遗存,出土了大量陶器和石器。这是青阳山遗址的文化内涵首次较为明确地被证实。后来,我们又在村北靠近浙赣铁路的一座山地上,发现了更早的距今约 9000 年的上山文化遗存。自此,青阳山遗址的文化内涵和分布范围比较清晰地呈现在了我们面前。下伊青阳山遗址的历史赓续久远、跨度较大,先后经历上山文化(距今约 9000 年)—跨湖桥文化(距今约 8000—7000 年)—崧泽文化(距今约 6000—5300 年)—良渚文化(距今约 5300—4200 年)—钱山漾文化(距今约 4200—4000 年)—商周文化遗存(距今约 3000—2000 年)。此后,这片土地上人类活动繁衍的足迹从未停歇。

　　这条文化发展序列不仅是属于下伊村的,更是属于金华和浙中地区的,下伊青阳山遗址犹如一支如椽大笔,谱写出了金华人文历史发展的恢宏序章!

2018 年底,当夕阳站在天际线上时,我穿过一片茂密的竹林,在蜿蜒的小道上,突然发现一枚黝黑的石器,那是一件石镞,是古人用于打猎或战争的箭头,这个发现预示着又一个新的遗址即将拨开历史的尘埃重现于世。经过几天的调查和勘探,我们在下伊村东南部的一座名为三潭山的山坡上发现了遗址,采集到大量的石器和陶器残片。经过试掘,遗址下层发现了上山文化遗存,上层是钱山漾文化遗存,遗址最早的年代距今约10000—9000 年。后来,这个遗址被公布为第 19 处上山文化遗址,同时也是金华城区范围最早的一处遗址,它实证了"万年汤溪","千年古镇"又有了新的文化标符。

这一年,我听说汤溪有一个市级的非遗项目,称作"保稻节",下伊村自 2017 年重新启动了"保稻节"的传统习俗和祭祀仪式。"万年稻谷"和"保稻文化"会碰撞出怎样的火花?遗憾的是,这一年的"保稻节"我因为一些变故而错过了。

2019 年初,因其他工作任务,我被派往其他地方进行考古调查和发掘等工作。回来后,下伊村马上要举办新一届的"保稻文化节"。村委书记伊红谦和主任伊敏林提出一方面提升乡村博物馆,另一方面丰富"保稻文化节"活动的想法。我建议在刚修缮好的小厅("珍公小宗"祠堂)内举办一个关于稻作文明和保稻文化主题的展览。得到村两委领导的同意后,我连夜编写策划文本,设计展览流线和相关元素。展板、展具制作完成后,村两委集体动员,参与外围环境整治和展厅布置工作。

其中发生了一件有意思的事,"珍公小宗"祠堂早年的"珍"字脱落,只留下了"公小宗"三字。不少上了岁数的村民也不记得是何字,后来经过询问和查阅,认为可能是"珍"字。在此次对祠堂门口乱砖清理的过程中,伊红谦书记偶然发现了一块浮雕文字的方砖,正是"珍"字,这不仅证实了前期考证的正确,更体现出一种对村史文物的敬畏之心和保护意识。经过三天的紧张工作,展览如期对外开放。"保稻文化节"当天,来自市文广旅局、开发区、汤溪镇、新乡贤会等的领导和千余名村民络绎不绝,直到晚上 10 点还有村民前来参观。此后,该展厅成为宣传和推介下伊村的一个靓丽的窗口。

这一年,我认识了一辈子中最重要的那个人,她是下伊村的一个美丽、善良和纯朴的姑娘。

2020 年初,突如其来的新冠疫情改变了人们的生活,而真正改变我的人仍然和下伊有关。6 月 7 日,我和相识一年多的下伊小妹正式步入婚姻的殿堂,成了下伊女婿。婚礼上,我邀请伊有喜老师作为证婚人,也请到了关心帮助我的亲朋好友,在此我一并向他们表示由衷的感谢。

这一年,下伊村"保稻文化节"因疫情而停办,但我的工作还在继续。我在对汤溪境内的山岗丘陵调查时,发现了位于莘畈溪流域的红背顶遗址,采集了一些陶片和石器,后来在山脚靠近新修公路的一处断崖上,发现了大量的印纹硬陶片和文化层堆积,这些陶片是商周时期的,而姑蔑古国正是存在于这一时期。

红背顶遗址是汤溪境内发现的第 7 处新石器时代至商周时期遗址,同时也是地貌环境、文化层保存最好的商周时期遗址,为进一步探索上山文化,尤其是姑蔑古国等提供了新的线索。

年末,我正式从市博物馆转入市文保考古所,得以全身心投入我所热爱的考古事业。

2021 年 1 月 1 日,我迎来了女儿的降生,取名"可年",意喻"金石可镂、七瑾年华"。"金石可镂"是生活在下伊这片土地上的人们万千年来的精神品质;"七瑾年华"是在建党百年的新时代里,下伊人以厚重的历史观照当下,继续砥砺前行、实现全面繁荣的美好愿景。

6 岁那年,我在粗陋的陶瓷碎片上认识了"福"字。如今,我在下伊找到了幸福的真谛。

高阿大｜余绍宋的九峰山情结

一

余绍宋认为九峰山应该是属于龙游的,这是很有道理的!

九峰山,历史上也曾叫龙丘山,因汉代高士龙丘苌曾隐居于此而得名。而龙游旧名龙丘,也因龙丘苌及此山而得名。当时这一带正在龙游境内。后又因五代时吴越国主钱镠厌恶"丘"字有坟墓之意,故改为龙游。九峰山其实是龙游的母山,失去了九峰山使龙游成了一名身世可疑的"孤儿"。

二

余绍宋是晚清民国衢州名人,本贯龙游。曾留学日本,又曾在梁启超麾下任北洋政府的司法次长(副部长)。不过他最大的成就似乎不在为官上,于本业法律上建树也不多。他真正厉害的一是书画,二是方志。他不光光个人的书画创作颇丰,名播海内，且曾主编《东南日报》的《金石书画》副刊，这是晚清民国以来极其重要的一种书画刊物，影响巨大。其次是他在方志学上的成就卓著，他主持编写的《龙游县志》至今仍为史界翘楚。抗战中又曾主持重修《浙江通志》的重任，洵为一代伟人！

三

余绍宋曾主持修订《龙游县志》，通晓地方掌故。他早年在北京活动，后来因与当政者不和，退居南方，在杭州安家。抗战军兴，转回老家避难，遍历家乡名胜，并曾专门到汤溪九峰山一游，作了一首长诗《游龙丘山感赋有序》（见《寒柯堂诗》）。

在该诗及诗前的小序中，余绍宋首先指出，九峰山本是龙游的"唯一名胜"，"吾邑得名此诧始"，奈何被划归当时的汤溪县后，龙游县的立名失去了依据。其次，他又怪汤溪人没有见识，不知爱惜与珍重这样一座名山，把原来一个好好的清幽寂静的高士隐居之地改为一座烟熏火燎的佛寺，"俗僧寝处其中"，"其余所供送子观音、财神等像于佛乘亦无依据者也！""孰倡登仙腾异说，浮屠外道纷云云。妄陈偶像置木几，冀致香火愚凡民。"而真正与这里有关联的前贤如龙丘苌以及其后的徐伯珍、徐安贞等高人的踪迹却难以追寻。尤其是龙丘苌，"山名本以先生著，复矣遗躅哀喧宾。"且拿它与富春江畔的严子陵钓鱼台作比较，"先生之友严陵叟，祠堂屹立桐江滨，两公节义本相匹，千秋俎豆宜同新。可怜龙丘竟寂寞,扶持名教嗟无人。"为什么会这样呢?他分析说就是因为九峰山的行政区划不对,九峰山不应该属于汤溪,九峰山和汤溪的立县没有关联。他说:"史迹原非彼固有,宜其漠视如越秦。"而他自己则是"吾犹殷人敢忘祖,倦怀故宇伤瓜分",一心以殷人复国为志。甚至最后"愿如垂垂岩上草,虽经九死犹还魂"。言辞恳切,神情凄哀,对九峰山的拳拳之爱溢于言表,对九峰山不能再属于龙游的遗憾痛彻肺腑!

四

余绍宋对九峰山的爱还不止此,在同时,他还创作了一幅以九峰山为粉本的《龙丘山图》,余在书画中最擅长的正是山水。该图为巨幛,竟高达 239 厘米,宽 122.6 厘米。格局宏大,笔墨深秀,设色精妙。画面中正对观者的是一座层叠的巨崖,突兀高耸,气势逼人。有如范宽《溪山行旅图》图中那座著名的巨崖一般,从尺幅到构图显见北宋的影响。巨崖下有佛寺一所,梵宇琳宫若塔若阁,前有矮墙围绕,以丹赭为之,色艳可爱。后面则有峭立的群峰数座,缥缈明灭,俨然仙境! 是一幅对九峰山的严谨写实之作。

九峰山是一座美丽的山,浙中盆地奇特的山形本不多,光以盆地两边论,九峰山是唯一的一座,绝无仅有。关于九峰山的美丽,前人品评与论述早已多如牛毛,不过大多以莲花为喻,意为

403

朵朵不同。关于九峰山另一名"妇人岩"却很少有人解释,其实"妇人"之谓,在古代的语境中不过就是我们今天称呼女同志时张口就来、泛滥成灾的"美女"而已!不信取张僧繇、顾恺之辈的古画来看,那一座座青翠高耸的山峰,可不正如画中那些发髻高耸、体态婀娜的女子吗?难怪会有那么多的人喜欢她!九峰山是一座"美女山"。

余绍宋的《龙丘山图》是其艺术生涯的重要代表作!

五

坦率说,余绍宋对九峰山的重佛道,轻名教的批评很有道理!直到现在还可以引起我们的深思。不过,余诗中对汤溪县的建制以及汤溪人的观感却充满了偏见,让人深感不公。

首先余绍宋在行政关系上回避了从前的汤溪与龙游的连接。历史上长期以来汤溪与龙游等地都属于太末县管辖,这个太末县的县治有一段时间据说就在九峰山的脚下,民国《汤溪县志》说其"城门街址历历犹存"。汤溪与龙游本是一体的。尽管太末县的建制后来被认为是由龙游县继承了下来,但两者的关系可知。其次,从地缘看,九峰山离汤溪可比龙游县城要近多了。九峰山到汤溪才多少路?在旧时的汤溪城内,只怕在街道上一抬头就可以看到天边的那一抹翠色,而龙游的县城则远在七八十里开外。只要在汤溪这个地方有行政建制,无论其为镇或是为县，九峰山肯定是先属于汤溪管辖的。九峰山与汤溪密不可分，余要主张也不能只主张九峰一座山属龙游，而要把整个汤溪地区原属龙游的那部分都给要回去，于理才说得通。第三，这一带历代以来的行政区划多有变动，明成化皇帝当年在这里立县的时候是用金华、兰溪、龙游、遂昌四县之地拼凑出来的，在汤溪县成立之前，这一带实际上已经早就在兰溪的境内了。龙丘苌、龙丘山与龙游县的关系，早已是汉魏六朝与隋唐的旧梦了，余的想法太不切合实际。

六

事实上身为方志大家的余绍宋不可能不知道这一切，但第一，本着对乡土文化的热爱与对前贤的敬仰，看到地方文物沦落如此，他有一种本能的不满与批评。其次，笔墨官司从来是文人生涯的重要游戏，古代如此，现代也依然如此。作诗写文章不这样就没有趣味！更重要的是在当时动荡的时局中，曾经有先贤隐逸的九峰山事实上已经成了余绍宋的理想国，他内心期望得到这样一个宁静的心灵港湾。余诗后面还有"平生久已厌珪组，十年退隐甘居贫。缅想前徽独向往，言寻庙祀思骏奔。岂图失望空凭吊，坐对岩穴徒沾巾"之句，尽露其心声。诗中的"前徽"指前人的美德，会读的人都应该能读出其中的味道！九峰山成了其人格的写照。但真到此地一游后发现与他的期望相差太大，世上没有红尘不到之处，希望破灭，他不免大发牢骚！

七

不过，和一般的文人也就是只是口头说说或者仅仅把谋划停留在纸面不一样。余绍宋是个有卓越影响力的社会活动家，他身份特殊，把自己的理想付诸实施，他具备这样的条件。根据余的长孙余子安先生在《亭亭寒柯——余绍宋》一书中的披露，就在余绍宋写诗的同时，他曾鼓动有关方面改动行政区划，把九峰山划归龙游。

余绍宋留学日本时有一好友名为阮性存，阮的儿子阮毅成时任浙江省民政厅厅长，行政区划的变动正属其职责范围内之事。余阮两家既为世交，多有来往，抗战军兴，省府内迁，阮毅成多次去往余绍宋的龙游驻地探望父执。余对九峰山念兹在兹，《龙丘山图》画好后舍不得送人，自己保留在家中时时观看。此图悬挂在室，阮毅成每次到其家必屏息静立，观赏良久，喜爱之情溢于言表。余绍宋看出来后就引诱他说："你如果能让九峰山重新划到龙游的名下，我就把这张画送给你。"但阮毅成考虑到汤溪县从明代成化年间设县到当时已近五百年，各方都已安于现状，重新变动，势必改变利益格局。此事困难重重，他无法办到，只好忍痛割爱！当时日寇还未侵入金衢等地。等到后来日本人发动浙赣战役，汤溪、龙游等地都沦陷后，余绍宋觉得机会又来了，他又再次向阮毅成谈及此事。又亲自把前面提到的长诗写成一册送给他，并加了跋语说："毅成世长先生长民厅有年，周知地方情弊，亦深以兹山割属汤溪为非宜。思复其旧，而未敢绝也。因书此旧篇贻之，使知吾县人士，历数百年，于兹事犹有余憾，其或者有以慰吾侪喟喟之望乎？诗虽不佳，义有所尔。愿我贤明长官，哀而鉴之。"不过这个事情实在有些荒唐，依阮毅成一个人的力量还是无法办成。他后来跟随国民党撤退入台，晚年写回忆录时一再提及。

以上据《亭亭寒柯》转引的阮毅成文章《记余绍宋先生》。

八

作为一种重要的文化资源，前人对名人与名胜的争夺代不鲜见，一个更为著名的案例是河南南阳与湖北襄阳对诸葛亮的躬耕地之争，其实意义不大。余绍宋对九峰山与龙游县关系的强调其实与此也差不多。须知海内本是一家，何况在浙江中西部这个小小的盆地之内，眼光不能太过狭隘。历史上金衢两市分分合合多次，一直到 1949 年后还是如此。有时想想，行政区划对相邻的两个省市或县市的人民来说，不过是一个后加的躯壳而已。山水相连处，自然语言与风俗相通，大家本来是一体的。就像一个人一样，上衣与下裳的不同并不会割裂我们内在的躯体，有时只有裤腰线的上下变动而已！今人若再不详查则误矣。

高阿大｜青阳胡——明清汤溪县属第一望族

一

我觉得从前青阳胡人在汤溪是可以"横"着走的！

为什么呢？根据《康熙金华府志》的记载，汤溪境内共有十三座科举功名牌坊，其中有十二座为青阳胡人而立，你说厉害不厉害？史称其"人物挺生，簪缨蔚起，独冠一邑"。

二

青阳胡因青阳洲而得名。

青阳洲指今金华开发区洋埠镇东北一块背靠衢江的地方，这里自古以来就处于繁忙的交通要道旁，土肥水美。自明初他们的始祖胡麒（排行廉一）率家人在此定居以来，不过几百年间子孙就多达数万，高峰期繁衍出的村子（或居住点）据说有三十三个之多,实际所波及的区域又不限于此。

三

青阳胡人之所以能够发达,第一个要感谢的是枫林庄(今上境村)的刘十三。

刘十三今佚其名,按古代习惯,十三也是他的排行,他是青阳胡始祖的舅舅。

青阳胡最早的定居之地本在兰溪的"河西市"(今溪西一带),元时季七府君迁本县南山的石埠头(原属岭上乡,今在九峰水库库底,时亦属兰溪)。季七生维二,维二即青阳始祖廉一之父。维二后来做了上境人的上门女婿。时天下大乱,"义军"频兴,于地方多有搅扰。有一次有一王万户到了枫林大户刘十三家中,仓促间十三的家人不及躲藏,有一妹妹被其瞥见。当时并没有说话,到了晚上便带人前来索取,要求其妹陪他过夜。刘十三白天时就瞧出情况不对,早就把妹妹藏好。搜查不到,王万户大怒,命人在刘十三的脖子上套了一只浇了油的扁箩,威胁他说:"你觉得你是跟我做亲戚好,还是做鬼好?"(从则我之骨肉,不从则君为鬼录)。刘十三不肯,竟为其所害。是为"捐生全妹",历代的府县志都有记载。刘十三用自己的生命维护了家人的名誉与安全。

刘十三的这个妹妹正是青阳始祖维二的夫人和廉一的母

亲,整个青阳胡人都是这位刘氏始祖母的后代。如果没有当初刘十三的勇敢,也许后来就再也没有青阳胡什么事了!

《青阳胡氏文献录》提到这一节时说"呜呼!我舅氏慷慨捐生全其妹节,义气诚堪千古,卒致我祖妣创青阳成望族。今数百年来簪缨不绝,固我祖妣令德所遗;抑孰非我舅氏保全之恩、正大之气所留遗,以有是哉?"

此后青阳胡的祠堂里与始祖维二、廉一共列的一直是这位"舅祖中山义士刘十三"的牌位。

四

维二常年客居在外,早死。兴家的是其子胡麒(廉一)。

胡麒舅亡父殁,先世虽可能有一些基业,但不至于很多,基本上都靠他自己后天的努力。他为人首先值得称道的是他的德行。他有两个弟弟,除幼弟胡凤早夭之外,另一弟胡麟(廉三)长大成人。不过廉三胡麟的运气不太好,结了婚后五个月就得病而死,留下一个遗腹子。而他的妻子在生产之后三个月也随其夫而去,这个孤儿后来全靠廉一夫妇抚养。为坚定其妻江氏的抚养意志,廉一想了一个办法。他折了一支垂柳,倒插在宅旁的一口水井边,发誓垂柳能活,孤儿即能成活,后果如其言。这个故事叫"井柳鞠孤",也被历代的府县志所载。

不光光是对家人,胡麒对待乡亲也充满关爱之情,当周围的亲戚朋友有什么危难之际，总能得到他的周济。

"亲旧婴病者、婚葬后时者、租庸弗办者，多与补助不责报。"

"每岁置谷近千斛以假乡民不给，而弗取息。"

"至正庚子岁，大饥又炽于疫，处士不避疫势，不惮早夜而以药济人，赖全活者不可胜计，人咸德焉！"

这样，他能得到比别人更多的机会来发展壮大自己，也就自然而然了！

胡麒治家谨严，留有家规二十四条，一向被青阳胡人视为发家与治家之本，今录其下：

> 凡事父母，必须极其爱敬；凡奉祖先，必须竭其孝诚。待兄弟，必如待妻子；敬长上，当如敬大宾。子孙不可不教，教必以正；交游不可不择，择必端人。别内外，要严而且密；处宗党，要和而且忍。娶妇必德门，不在富贵；嫁女必择婿，不可因仍。疾恙必迎医，不可从事禳祷；丧祭必依礼，不可信惑僧道。耕读不可不勤，勤则必成；用度不可不俭，俭则不废。临财不可苟取；见利不可苟趋。故旧不可忽慢；势要不可趋附。公税不可后期；公干不可虚应。勿好讼以欺人；勿纵酒以乱性。出仕不可捷径以幸进；临难不可诡计以偷生。

其中有些条目今天看起来还有显著的进步意义。有些条目则明显地具有追求科学的精神。而像"公税不可后期；公干不可虚应"这样的内容尤其难得,里面甚至已经包含了现代社会里才有的公民意识!

青阳胡氏家规二十四条对于子孙后代在对待家庭、婚姻、财富、疾病、交往、社会责任与个人生涯规划等问题多方面都提供了一些具体的指导意见,对于我们今天传承优秀的传统家风家训文化还具有显著的学习意义。

在胡廉一的身体力行之下,青阳胡卒至"积德以大"!为顺利移居青阳作好了准备。

五

除胡廉一外,为青阳胡的发展打下基础的人还有两个,一个是胡麒的侄子胡童,另一个是他的幼子胡荣。

胡童即前面所提到的孤儿,字希敬,行铭七,今其墓犹存,在洋埠镇大坟头村。

胡童也是个很有才干的人,小时候依伯父而过活。成年后,伯父把家政交给他,"能斩斩不紊,抚世酬物,即始虑终",为青阳胡的发展作出了很大的贡献。尤其值得称赞的是他为人的轻财重义,青阳胡本为两房,廉一与廉三,但最后分家产时廉一胡麒是按三子一侄均分的,胡童"并无较多竞寡之心"。当碰到别人有困难要变卖财物给他时,他往往还会主动在卖主的价码之上再增加一点。有人笑他傻,他笑着说只想给子孙后代多积累一点福报！许多人有事时都不忍心欺骗他。在他的勤勉努力之下，青阳胡"家业日丰，甲于乡邑"，连当时著名的文学人物宋濂曾给他造的"集雅堂"题匾。他生五子，在青阳胡的支系中以他的子孙最为兴盛，如曾任福建怀安县令的胡节、南昌知府的胡公廉、南京太常寺少卿的胡森等，都是他的后人，后分居各处。

而胡荣则是给胡氏家族打下坚实的文化基础的第一人。

胡荣，字希华，行铭十七，主要活动于明代永乐宣德年间，是青阳胡第二代中出生较晚的一个。他自小家境优裕，可以安心读书。刚开始时师从兰溪人江善之、江行甫，又和本地名宦吴绅、邵玘、叶宗文等为布衣交，是本地文化圈的重要一员。二江为元末明初时金华大儒苏伯衡、胡仲绅的弟子，品行高尚、学问精深，胡荣跟随他们学习进步很快。"自经史传记，下逮堪舆星卜之说，皆所淹贯"，他的诗文写作水平连他的老师都表示佩服。不过，鉴于明初的严酷政治形势，他不愿意外出为官，"郡邑屡辟，托疾不起"，整日里只在家中与一帮儒士和方外高人往还，以教导族中子弟与邻里为乐，做了一个蛰居田园的隐士。

胡荣著有《瀫洲集》十余卷，去世后，他的门人私谥他为"文庄先生"。著名的汤溪县设立以后考中的第一个进士胡超，就是他的亲孙子。

六

明洪武丁巳(1377 年),胡麒奉老母携子侄从九峰山脚徙居衢江之畔。青阳洲时属龙游县管辖。

青阳洲真是一个好地方!

青阳洲的好就好在它的地理环境上。它的北面为一条大江阻隔,南面有莘畈溪与厚大溪合围,俨然天堑,自成一体。这些溪流,溪深水急,对两岸冲刷猛烈。相信在历史上的不少岁月里,大水漫灌,曾经给它腹心上的平原带来不少的养分。

青阳胡人定居青阳洲以后,财富迅速增长。廉一始定居青阳洲时,不过"构屋百余楹,以作奉先栖身之所"。五六十年后,到正统五年本地爆发饥荒时,整个家族由其幼子胡荣领头向官府缴纳的赈粮便可高达两千一百石,而当时邻县建德全县一年的税粮不过三千余石。到了青阳胡的第三代,胡麒的一个孙子正十胡便,"年甫三十六岁,资更甲于邑乡,田以顷计者四十。以厥居隘,附筑室千楹。内外不共厅事"。按一顷为一百亩计算,青阳胡仅胡便一人占田数量就高达四千亩。虽实际面积也许会和今天不一样,但考虑到当时一般的农民一家拥有的土地不过一二十亩,着实令人咋舌!何况他还"筑室千楹"!按朱元璋洪武三十年的一道诏书规定,"田赢七顷者"就可以评为富户,而富户是需要被迁徙京师或者其他异乡的,青阳胡大大超过了这个标准。

因此,在明初苛刻的打击富民的政策形势下,青阳胡也数次遭到沉重的打击。如前面所说的胡便有个哥哥胡护,在永乐年间,因为骑着白马上龙游县城,过于招摇,结果就被龙游县丞签署为富户。原定要迁徙到北京,后来经过申述,才得平反,但不幸在归途当中死在了苏州。正统八年,官府以"造作逾制"为名,罚青阳胡廉一廉三两房的房长"遣戍辽东",还好由他们的兄弟各自代替受过,在边疆待了十三年,才因为英宗的复辟大赦天下而被放回。正统九年,胡童亲孙胡永良,又再次因为浙江巡按御史孙毓的"苛虐掊克",一家被"逮系岁余,家资殆罄",日子过得甚是恓惶!

另外,明初在江浙一带还实行粮长制,粮区以"万石为率",每区设粮长一人或若干,一般多以本地田地最多的富户充任,青阳胡数代皆膺其选。这个粮长的差事,由于有跟官府打交道的机会,在早期确实能分享一些特权,青阳胡的发家可能与此不无关系。但在后期渐渐成为一种负担。那些被定为粮长的人,不但要代替官府征缴税粮,还要负责把这些粮食运输到国家指定的几个遥远的粮仓里去,有时征缴不到的税粮,还要先行赔付,同时备尝路途的艰辛与苛刑峻法的折磨,青阳胡也曾为此付出过惨痛的代价。如胡童的长子正一胡佑,年仅二十五岁,便因为担任粮长的缘故,"慷慨就道",在运粮去山东德州的回程中不幸掉进黄河淹死了,连尸首也找不回来。他的另一个堂弟正八胡标,不知是触犯了什么法律还是得病的原因,直接死在了京城,其妻"束尸骨于身"回家。正九宗韶也一样,"为万石长","以事违误被系京师者三年",其妻至"每夜焚香吁天,誓不见夫不出此门阅;蔬食不餰,藉草寝地"。宗韶即胡超之父,胡荣之子。胡超后来为官后还心有余悸,曾在记述其祖遗事的"行状"里说"超家不幸,中遭变故"。青阳胡的早期虽富足,但在严酷的政治环境之下,险象环生。

七

青阳洲俗还称为"溪里"。除了那些肥沃的土地之外,里面还有一个美丽的琳湖,这个琳湖很可能是一段古河道的遗留。青阳胡人来了以后首先定居在它的北岸,位置即今"一乐堂"村处。"百工用揆,栋宇聿启。植松柏于两楹,布桑麻于四野",极大地改善了青阳洲上的自然与人文环境。"秀者务读,朴者务耕,不数十载而家声骤振"。实际上青阳洲在青阳胡迁去之前,就已经有几家大户了,除了有名的洪氏、郑氏之外,还有何、吕、莫、高等杂姓。不过等到胡氏到来后,这些姓氏都已经很难找到,只有洪氏、郑氏的地位一直不可动摇。

青阳胡人在青阳洲上的营造,除了前面提到的集雅堂之外,还有一乐堂、积善堂、松轩、绿野堂、陇南草堂、濯缨书院、宾月轩等,其中一乐堂曾请大文学家宋濂为记,惜后无存。而绿野堂则为青阳胡第五代嘉定知县胡孟翔的居所,明成化状元王华曾为其作《绿野堂记》,王华为大哲学家王阳明之父。

有了青阳胡第二代与第三代的磨难与铺垫,到了青阳胡第四代时,世路平坦,人才辈出。读书蔚然成风。当时青阳胡有八个子弟在龙游县学,"每试辄高捷",号称"八胡"。其中胡童的最小一房孙子胡永棠,"颖敏绝人","为之首"。胡荣的兄子胡永康,"读书好礼,兄弟八人友于无间",亦属八胡之一。

青阳胡浓厚的文化氛围形成,除了最早的胡荣以外,还有胡忠、胡永祚与胡永瑞等人的功劳。

胡忠,字彦信,号卧云,事见府县志。他早年"读书过目成诵",及壮"博涉经史书简,骈俪各极其工,至于阴阳星历方药之书,靡不必究",可惜在二十四岁后不幸患上"风痹",没法继续科举,只好靠行医为生。不过他有一个怪癖,经他治愈的患者不需要给他任何的费用,只要在琳湖之畔种植若干株桃柳即可,"供其吟咏"! 是个非常有意思的人,著有《琳湖渔乐稿》。

胡忠还有一件事情值得一提。他精风水堪舆,今洋埠镇大坟头村的胡铭七墓葬原来是他预先为其父正二宗杰寻找的"万年吉壤",后来因为铭七胡童(其祖)都未卜地,遂听从其父的意见,改作父祖两代的合墓了。胡铭七墓葬,今为金华市文物保护点,已经成了当地的一大景观!

胡祚,或名永祚,字彦本,号一峰。他是一个景观设计师。极幼小时就深受叔祖胡荣的影响,随侍左右,来往的宾客"咸以胡氏佳子弟称之"。稍长,游学南京,与当时的名流显宦往来。有个刑部侍郎吴叔绅最看得起他,还送他一幅当世名家夏昶画的墨竹。他最有意思的一件事情是在青阳洲上垒了一座土山,上面还造了个亭子,命名为"一峰"。学习古人"每风日晴和,即与诸昆季酣饮赓唱,终日不辍",过着超然物外的生活。美丽的琳湖之畔曾经留下他们多少吟咏的身影。按《青阳地舆图》所载,"一峰"的遗址当在今一乐堂村与祥里村之间,湖前村的西面。

另外,他还曾应汤溪首任知县宋约的邀请与其族弟胡暹一起参编最早的汤溪县志,是青阳胡早期著名的文学人士。而青阳胡氏最了不起的全能艺术家则非胡永瑞莫属。

胡永瑞,字彦绪,号琴月。他"好读书、作诗、写画,精音律、雕刻制造之艺,虽哲匠莫能过",几乎无所不能。不过,他最厉害的还应该是他的琴艺。在中国传统文化里,古琴和书法差不多,应该是最能够代表其核心精神的门类,能弹琴者自非等闲之人可比。胡永瑞的琴音今天当然是不可闻了,不过他曾经著有《太古遗音》琴书一种存世。根据明末清初时青阳胡后人,曾任丽水府学训导的胡成鹏所作的《太古遗音跋》一文所称,该书里面除了描绘有各种古代名琴的式样外,还记载了很多乐谱。胡成鹏本人就曾根据该书打谱演绎,"其义了然","琴月先生犹如复生"。而青阳胡的子弟后来擅音律者也一直不绝,除胡永瑞、胡成鹏外,和胡成鹏同时的东田人胡倬臣,也善琴。胡成鹏记其琴艺"整弦有法,按指有度,气象冲融,音韵和谐,可谓独得琴月先生之秘"。胡倬臣是胡成鹏的侄辈,他还曾重新修订与更改了《太古遗音》,可惜此书不知今天还在否。谁能想象当初这些风雅绝伦的事儿竟然是发生在青阳洲这样一个乡村的世界里的!

这真是一个特殊的家族!

除了以上这些人外,青阳胡的艺术家还有胡超的弟弟胡贞和第五代的胡理等。胡贞字彦石,"能诗善画,尤善于翎毛",他给上境人画的老鹰,"悬壁风动,其所豢鹰以为类也,起而攫之"。胡理,字孟伦,书法特别好,"点画挥洒,疏朗多姿,尤见珍于严陵信安诸郡云",最喜欢他写的字的是建德与衢州一带的人。

胡忠一子胡琰后为举人,一孙胡佩成进士,他的未遂之青云壮志,都由子孙完成了。而胡永瑞的孙子胡斐后来也成了进士,官北京刑部主事。青阳胡子弟的成就正是搭建在其祖辈打造的基础之上的。

青阳洲虽然海拔不高,却绝对是明清两代汤溪县唯一的文化高地。

八

明景泰丙子年(1456年),胡荣的曾孙、胡超的侄辈,青阳胡第五代胡怀,高中浙江乡试第七名举人;明成化壬辰年(1472

年），青阳胡第四代胡超本人，高中进士，由此揭开了青阳胡氏家族科举盛世的序幕以及汤溪县新时代的到来。

截至《青阳胡氏文献录》最后一次修订的清乾隆中叶，青阳胡在科举考试上取得的成绩如下：进士六人，举人九人，入贡、监者及廪、庠生百多人，任各地知县（州）、府通判、知府及中央官署官员者十九人，其中以知县（州）为最多，有十三人。还有，由贡生出任自国子监学正以下、各地府县学教授、教谕、训导、学正和八旗教习等教职者共四十三人，其文教之盛可见一斑！

不过，青阳胡的科举盛世有一个特点，它鲜明地集中于明中叶。其中尤以正德六年至嘉靖十一年这22年为最，总共六位进士中的四位出在这一时期，差不多三五年就有一人登第！历史上甚至还创造过兄弟、叔侄同科的佳话。若不是后来发生了导致青阳胡家族显著衰弱的"隆庆争祠"事件，上面的数字也许还会增加。

而这些青阳胡科举人物，并不都是尸位素餐之辈。他们大多学有所长，有的精通政事，有的熟谙礼仪，有的懂工程建设，有的则是法律方面的专门人才，在走向仕途之后发挥了他们独特的作用。与其说这是青阳胡的科举盛事，不如说是青阳胡的教育与人才培养丰碑。

在明代中叶，伴随着汤溪县的新设，青阳胡迎来了他的全盛期！

九

根据《民国汤溪县志》的说法，属于青阳胡的三十三个村庄是：一乐堂、湖前、黄稍、坝头、东田、中青阳、四面厅、铺下、牌门里、前阳、祥里、埂上、上宅、上陈、坂田、楼里、新楼下、马站基、车门里、下徐、大坟头、墩头、溪滩下、堪上、洪堪头、丰塘下、仓里、胡碓、刘家桥、胡涂坞口、后坛、坛头、东店等，今天或有增减。

参考文献：

《康熙金华府志》金华市志办 2015 年 8 月重印本

《汤溪县志》民国

《青阳胡氏文献录》胡炜等 清乾隆刻本

洪沼：《明初的迁徙富户与粮长制》，载《中国社会经济史研究》1984 年
　第 1 期。

高阿大｜尚睦门风，由生到死

一

兄弟是什么？《诗经》里说："鹡鸰在原，兄弟急难！"《颜氏家训》认为："兄弟者，分形连气之人也！方其幼也，父母左提右挈，前襟后裾；食则同案，衣则传服；学则连业，游则共方。虽有悖乱之人，不能不相爱也。"

但在现实生活里，无论古今，上至帝王将相，下至贩夫走卒，由兄弟而路人而仇敌的事在在皆有。以舜之贤，其弟象犹欲害之；以唐太宗之英明，杀兄逼父的恶名难除；以赵光义之睿智，斧声烛影竟成了一桩千古疑案。而在一般的小老百姓群体中，因各种生活琐事而引发的兄弟失和，恶语相向，乃至梃刃相加的事例更多……

不过，明代湖前村人胡珊与胡瓛的世界，好像是个例外。

二

胡珊和胡璸是明清汤溪县著名的青阳胡家族的成员。两兄弟从小到大,从来没有红过脸。有事都是互相商量着办,感情好得一塌糊涂!而且两人都还很有文才,有空了还会写诗互相唱和一番。日子过得是优哉游哉!可惜时间过得太快,一晃大半辈子就快要过去了。有一天,胡珊对胡璸说,"我们这一辈子一直都住在一起,居同舍,食同锅,如果死了以后反而要分开,岂不是憾事一件?"胡璸听听很有道理,于是两个人就决定要修一座大一点的坟墓,以便将来可以合葬。在听从风水师的建议之后,他们把这座坟墓的位置定在离自己住所不远的东南一里开外,里面一共设置了二十四个墓穴,不光他们自己,连下一代的人也可以埋葬在一起。俗称"棋盘坟",正式名称为"尚睦墓"。这是历史上很少有的事情!

三

胡珊和胡璸有这样的行为不稀奇,因为他们的父亲与叔父就秉承着这样的家风。

胡珊与胡璸的父亲胡继英、叔父胡继秀是湖前村的创村始祖,正是从他俩开始,青阳胡的这一分支从琳湖北岸的祖居迁徙到了南岸。

胡继英字孟雄，胡继秀字孟实，他们这一家本来有兄弟四人，他俩是老大与老二，此外还有老三孟通与老四孟睿。其中孟通即胡节，他是青阳胡科举佳话"兄弟同科"的主角之一（另一人为其堂兄胡琰，两人同中天顺己卯浙江乡试举人）。曾任福建怀安县令，政声卓著。可惜上任只满一年就因"丁父忧"而去职，再过一年竟因"庐墓"辛苦而染病去世了。而他的弟弟孟睿也死得很早，四兄弟里到老的只有孟雄、孟实两人。

孟雄与孟实这两人可不简单，他们是青阳胡早期著名的富翁。

青阳胡教育子弟有一种传统，"秀者务读，朴者务耕"，主张通过每个人自己的特点来创设不同的人生道路。孟雄与孟实尽管文才肯定不如胡节，（事实上我们连他们是不是通文墨都不很清楚）。但持家的水平，肯定大大超过了当时大部分一味高蹈的文学之士。他们一方面善于经营，累经析分早已不多的祖产，在他们的努力之下，迅速恢宏扩大。"赤穰满垅之蘽蘽，白粲积廪之仍仍。"另一方面，善于理家，他们这一家子，大大小小、里里外外，兄弟子侄、僮仆奴婢，加起来据说有三百多口人，居然给他们治理得人无异心，财无私蓄，很少有矛盾发生。他们的法宝便是"恒以世之阋墙泣釜者为耻"！

为了教育子孙永葆这一家风，他们在把家搬到湖前后，就把新造的厅堂命名为"尚睦堂"！

四

孟雄与孟实的经营才华,部分得之于他们的母亲董氏。

从《青阳胡氏文献录》的记载来看,这位五百年前的女子简直就像是今天的职业经理人一样。正是从她开始,湖前支裔开始兴旺的。她们家共有女婢三十多人,她把她们组织起来轮流烧饭做菜。轮不到的那些,每天都集中到家中的小厅,每人发一份工具,"春冬纺棉纱","夏秋绩麻纻",搞纺织生产,家中俨然成立了一个后世的小工厂!而且她还特别体贴和关心这些"员工",善于通过提高"员工"福利的方式来提升单位生产效率。比如夏天天热蚊子又多,她会给婢女们每人发一个小桶,里面装满水,把脚伸进去既可以降温又能挡蚊子。冬天天冷,大家脚指头冻得发麻,她又会及时地准备好很多装满鹅毛的草围子,让她们可以保暖。这样大家就很乐意地给她干活了!史称其"贞则多闻,思虑深远,如是者三十余年,而家益饶裕"。

五

实际上在青阳胡家族之间,患难相恤、守望相助是他们的一种传统!

回顾青阳胡早期的历史,在他们的人口增长与财富增殖的同时,一直有天灾人祸伴随着。在他们最早的始祖维二与廉一的时代,就发生过著名的"捐生全妹"与"插柳活孤"这样的故事。幸好有勇敢无畏的舅祖刘十三以及心有大爱的伯父廉一相助,故事中的刘氏始祖母与孤儿胡童才可以安然无恙和茁壮成长。等到迁徙到青阳洲后,孤儿胡童的长子正一胡佑又再次碰到了灾祸,因为担任"粮长"长途运粮到山东德州的缘故,莫名其妙地死在了黄河里,连尸骨都未能找回来,他的妻子一年后也随即亡故。他们留下的一对儿子昌一胡昌与昌二胡永安,后来全靠外祖母金门邵氏与叔父正二胡俊养育长大。其中昌一胡昌,最后在外家成家,成为今汤溪镇仓里村胡氏的祖先。昌二胡永安回到青阳,受其叔胡俊的扶持自立门户。他即前面所述的董氏之夫,孟雄、孟实之父,胡珊、胡瓛之祖。这样家庭的后代自然比其他人家更重视亲情!

六

当然,青阳胡湖前支裔为何要如此强调"尚睦"两个字,根据清代湖前后裔,曾任山西太谷知县的胡炜所记,还很有可能是受传统的风水观念影响。青阳胡本居琳湖之北,琳湖实际上是一段古河道的残留,湖前支裔搬到南岸后,湖水不仅由在村前改成了村后,且原先环抱村庄的一个大弯也变成了它背靠的一张反向的大弓。这种"反弓"的地势因为受离心力的影响,无论是河流还是道路都极易对边上的事物产生危害,即使在当代人的环境观念中也是不好的,在传统风水理论中更是一种大忌。据说主"家宅不宁,兄弟不睦",有能力的人一定要避开。所以,最初湖前村的祖先把新居命名为"尚睦堂"是有用意的,他们想用刻意提倡的办法来破解这个危局。之后,他们的第二代再次加强了这种做法。实际上这是家族传统和风水堪舆观念共同作用的结果,此事载胡炜的专著《治家略》之"和兄弟"篇章。

七

修建好后的尚睦墓坐西南朝东北。

整座墓冢长约二十米,宽约八米,四周均以条石围栏砌成,远观恰似露台或者方城一座。墓前"为地凡五十尺,其后为地七十余尺;墓之左为地凡八十尺,其右之地也如之",整个墓地合起来的范围约有六七百平方米,实在不算少了。

与其他民间古代墓葬不同,尚睦墓最值得我们注意的是它四周镶嵌着的一些题记与碑刻,其作者大多是附近地域的名流显宦。如墓前正中几个细劲的篆体大字"胡氏尚睦之墓"为时属"同郡"的金华县人陈学所题,陈在当时即以善书闻,曾任内阁的中书舍人与翰林院编修,后升任南京太常寺少卿,是青阳胡后裔胡森的前辈。陈书墓名的左边是由兰溪香溪人童俊撰写的《青阳胡氏尚睦墓记》,童俊曾任河北赵州知州,与墓主叔父胡节有旧交,为同年好友。陈书墓名的右边是曾任南京兵部右侍郎、都察院右佥都御史的丽水缙云人虞瑶写的《青阳胡氏尚睦墓志》,他在这些题记者中职衔最高。当然,在这些碑刻里最受人瞩目的还应属墓尾的《尚睦墓序》,该文文字华美,意义阐发精到,曾被收入《汤溪县志》。作者祝献,兰溪人,时任太仆寺丞。他的身份很特殊,与墓主胡珊是儿女亲家,其子为胡珊之婿,难怪特别的用心。该文写于其在京师任职期间。

八

这些碑刻还透露了该墓的建造过程与墓中人的不少信息。

比如该墓的始建年代,根据童文中胡珊"会室人朱氏物故,遂为其墓"之语,再加上祝文中所记朱氏的卒年,当在明成化二十二年(1486 年)左右,时汤溪县新设不久。同时,根据童俊所记我们还可以得知,第一批埋入尚睦墓墓地的应为胡珊的正妻朱氏以及先期一年亡故的胡璪前妻徐氏,尚睦墓是由它的两位女主人首先启用的。让人惋惜的是,两人当时都还很年轻,朱氏四十五岁,徐氏才三十三岁,真是红颜薄命!而墓主胡珊、胡璪发愿起意的时候,也不过才四十上下年纪,真可谓思之长,虑之远!

关于尚睦墓的建造过程,根据上面几文的落款,也是花费了蛮长时间的。童俊与虞瑶的"志""记"作于明孝宗弘治五年

（1492年），而祝献的"序"则迟至明武宗正德元年（1506年）才完成，中间相差14年。算上始建的年代，尚睦墓前后用了三十年左右时间才形成我们今天看到的面貌，其间至少增补过两次碑记。

至于墓中人的主要埋藏方位，虞瑶在他的《墓志》里也介绍得很清楚：墓前中左为胡珊时奇，胡珊的左首是他的正妻朱氏与妾杨氏；墓前中右为胡瓛时珪，胡瓛的右边是其前妻徐氏与继室陈氏，两边昭穆分明。这些人在当时未必都已归于泉下，但位置却是早就给他们预备好了。另外，根据《胡氏文献录》所记，除他们之外，最后进入尚睦墓合葬的人员还有胡珊的五个儿子：胡从愿、胡从新、胡从善、胡从正、胡从令，以及胡瓛的三个儿子胡枨、胡乔、胡大比及其家属等，一大家子在地底下又热热闹闹地聚首。

其中胡瓛长子胡枨，即曾任江西南昌知府的胡公廉之父。胡公廉的"进士坊"今天还傲然屹立在湖前村的中心，尚睦墓即其父祖两代的合墓。

九

尚睦墓还是本地民间罕见的古代墓葬艺术珍品。

在尚睦墓一圈的石雕纹饰中，尤以墓前虞、童两块碑记边的人物故事最为珍贵，一为"孟宗哭竹"，一为"田氏紫荆"，都与传统伦理道德有关。

"孟宗哭竹",二十四孝之一,讲的是三国时湖北江夏人孟宗的故事。孟宗事母至孝,母病思吃鲜笋,他就到竹林里去挖笋。时值隆冬,天寒地冻的,根本无笋可挖。无奈之下他只好抱着竹子大哭一通,结果地面竟然为之开裂,从里面迅速地长出了很多竹笋来。这讲的是"孝"的感人力量。"田氏紫荆"则事见南朝吴钧的《续齐谐记》,说是从前有一个叫田真的三兄弟分家,为公平起见,大家决定把所有的财物都一分为三。其他东西都好办,唯独面对庭前的一株紫荆树为了难。如要均分的话肯定要直上直下解成三片,可是这样一来这树必死无疑。正在为难之际,第二天这树自己竟就先行枯死了。三兄弟一见大惊,于是决定不再分家,和好如初。而这树后来又奇怪地复苏了。这讲的是"友"的重要性。青阳胡正是以孝友传家的!

除了以上这些内容以外,尚睦墓的人物雕饰还有"一秤金"四孩童、姜太公四隐士以及八仙等,都各有用意。其中"一秤金"指育儿之不易以及子嗣之宝贵之意。另外像麒麟、仙鹤、大象,以及万字、如意、青钱这些吉祥纹样在当时与后世都很常见,和墓前墓后的几副俗语对联一样,并无特殊的含义,兹不赘述。

十

从前人修这样的大型坟墓,目的都很明确。或为纪功,或为夸富。纪功的如历朝历代帝王将相的陵寝,夸富的有从东南沿海到西北内陆各地土豪劣绅们的祖坟。尚睦墓和它们都不一样,尚睦墓从一开始建造的时候,就背负着独有的伦理教化的命题。它把墓主生前所推崇的价值用物化的形式长留在这天地之间,不让它因墓主的死亡而消亡。它面对的受众也不光光是本家族的子弟,而是所有从它面前经过的芸芸众生。所以尚睦墓其实并不是某个大家族的私人墓地,而是从前此地一座良风美俗的纪念碑! 如在前面所提到两幅石雕故事中,画面上还另外刻了两首七言古诗。一首为:"孝感偏能动鬼神,笋生冬月慰慈魂。谁将镌在佳城石,应勉儿孙慕古人。"另一首为:"物为分枝一旦倾,况人同气复同声。故家尚睦由来久,不独田家好弟兄。"显见是墓中人的"夫子自道",把这层意思说得再明白不过了!

尽管在今天的法律关系之下传统的伦理早已受到重新界定。但不管在哪个时代,不管是在亲人还是在陌生人之间,和平、友好、关爱、包容等基本的相处法则,肯定不会磨掉它的光辉。当代社会更提倡在陌生人之间共享与分享的理念,"尚睦"的精神在什么时候也不会过时,尚睦堂与尚睦墓在新时代依然能发挥它的独特作用。站在尚睦墓前,我们想到是在这块肥沃的土地上,我们的祖先对于人类的秩序和命运曾经有过多么深沉的思考与努力……

十一

斗转星移，物是人非，一晃五百多年过去了，今天的尚睦墓犹位于金华开发区洋埠镇湖前村村东的一片黑松林之中。这里树高林密，一片郁郁葱葱之色！经过村庄整治之后，附近俨有公园风貌。我们仿佛还可以看到当年童俊文中所称的墓主人们"拉二三朋侪，携肴载酒，徜徉于松楸清景间"的景象。不过，铜驼荆棘、宫阙黍离，在岁月的侵蚀之下，原先高大的墓冢早已失去了当初的风采。一对高高的望柱早已倒下，现仅见一根卧于墓旁的泥途。一圈的围栏与条柱失落不少，碑刻上的字迹风化模糊，满眼都是蓬蒿。只有墓前一株苦槠，墓后一株香樟，虽已历数百年风雨，依旧老干参天，枝叶婆娑。让人在一番凭吊之后，不胜唏嘘！

高阿大 | 青阳胡明清古墓群

　　提到墓葬，一般人都会敬而远之。不过，由于地面文物的易遭毁弃，在历史研究中，大家特别重视古墓葬的作用。一座年头悠久的古墓，往往能够提供给我们很多已经消失了的历史信息。曾经有考古专家开玩笑说"上班就是上坟"，其意义可见一斑。作为明清时期汤溪县最大的一个家族，青阳胡历史上名人辈出，曾经留下过大批墓葬。但可惜在沧海桑田的变幻中大多数都已不存了。即便如此，幸运地躲过历史上各种灾祸而遗留至今的也还有不少，亟待有识之士发掘其特殊的价值。

　　青阳胡氏遗留至今最重要的一座坟墓是今洋埠镇大坟头村的胡铭七墓葬，该村即以其墓命名。胡铭七为青阳胡始祖廉一、廉三两房中廉三的唯一的遗腹子，元末明初人士，在世时以宽厚待人闻名，后代子孙人数众多，有多名进士、举人与贡监生。汤溪著名的历史人物胡森，湖前进士胡公廉等都是他的后代。根据《青阳胡氏文献录》的记载，青阳胡在从上境村迁居青阳洲时的洪武十年，他已二十六岁了，所以这是一座明代早期的墓葬，里面共有胡铭七及其五子中的一子正二胡俊等父子婆媳五人。

　　青阳胡遗留至今的第二座墓葬为湖前村的尚睦墓，这是一座明代中早期的墓葬。墓主胡珊与胡瓛兄弟是胡铭七的四世孙，他们的上一代共有兄弟四人，自他们的父亲胡继英（字孟雄）与叔父胡继秀（字孟实）开始，从一乐堂移居琳湖之南，所以叫湖前。根据《青阳胡氏文献录》清代湖前后裔胡炜所著的《治家略》记载，尚睦墓里面至少埋葬了父子两代二十四人，所以又俗称"棋盘坟"。尚睦墓是一座从立意到施工都经过精心设计的坟墓，坟墓四周不仅镶嵌了许多精美的石雕，而且还有好几通由当时附近地域的名流显宦所作的碑刻，鲜明地阐述了该墓的伦理教化主题，这是罕见的！

　　青阳胡的第三座墓葬自非九峰山麓的胡森墓莫属。胡森，字秀夫，号末斋、九峰。铭七子正二胡俊第四子胡周（字彦普）之后，自其祖父胡鉴（字孟藻，行亨五十三）开始自青阳洲迁九峰山麓的胡碓村（胡碓时称吴碓）。他自幼跟随族叔青阳胡进士胡佩学习《诗经》，中年后喜谈良知之学，在理学上有一定的成就。曾任南京太常寺少卿，后升鸿胪寺卿，有《九峰先生文集》等传世。还与明嘉靖朝先后任内阁首辅的夏言、严嵩等有交往。胡森事父母至孝，外出为官时都带着父母到任。其父胡汉因病四十岁即失明，胡森供养其至八十四岁方终。

　　该墓其实是其父子两代合墓。

　　青阳胡的第四座重要墓葬为尚睦墓东南两三百米处的清代山西知县胡炜墓。青阳胡家族自明代中晚期发生"隆庆争祠"事件以后，显著衰落，入清以后人物不多。胡炜是其中的佼佼者，不仅在外官声卓著，且留有涉及伦理学、农学等多个门类的重要著作《治家略》，今天还能给人很多启发。胡炜墓设计独特，墓前建享堂，与坟面合为一体。

据相关人士透露，在尚睦墓于胡炜墓之北，原来还有一座青阳胡大墓，现已被一座巨大的土堆掩盖。从其被遗弃在黄稍村莘畈溪畔的望柱来看，当初的规模惊人！那么它当初到底属于哪位青阳胡大佬呢？这引发了我们许多的猜测。

青阳胡遗留至今的第五座墓葬位于让宅村，这里不能说座，其实应该说处。因为这里的墓葬不止一座，而是三座。坐西南朝东北，依次排开。根据坟面刻字，可以判断出这是属于胡氏家族的清代中晚期墓葬，时间大多在嘉庆左右。其中最西面的那座石雕尤其精美，坟面雕成门坊状，共有三楼。据村里的长者说，两边原来还设有螭首，可以活动，现不知下落。从这几座坟墓的位置看，他们应该是关系较近的家属，但关于墓中人的具体名姓由于相关族谱的缺失，已不可考。

这些墓葬貌似分散各处，其实都是青阳胡氏一族，他们彼此是相隔数代的亲人。

高阿大 | 青阳胡"隆庆争祠"始末

一

明穆宗隆庆元年(1567 年)正月初三,坝头人胡公著在今一乐堂村青阳胡总祠门口贴出了一张告示,希望和他一样的廉三派下子孙不再参加伯祖廉一的忌日祭祀。

这里有一个背景,明清汤溪县著名的青阳胡家族本分两支,其中一支的祖先叫胡麒(家族排行廉一),另一支的祖先叫胡麟(家族排行廉三),两人是亲兄弟。但奇怪的是,此前在青阳胡的所有家祭中,举凡和廉一有关的,整个家族不分谁的后代都是要参与的,而相应的廉三却得不到这样的待遇。200 多年过去了,从来没人提出过异议。现在这个叫胡公著的忽然站了出来,他觉得这种做法太不公平了,来而不往非礼也,号召大家要"罢廉一之祀",以争取相关的权益。

胡公著的揭帖引起了一场轩然大波。

二

双方的争执从谁才最有资格被认为是青阳胡的始祖开始。

这里又包含了一个历史真情,廉一与廉三两人,一个活得很长,另一个则很早就去世了。廉一的后代认为,廉一不仅一手打造了整个家族的财富基础,且迁居青阳实际上也是在他的带领下完成的,他才是当之无愧的青阳胡始祖。而廉三远在青阳胡家族迁居青阳之前就去世了,对家族谈不上多大贡献。廉三之后则认为,廉一固然对整个家族有大恩,但"君子之恩,五世而斩",他们这么多年拜下来已经够可以了。廉三尽管事实上都没有到过青阳,但却是他们难以改变的血脉的来源,人情上冷落他于心何忍?最好的办法是以廉一、廉三之父维二为真正的青阳始祖。廉一的后代不同意,他们表示这不符合历史的真实。

双方谁也说服不了谁,这场争端最后演化成了家族内部的大械斗,"梃刃杀抢",一连十几年不得平息……

三

在中国古代,家庭伦理通常被认为是整个社会关系的基石。青阳胡"争祠"很容易让人联想起同一历史时期的另一件大事——嘉靖"大礼议"。嘉靖皇帝正是这时新改元的隆庆帝之父,事情发生在他刚即位的时候。他是在外的藩王之后,本无做皇帝的资格。不过,由于他的堂兄正德过于胡闹,年纪轻轻的就把自己折腾死了,皇帝的位置按顺位就轮到了他。但嘉靖在入京时碰到了一个大尴尬,他该以何种身份入承大统?按正统的宗法,天下本来是他的伯父孝宗一家的,他应当以他伯父的嗣子名义登基,兄终弟及,才说得通。但嘉靖非常反感这种做法,因为这样一来,他得管可能从来就没有见过面的孝宗叫皇考(父亲),而把自己的生父兴献王当作叔父了,这是他无论如何都不能接受的。所以嘉靖甫一入京,就与大臣因为入城礼节和父母的名号问题产生过争斗。起初他还有所退让,后来屁股坐稳之后,曾一次性廷杖了一百多位官员,打死打伤多人,以血雨腥风的方式结束了这场争议。青阳胡"争祠"的性质跟它是一样的!

在这场争议中,皇帝与大臣曾经就几个历史上著名的事例展开攻防,元老重臣企图以汉哀帝和宋英宗的旧例为榜样,来促使他就范。这两人都不是前朝皇帝之子,但在即位后都改换了宗祧,以君父为父,以本生父母为叔伯,获得了历史的好评。其中宋英宗的生父因为曾获封"濮王",在历史上还曾经产生过名为"濮议"的重大政治事件。对此,嘉靖皇帝起初毫无招架之力,在舆论上顿失主动权。后来还好有个附和他的新科进士张璁帮他找到了漏洞,那就是汉哀帝与宋英宗两人在继位之前,都有在皇宫内被收养的事实,这与嘉靖皇帝的一直在外是有本质不同的,这样才部分扭转局面,从理论上为下一步的反击做好了支撑。

四

张璁指出的这一点同样也适合拿来评判青阳胡事件。

实际上在青阳胡"争祠"事件中,大家都忽视的一点是廉三的后代与廉一的真正的亲属关系问题。廉三刚结婚不久就去世了,只留下了一个遗腹子铭七。根据《青阳胡氏文献录》等的记载,铭七孕五月而父亡,生三月而母故,后来是全靠他伯父廉一与伯母江氏的养育才得以成人的。廉一关心他胜过关心自己的亲生儿女,铭七是吃江氏的奶长大的。由于担心江氏会有二心,廉一还曾在门前插柳为誓,产生过一个美丽动人的"井柳鞠孤"的故事。他们的关系后来已经起了变化,并不只是传统视角下的叔(伯)侄了。由此所承担的权利与义务自然就与众不同了,这是"争祠"事件中廉三的后代们知道却感受不到的。

实际上始祖的认定牵涉到的是实际利益的分配,上移一代或者下移带来的是完全不同的利益格局。以维二为始祖,家产可以中分,两房子孙各得一半;以廉一为始祖,由于廉一自己就有三个儿子,只能够照四股均分。哪个方案对自己更有利,一目了然。在早期的时候,由于记忆还在,大家都清楚自己的界限。但到了晚期,随着历史现场的不断崩塌,大家只看到了这种方案的种种不科学与不合理:为什么同是兄弟两人的后代,廉一的后代永远可以得其三,而廉三之后只能得其一? 从人数上看,双方当时弄不好都已经翻转过来了。在事件中直接引发斗争的导火索,据说就是对总祠名下二十四石祀田的分配。所以,青阳胡"争祠",表面上看是拜鬼问题,其实仍是人类谁也未能免俗的利益之争。

五

青阳胡的官司后来一直打到了时任浙江巡抚刘畿那里。

廉一一方,由时任江西峡江知县的胡子方与江苏太仓州学正的胡大雅两人联名,请求官方以正式执照的形式,再次确认青阳胡的公共权益按四房分配的法则。他们在自己的呈词中重点描述了廉一当初创业的艰辛与抚孤的不易,以证明其合理性。而廉三一方则由时任湖北广济县学教谕的胡躬行领头,在驳斥了胡子方的说法之后,要求把青阳胡始祖的认定上移一代,按两房的形式确定相关的权利与义务。他们还特别指出,廉一移居青阳胡时,其母刘氏还在,所以铭七不能认为全是由伯父伯母抚养的。为了申明自己的观点,双方在当时还各自刊行了名为《昭德录》与《辨冤录》的两本小册子,广为传播。

刘畿,苏州人,时已年过六十了。这是他在浙江任上的最后一年,接下去就要退休回家了,未过多久便去世了。这样子的事情太多,他管也管不过来,简单批示之后发回府县处理。

而不知道什么原因,这个事情终隆庆一朝也未能得到妥善处理。隆庆朝很短,只有六七年。直到万历改元后,在二年、三年时,才分别由时任汤溪县学教谕的云南富宁人曹英和金华府推官的江西宜春人易可久作出了裁决。裁决的主要内容有两点:一、廉三的后代可以不再参加廉一的家祭了。二、但祀产等公共权益还是要维持原先四房分配的原则不变。

曹英的判词写得好,他一眼就看出了事件的利害之处,"揆厥所由,实为争祀田之利,利未得而害已随"。而易可久的分析也很有道理,"据说,胡维二系始祖,廉一、廉三即其所生二子,一祖二宗来历甚明,胡山子孙岂得独崇廉一为始祖耶?缘以徙居青阳,立祀创田皆由所出,胡山子孙欲假此以专其耳。不知其已无维二矣,于心何忍?廉三早逝,遗腹传生,廉三得传子孙至今,皆廉一之功,则今胡泗子孙真当以父祖祀廉一也!岂得以年久废忌报之祭,使廉一一段古人心反遭泯灭耶"?

六

青阳胡的祠堂此后荒废了几十年,终万历之世没有人维护与更新,直到天启年间,又是两三代人过去了,才又重新合议修复。而关于事件中双方的是非问题,清代青阳胡后裔,曾任山西太谷知县的胡炜说得好,"无非是攘利一念之阶也",他代表廉三派下检讨,认为"夫使我族公修廉一伯祖之忌祭而另立廉三祖考之忌祭,酬恩与报本何尝不可以两尽"? 他觉得当时在青阳胡户中还在收藏着的《昭德录》与《辨冤录》两本小册子,都应该拿出来毁弃,这样才能够真正弥平整个家族的裂痕,恢复从前的生机。

纵观隆庆青阳胡"争祠"事件,影响巨大。自此之后,青阳胡家族在科举上由汤溪县新设带来的红利不再,高潮已经过去。终明代之世,再无举人、进士入选。直到入清,才有胡擢标、胡邦盛等重振家声。但毕竟已与明中叶的盛期不好比了,不可谓不是重大教训!

傅惠钧｜汤溪话中的"东司"

　　吴语区汤溪话中厕所的意思说成"东司"。如上厕所就说"上东司""到东司里去",用于做厕所的房子叫作"东司屋",骂人会说"东司里个老鼠"。

　　表示厕所义的"东司"一词在宋代禅宗文献中就已见使用。如《五灯会元》卷四云:"师在东司上,见远侍者过,蓦召文远,远应诺。师曰:"东司上,不可与汝说佛法。"这一意思在《古尊宿语录》卷一四中也有记录:因上东司,召文远,文远应诺。师云:"东司上不可与你说佛法也。"其卷四七还以诗的形式来表达:"老僧正在东司上,不将佛法为人说。一般屎臭旃檀香,父子之机俱漏泄。"此诗也收在《全宋诗》第 27 册。《全宋诗》第 37 册中还有一首诗写的是同一典故:"东司上不说佛法,唤来与伊劈面踏。不用重论报佛恩,将此深心奉尘刹。"

　　《全宋诗》第 53 册还收有释居简《礼应庵塔》诗:"直指心成曲,单传蔓更滋。全身入荒草,赤膊上东司。一向攻人短,多方徇己私。杨歧五世后,作者不如斯。"

　　宋代大慧宗杲的《宗门武库》也有用例:"钱弋郎中访真净,

说话久,欲登溷,净令行者引从西边去。钱邃云:'既是东司,为什么却向西去?'"

在元明时期就更为多见了,如:

> (末)好似呆底。(丑)告尊神,做殿门由闲,只怕人撮去做东司门。(末)甚般薰头。(《全元曲》)(丑)夫人,生得好时,讨来早辰间侍奉我门汤药,黄昏侍奉我门上东司。(末)你好薰莸混杂。(《全元曲》)

> 阎行首见了,吃一惊。定睛再看时,却是史大汉弯跧蹲在东司边。见了阎行首,失张失志,走起来唱个喏。(《喻世明言》第15卷)

> 又想一想道:"我命本该穷苦,投靠了人家,尚且道是相法妨碍家主,平白无事赶了出来,怎得有福气受用这些物事?此必有人家干甚紧事,带了来用,因为登东司,挂在壁间,失下了的,未必不关着几条性命。我拿了去,虽无人知道,却不做了阴骘事体?毕竟等人来寻,还他为是。"左思右想,带了这个包裹,不敢走离坑厕,沉吟到将晚,不见人来。(《初刻拍案惊奇》卷20)

> "荆公见屋旁有个坑厕,讨一张毛纸,走去登东。"(《京本通俗小说·拗相公》)

> 那时王庆手下亲幸跟随的,都是假登东,诈撒溺,又散去了六七十人。(《水浒传》第109回)

后两例中"东司"简称为"东"。

文献中,也有写作"东厮"的,如:

> 急出书室,回头看支成已不在槛上打盹了。路信即走入厢房中观看,却也不在。原来支成登东厮去了。(《醒世恒言》第 30 卷)

> 话分两头。且说支成上了东厮转来,烹了茶,捧进书室,却不见了李勉。(《醒世恒言》第 30 卷)

> 入得刑部来,这狱卒诈钱,日间把来锁在东厮侧边,秽污触鼻,夜间把来上了柙床,有几个捉猪儿、骂狗儿,摆布他要钱。(《型世言》第 8 回)

> 忙吩咐家人将马房隔壁打扫了两间做学房,(幸喜先生通,才在马房隔壁。若稍次,定在东厮中做馆地矣。)大大小小的七八个学生来拜了先生。不但没有赞见礼,连进馆的酒都没有。(《姑妄言》)

明清时期厕所的意思更多是写作"东厕",但现在的读音不同,关于两者的关系,曹先擢(2008)从语音的角度有过分析,他说:"'厕'统读 cè,那么'茅厕'(按:厕,初吏切,读 cì)怎么读?人们只知道说 máocì,如果读轻声,也得读 máo·si。"如此看来,两者在语音上应该是一致的。也引几例:

这般黑地里,东厕里难去,咱们则这后园里去净手不好那。我拿着马,你净手去。(《老乞大》)

到那厢,用脚蹬开门看时,原来是个大东厕,笑道:"这个弼马温着然会弄嘴弄舌!把个毛坑也与他起个道号,叫作什么五谷轮回之所!"(《西游记》第44回)

还有那管塔的塔头,管饭的饭头,管茶的茶头,管菜园的菜头,管东厕的净头,这个都是头事人员,末等职事。假如师兄你管了一年菜园好,便升你做个塔头。又管了一年好,升你做个浴主。又一年好,才做监寺。(《水浒传》第6回)

至日,小人回家晚了,关了城门,转到妻家投宿。不想奸夫见我去,逃躲东厕里。小人临睡,去东厕净手,被他劈头揪住,喊叫有贼。当时丈人、丈母、婆娘、使女,一齐执柴乱打小人,此时奸夫走了。小人忍痛归家,思想这口气没出处。不合夜来提刀入门,先杀丈人、丈母,次杀使女,后来上楼杀了淫妇。(《喻世明言》卷38)

"东司"一词在日语里也有所见。日本的寺庙里,厕所的牌子通常写作"东司"。曹志耘先生说,日语里厕所一般不叫"东司",只是寺庙这种隆重的地方才有此叫法。这可能与汉语"东司"一词早期多用于禅宗语录有关(上文所引《五灯会元》的例子是一个很有影响力的典故,在多种禅宗语录中反复出现)。日语中的"东司"显然是从汉语中借用的,并保持了较为原始的用法。

汉语"东司"一词早期主要见于禅宗文献,其他文献中相对少见,南宋笔记小说《夷坚志》中有例:有邻老张二云:"其人已死二十余年,葬在宋家东司篱外。吾闻此鬼在外迷惑人,前后非一。今子孙久绝,试共发圹验之。"众曰:"喏。"

明清时期已不受限制。在现代汉语中,"东司"一词只在南方部分方言中还见使用,我们注意到除了汤溪话,龙游话中也有。许宝华、宫田一郎(1999)主编的《汉语方言大词典》收入该词,并指出部分方言的分布情况。

"东司"原指唐代设在东都洛阳的官署总称,白居易有诗:分命在东司,又不劳朝谒。(《再受宾客分司》)从文献看,厕所义的"东司"是后起的,但在语义上与官署义的东司看不出有什么联系。正因为此,学者们一般认为这两个"东司"没有语源上的关系,只是词形上的邂逅。厕所义的"东司"是与厕所跟房屋的相对位置有关。如李新魁(1964)说:"东司:厕所。按古代厕所多建于房屋之东面,故曰东司。"郑张尚芳(2007)解释"东司""东厕""东圊""东净"等构词的理据时说,设厕所要"偏于全所房屋之东角"。

对此,方国平(2009)表示了不同的意见。他通过文献材料论证了前人关于"厕所多建于房屋之东"的说法与事实并不相符,提出了"避讳"之说,认为把厕所称作"东司"是为了"避讳"之故。人们用纸张来擦拭污物,手握草纸如厕和手拿状纸去官府

告状两者外在形式上有着一定的相似性,出于避讳的考虑,就用
"告状"来代替"如厕"。比较目前的几种观点,这个说法基本
可信。

在笔者的汤溪方言里,至今还有把如厕戏称为"告状"的。
从分布来看,"东司"只见于南方方言,据《汉语方言大词典》,"东
司"一词见于浙江建德、浦江、温州、江西莲花、福建建宁、建瓯、
广东潮州、汕头等方言,另有本文提及的汤溪、龙游等地的方言。
不见在北方方言中使用。方文认为这与南方方言"司"与"尿"等
的读音相近以及草纸可能在南方更早使用的原因有关。"司"与
"尿"等的读音相近,似乎跟"东司"的使用关联度不大,这个联系
有些勉强,况有些使用"东司"的方言区,读音也并非完全一致,
汤溪方言就是如此。但这不影响"手握草纸如厕和手拿状纸去
官府告状"两者的关联性,以及"避讳"结论的得出。在"草纸"使
用开来之前,大便后拭秽常用的是木竹小片,这种小片叫作"厕
篦""厕简"或"厕筹"。(如《摩诃僧祇律,明威仪法之一》:"屋中
应安隔,使两不相见,边安厕篦。"宋代马令《南唐书·浮屠传》:
"后主与周后顶僧伽帽,披袈裟,课诵佛经,跪拜顿颡,至为瘤赘。
亲削僧徒厕简,试之以颊,少有芒刺,则再加修治。"明代谢肇淛
《五杂俎》:"卫青,公主马前奴也,官即尊贵,帝狎之久矣。文宣
令宰相进厕筹,武帝之如厕,见大将军,亦何足怪?")唐宋时期,
大便后拭秽主要就用这种木竹小片,直到明时,仍在使用。明代
浙江黄岩人陶宗仪在他的《南村辍耕录》"厕筹"条中说:"今寺观

削木为筹，置溷圊中，名曰厕筹。"但确如方文所言，南方因造纸业的发达，如厕使用"草纸"（或言"净纸"）是较早就有的，文献材料证明，元明时期在官场或读书人中已较多使用，这里引证两条材料：

（1）东都盛时，郭洵直后改名仪直，字敬叔，吉水人。七岁诵书兼属文。中书挑诵毕，试赋一首，既就其半，如厕，于厕侧取怀间草纸写所已成者，为逻者所获，扶至试所，官诘之。（元代·佚名《东南纪闻》卷二）

（2）（惺）好洁成性，日浴无算，不以夏兴冬废，水声香影，交于帘户。竟以多浴致痹。如厕所所用净纸，必裁令方整。（明《钟惺集》卷二七）

想来，"草纸"在宋时应该就已使用开来。这种不同寻常的擦拭物，使用之初，人们会有较强的新鲜感，手持草纸去"厕所"，与拿着状纸上"东司"，因其形式的相似，联想也就非常自然。厕所义"东司"在宋时出现，与草纸的使用时间也正相吻合。至于"东司"一词为什么在禅宗文献中先流行开来，这似乎没有太特别的原因，从词语发展的一般规律来看，一个词语的创新用法总是由于某人的创造在一定范围内先使用开来，"东司"的使用情况大概也是如此，而由于僧人群体的流播，才进一步扩大了其使用范围。我们推测，"今南方释氏呼东司"（《释氏要览》）的原因，除了以上所述外，与南方寺庙多应该也有某种直接的关系。

参考文献：

曹先擢:《浅谈普通话异读词审音的研究》,《语言文字应用》2008 年第 3 期。

许宝华、宫田一郎:《汉语方言大词典》,中华书局,1999 年。

李新魁:《潮州方言词考源》,《学术研究》1964 年第 3 期。

郑张尚芳:《东西探源三题》,《南阳师范学院学报》2007 年第 10 期。

方国平:《"东司"表"厕所"义的由来》,《汉字文化》2009 年第 5 期。

傅根清｜汤溪县成立缘由暨首令宋约生平行实考

汤溪县缘何成立？成立时间，或云成化六年（1470 年），或云成化七年（1471 年），孰是孰非？首任知县宋约，虽汤溪人对其念念不忘，甚至将其视之为城隍，迄今岁祀不断，然对其生平、出身、经历，因史籍不载，志书粗略，今人所知甚鲜。值此万历《汤溪县志》重刊之时，兹就有限之线索，广览相关方志，特撰此文以附志尾。冀方家有以教之，且盼后来者有以补益之。

一、 汤溪县成立缘由与成立时间

汤溪立县，肇于有明。"其地于春秋为越之姑蔑，于秦汉为大末、乌伤二县境，大末即姑蔑"，"东汉分乌伤南乡立长山，而大末沿讹为太末矣。三国时分太末立平昌，晋初改为遂昌。隋改长山曰金华，并省太末入之，遂昌亦省入松阳。唐初复置太末、遂昌。太末寻改名龙丘。又析金华置兰溪。五代时，龙丘更名龙游。自后遂为金华、兰溪、龙游、遂昌四县境"（民国《汤溪县志》李涑序），"在衢之东、金之西、处之北，原隶三府四县"（乾隆

《汤溪县志·地舆志》）。

明宪宗成化六年，金华知府李嗣"以其阻山带水，犷戾难治，乃因民情，请割金、兰、龙、遂四隅之地，另为一县隶金华。以附近有汤塘，故名汤溪县"（同上乾隆志）。丰庆万历《汤溪县志序》云："近岁以来，处之群不逞者，不时啸聚为非。所司虑有蔓延波及之患，为闻诸朝。"商辂《建汤溪县治记》曰：惟汤溪地僻，"阻山界水，趋役输赋，往往后期。守（李嗣）谂于众曰：'郡若邑，所谓亲民者，以势相近也，远则民弗亲，弗亲则情弗通，将政化弗洽，征输弗及，不几于弃其民乎？兹欲割四邑之边隅，增汤溪之县治，庶地迩而政易达，而民易使，上下之情通，而式化之风成矣。'众皆曰：'善！'"显然，设县目的，一在于扼守要冲，惩治犷戾，有益于治理社会；二在于亲民通情，移风化俗，以便趋役输赋。

李嗣之议，何由上达天听？商《记》云："守以其事白之藩臬，藩臬以其议达之朝。""藩臬"者谁？查《明宪宗纯皇帝实录》卷八七，成化七年正月，"癸卯，开设浙江金华府汤溪县，割金华府之金华、兰溪，衢州府龙游，处州府之遂昌四县地以隶之。从巡视刑部左侍郎曾翚请也"。成化六年，曾翚恰在浙江，"〔二月〕辛未，遣刑部左侍郎曾翚等循行天下，考察官吏得失，访求军民利病……上命刑部左侍郎曾翚往浙江"（同上卷七十六）。

明矣，汤溪设县，倡议者为金华知府、广东南海人李嗣，时在成化六年；而向朝廷提议者为刑部左侍郎、江西泰和人曾翚；朝廷同意设立汤溪县，为成化七年正月。

二、 谁为汤溪遴选首任知县?

汤溪为新设县,"其地树林翁郁,居民依稀,盗贼之渊薮,而虎狼之窟宅"(陆瑜《宋侯德政碑记》),倘无老成持重且又精明强干者来知县事,或难副所望。故于铨选,可谓慎之又慎:"铨司择所宜令者,太宰姚公曰:'余得其人矣!卫人宋约,先令唐邑,有长才,非是不可!'……余顷在朝,每会元辅商公、太宰姚公,为余道宋侯之贤,啧啧不置。二公家邻汤溪,知之最详。"元辅商公、太宰姚公,即明英宗、宪宗朝之重臣淳安商辂、桐庐姚夔者也。二公名家,《明史》均有传。

举荐者,一为内阁大臣,一为负责铨选、考校全国官员之吏部尚书,足见宋约出任汤溪知县,绝非偶然。

三、 宋约何许人也?

姚夔云"卫人宋约,先令唐邑,有长才";乾隆志云:"宋约,字文博,胙城人。先为唐邑令,廉政有声。"(卷六《名宦》)为各版《汤溪县志》仅见之记载。

查阅顺治《胙城县志》,于卷四《科贡》之"贡士"下,载有"宋约,任陽溪知县"("陽",显然是"湯"因形近而讹)。在宋约前之"张春"下,有"以上俱永乐间贡";在宋约后之"王纬"下,虽字迹模糊,"正统间贡"四字依稀可辨。按上"张春"之例,当是"以上俱正统间贡"。因该志印刷不精,加之保存不善,字迹多有模糊,无法判断是否有"宣德"年间贡士。所幸在乾隆《卫辉府志》卷三五《选举三·延津县》后"附旧胙城"之"岁贡"下,"宣德"间有"刘清、王昇、宋约、冯宾、张绩","宋约"下附注"官阳溪知县"。由此可知,宋约为宣德(1426—1435)间贡士。宣德朝共十年,五位贡士,平均二年一位。由此推论,宋约当于宣德六年(1431年)成为贡士。

"唐邑令"者何谓?唐邑,具体县名耶?抑若"汤溪县"之习称"汤邑"者耶?翻检《中国古今地名大辞典》,有唐平、唐川、唐安、唐昌、唐县、唐隆、唐年等,独无"唐邑县",则知其为习称无疑。然则,"唐县"称为"唐邑",不亦宜乎?

查阅康熙《唐县志》,于卷十三《职官志·知县》下,赫然有载:"宋约,河南胙城人,成化元年任。"继任者为"尹琏,河南人,七年任"。且在同卷《治绩志》,有其"小传":"宋约,河南胙城人,成化元年任。优礼生儒,修葺学舍,教化大行。"卷七《学校志》"儒学"下相关记载,并可印证:"唐学,创自唐开元中……明成化三年,知县宋约重修。"此外,光绪《保定府志》、雍正《畿辅通志》等,盖从旧志中誊录,内容基本一致,间有错误耳。表明从成化元年至六年(1465—1470),宋约两任唐县知县,赴京考绩后,来知汤溪县事。

谛读丰《序》,发现有"宋侯,慈溪周孟郊先生之高弟,而庆也门生也"之句。查阅雍正《慈溪县志》,在卷四《选举志·举人》"永乐十二年甲午"下,有"周垌,教谕",身份吻合。因念垌,乃远郊之意。《尔雅·释地》:"邑外谓之郊,郊外谓之牧,牧外谓之野,野外谓之林,林外谓之垌。"《诗经·鲁颂·駉》:"駉駉牡马,在垌之野。"毛传:"垌,远野也。"古人名字,多有"同义互训"者,周垌,字孟郊,"孟"为排行。

于雍正《宁波府志》卷二六《文苑》"陆珪"下,终获验证:陆珪,字廷璧,慈溪人。正统初,以贡授教职,成化四年乞骸归。"时陈堪、周垌亦旧家子,亦以教职归,而工于诗,与珪日相唱和,称'诗坛三老'","垌,字孟郊……中永乐十二年乡试。初训咸宁,部使者疏举教员四人,垌与焉。议擢科道,以母老辞。终胙城教谕。有文名,凡四典文衡,得士为多。"

信矣! 宋约,河南胙城(今延津县)人,周垌在胙城任教谕时之弟子,宣德间贡士。且知陆《记》云"先达周孟效先生",为"周孟郊"之误。

四、 宋约在汤溪之治绩

成化七年"夏六月,胙城宋约来知县事"(商《记》)。至成化十年,宋约率领县丞李达、主簿胡琮、典史冀凤,教谕许廷齐等,筚路蓝缕,创业维艰,而政洽俗易,邑有弦歌之声矣。兹撮其要事,概为五端:

一为选址营造署衙、学宫、郡馆、庙坛等,县治初成规模。"守(李嗣)悉以经营之役委之,乃择地官山为拘邑之所","计广狭,度高低,辟蓁莱,扩基址,伐木于山,陶甓于野,材如云积,工以能进,首县治,次学宫,次分司郡馆,阴阳、医学,以至城隍庙、社稷坛,风云雷雨山川诸坛,皆秩秩有序。经始于辛卯年(1471年)六月,毕工于癸巳年(1473年)十月。是役也,守总其纲,令肩其任,佐贰赞相之,庶民欢趋之,物无妄废,人无扰劳,厥功伟哉!"(商《记》)宋约"缊袍蔬食,戴星视事,综理严密,劳绩茂著"(《乾隆志》卷八《宦绩略》"宋约"小传),可谓不辞辛劳,鞠躬尽瘁。

二为处理积案疑狱,整顿民风。民国志卷三《民族·风俗》云:"汤溪割四县边隅之地为邑,故习俗各随其方:如遂昌多强劲,兰溪多狡诈,金华多俭啬,龙游多斗讼,而汤兼而有之。""其土确,其俗俪"(丰《序》),"其民犷戾而少调驯",是"盗贼之渊薮,而虎狼之窟宅",故宋约初来时,"民犹狃于故习,呼召不至",及其"喻之以理,感之以诚,绳之以法,至于凌德灭义与夫怙终不悛者,亟惩创之不少贷,由是慑威怀惠,令行禁止","决事明敏,庭无留牍,狱无冤民"(陆《记》);"比及三年,民皆畏而爱之,信而服之。昔之倔强自负者,今则心悦而子来矣;昔之呻吟含辛者,今则歌谣载道矣;昔也险阻而灭迹,今则有夷之行矣;昔也鸟兽之所家,今则爱居爱处矣"(丰《序》)。

三为向朝廷申请减免赋役,关心百姓疾苦。汤溪作为四县之边裔，尤其是兰背源、厚大源、莘畈源等南部山区，良田稀缺，人口稀少，成化八年，全县"户一万二千三百四十六，丁三万五千一百五十，口一万六千三百七十五"（民国志卷三《民族·户口》）。经济本来落后，加之以营建衙署，非但急需帑货，更需民力。有鉴于此，宋约深感"民者国之本，民劳则本伤，奏减其赋役五年；食者民之天，旱魃则竭诚露祷，雨泽随应，稽人有秋"（陆《记》）。

四为兴修学校，培育俊秀。在县治廨宇建设之同时，宋约"即有事于学校，曰：'此守令之首务也'"，乃于成化八年秋，于县治之西侧，开始修建学校，"凡为明伦堂、东西斋，为庖厨，为射圃、亭，若干楹；又以学必有庙，为大成殿，为两庑，为牲宰房，若干楹，门墙严深，阶庭高广"，于成化十年春天告成，"遂选民俊秀者充其中，而置书籍、缮器用以为讲习之资"（吴宽《建汤溪县儒学碑记》），在学官未到之前，即"礼延兰溪儒绅以教育之"（丰序）。

五为组织修纂首部《汤溪县志》，为汤溪历史、文化之传承奠定根基。成化十年，宋约考虑到一邑之志书，"所以纪其废置之由、山川之胜，与夫人才、物产之丰胁，风气、俗尚之淳漓，予以稽盛衰、考得失，其有关于治道也良多"（丰序），乃延请开化县儒士金弘训并乡之贤达胡永祚、胡暹等造志书，惜"书佚，未详卷数。"（民国志李洣序）

凡此五项，皆是事关重大，汤溪百姓所亲睹亲历者也。故于当时即入祀名宦祠,嗣后乃成为汤溪城隍庙之城隍,祈盼庇佑汤邑,以为永念:"〔四月〕十六日,相传为县城隍神诞(原注:一云即初建汤溪县治知县宋公约诞),在城居民分班联会,轮年值事。届期,庙中悬灯结彩,设供演剧,务极华美。又盛仪卫,舁神像出游街坊,谓之'出巡'。城外农民插秧甫毕,争先入城游览,骈肩错趾,填塞通衢,商肆利市三倍。此为邑中赛会之最。"(民国志卷三《民族·风俗》)

五、余论

宋约"学优才敏,操履端洁,复善柔能"(丰序),其在唐县、汤溪之作为与时人之评价,足可证明。但于其生卒年代与阅历,尚存疑点,有待深究。

一者,宋约之生卒年代。已知其为宣德中期(1426—1435)贡士。贡士进入国子监学习,可以再行参加乡试,若考中举人,即可于次年参加会试。据郭培贵研究,明代进士中式平均年龄为33岁。前文言及之陆瑜,出生于永乐七年(1409年),宣德八年(1433年)进士,时年24;丰庆,出生于永乐十一年(1413年),正统四年(1439年)进士,时年26;姚夔,出生于永乐十二年(1414年),正统七年(1442年)进士,时年28;商辂,亦出生于永乐十二年(1414年),正统十年(1445年)进士,时年31。为更便于推导,兹就宣德八年与正统四年、七年、十年由"国子生"考取

458

进士者之平均年龄进行统计,四年平均值为 34 岁出头,略大于郭氏之平均值。由此推断,宣德间成为贡士时,宋约应当不会小于 25 岁,其出生年份或许与陆瑜相当,在永乐七年(1409 年)。

二者,从宣德中成为贡士,到成化元年(1465 年)为唐县知县,期间相隔 34 年。成贡士后之若干年,或许是久困场屋,但若谓其直至出知唐县时,均在专攻举子业,殊难想象。故而可以猜想在出知唐县时,或许在京城各部从业,或许也曾出任诸如县丞、主簿、典史之类等低阶官员甚至教谕、训导等教职。正是在此等职位上之历练,方有机会出任唐县知县。而在唐县知县任上六年两度考最,才获致商辂、姚夔举荐而出任汤溪首任知县。

三者,若上述推断合理,宋约出生于永乐七年,至成化七年出任汤溪时,至少已 63 岁;到成化十四年二任届满,已经 70 岁(古人按虚岁计)。此后不见于任何记载,即便在汤溪政绩卓著,也未获擢升。或许在唐县,作为守成之县令,并不足以施展其治才,唯有到了新设县之汤溪,百事待举,百业待兴,又深蒙商辂、姚夔两位重臣举荐之所托,虽然已是 60 多岁,依然恶衣废食,殚精竭虑,最终卒于任上,或从此告老还乡。《胙城县志》《卫辉府志》所载之“任(官)阳(汤)溪知县”,当是其最终之任职。由于首部《汤溪县志》修纂于成化十年(1474 年),此时宋约始启第二任期,该志固然无成化十年后事迹之记载;而第二部《汤溪县志》,修纂于万历二十九年(1601 年),岁月悬隔,老成凋谢,于宋约行实,未见有所增益,亦属正常。

综上,宋约之生平、行实可概括如下:

宋约,字文博,宣德间贡士,胙城(今河南省延津县)人。明宪宗成化元年至六年,为直隶唐县知县,优礼生儒,修茸学舍,教化大行;成化七年至十四年,知汤溪县事,缊袍蔬食,戴星视事,营建县治,处理积案,奏免赋役,兴修学校,纂修县志,综理严密,劳绩茂著。汤邑百姓怀其德惠,入祀名宦祠,后乃成汤溪城隍庙之城隍,岁祀不绝,以迄于今。

傅根清 | 胡超籍贯生平著述考证

明宪宗成化六年（1470年），金华知府李嗣，因"介于龙游之东，金华之西，兰溪之南，遂昌之北"的汤溪一带，"阻山界水，民之趋役输税，往往后期"，议"割四邑之边隅，增汤溪之县治"，奏知朝廷，得到许可，故于成化七年成立汤溪县，首任知县为宋约。①

成化八年，胡超参加殿试，获二甲第七十八名，赐进士出身，成为汤溪县成立以来的第一位进士。这对于刚刚成立的汤溪县而言，无疑是一件举县欢庆的大事，为此，在县城南边为其建起了"开封首荐"坊。②

但由于胡超考中进士时，已经48岁③，加上生性敦厚，作为工部主事，"默默干饬，不少推逊"，又不喜"与少年争捷径"，"历两考，始升营缮员外郎"，始列朝班，即乞归休④，因此在正史中极少有他的记载。只有在当地的方志中，才能看到简略的记

① 乾隆《汤溪县志》卷九《艺文志一》，商辂《建汤溪县志记》。
② 乾隆《汤溪县志》卷三《建置志·坊表》："开封首荐坊，县治南，为进士胡超立。"
③ 《成化八年进士登科录》载其"官年"为46，然按胡超于洪熙元年（1425年）计，则为48岁。
④ 《青阳胡氏家谱文献录》卷四所载文林《明故工部员外郎致仕进阶奉议大夫耻庵先生墓志铭》。

载。如：

> 胡超，字彦超。天顺间例贡，卒业南雍，有能文声。成化戊子应天乡试，录其文为程式。登壬辰进士。授工部都水司主事，改虞衡司，转营缮员外郎。当官廉慎，自奉如寒士。及家居，至老未尝一日废学。有《耻庵文稿》。（成化《金华府志》卷之十七《人物·国朝汤溪县》）
>
> 成化八年壬辰科吴宽榜，胡超，青阳人。（乾隆《汤溪县志》卷七《选举志》"进士"）
>
> 胡超，字彦超，青阳人。天顺间由选贡卒业南雍，有文名。成化戊子，应天乡试录其文为式。登壬辰进士，授工部都水司主事，改虞衡司，转营缮员外郎。奉使华阳，王馈遗，皆不受，强之，勉取其一，出投之江。至今人以投金名其地。分理通州河道，隙地为豪右所占，言于尚书，悉夺还之。往年京粮廪庚岁修，费甚巨，超尽剔宿蠹，约其十之五，永为定额。寻上书乞骸骨归。家居未尝一日废学。弘治初，覃恩进阶一级，岁给米四石。子绶举人。（乾隆《汤溪县志》卷九《人物·贤达》）
>
> 成化壬辰科吴宽榜，胡超。（万历《龙游县志》卷七《选举》"皇明进士"）
>
> 胡超，字彦超，龙游乡人。为诸生，有贤名。以贡入国学，中式应天第六人。举进士，授都水司主事，改虞衡。奉

使华阳，王馈遗皆不取，强之，勉取其一，出投之江，至今人以投金名其地。分理通州，往时京粮廪庾岁修，费甚巨，超尽剔宿蠹，约其十之五，永为定额。寻上书乞骸骨归。弘治初覃恩进阶一级，岁给米四石。子绶举人。（万历《龙游县志》卷八《人物·宦业》）

又如，康熙《衢州府志》卷之十八《选举表上卷第八·进士》"（成化）八年吴宽榜""龙游"栏："胡超。"卷之三十九《艺文志》："胡超《耻庵集》十卷。"沈翼机《浙江通志》二百四十九《经籍九·集部二·别集》："《耻庵集》十卷，万历《龙游县志》：胡超著，字彦超。"张衡等《浙江通志》卷之二十九《选举·历朝进士》"成化八年壬辰科吴宽榜"下："胡超，汤溪人。"光绪《兰溪县志》卷之六《志选举》"明宪宗四年戊子举人"下："胡超，字彦超，青阳人。前志无，今补……"

如此之类，从事迹上看，显系一人，但或云汤溪人，或云龙游人，让人疑惑。兹就披览所及，特别是《青阳胡氏家谱文献录》（下文简称《文献录》，今藏金华市婺城区余舅家）的相关记载，对胡超的籍贯、生平、著述等，进行一下系统的思索。倘有疏漏，冀方家有以教之。

一、胡超的身世与籍贯

关于胡超的身世,《文献录》卷二《芳踪志》有明确的记载:"胡超,字彦超,行昌三十五,号耻庵,铭十七公孙,正久(九)公子也……公生于洪熙乙巳九月廿三日,卒于弘治戊申八月二十日,寿六十有四……初名特,改名超,作《班超传奇》以见志。"

铭十七公,即胡荣。《文献录》卷二《高谊志》:"胡荣,字希华,号芸阁,晚号濑洲渔隐。廉一公季子也。生而性敏,日记千余言。九岁知大义,从乡先生江行甫、江善之游。二江皆往来宋景濂(宋濂)、胡仲申(胡翰)、王子充(王祎)三先生之门,其文词学问悉有轨度。府君相从既久,闻见日益,自经史传记,逮堪舆星卜之说,无不淹贯,为文词清古激烈,二江称其高处可逮古人。与名宦吴公绅、邵公玘、叶公宗文为布衣交。恬然隐德,不慕荣利,凡踪迹所至,人咸爱重之。然常自谦抑,伍于编民,或县符下其乡,即奉役维谨。退而授徒,自乐其志。永乐间,辟人才,不就。邑大夫有所造问,不敢辄行谢。正统五年岁饥,率子侄出粟二千一百石赈之。奉诏旌异,一时士夫豪杰咸以道义相推重。年六十二,以疾终。门人私谥曰'文庄先生'。"

乾隆《汤溪县志》卷之九《人物·儒林》:"胡荣,一名道荣,字希华,青阳人。早岁嗜学,搜猎百家,旁通九艺,与江善之游,继从金华江公若,得其渊源。居家孝友,名重乡间。守令高其行,都宪邵玘、亚卿吴绅交荐,不起……著有《瀫洲渔唱集》《戒子孙箴》三篇。"

廉一公,即胡麒,乾隆《汤溪县志》卷之九《人物·质行》:"胡麒,又名廉一(傅按,廉一乃排行,非名也)。父赘枫林(今金华婺城区上境村)刘氏,客死失怙,奉母孀居,克自树立,抚弟廉三,为娶妇,甫期而廉三殁,有遗腹子,名印童,即铭七也。不三月而弟妇亦病故。遂抱印童,令其妻乳之。恐妻意不坚,乃插柳为验,曰:'柳活,则此子长矣。'后柳果活,妻抚养益坚。及长,婚娶毕,念寄居外家,非善后策,乃携子侄徙居青阳,各授田百亩余。撰《家规二十四条》,有'出仕不可捷径,临难不可偷生'之语,皆有补于世教。其后子孙簪缨济美,为汤首称。"

正久(九)公,即胡椿,胡超之父。《文献录》卷二《芳踪志》:"胡椿,字宗韶,行正九。文庄先生子,彦超公父……公为冢嗣,代理家政,充万石长,缙绅大夫、郡邑官长及四方贤士,络绎于家……家赀既饶,负气不能下物,为仇家拘讼于京三年。事既白,遂杜门养晦,日与兄弟敦睦天伦以自乐。"《文献录》卷二《阃节》:"胡宗韶之妻祝氏,赠安人……即超之母也。铭十七公长子名椿,字宗韶,行正九。先娶江氏,生三子,继娶祝氏,生子超。"

《文献录》卷四陈琦《工部员外郎耻庵胡公行状》(下文简称《行状》):"弘治戊申,公诣女家,谓曰:'此行永诀矣。'……八月初,命驾舟过金华访旧,舟中以'故人无一字,贫病有孤舟'分为十韵,作《述怀诗》二十首(傅按,当是十首),寓忧国爱民之意,乃绝笔也。舟回不数日,乃无疾而逝。实八月二十日也。距其生洪熙乙巳九月二十二日,得年六十有四。"

《文献录》卷四文林《明故工部员外郎致仕进阶奉议大夫耻庵先生墓志铭》(下文简称《墓志铭》):"先生生于洪熙乙巳,卒于弘治元年戊申,其年六十有四。曾大父曰德仁;大父曰希华,能诗,有《文庄集》;父曰宗韶,赠承德郎工部主事;母祝氏,赠太安人;配方氏,封安人。"

这些材料,非常清晰地呈现出胡超的身世及基本情况:

1. 胡超,初名特,因仰慕班超投笔从戎的壮举,改名为超,字彦超,并撰《班超传奇》以见志,号耻庵。成化四年(1468年)举人,成化八年进士。

2. 出生于洪熙元年(1425年),卒于弘治元年(1488年),享年63岁(64乃虚岁)。

3. 曾祖胡麒,字德仁,本居枫林,后徙居青阳,为青阳胡氏之始祖,因"插柳全孤"事及撰写《家规二十四条》,为乡里所颂,载入县志"质行";祖父胡荣,字希华,以学问渊博,名重乡间,载入县志"儒林";父亲胡椿,字宗韶,以子贵,赠承德郎工部主事;母亲祝氏,赠太安人;妻方氏,封安人。

但关于胡超的籍贯,却出现了三种说法:汤溪人、龙游人、兰溪人。这到底是怎么回事呢?

说胡超是汤溪人,自然是没有问题的。乾隆《汤溪县志》卷之七《选举志》"举人"下,说得非常清楚:"成化四年戊子科,胡超，《旧志》：'时邑未建，超由龙游县学入胄监，中应天第六人。成化八年（傅按，"八"为"七"之讹）建县，隶汤溪，登进士，故其坊名开封首荐云。'"胡超中举人时，因没有成立汤溪县，所以还不是汤溪人，但成化七年汤溪县成立了，成化八年胡超中进士，自然就是汤溪人了。

那么，在汤溪县成立之前，胡超的家乡青阳，属于何县呢？乾隆《汤溪县志》给我们提供了一点线索——"超由龙游县学入胄监"。也就是说，胡超是在龙游县学求学的。胡超好友文洪《涞水遗文》有《龙游从学记》，也直接证明胡超求学龙游的经历：景泰某年，舅氏张宗德先生以乙榜教谕衢之龙游。于时，洪方以家庭子执经授业，而先生驾言于迈，洪念不能往从，垂成之业无所于卒，将遂弃而他图。先生不可……比行，遂持以去，至止于兹，三十有几月矣……而中心有不释然者……友人胡彦超，知余所婴，每加慰洪曰："子之志善矣，而不必以是自歉也。闻之先师曰'父母在，不远游'，岂不以定省不可缺，而瀡瀡之奉非可假人邪？然在当时，四方之士违其亲学者，岂少哉？言游，吴人，至轻千里而学于鲁。当其时，其亲在与否，虽不可知，而诸子之近而非鲁人者，岂皆无亲哉？未闻夫子之拒之也。使士当学而不当从师远游，则夫子当拒其来矣。子，游子之乡人也，固子之所当法也。龙游视吴，与吴之视鲁何如哉？子惟自奋以取功名，求所谓孝之大者可也。定省之业，昔人所重，然固小之为道也。子亦求其大矣乎！"余闻之跃然，曰："命我矣！"因笔而为之记。

明代的科举考试,分童试、乡试、会试与殿试四个阶段。由于不同区域文化发展的不平衡,在童试与乡试阶段,采取的是按户籍多寡与文风高下而分配定额的制度,严禁冒籍参加考试。因此,胡超在龙游求学,并在龙游参加童试,进而由此入胄监,只能表明此时的胡超是龙游人。

关于胡超是龙游人的记载,披览所及,尚有如下文献材料:

1. 郑纪《东园文集》卷十二《奉政大夫浙江按察司金事孙君墓志铭》:"公姓孙,讳弁,字文冕……壬辰登吴宽榜进士。时方慎选守令,公遂有龙游之拜……邑人胡工部彦超,录公善政,有'爱民如子,谳狱如神'诸异绩。"

2. 陈琦《行状》:"公讳超,字彦超,姓胡氏。三衢龙游之青阳巨族,今始隶汤溪。"

3.《文献录》卷五张弼《耻庵说》:"三衢胡彦超,以耻庵自号,盖知其机者也,遂为说以归之。"

4. 吴宽《匏翁家藏集》卷七十三《明故工部营缮清吏司员外郎致仕胡君墓表》(下文简称《墓表》):"君讳超,字彦超,自号耻庵,姓胡氏。初为衢之龙游人,今割其地置汤溪,又为金华之汤溪人,族大而盛,号浙东名家。"

5. 文林《墓志铭》:"先生家龙游,为三衢右族。"

6.《文献录》卷五钱悌《送胡君彦超赴奉常序》:"龙丘直三衢之右,大江迁袤,由南而来,其境绵历旷远……物得之而灵,人得之而秀。胡君彦超生焉。曩予经其里,与之为文字交,其博学赡

468

识，虽欲不为世用，不可得而捐弃者。"

7.《文献录》卷五载有林芳、李谔、倪谦、周纮、马愈、蔡暹、徐瑶、项麒、徐钦等《送胡彦超归龙丘省亲诗》，乃是成化四年（1468）胡超中举人后返乡省亲时，在南京的友朋所作的送行诗。龙丘，即龙游。

上述人物，郑纪（1438—1513），字廷纲，号东园，福建仙游人，为天顺四年（1460年）进士，成化二十三年（1487年）为浙江按察司副使。孙弁于成化八年举进士后出任龙游知县，则所谓"邑人胡工部彦超"，就是以其为龙游人。

陈琦（1439—1504），字粹之，号冷庵，江苏吴县人，成化二年进士。他与胡超为"布衣忘年交"①。在胡超《耻庵先生遗稿》里，不仅有《送陈粹之宪副之贵州》《鸳湖旅寓和陈萃之金事韵》《冷斋为金宪陈粹之赋》等诗作，还有写给陈琦从弟陈璲的《和陈孟圭韵》三首。

张弼（1425—1487），安汝弼，号东海，上海松江人，成化二年进士。胡超能拜托他撰写《耻庵说》，自然说明彼此之间有深厚的交谊。张弼《张东海诗集》卷四有《琳湖》二首："琳湖湖上草堂幽，四面窗涵一鉴秋。轩冕红尘飞不到，竹床高枕对闲鸥。""廿年不踏琳湖路，修竹依然旧日清。醉后错疑湖水上，东风吹落鹡鸰声。"说明张弼还曾经两度亲临胡超老家，应该是知根知底。

① 《青阳胡氏家谱文献录》卷四陈琦《工部员外郎耻庵胡公行状》。

成化十三年,张弼为胡超祖父胡荣的《文庄先生存稿》作序,云:"工部主事彦超……与予交稔。"①

吴宽(1436—1504),字原博,号匏庵、玉亭主,江苏苏州人,成化八年状元。在同年进士中,胡超与吴宽最为交好。在《耻庵先生遗稿》中,有《和吴原博修撰新年韵二首》《送吴原博还吴省亲》《和周原己饮饯吴状元宅留别之韵》《吴匏庵辟地作圃李西涯有诗予次其韵》等诗作;吴宽则有《送胡彦超》《和胡彦超过园居》《四答胡彦超》《次韵胡彦超致仕留别》《耻庵记》《赠工部员外郎胡公致仕序》《墓表》等诗文。

文林(1445—1499),字宗儒,号衡山,江苏苏州人,成化八年进士。文林是文洪之子,文洪与胡超交稔,在成化四年考举人时,曾向胡超请益,所以他在《墓志铭》里说:"先生与先学谕君交甚契。成化戊子,林试应天府时,捧先学谕手书谒先生太学中,先生置坐隅,亲如子侄。叩端启难,凿凿探圣贤深旨,殊非一时经生所谈。林退而服役者久之。是年,忝同榜;壬辰又忝同进士。"

钱悌,字舜夫,浙江嵊县(今嵊州)人,胡超好友。除了成化七年所写的《送胡君彦超赴奉常序》,成化十五年还为胡超撰有《感遇诗序》。在《文献录》卷之五《名公投赠》,还有《琳湖四景》《琴室诗》等。

林芳、李谔、倪谦、周纮、马愈、蔡暹、徐珵、项麒、徐钦等人,

① 《青阳胡氏家谱文献录》卷五张弼《文庄先生存稿序》。

则应该都是胡超在南雍时的前辈、知交、同学，甚至学生。林芳，字德馨，江苏江宁人，成化十三年举人，仕至莒州知州①；李谔，浙江乐清人，天顺四年进士，成化十一年知肇庆府②；倪谦，字克让，号静存，浙江钱塘人，正统四年进士，官至南京礼部尚书③；周纮，字仲瞻，周瑄之子（周瑄曾延请胡超教授子弟④），山西阳曲人，成化十四年进士，官至山东右布政使⑤；马愈，字抑之，号清痴，上海嘉定人，天顺八年进士，官至刑部主事⑥；蔡暹，字文辉，湖北江陵人，成化十七年进士，官终太仆寺丞⑦；徐珤，字信之，江苏江宁人，弘治三年进士，官至浙江布政司参议⑧；项麒，字文祥，浙江杭州人，官至工部营缮司员外郎⑨；徐钦，锦衣卫籍，江苏上元人，成化十七年进士⑩。这样的关系，自然是不会把胡超的籍贯弄错的。

综上所述，在成化七年汤溪县成立前，胡超是龙游人，是可以肯定的。这也正是《成化八年进士登科录》有关记载之所本："胡超，贯浙江衢州府龙游县人，金华府汤溪县，民籍，国子生，治

---

① 参看万历《江宁县志》卷八《科贡·乡贡》。
② 道光《肇庆府志》卷一二《职官》"［知府］成化朝"下："李谔，乐清人，进士，十一年任。"
③ 参看光绪《上元县志》卷十《选举志·进士》，卷一五《人物·仕籍》。
④ 《青阳胡氏家谱文献录》卷四陈琦《工部员外郎耻庵胡公行状》。
⑤ 参看康熙《阳曲县志》卷一一《选举志》，及吴宽《匏庵家藏集》卷三九《送周仲瞻应举诗序》《周绅字叔谨序》。
⑥ 参看万历《嘉定县志》卷十《选举考》。
⑦ 参看夏力恕《湖广通志》卷五三《人物志·荆州府》。
⑧ 参看万历《江宁县志》卷八《科贡·乡贡》。
⑨ 参看乾隆《杭州府志》卷八一《人物一·名臣二》。
⑩ 参看光绪《上元县志》卷十《选举志·进士》。

《诗经》。字彦超,行四,年四十六。"如果不了解上述情况,看到"贯浙江衢州府龙游县人,金华府汤溪县"这种记载,肯定会莫名所以。

胡超是兰溪人的说法,始于光绪《兰溪县志》,其完整记载是这样的:"胡超,字彦超,青阳人。前志无,今补。至壬辰成进士,则已析入汤溪县籍,不复列。"这看起来貌似很客观,但其实与事实有出入。今查明万历三十四年刊、清康熙年间补刊本《兰溪县志》,以及清嘉庆五年刊本《兰溪县志》,其《选举志》无论是"举人"下,还是"进士"下,都没有胡超的记载。因为在成化七年割兰溪、龙游边裔之地划入新置的汤溪县之前,青阳洲一分为二,东部的青阳郑、黄稍等村,属罗埠乡,为兰溪县境,而西部的湖前、一乐堂、东田(胡超故里)、前阳、青阳洪、三益里、祥里、马宅基等村,属洋埠乡,为龙游县境。光绪《兰溪县志》可能是误以为青阳洲都属罗埠乡,从而将作为举人的胡超补入县志。

二、 胡超的生平经历考索

1. 明仁宗朱高炽洪熙元年(1425 年)九月廿三日,胡超出生。

出生年月是肯定的,唯日期尚有"廿二日"之说。前引《文献录》卷二《芳踪志》:"公生于洪熙乙巳九月廿三日。"陈琦《行状》则说:"弘治戊申……乃无疾而逝。实八月二十日也。距其生洪熙乙巳九月二十二日,得年六十有四。"两者仅一日之差。《芳踪志》当是族人所撰,理应不会有误;而《行状》是胡超的儿子胡毅亲自不远千里来找陈琦撰写的,是"问毅而状公群行",似乎更不会出错。孰是孰非,殊难判断。

2. 明宣宗朱瞻基宣德十年(1435年)十月十日,祖父胡荣卒。[①] 是年,胡超十一岁。

因胡超"自幼颖敏不凡",胡荣曾说"兴吾家者,其是子乎!"[②]当是自小对胡超特别喜爱而课导之。也正因如此,胡超对祖父也是特别爱敬,虽"家不幸,中遭变故,先世藏书,先祖手泽,俱已迷失",在举进士后,特别搜辑乃祖遗文,"锓梓藏于家"[③]。

3. 明英宗朱祁镇正统四年(1439年),父亲胡椿卒,享年50岁。是年,胡超15岁。

胡椿曾罹陷诉讼于京师三年,事白得归,悠游乡里,在胡荣逝世后,对其子"教以儒业"[④],可惜为时不长。在临终时,胡椿对其妻祝氏说:"此儿柔顺,可读书为善。我先世以诗书起家,仕宦不绝。或者可望科第乎!"[⑤]

4. 大概于正统五年之后的数年间,游学金华府学教授严烜之门。

---

① 《青阳胡氏家谱文献录》卷四胡超撰《瀫洲先生行实》。
② 《青阳胡氏家谱文献录》卷四陈琦《工部员外郎耻庵胡公行状》。
③ 《青阳胡氏家谱文献录》卷四胡超撰《瀫洲先生行实》。
④ 《青阳胡氏家谱文献录》卷四陈琦《工部员外郎耻庵胡公行状》。
⑤ 《青阳胡氏家谱文献录》卷二《芳踪志》。

陈琦《行状》："文庄殁……既而游金华教授、前监察御史严叔之门。年方弱冠,而能宅心经术,夙夜匪懈,严公深器重之。居数岁,博极诸史,议论精到。"严叔,即严煊,万历《金华府志》卷之十一《官师》"［国朝］教授"下:"严煊,字熙叔,闽人。"《文献录》卷四《胡母祝氏安人传》:"及宗韶甫卒……母方三十有六,家渐穷窭,甑盎储几不续,而门户之欲坠者,丝系千钧耳。母悻悻守遗孤,躬力蚕织,为布帛易粟,取给宾祭之需;命诸孤就外傅,节缩服食,以资束修。每恳恳惩诚曰:'毋荒于学,以隳起家之业。我为人继嗣,使嗣无似,其如不继何?'"

5. 大概自正统十年(1445 年)后到天顺年间,为龙游邑庠弟子员,屡试场屋不偶,自号钝舟。

《文献录》卷四《胡母祝氏安人传》:"超以长补邑弟子员,学克行修,奈屡不利于有司,母愈励以进。"陈琦《行状》:"居数岁,博极诸史,议论精到,遂补邑庠弟子员。每应庠序及有司试,恒居优等,牧令加礼貌焉,声称藉藉,乡里推其贤……屡试场屋不偶,而学益充,更号曰钝舟。"

上文所引文洪《龙游从学记》,也表明在景泰年间,胡超都在龙游县学,"景泰某年,舅氏张宗德先生以乙榜教谕衢之龙游……比行,遂持以去,至止于兹,三十有几月矣。"张宗德,即张纲(钢),《龙游县志》卷《官师》"教谕"下:"张纲,字宗德,苏州人,由举人。升国子助教。"光绪《苏州府志》卷六一《选举三·明举人》"景泰元年庚午科"下:"张钢,字宗德,府学,国子助教。"时间正相吻合。

胡超从兄胡忠有《寿衢州白太守》诗,中有"鲰生有弟从泮庠,菁莪久矣沾恩光"①,这"弟"就应该是指胡超,此时恰在龙游县学也。白太守白琮,宣德五年(1430年)进士,河南新野人,正统后期任衢州知府②。

在这期间,有两件事,表现出了胡超的识见与情怀。一是"正统己巳(1449年),处州民啸聚为乱,藩臬重臣往抚之,过邑问策,民莫能知。公一见语合,偕军中议论连日夜,贼用是平。"据《处州府志》卷之十二《戎事》,"正统十三年(1448年)冬十月,宣慈人叶宗留等啸聚为乱,诏御史李俊讨之";正统十四年(1449年)七月,"兵部尚书孙原贞谕降诸贼,擒贼首陈鑑胡、叶宗留解京伏诛";景泰元年(1450年)二月,"以都御史张楷讨宣寇陶得二等,焚其寨以降……楷至衢州分巡,佥事陶成迎之,泣陈其事。楷分兵水陆并进,过兰溪,御史黄英、林廷举偕来会,请速进兵"。胡超往军中议论连日夜,但因仅是邑庠生,正史自然不会有什么记载,而陈琦也是语焉不详,但其识见,可窥一斑。

二是"景泰初(1450年),法令更始,有父执祝士恭,于正统季年缘事籍入军,罹及妻子。时都宪王公英按邑,乃上书白其事,卒弗及孥。"③王公英,即王英,字时彦,江西金溪人,时为南京礼

---

① 《青阳胡氏家谱文献录》卷六《翰墨流香·卧云集选》。
② 参看康熙(光绪重刊)《衢州府志》卷一二《府官表》,乾隆《新野县志》卷之三《选举》。
③ 《青阳胡氏家谱文献录》卷四陈琦《工部员外郎耻庵胡公行状》。

部尚书①。

6. 明英宗天顺三年（1459 年），援例贡南京太学。是年，胡超 35 岁。

胡超在龙游，多次参加乡试受挫。得益于天顺三年的颁布的新政策，得以岁贡生身份进入南京，成为国子生。乾隆《汤溪县志》卷之七《选举志·举人》"胡超"下："《通志》：天顺三年己卯科，奏准两京天文生、阴阳生及官生子弟许就在京乡试。"万历《龙游县志》卷之七《选举》"岁贡"，胡超名列其中。

陈琦《行状》："天顺间，援例贡京师，闻琦《诗经》得黄景隆先生之传，遂纳交焉，馆于家，彼此相资，而《诗经》奥旨各涣然矣。比居南雍，琦滥大理寺副，公与今天官吴匏庵先生堂试，每占前列，俱有能文声。自是讲贯益密，造诣益精。琦公退于家，每专公来讲论，常至夜分乃归。"

此时的胡超，对学问更是孜孜以求，"既入太学，名称益盛，见礼于南都公卿，然尚砥砺如少壮时"②。虽然没有什么社会地位与名分，但因其学识渊博，已经为人所重，"大司寇周公瑄、大理卿夏公时正闻公名，延归教弟子。四方学者翕然归之，相继俱登科甲，今翰林侍讲刘忠皆其人也"③。

周瑄（1407—1484），字廷玉，号葵轩，山西阳曲人。由乡举

① 参阅《明英宗睿皇帝实录》卷一九二。
② 《青阳胡氏家谱文献录》卷四文林《明故工部员外郎致仕进阶奉议大夫耻庵先生墓志铭》。
③ 《青阳胡氏家谱文献录》卷四陈琦《工部员外郎耻庵胡公行状》。

入国学,官至南京刑部尚书[①]。长子周经,天顺四年进士;次子周紞,成化十四年进士。

夏时正(1412—1499),字季爵,浙江慈溪人,正统十年进士,授刑部主事,历刑部郎中,擢南京大理卿[②]。

刘忠(1452—1523),字司直,号野亭,河南陈留人。成化十四年进士,正德年间,官吏部尚书兼翰林院学士,授文渊阁大学士,晋少傅兼太子太傅、武英殿大学士[③]。

7. 明宪宗朱见深成化四年戊子(1468 年),胡超以《诗经》中应天府乡试第六名,刊《诗经》文以式天下。是年,胡超 44 岁。中举后,遂有省亲之行。

胡超中举人之年,上述《汤溪县志》《龙游县志》《兰溪县志》以及陈琦的《行状》、文林的《墓志铭》、吴宽的《墓表》都有明确的记载,兹不赘言。

《文献录》卷四《名公投赠》,载有《送胡彦超归龙丘省亲诗》若干首、倪谦的"已用一经登桂籍,还将三策献枫宸"、周紞的"三策明年期共献,紫宸宫阙五云中"、马愈的"明年此际君何处,只在蓬莱第一峰"之句,都是对来年会试的美好祝愿。而蔡暹的诗,虽然也饱含祝福之情,但一句"十年太学味盐齑",也是说尽从天顺三年至成化四年这十年太学生涯的艰辛。

---

① 参阅《明宪宗纯皇帝实录》卷二五二。
② 乾隆《慈溪县志》卷八《人物·循吏》有传。
③ 参阅《明世宗肃皇帝实录》卷三〇。

遗憾的是,成化五年(1469年),胡超依然名落孙山。应在此时,更号"耻庵"。

8. 成化八年壬辰(1472年),胡超中吴宽榜二甲第七十八名,赐进士出身。是年,胡超四十八岁。试政工漕,后二年,连续有湖南、江西之行,并两度便道归省。

《耻庵先生遗稿》载有胡超《新建汤溪县上梁文》,撰写日期为"成化七年岁舍辛卯闰九月七日",说明此时的胡超就在汤溪老家。《文献录》卷五载有钱悌的《送胡君彦超赴奉常序》,撰写时间为"成化七年辛卯九月初吉"。说明胡超即将赴京参加会试。

陈琦《行状》:"壬辰,中吴匏庵先生榜进士,试政工漕。时湖广华阳王薨,朝廷赐葬。公奉命往澧州董治其事,不半载而工成。王赐白金、文绮,公咸逊谢焉。明年复奉命往江西董营尚书王公概墓,酬赠谢辞,辄固拒而返。"沈翼机《浙江通志》卷一九一《人物九·介节》"衢州府"下:"奉使华阳,馈遗皆不取,强之,勉取其一,出投之江,人以投金名其处。"

据《明宪宗纯皇帝实录》卷之一百一十九记载,华阳王朱友塈当薨于成化九年(1473年)八月,朝廷赐葬,胡超奉命赴湖南澧州董其事;同书卷一三二记载,成化十年八月,"刑部尚书王概卒",朝廷"赐葬祭如例",胡超受命赴江西庐陵董营陵墓。

因湖南、江西与浙江相去不远,胡超"两以使事,便道归省。母惩戒益笃,曰:'今之仕,惟清与慎,仅可保此身耳。否则反是。

汝宜勉之！'"①由此可见,胡超的清廉与谨慎,深受其母祝氏的影响。而这两次归省,胡超还为汤溪办了两件文化大事——请大学士商辂撰写《建汤溪县治记》,请状元、侍郎吴宽撰写《建汤溪县儒学碑记》②。

《文献录》卷四《墓志传赞》有胡超所撰《昌九安人黄氏传》,其落款为"成化十年岁在甲午仲夏上浣之吉,进士试工部政从弟耻庵胡超拜撰",说明此时胡超仍然"试政工部"。

9. 成化十一年(1475年),拜工部都水司主事。是年,胡超51岁。

明何士晋《工部厂库须知》卷之九:"都水司,掌川渎、陂池、桥道、舟车、织造、衡量之事。"在都水司主事任上,胡超"事僚长惟谨,默默干饬,不少推逊;然未尝矜名衒功,与少年争捷径"③,"人果以清慎称"④。

《耻庵先生遗稿》中有一首《留客》诗,其首联云"紫禁朝回雨霁时,欲沽美酝典春衣"。有客人来,作为一个朝廷官员,想买酒竟然需要典当春衣,可以想见其清贫景象。

10. 成化十三年(1477年)十月,母亲祝氏逝世。是年,胡超53岁。

胡超的母亲祝氏,"年三十四岁守志",在丈夫胡椿去世后,

① 《青阳胡氏家谱文献录》卷四张稷《胡母祝氏安人传》。
② 两《记》俱载乾隆《汤溪县志》卷九《艺文志一》。
③ 《青阳胡氏家谱文献录》卷四文林《明故工部员外郎致仕进阶奉议大夫耻庵先生墓志铭》。
④ 《青阳胡氏家谱文献录》卷四张稷《胡母祝氏安人传》。

"抚诸幼孤,纺织绩紝,不辞劳瘁",卒年七十六①。母亲一直是胡超的精神支柱,更是他二十多年淹滞场屋,在举进士后寄迹官场的无尽动力,因此,当成化十三年十月母讣闻报北京时,胡超"不食者数日,哀毁几绝"②。在准备丁忧返乡的几天内,他先是请同年杨一清为母亲撰写《行状》,更请张稷为母立传,并遍告在京诸友人。于是,萧冕、左赞、白坦、许廷齐、王鏊、李应桢、杨守阯、潘璋等人纷纷为写《挽章》诗,谢铎为作《胡母安人祝氏挽诗序》③。

胡母的葬礼于成化十四年正月二十七日举行,中书舍人杨一清,金华府知府周宗智、同知李珍、通判丁镕等亲临现场致奠,杨一清献上《祭工部胡彦超太安人祝氏文》,周宗智等也有祭文④。

在治丧期间,胡超"寝苫枕块,哀毁栾棘,凡葬祭,一循古制";在丁忧的三年中,胡超有许多善举,深得乡人的好评,"祠堂损坏,葺治唯谨;水冲坏里人田地,筑堤以防其患;桥梁倾废者,集工完之;族党有丧,贫不能举者,则卜地葬之。乡人作十字谣以美之"⑤。

11. 成化十六年(1480 年),服阙逾年后回京,改工部虞衡司

---

① 《青阳胡氏家谱文献录》卷二《青阳遗烈·阃节》"胡宗韶之妻祝氏"。
② 《青阳胡氏家谱文献录》卷四张稷《胡母祝氏安人传》。
③ 参看《青阳胡氏家谱文献录》卷四《墓志传赞》、卷五《名公投赠》。唯杨一清《行状》仅在张稷所为《胡母祝氏安人传》提及之。
④ 杨一清、周宗智等祭文载《青阳胡氏家谱文献录》卷四《墓志传赞》。
⑤ 《青阳胡氏家谱文献录》卷四陈琦《工部员外郎耻庵胡公行状》。

主事,分管通州闸河。是年,胡超 56 岁。

母亲辞世,对胡超是一个巨大的打击,因此,在丁忧后逾年不回京。说:"吾读书,登进士,冀褒封父母。今已殁,无他望矣。"在金华知府周宗智等的劝慰下,"公乃行,改虞衡司主事,分管通州闸河,稽其地,多为中贵占据,民偿其租。公牒部堂,给还小民。"①

12. 成化十八年(1482 年),铨考以清慎闻②;次年,擢营缮司员外郎,分管通州厂事。是年,胡超 59 岁。

由于胡超的清慎与治理通州闸河所表现出来的才能,终于在成化十九年(1483 年)九月二十四日,迎来了朝廷的褒奖及对其父母与妻子的封赏:敕封其父胡椿为承德郎工部虞衡清吏司主事,母祝氏及妻方氏为安人③[42]。这说明此时的胡超还在虞衡司主事的任上。《耻庵胡先生遗稿·和唐》末尾,有胡超自撰识语,写于成化十九年仲夏,有"予承乏虞衡,近委治京河"之语,更是说明擢营缮司员外郎,当在是年冬季。

胡超分管通州厂事,"通州多京储,廪廨频年修治,工浩而难。公剔弊课勤,庶工猬集,不逾年而百废毕举",因此"能名渐乎于上下"④。吴宽亦言"京饷分贮通州,岁修廪庾,费用甚巨",

① 《青阳胡氏家谱文献录》卷四陈琦《工部员外郎耻庵胡公行状》。
② 《青阳胡氏家谱文献录》卷四陈琦《工部员外郎耻庵胡公行状》。
③ 诰敕文载《青阳胡氏家谱文献录》卷三《诰敕文》。
④ 《青阳胡氏家谱文献录》卷二《青阳遗烈·芳踪志》。

胡超能"稽究出入,能除故弊,工役毕举"①。

13. 成化二十年(1484 年),上疏乞归。是年胡超 60 岁。

曾经仰慕班超投笔从戎壮举,而将自己的名字由"特"更名为"超",且撰《班超传奇》以见志的胡超,年轻时想必豪情满怀,"十年铸就湛卢锋,喜见吾生胆气雄"(《述怀》十首之五),但淹滞场屋二十年,心中的痛楚,殊非他人所可体会。在真正踏入仕途(授工部都水司主事)的十年里,"宦途风雨少青眼"(《即事》),久不得升迁,故每有归意,如"短景催人不少留,故园荒寂合归休"(《和尚参议诗》)、"愁添岁月双银鬓,心系乡园一钓蓬"(《晚归寓舍》)、"回首乡园万余里,松楸零落泪如倾"(《苦雨》)、"水部不堪容浪迹,山居应合养闲躯"(《怀归》)、"故国同胞如问我,年来归思乱如麻"(《送张训术归龙游》)②。

是什么支撑着胡超坚持下来的呢?那就是何以告慰父母,特别是含辛茹苦一辈子在背后默默支持他的母亲,"冀褒封父母",堪称心声。也正因如此,丁忧服阕后,逾年不起。周宗智劝慰其回京复任,说的也是"恩典将颁,何间存殁?"

当了解这些之后,我们也就可以理解在父母得到褒封之后,无论在京友朋怎么挽留,胡超坚决乞归的个中缘由了。

胡超致仕回乡,在京友朋吴宽、方票、何遵等赋诗为其送行,吴宽还特别撰写了《赠工部员外郎胡公致仕序》,谓"凡同年,致

① 吴宽《匏翁家藏集》卷七三《明故工部营缮清吏司员外郎致仕胡君墓表》。
② 所引诗作,均载《耻庵先生遗稿》(不分卷)。

其事而去者,仅见公一人"①。

14. 明孝宗朱祐樘弘治元年(1488 年)八月二十日,胡超卒,享年 64。

胡超致仕后的生活及其家人,陈琦《行状》所述甚详,兹录于此:"逾年而疏乞归,优游田里,绝口不言公事,教子侄读书而已。岁时伏腊,为鸡黍之具,与兄弟亲戚胥宴于龙秋(土字旁)书院,分题唱和,俗务不撄于怀。其于后学,善诱善导,略无倦色……成化丁未,蒙恩诏在京五品官以礼致仕者,进官一阶,廉贫不堪者,每岁给食米四石,衢婺唯公一人应诏……得年六十有四。中外宗亲,莫不过哀;里人无老少,皆嗟悼之。配方氏,有淑行,封安人。生子男三:曰顺,后公三年卒;曰彀,曰绥,补邑庠生,俱有室。女一,适兰邑庠生郭时明。孙男女各五。"

三、 胡超的著述及其流传情况

胡超自幼"独奋励学,不废蚤夜","入南京太学,例得试应天府,始举,得第六名,录其文为天下式"②;"卒业南雍,有能文声"③;又究心《诗经》,"凡以《诗经》名于时者,虽千里必从质焉"④;

① 送行诗,载《青阳胡氏家谱文献录》卷五《名公投赠》;吴宽《序》,见《匏翁家藏集》卷四一。
② 《青阳胡氏家谱文献录》卷四文林《明故工部员外郎致仕进阶奉议大夫耻庵先生墓志铭》。
③ 成化《金华府志》卷一七《人物·国朝汤溪县》。
④ 《青阳胡氏家谱文献录》卷二《青阳遗烈·芳踪志》。

"日闭一室,以书卷自娱","性喜吟咏,持笔运思,顷刻满纸。既老且病,不忘旧习"①,直到去世前数日,犹吟咏不绝。可见胡超的一生,当创作有不少的诗文。

在现今能看到的各种文献资料中,提及其作品集的,有如下几种:

1.《班超传奇》。这是胡超为邑庠生时,仰慕班超投笔从戎、为国效力的壮举,便改名为超,更字彦超,作此以见志。据《文献录》卷二《青阳遗烈·芳踪志》所载,"所编《班超传奇》稿,为西姜甥所得,刊刻行世。"今不传。

2.《和唐诗》若干卷②。据《耻庵先生稿·和唐》卷尾胡超识语:"予承乏虞衡,近委治京河。公余因阅唐诗鼓吹,辄亦和之,积二百余首。非敢与唐人驰骋,特写一时之兴耳。"知为任虞衡清吏司主事,治理通州漕河时,公余所作。今存《和唐诗》共有231首,应该是完整的。

3.《拙夫外集》。据陈琦《行状》,乃"昔在京与诸名公结社寄赠诗词"。未见各藏书家有任何著录,当已失传。现存《耻庵先生遗稿》有其在京与诸友朋寄赠诗,则或已编入《耻庵集》。

4.《感遇诗》。今存《耻庵先生遗稿》卷末,附有钱悌《感遇诗序》,在叙述了从《诗经》《古诗十九首》、汉乐府以及陈子昂、李白等古风之后,云:"今友人胡君彦超,以进士官于尚书工部。其学

---

① 吴宽《匏翁家藏集》卷七三《明故工部营缮清吏司员外郎致仕胡君墓表》。
② 《青阳胡氏家谱文献录》卷四陈琦《工部员外郎耻庵胡公行状》。

长养磨淬，不厌不倦，所负宏博奥大，声实腾茂。居郎署也，退直逶迤之暇，著五言古诗一百余篇，诵之为骇汗之久，何其博洽之一至于此。然当有渐道扶极，与调燮之功。今以内艰回第，明年春上京，庙堂之上，密赞几微，呈其雄篇巨什之出，铿鏓阙廷，叙九功，正五事，歌大雅，颂清庙，旌勋贤正大之业，扇和风庆云之郁，一革淫靡邪僻之俗，予以扬休荐美，翼赞鸿化，固可期也。古风之作，假以寓其蕴藉之言云。"该序作于成化己亥（1479 年），则知胡超这一百余首《感遇诗》就创作于工部都水司主事时。今《耻庵先生遗稿》第二部分，题为《耻庵胡先生遗稿》，共收录 118首诗作，除 7 首为七言外，其余 111 首，均为五言古风。或许这就是那"一百余首《感遇诗》"。

5.《耻庵集》(《耻庵稿》《耻庵文稿》)十卷。《文献录》卷二《青阳遗烈·芳踪志》谓"公著述甚富，刻有全集，毁于火。"既然是"刻有全集"，理应有一定的数量，并得到一定范围的传播。黄虞稷《千顷堂书目》卷二十"成化壬辰科"下："胡超《耻庵集》十卷，字彦超，龙游人。"上引《衢州府志》"胡超《耻庵集》十卷"，《浙江通志》"《耻庵集》十卷，万历《龙游县志》：胡超著，字彦超。"不知是确实看到该书而著录的，还是像《浙江通志》这样转相引用而著录的。但有一点是肯定的，现在十卷本《耻庵集》已不传。

6.《文献录》卷六《翰墨流香》所载之《耻庵集选》。共收录109 首诗作，其中与《耻庵先生遗稿》(不分卷)中之《耻庵先生遗稿》相重的有 62 首，与《耻庵先生遗稿·和唐》相重的有 14 首，与《耻庵胡先生遗稿》相重的有 9 首,仅见的为 24 首。

7.《耻庵先生遗稿》(不分卷)。该书为胡超七世孙胡俊生抄本,现藏上海图书馆。该书封面与扉页所题相同,左侧题有书名——耻庵先生遗稿,右侧标注"范行準先生捐赠"。首页首行下空白处,有"合众图书馆藏书印",右上角有"上海图书馆藏书"印章。尾页有"汤溪范氏栖芬室图籍"印章。该书分三部分,一为《耻庵先生遗稿》,存诗文 429 篇首;二为《耻庵先生遗稿·和唐》,存诗 231 首;三为《耻庵胡先生遗稿》,存诗 119 首。后面还附有胡超的《新建汤溪县上梁文》,吴宽的《耻庵说》,以及钱悌的《感遇诗序》。胡超、吴宽的文章,分别见载于《汤溪县志》与《匏翁家藏集》,而钱文则仅见于此。

从该书范行准于 1954 年 6 月 13 日撰写的《跋尾》可知,该书原由湖南衡山人李浃在民国六年(1917 年)担任汤溪知县时从青阳胡氏子孙处获得。1952 年夏,李浃在上海贫病交加,致函范行准,告知欲"以书易薪米"。范氏"往返数四","以介友人"。李浃"间从祕笈中出示吾邑胡超《耻庵集》,谓此乃人间孤本,历劫幸存。今老病待尽,以予与胡氏同邑人,又夙嗜缣素,故珍重付托,情意綦至",将该书赠送给范氏。范氏考虑到汤溪"自超登进士第,后邑之甲科几尽为青阳人,至清始替,然仍为著姓。而数百年来,青阳之艺文零落殆尽,不可复求,此书亦几成断种,赖浃左右葆爱,仅存于世,复珍重付。予何敢重蹈胡氏后人覆辙以私于一家一姓,随年运而销尽哉!"于是将该书捐献给上海市立

486

合众图书馆。当时接受捐献的就是潘景郑,所以在卷尾,亦有他于"壬辰除夕前二日"撰写的跋尾。

披览至此,不胜感慨。胡超"著述甚富,刻有全集,毁于火",何其不幸也!而在胡超去世 200 年后,有七世孙胡俊臣,不畏寒暑,于绿野堂读书处,抄录下 780 多篇诗文;又 230 年后,汤溪知县李洤,于兵燹劫难之余,从胡超后世子孙处觅得此抄本,"左右葆爱";又三十余年后,李洤将该书珍重托付给胡超乡人范行准,而范氏深知此书宝贵,不敢私美,献给上海合众图书馆,使该书最终得以入藏上海图书馆,从而不但范氏"与读者共守之"之愿得以实现,而李洤"三十年来抱残守缺之雅志",也终当可以不负。斯又何其幸也!倘无此三人,恐怕胡超的这些诗文,已经永远消弭于历史烟尘之中了。故略考此 3 人与潘景郑先生事迹,以为永念。

胡俊生,字一之(益之),又字倬臣,行忠十六,明末清初青阳东田村人。善韵律,工诗文。《文献录》卷五《名公投赠》载有所撰《续辑琴月先生琴谱记言》,以及范于枢的《倬臣胡先生续辑琴谱序》、胡成鹏《太古遗音又跋》,卷六《翰墨流香》有"《益之公遗笔》",录其诗 2 首。

李洤(1884—1953),字佩秋,号小山、龙麋山人,湖南衡阳人。历任浙江汤溪、象山等县知事。精于词学考据,兼通目录版本之学。晚年寓居上海。民国二十年《汤溪县志》卷之八《职官》"(中华民国)县知事"下:"六年,李洤,湖南衡山人。八年,许之龙,江苏人。"则李洣任汤溪知事时间为民国六年至八年间,即1917—1919年。该县志有李洣之序。

范行准(1906—1998),字天磬,金华市婺城区厚大乡人。民间时期,为上海名医,并就职于上海中华医学会,从事医学史研究及《中华医学》杂志等的编辑工作。1958年调入北京军事医学科学院。撰有《明季西洋传入之医学》《中国预防医学思想史》《中国医学史略》等,为中国近现代著名的中医医史文献学家。

潘景郑(1907—2003),字良甫,号寄沤,江苏吴县人。我国近现代著名的目录版本学家和藏书家。合众图书馆创始人之一,后一直在上海图书馆任职。

胡超其他散见诗文。主要集中收录在《文献录》中,卷一《兰阴祠略》有《彦超彦本兄弟在兰阴祖祠联句并序》《赠彦彩诗》,卷四《墓志传赞》有《正八安人江氏赞》《瀤洲先生行实》《亨五公像赞》《胡彦信兄弟墓表》《昌九安人黄氏传》《琴月先生传》《一峰先生传》《亨四公赞》,卷五《名公投赠》有《赠孟翔侄二首并序》。此外,民国《汤溪县志》卷十九《文征》有胡超撰《孀居为祝氏侄题》一首。

胡超的文章很是少见,所幸《文献录》收录了几篇所撰纪念性文章,我们得以一睹胡超的文采。兹录其《琴月先生传》于下,以供方家窥豹:

先生胡姓,端名,彦绪字也。世居兰溪河西,后徙青阳,遂为汤溪人也。七世祖为防御使,甚著功烈。先生祖产饶裕,无纨绮膏粱态，好读书、作诗、写画，精音律，雕刻、刺绣之艺，虽哲匠莫能过。性夷旷，好诙谐，与从兄卧云、松石、一峰三先生，逍遥物外，绝口势利。

每岁春二三月，于琳湖一峰修竹茂林下，具小酌，鼓雅琴，吹洞箫，抚景而乐，至暮忘归；夏则命小舟，具笔床、茶灶，入湖内可五七里许，两旁植花柳，舟则随波上下，荷香馥馥袭人，禽鸟知人事，弄好音相悦，先生披襟散发，击瓦缶，歌马紫才《浩浩歌》、陆龟蒙《江湖散人歌》，待月出而还。卧云园中，植菊不下百余本；松石圃中，植桂七八株；一峰轩外，植竹数百个，号翠云窝。秋八九月，先生日造焉。杀鸡为黍，斫紫蟹，劈黄柑，分韵赋诗，经旬不厌。

所居两溪萦绕，九峰、芙蓉峰、兰阴山环列数十里外。冬积雪，素光远近夺人目，先生偕卧云辈，披裘策杖，观溪山之胜，乘兴驾小舟，过兰阴祖祠，访磐石老衲，见则倚长松下，不顾雪块坠身，掀髯长啸。坐方丈煮雪煎茶，酣歌痛饮，人皆笑为狂，先生不顾也。老衲能诗嗜酒，如孤云野鹤，飘然出世。一岁间不知几会，会则谑浪笑傲，忘形骸于醉乡，不知人世为何如也。

雅敬黎大量、沃昌言、金公远三先生谈论，多取裨益。先生虽不同于俗，然达人高士至其家，皆得见；有不得见者，为之怏然。名家大族闻先生至，则倒屣相迎，童仆争曰"琴月翁来也"。留必经月不容去，以先生攻诗书，多技能，不轻责人故也。妻子或以家事烦，先生拂然曰："贫固是甘！拂乱我心。"平生疏散，不拘小节，然大义所关，则凛然有守。至于睦宗族，教子孙，终始任之。著《琴月稿》若干卷、《和唐诗》若干首，所成琴画，人多宝之。寿止六十有五。

呜呼！先生逝矣，吾乡无复斯人也！议者以诙谐类东方朔，风流类阮嗣宗，诗宗温飞卿，画学朱泽民，琴则刘门趣调也。或病其不用于时。彼用于时者，果皆高于先生耶？噫！使人人皆学先生，则破斗折衡，民不与争，不几于无怀氏、葛天氏之民乎！黎大量尝谓"士林中不可无斯人"，亦确论也。

超于先生为从弟，蒙先生教而成，则先生之盛德大节，非予发之而谁发也。故为之传其梗概云。

篱笆打开它的喇叭花（代后记）

一件事做久了，兜兜转转，却远远没有做透——我说的是对汤溪方言区地方文化的发掘。四年前（2017年），我贸然闯入这个领域，陆陆续续结识同道中人，凭着一腔热忱，注册"汤溪风物志"公众号并陆续推送若干歌咏汤溪风物的诗歌，若干手艺人的口述实录（另集结为《汤溪百工口述史》一书），若干汤溪人的古年话，若干风土人情的追忆，以及少量的文史考证文字。凭借手机微信的传播，曾经的金华八婺之一、年代久远的汤溪秘境，渐渐为外人所知，也让汤溪人在茶余饭后哼一哼汤溪人的《老老嬷》（这是公众号固定的背景音乐），聊一聊自己的"大汤溪"。

追溯起来，汤溪人多少有些悲情。由于行政区划的变更，汤溪由一个县而降为一个镇。平心而论，行政区划的变更肯定有它的原因，似乎不必长吁短叹。与汤溪境遇类似的不在少数，比如宣平、寿昌、分水等；远比汤溪凄惨的也有，比如从前的严州府现在的梅城镇。但人毕竟是有情感的，所以感觉悲情的也不仅仅限于汤溪人，笔者曾路过梅城的一家酒店，被它的店面对联深深吸引，其联曰"东不管，西不管，酒馆；兴也罢，衰也罢，喝吧"。其情感起伏、憋屈无奈一览无遗。毕竟，行政区划的变更意味着政治文化中心的转移，而这种利益格局的变更对一个地方的兴衰几乎是致命的。

此外，因为"文革"，因为破四旧（许多古建筑古籍包括家谱都消失了），毋庸讳言，当代汤溪人的文化水准也难免下降。曾几何时，汤溪差不多是乡鄙的象征。"鄙",意为"边邑",意味着"偏僻""粗俗、未开化""见识短浅",进而被人"轻视、看不起"。而汤溪话的标志之一"哈么"因为与"蛤蟆"音近而遭人调侃。其实,"哈么"也作"亨么",康熙版《汤溪县志》有记:"言有疑问曰亨么。"其下加注:"亨,何声之转。"意为"亨"是"何"转化而来。至于蛤蟆,汤溪人发音为"疙疤"。"哈么"与"蛤蟆"风马牛不相及,但戏谑的调侃也确实一度让汤溪人难堪。要之,在城市钢筋水泥丛林中,勤劳善良吃苦耐劳且实诚的汤溪人,无论做事还是为人,并不输给别人。只是提及故乡,汤溪人多半说不清自己的来路。

这方水土有得天独厚的地理——苍苍莽莽汹涌腾跃的南山,百折千回蜿蜒而出的溪流,清幽峻奇雾气笼罩的九峰岩,富饶肥沃良田桑竹的金衢盆地,波光粼粼日夜奔流的衢江;也有厚重璀璨的人文——新石器时代的青阳山、三潭山、山下周等遗址,春秋战国九峰岩下的姑蔑都城,秦王政的太末县治,唐贞观年间的龙丘……直到明成化七年(1471年)的汤溪县,然后是在1958年,汤溪县建制撤销,并入金华县。远的不说,将近500年的汤溪县制史,就足以让这方水土充分融合,形成相通的方言、相同的风俗、相近的信仰以及风味独特老少皆宜的汤溪菜,从而让如今的汤溪人依然葆有极强的认同感。

一方水土养一方人,这里的人也是古朴清雅、风神独具,比如龙丘苌、徐伯珍、徐安贞、贯休、卢文台、滕珦、丰去奢、嵩头陀、陈双田……,不一而足,他们在汤溪的行止尚有诸多悬而未决的问题。

如果说历史是演戏,地理是舞台,人物是角色,如果我们要知晓汤溪这台戏的剧情人物,那么当下的汤溪更需要严谨的考证:一方面是文史考证,像傅根清教授那样,利用相关历史专著、地方志、家谱等材料,对某地某物某人某习俗作一番翔实的考证;另一方面是专业的考古发掘,用洛阳铲在九峰岩下,在青阳山、在贞姑山等水边台地走走停停。如今浙中考古基地落户汤溪,让我们对这块热土有了更多的期待。

随着城市化的推进,如今的汤溪人也纷纷进城,原本人满为患的乡村开始变得空旷寂静,除了长住的几位老年人,只有逢年过节,乡村才有人屋两旺的样子。时代在发展,新一代人自然有迥异于老辈人的新生活,原有的农耕生活、熟人社会将不可避免地转向工商社会,一些老手艺、老行当也渐渐远去或消失——随之远去的会是什么呢?谁能预测30年后乡村的样子?田园将芜,现代人也有现代版的《归田园居》(梁书正)——

在草木中找到自己的身份,从泥土中寻出自己的来历
星空盘旋的寂静深湖,蕴含亘古的慰藉

我来自哪里?将去往何处?我是否存在?存在何处?
微风徐徐,青山给出它的鸟鸣,篱笆打开它的喇叭花

"青山给出它的鸟鸣,篱笆打开它的喇叭花。"我们能做的,就是

吹响地方人文的集结号。帕斯说:"一个城市,一处乡村,远看不外是城市和乡村,但随着你步步走近,就有房屋、瓦片、树叶、草、蚂蚁、蚂蚁的脚,以至无穷。"生活在这变动不居、生生不息的当下,那些年少时的"房屋、瓦片、树叶、草、蚂蚁、蚂蚁的脚"还保留着新鲜的色泽和气息。借助这些过往的记忆,出门在外的人得以一次次回溯,一次次回到念兹在兹的故乡。

于是就有了这一本《隔篱烟火——汤溪文化漫笔》,毫无疑问,这是纸上还乡,这些作者频频回头张望那些消逝或终将消逝的事物。

入选本书的作者,颇堪玩味。一是年龄跨度大,有耄耋老作家姜兆龙,也有90后新秀严畅、钱浩屹,是典型的四世同堂。二是空间跨度大,有北京、上海、南京、杭州、香港的,更多的是金华本土的,可谓天南海北。三是都与汤溪有关:一般是从汤溪出去,在外求学工作定居的,其中有学问做到一流的专家学者曹志耘、傅根清、郑土有、傅惠钧教授,也有各行各业讨生活的人,无一例外,汤溪是他们魂牵梦萦的故乡;比较特别的是三川、杨荻和高旭彬,磐安人潘江涛(三川)先生对汤溪饮食情有独钟,他的散文系列《金华味道》《美食金华》原本就撇不开汤溪风味;仙居人杨荻,他最初在十二局入职,白沙溪是与他的生命有着瓜葛的一条溪流;而高旭彬则成了汤溪人的女婿,他的本业是美术,但对金华地方文史造诣颇深。从某种意义上说,他们打量汤溪的眼光比笔者更为审慎。

早在1933年,郁达夫就说过,"浙东居民当然是以造纸种田为正业的，间有煤矿铁矿，汤溪也有温泉，但无人开发，富源还睡在地里"。如今汤溪温泉是开发了，但汤溪丰厚的文化矿藏还沉睡着，期待更多的人——不拘汤溪人，不限文体——拿起笔来讲述汤溪的前世今生！

是为记。

伊有喜

2020 年 12 月 20 日于隔篱居

图书在版编目(CIP)数据

隔篱烟火:汤溪文化漫笔/伊有喜主编;高旭彬副主编. —
上海:上海三联书店,2023.7
ISBN 978 - 7 - 5426 - 8143 - 0

Ⅰ.①隔… Ⅱ.①伊… ②高… Ⅲ.①地方文化-汤溪
县 Ⅳ.①G127.555

中国国家版本馆 CIP 数据核字(2023)第 109182 号

隔篱烟火:汤溪文化漫笔

主　　编／伊有喜
副 主 编／高旭彬

封面题词／徐　彧
责任编辑／吴　慧
装帧设计／徐　徐
监　　制／姚　军
责任校对／王凌霄

出版发行／上海三联书店
　　　　　(200030)中国上海市漕溪北路331号 A 座 6 楼
邮购电话／021 - 22895540
印　　刷／上海巅辉印刷厂有限公司

版　　次／2023 年 7 月第 1 版
印　　次／2023 年 7 月第 1 次印刷
开　　本／890 mm×1240 mm　1/32
字　　数／310 千字
印　　张／15.75
书　　号／ISBN 978 - 7 - 5426 - 8143 - 0/G・1679
定　　价／128.00 元

敬启读者,如发现本书有印装质量问题,请与印刷厂联系 021 - 56152633